## Jetzt Buch registrieren und Begleitmaterial herunterladen!

Registrieren Sie Ihr Buch auf *webmasters-press.de* und laden Sie sich die Übungsdateien und Lösungen herunter:

**www.webmasters-press.de/register**
**Registrierungscode: 1288b0388a04**

Dr. Thorsten Schneider

# *SEO Praxisbuch*

**Ein Webmasters Press Lernbuch**

Version 9.4.2 vom 11.02.2020

Autorisiertes Curriculum für das Webmasters Europe Ausbildungs- und Zertifizierungsprogramm

— *www.webmasters-europe.org* —

# Über den Autor

Dr. Thorsten Schneider ist Webspezialist der ersten Stunde. Nach einem naturwissenschaftlichen Studium absolvierte er Mitte der 1990er Jahre eine der weltweit ersten Webmaster-Ausbildungen an der kanadischen Dalhousie University, arbeitete anschließend als Internetexperte in einem IT-Systemhaus in Mainz und gründete 1998 die Webmasters Akademie, die er bis heute als Direktor und SEO-Experte leitet. Er ist außerdem Präsidiumsmitglied des Europäischen Webmasterverbandes Webmasters Europe e.V. (WE) und aktiv an der Entwicklung des internationalen WE-Ausbildungs- und Zertifizierungsprogramms beteiligt.

## Kontakt zum Autor


*https://www.xing.com/profile/Thorsten_Schneider8*

*t.schneider@webmasters.de*

Webmasters Akademie Nürnberg GmbH
Neumeyerstr. 22–26
90411 Nürnberg, Germany
www.webmasters-akademie.de

*Made with*
Print with CSS
Prince
*Printed books made with Prince*

Umschlaggestaltung: Frank L. Schad
Titelgrafik: © roserodionova/freepik.com
Layout und Satz: Frank L. Schad
Lektorat: Dr. Ulrike Walter, Angelika Böhm, Robert von Heeren

Art.-Nr. 1288b0388a04
Version 9.4.2 vom 11.02.2020

# *Danksagung*

Viele Menschen haben mich auch bei diese Version des SEO-Kurses wieder unterstützt. Ein besonderer Dank gebührt meinem Kollegen Robert von Heeren, der nicht nur Fragen zur Lernerfolgskontrolle beigesteuert hat, sondern als erfahrener SEO-Manager auch nicht müde wird, mich auf neue Entwicklungen im SEO-Umfeld hinzuweisen und die Lerninhalte kritisch zu hinterfragen und zu optimieren. Last but not least möchte ich auch den vielen Menschen danken, die mich kontaktiert und mir Feedback gegeben haben. Besonders freue ich mich auch über die vielen positiven Rezensionen, die dieser Kurs bereits erhalten hat. Allen, die sich hierfür die Zeit genommen haben, ebenfalls ein herzliches Dankeschön — Ihr alle seid für mich Inspiration und Motivation und gebt mir die Kraft, den Lernstoff immer wieder zu aktualisieren und zu erweitern.

# Inhaltsverzeichnis

# *Vorwort*

Fast alle Internetnutzer verwenden Suchmaschinen, um im World Wide Web Informationen, Dienstleistungen oder Produkte zu finden. Marktstudien belegen auch, dass Suchmaschinen in jeder Phase des Kaufentscheidungsprozesses benutzt werden.

Das zeigt, wie wichtig es für den Erfolg im Web ist, in Suchmaschinen gut gefunden zu werden. Gerade für ein Unternehmen, das neu und noch unbekannt ist und nicht über das Marketingbudget eines Konzerns verfügt, bietet das Web hervorragende Möglichkeiten, sich von seiner Zielgruppe finden zu lassen. Aber auch für bereits etablierte Unternehmen ist es wichtig, im Web leicht gefunden zu werden. Denn die Markenloyalität nimmt stetig ab, und der Wettbewerb ist nur einen Mausklick entfernt.

In Suchmaschinen gut gefunden zu werden, ist für viele Unternehmen heute ein kritischer Erfolgsfaktor. Das Thema Suchmaschinenmarketing (Search Engine Marketing, SEM) ist längst zur Chefsache geworden.

SEM umfasst zwei Teilbereiche: SEA und SEO. SEA (Search Engine Advertising bzw. Suchmaschinenwerbung) beschäftigt sich mit der Schaltung von Anzeigen und Produktplatzierungen auf der Suchergebnisseite. Bei Google stehen Werbetreibenden dafür die Systeme Google Ads und Google Shopping zur Verfügung.

Bei SEO (Search Engine Optimization bzw. Suchmaschinenoptimierung) geht es dagegen ausschließlich darum, wie sich gute Platzierungen in den sogenannten organischen Suchergebnissen erreichen lassen. Diese können nicht gekauft oder ersteigert werden, sondern basieren auf der algorithmischen Bewertung von Rankingsignalen mit dem Ziel, für eine bestimmte Suchanfrage die für den Suchenden nützlichsten Webseiten zu finden.

SEO ist heute groß und wichtig: Praktisch alle im Web erfolgreichen Unternehmen beschäftigen sich mit SEO, längst ist eine ganze Branche von Dienstleistern rund um SEO entstanden. Es gibt unzählige Unternehmen und freie Experten, die SEO-Beratung anbieten, und es existieren zahlreiche Bücher und Kongresse zum Thema.

Dabei hat die Komplexität von SEO in den letzten Jahren kontinuierlich zugenommen. Je »schlauer« Google wird, je komplexer die Rankingalgorithmen sind und je mehr Kriterien Google auswertet, desto komplexer wird es, Webseiten zu optimieren. Nach eigenen Angaben wertet Google heute mehr als 200 Rankingsignale aus, die praktisch alle Aspekte rund um eine Website umfassen: angefangen bei der Wahl des Domainnamens über Qualität und Nutzwert des Inhalts sowie interne und externe Verlinkung bis hin zu zahlreichen technischen Aspekten bezüglich Quellcode, Ladezeiten und Server-Infrastruktur. Alles wertet Google aus, um das Ranking von Webseiten zu berechnen.

Durch diese Komplexität hat sich auch die Rolle eines SEO (Search Engine Optimizer) verändert: SEOs sind heute keine Nerds oder Technikfreaks mehr, sondern Projektmanager, die mit zahlreichen anderen Experten wie Marketing- und PR-Verantwortlichen, Onlineredakteuren, Designern, Programmierern und Administratoren zusammenarbeiten, um eine Website zu optimieren. SEO trägt mittlerweile Kennzeichen eines Qualitätsmanagementsystems, bei dem Google die Anforderungen definiert. Als SEO-Manager sorgen Sie dafür, dass Ihre Website diese Anforderungen erfüllt.

In diesem Kurs lernen Sie Schritt für Schritt, was zu tun ist, um mit den für Sie relevanten Suchbegriffen auf die erste Ergebnisseite der Google-Suche zu gelangen und zwar möglichst weit oben. Nur so werden Sie in einem signifikanten Umfang Interessenten abholen und auf Ihre Website leiten. Und das ist die Basis für den wirtschaftlichen Erfolg im Web. Je mehr Besucher Sie auf Ihre Website bekommen, desto größer sind auch Ihre Chancen, neue Kunden zu gewinnen und Ihre Umsätze zu steigern.

Erreichen können Sie das nur, wenn Sie verstehen, wie Google »denkt«, und wenn Sie wissen, welche Kriterien bzw. »Signale« Google bei der Berechnung des Rankings wie stark berücksichtigt. Der große Vorteil von SEO gegenüber vielen anderen Marketingmaßnahmen besteht darin, dass der Effekt nachhaltig ist und nicht so schnell verpufft. Auch wenn Google seine Algorithmen ständig weiterentwickelt und verbessert, halten sich Webseiten, die fundiert optimiert sind, hartnäckig auf den oberen Rankingplätzen, ohne dass Sie allzu viel nachjustieren müssen.

Einschränkend möchte ich anmerken, dass das alleine natürlich nicht reicht. SEO ist kein Allheilmittel gegen wirtschaftlichen Misserfolg. Die Basis für Erfolg sind immer gute Produkte oder Dienstleistungen, die die Bedürfnisse einer Zielgruppe optimal erfüllen. Nur wenn diese Voraussetzungen erfüllt sind, kann SEO seine ganze Wirkung entfalten, und aus Ihren Besuchern werden tatsächlich auch Kunden.

Natürlich bin ich auf Ihre Meinung sehr gespannt, freue mich über Lob und Tadel, konstruktive Kritik und Verbesserungsvorschläge. Gerne können Sie mich z. B. über *XING*[1] kontaktieren.

---

1. *https://www.xing.com/profile/Thorsten_Schneider8*

In diesem Sinne wünsche ich Ihnen viel Spaß bei der Lektüre und viel Erfolg bei Ihrer SEO-Arbeit! Ich freue mich darauf, den einen oder anderen von Ihnen auch einmal online oder im »Real Life«, z. B. auf einer SEO-Konferenz, kennenzulernen.

Happy SEO!

Ihr

Thorsten Schneider

# 1 Die Macht der Suchmaschinen

**In dieser Lektion lernen Sie**

- wie Internetnutzer Suchmaschinen nutzen.
- welche Suchmaschinen sich den Markt wie aufteilen.
- wie sich die Suchmaschinen entwickelt haben.

## 1.1 Suchmaschinennutzung

Die marktführende Suchmaschine Google erhält *weltweit mehr als fünf Milliarden Suchanfragen pro Tag*[2]. Mehr als 50% der Besucher einer kommerziellen Website kommen über die organischen Suchergebnisse einer Suchmaschine, bei B2B-(Business-to-Business)-Websites sogar mehr als 70%[3].

Laut einer Marktstudie der Arbeitsgemeinschaft Online Forschung, dem *agof Digital Report 2018*[4] sind Suchmaschinen für über 90% der Internetnutzer in Deutschland die wichtigste Anwendung im Internet überhaupt, noch vor E-Mails.

Eine (nicht veröffentlichte) Studie der Marktforscher Fittkau & Maaß hat ergeben, dass Suchmaschinen in jeder Phase des Kaufentscheidungsprozesses genutzt werden, nicht nur zu Beginn, sondern oftmals auch noch kurz vor dem tatsächlichen Kauf.

Demnach geht fast ein Drittel der Suchmaschinennutzer davon aus, dass Anbieter, die in den Suchergebnissen immer wieder weit oben auftauchen, führende, bekannte Anbieter sind, und glaubt außerdem, dass ein Anbieter, der bei der Suche nach einem Produkt in der Ergebnisliste nicht auftaucht, das Produkt gar nicht führt.[5]

2. *https://seotribunal.com/blog/google-stats-and-facts/*
3. Quelle: https://www.wmgagency.co.uk/infographic-the-power-of-search/ abgerufen am 23.09.2019
4. *https://www.agof.de/studien/digital-report-2018/*
5. *Neue Studie zur Nutzung von Suchmaschinen. CPC Consulting. (https://www.cpc-consulting.net/Nutzung-Suchmaschinen)*

In jüngster Zeit kommt hinzu, dass auch Sprachassistenzsysteme wie z. B. Apples *Siri*, Amazons *Alexa* und natürlich auch der *Google Assistant* auf Suchmaschinen zugreifen, um Fragen ihrer Nutzer zu beantworten.

Diese Fakten machen mehr als deutlich, wie wichtig es für den Erfolg im Web ist, in Suchmaschinen gut gefunden zu werden, egal, um welche Art von Webauftritt es sich handelt.

## 1.2 Marktanteile verschiedener Suchmaschinen

Google ist auch 2019 weltweit mit Abstand die am meisten genutzte Suchmaschine und dominiert den Suchmaschinenmarkt, insbesondere bei Suchanfragen mit mobilen Endgeräten, fast schon monopolartig. In den meisten Ländern spielen andere Suchmaschinen kaum eine Rolle.

| Suchmaschine | Desktop/Laptop (%) | Mobile (%) |
|---|---|---|
| Google | 74,3 | 93,14 |
| Baidu | 8,61 | 3,56 |
| Bing | 12,49 | 0,83 |
| Yahoo! | 2,45 | 1,42 |
| Yandex | 0,9 | 0,44 |
| Ask | 0,43 | 0,06 |
| DuckDuckGo | 0,42 | 0,23 |
| Naver | 0,09 | 0,11 |

***Tabelle 1.1*** *Globale Marktanteile von Suchmaschinen im August 2019 (Quelle: https://de.statista.com/statistik/daten/studie/222849/umfrage/marktanteile-der-suchmaschinen-weltweit/ abgerufen am 23.9.2019)*

Allerdings gibt es regionale Unterschiede, die wichtig sind, wenn Sie auf bestimmten Zielmärkten aktiv sind. In Russland hat Google die aus Russland stammende Suchmaschine ***Yandex*** im August 2019 erstmals vom ersten Platz verdrängt. In Südkorea ist die lokale Suchmaschine ***Naver*** mit 17% Marktanteil noch recht stark, in Japan ***Yahoo*** mit 20%.

| Land | Marktanteil Google (%) | Marktanteil größter Google-Konkurrent (%) |
|---|---|---|
| China | 3,2 | 77 (Baidu) |
| Russland | 52 | 45 (Yandex) |
| Südkorea | 78 | 17 (Naver) |
| Japan | 75 | 20 (Yahoo) |

***Tabelle 1.2*** *Einige Länder, in denen Google einen geringeren Marktanteil hat als in den meisten anderen Ländern (Quelle: https://gs.statcounter.com/search-engine-market-share/desktop-mobile-tablet/worldwide abgerufen am 23.9.2019)*

Eine spezielle Situation ergibt sich in China: Aufgrund der strengen Zensur werden Google-Dienste weitgehend blockiert, die lokale Suchmaschine ***Baidu*** wird dort am häufigsten verwendet, gefolgt von zwei weiteren chinesischen Suchmaschinen.

## 1.3 Die Anfänge der Suchmaschinen

Bereits seit den Anfängen des WWW gab es Bestrebungen, Webseiten mit relevanten Informationen auffindbar zu machen. Einer der ersten Ansätze waren von Hand gepflegte Listen von Webservern, die mit dem Internet verbunden waren. Der Erfinder des WWW, Tim Berners-Lee, pflegte in den ersten Jahren eigenhändig eine solche Liste und veröffentlichte sie auf dem Webserver des Forschungsinstituts CERN[6], an dem er tätig war.

Andere Webkataloge ordneten die Websites in Kategorien und Unterkategorien ein und konstruierten so ein hierarchisches Verzeichnis, das sich durchblättern oder durchsuchen ließ. Diesen Ansatz verfolgten u.a. das bekannte *Yahoo-Verzeichnis* und später das von der Firma Netscape ins Leben gerufene *Open Directory Project (ODP)*, die inzwischen beide eingestellt wurden.

Als sich das enorme Wachstum des WWW abzeichnete, wurde klar, dass von Hand gepflegte Listen nicht geeignet waren, alle Websites zu erfassen und die Einträge aktuell zu halten. Die Lösung konnte nur darin bestehen, eine Software zu programmieren, die das WWW permanent nach neuen Webseiten durchsucht und einen Index der gefundenen Seiten automatisch erstellt.

6. CERN ist die Europäische Organisation für Kernforschung, eine Forschungseinrichtung im Kanton Genf in der Schweiz

Die erste Suchmaschine wurde 1993 entwickelt und hatte den Namen *JumpStation*. Sie benutzte bereits einen ***Webrobot***, eine Software, die Webseiten im WWW finden und automatisch einen Index dieser Seiten erstellen konnte. Aufgrund der limitierten Hardware-Ressourcen, die dieser Suchmaschine zur Verfügung standen, extrahierte JumpStation nur die Titel und Überschriften aus den gefundenen Webseiten und speicherte diese in ihrem Index ab. Ein Jahr später erschien mit *WebCrawler* jedoch eine Suchmaschine, die den gesamten Text einer Webseite herunterlud und für den Aufbau ihres Suchindex verwendete. Bei WebCrawler konnten die Suchenden daher nach beliebigen Begriffen und Begriffskombinationen suchen und erhielten als Ergebnis eine Liste von Webseiten, auf denen diese Begriffe irgendwo im Text vorkamen. Das Prinzip der *Volltextindexierung* ist auch heute noch der Standard bei allen aktuellen Suchmaschinen.

Schon zu dieser Zeit war klar, dass Suchmaschinen im WWW zukünftig eine entscheidende Rolle spielen würden. Entsprechend groß war das Interesse von Visionären dieser Zeit, eigene Suchmaschinen zu entwickeln. Bis Mitte der 1990er Jahre entstanden u.a. die Suchmaschinen *Lycos, Altavista, Excite, Infoseek, Northern Light* und *Inktomi*, die später von Yahoo aufgekauft wurde.

Der Wettbewerb zwischen verschiedenen Suchmaschinenbetreibern wurde in den kommenden Jahren so groß, dass der Webbrowser-Hersteller Netscape 1996 von fünf Suchmaschinen jeweils 5 Millionen Dollar pro Jahr nur dafür kassieren konnte, dass er in seiner Browser-Software auf jede dieser fünf Suchmaschinen in Rotation verlinkte!

Schauen wir uns die wichtigsten der heute relevanten Suchmaschinen etwas näher an:

## 1.4 Google

Die Google-Story begann Mitte der 1990er Jahre, als zwei Doktoranden der Stanford University, Sergey Brin und Larry Page, sich im Rahmen eines Forschungsprojekts Gedanken darüber machten, wie man eine bessere Web-Suchmaschine konstruieren könnte. Damalige Suchmaschinen wie z.B. *Altavista* hatten nämlich das Problem, dass die Qualität der Suchergebnisse immer weiter abnahm.

Das lag daran, dass es Websitebetreibern zunehmend gelang, durch die Anwendung verschiedener Tricks ihre Seiten in den Suchergebnissen auf die oberen Plätze zu bringen, auch wenn diese für die von den Suchenden eingegebenen Suchbegriffe gar nicht wirklich relevant waren.

Die beiden Google-Gründer Larry Page und Sergey Brin glaubten, für das Problem eine Lösung gefunden zu haben. Sie stellten die Hypothese auf, dass eine Suchmaschine, die bei der Relevanzberechnung die *Verlinkung* der Webseiten im WWW berücksichtigt, bessere Resultate liefert als herkömmliche Suchmaschinen, die das nicht taten.

Der von ihnen entwickelte Algorithmus, das sog. ***PageRank-Verfahren***, analysiert die gesamte Verlinkungsstruktur des World Wide Web und ermittelt für jede Webseite einen Wert, den sog. ***PageRank***, der auch heute noch ein wichtiger Rankingfaktor ist. Mithilfe dieses Algorithmus gelang es Google tatsächlich, deutlich bessere Suchergebnisse zu generieren als die Konkurrenz. Das PageRank-Verfahren erläutere ich im Detail in Lektion 4. PageRank war sicherlich ein wesentlicher Grund für den großen Erfolg des Unternehmens Google, das seine Wettbewerber schnell überflügelte. Altavista z.B. wurde erst von Yahoo aufgekauft und bereits 2013 eingestellt.

Im September 1998 gründeten Page und Brin das Unternehmen Google Inc. Finanziell ist Google überaus erfolgreich. Google war bereits im dritten Jahr seiner Unternehmensgeschichte profitabel, und seitdem haben sich Umsatz und Gewinn prächtig entwickelt (Abb. 1).

Im August 2015 kündigte Google-Chef Larry Page an, den Konzern umzustrukturieren. Die Suchmaschine wurde von den anderen Geschäftsbereichen (u.a. *Youtube*, der Gesundheitsfirma *Calico* und den Investmentbereichen *Google Ventures* und *Google Capital*) getrennt. Alle Geschäftsbereiche sind seitdem unter dem Dach der neu gegründeten Holding *Alphabet Inc.* zusammengefasst.

Im Jahr 2018 machte Alphabet unglaubliche 137 Milliarden Dollar Umsatz und 35 Milliarden Dollar Gewinn.[7]

Heute ist Alphabet ein multinationaler Konzern, der weltweit mehr als 100.000 Angestellte beschäftigt[8] und mit einem Marktwert (Marktkapitalisierung) von rd. 751 Milliarden US-Dollar (im zweiten Quartal 2019) unter den fünf wertvollsten Unternehmen der Welt ist.[9]

Die Suchmaschine Google besteht aus einem Cluster aus mehreren Hunderttausend Servern, die in Rechenzentren über den gesamten Globus verteilt sind. Dabei setzt Google auf billige PC-Hardware und Linux als Betriebssystem. Diese Architektur garantiert eine größtmögliche Ausfallsicherheit (der Ausfall einzelner Server ist völlig unkritisch) und sehr kurze Reaktionszeiten, da die Anfragen immer an ein Rechenzentrum in geografischer Nähe weitergeleitet werden.

7. *https://abc.xyz/investor/index.html*
8. https://en.wikipedia.org/wiki/Alphabet_Inc. abgerufen am 23.09.2019
9. https://en.wikipedia.org/wiki/List_of_public_corporations_by_market_capitalization#2019 abgerufen am 23.09.2019

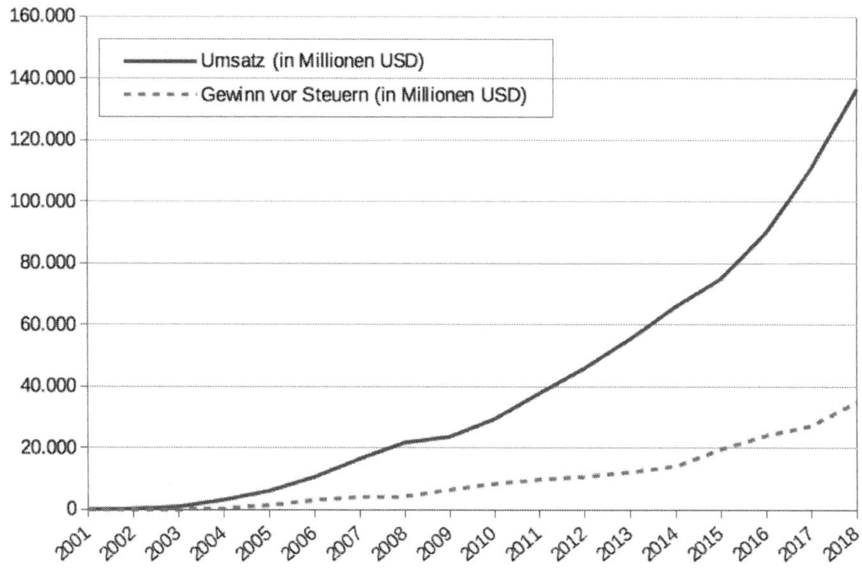


***Abb. 1** Geschäftszahlen von Google Inc. bzw. seit 2015 Alphabet Inc. in den Jahren 2001 bis 2018 (Quelle https://abc.xyz/investor/index.html abgerufen am 23.09.2019)*

Es wird geschätzt, dass Google insgesamt mehr als eine Million Server betreibt, um seine verschiedenen Webdienste am Laufen zu halten.[10] Durch den Kauf anderer Internetfirmen und durch Eigenentwicklungen bietet Google heute außer der Suchmaschine noch eine Vielzahl weiterer Webdienste an, darunter den E-Mail-Dienst *Gmail*, das Online-Office-Paket *Google Docs*, das Videoportal *Youtube*, das Blogportal *Blogger* und die Foto-Community *Google Photos (ehemals Picasa)*.

Googles Kern und mit Abstand größte Einnahmequelle ist jedoch auch heute noch die Suchmaschine bzw. das damit verbundene Werbenetzwerk *Google Ads*, über das der Internetgigant immer noch über 90% seiner Einnahmen generiert.

Diese Fakten belegen eindrucksvoll, über welche finanziellen und personellen Ressourcen und damit Marktmacht Google verfügt, und wie schwer es Wettbewerber haben dürften, Google diese Marktposition streitig zu machen.

## 1.5 Yahoo

Die Wurzeln des Unternehmens Yahoo reichen bis ins Jahr 1994 zurück, als die beiden Studenten Jerry Yang und David Filo eine Website namens »David and Jerry's

10. *Google: One Million Servers And Counting (http://www.pandia.com/articles/gartner)*

Guide to the World Wide Web« online stellten. Diese Site beinhaltete einen hierarchisch aufgebauten Katalog von Websites, den die beiden händisch pflegten und erweiterten. Schon nach wenigen Monaten wurde das Verzeichnis in *Yahoo!* umbenannt. Das Unternehmen entwickelte sich zu einem Portal weiter, das über Werbeeinnahmen Geld verdienen konnte, und baute seinen Webkatalog immer weiter aus. Als ein von Menschen redaktionell gepflegtes Verzeichnis, in das neue Websites nur nach Prüfung ihres Nutzwerts aufgenommen wurden, bildete Yahoo praktisch das Gegenmodell zum Ansatz der Suchmaschinen, die bestrebt waren, über automatisierte Verfahren alle öffentlich zugänglichen Webseiten des WWW auffindbar zu machen.

Allerdings musste auch Yahoo einsehen, dass ein redaktionell geführtes Webverzeichnis mit dem starken Wachstum des WWW nicht mithalten kann. Ab dem Jahr 2000 bot Yahoo auch eine Websuche an und war dafür Lizenznehmer von Google. Durch den Erwerb der Suchmaschine *Inktomi* holte sich Yahoo eine eigene Suchtechnologie ins Haus. Der Vertrag mit Google wurde 2004 gekündigt, und Yahoo trat in direkte Konkurrenz zu Google und Microsofts Bing-Suchmaschine.

Nachdem Microsoft im Jahr 2008 erfolglos versuchte hatte, Yahoo zu übernehmen, einigten sich die beiden Unternehmen überraschenderweise 2009 auf eine Kooperation: Die Yahoo-Suchtechnologie wurde 2013 komplett durch Microsofts *Bing* ersetzt. Der Vertrag zwischen Microsoft und Yahoo wurde zwei Jahre später modifiziert und erlaubte es nun Yahoo, Dienstleistungen im Bereich der Suche und Anzeigenschaltungen nicht nur von Microsoft, sondern z. B. auch von Google oder anderen Diensten einzukaufen.

Die Suchergebnisse der Yahoo-Suchmaschine ***Yahoo Search***[11] werden aktuell (2019) weiterhin von Bing geliefert, wie eine Anfrage der Zeitschrift Computer Bild im Frühjahr 2019 ergeben hat (Quelle: *Google-Alternativen: 30 Dienste mit eigenen Schwerpunkten*[12], abgerufen am 15.10.2019).

Im Juli 2016 wurde Yahoo von dem Unternehmen Verizon, das 2015 bereits AOL gekauft hatte, übernommen. Im Juni 2017 wurden Yahoo und AOL von Verizon zu der Marke *Oath* zusammengeführt.

11. *https://search.yahoo.com/*

12. *https://www.computerbild.de/artikel/cb-Tipps-Software-Google-Alternativen-Suchmaschine-18188917.html*

## 1.6 Bing

*Bing*[13] heißt die aktuelle Suchmaschine von Microsoft, der dritte Versuch des IT-Giganten aus Redmond, im Suchmaschinenmarkt Fuß zu fassen. Die erste Microsoft-Suchmaschine nannte sich *MSN Search* und erschien 1998, im Gründungsjahr von Google. MSN Search verfügte bereits über einen eigenen Suchindex und ein Webcrawler-System, griff jedoch teil- bzw. zeitweise auch auf Suchergebnisse anderer Suchmaschinen (Inktomi, Looksmart, Altavista) zu. In den folgenden Jahren entwickelte Microsoft dann aber eine eigene Suchtechnologie, die 2006 unter dem Namen *Windows Live Search* (ab 2007 nur noch *Live Search* genannt) unter der Domain *live.com* veröffentlicht wurde. Im Juni 2009 schließlich erfolgte die Umbenennung in die neue Marke *Bing*.

Nach der überraschenden Vereinbarung mit Yahoo im Jahr 2009 gelang Microsoft im Sommer 2011 ein weiterer spektakulärer Deal: Der chinesische Suchmaschinenbetreiber Baidu kündigte an, dass Suchanfragen an Baidu mit englischen Begriffen an Bing weitergeleitet werden.

Mit einem globalen Marktanteil von über 12% bei der Desktop-Suche ist Bing einer der wichtigsten Konkurrenten von Google auf dem weltweiten Suchmaschinenmarkt.

## 1.7 Yandex

Yandex (russisch Яндекс) war bis August 2019, als sie von Google überholt wurde, die meistgenutzte Suchmaschine in Russland. Das russisch-niederländische Unternehmen hat seinen Hauptsitz in Amsterdam und eine Zentrale in Moskau. Neben der Suchmaschine bietet Yandex ähnlich wie Google auch verschiedene Internetdienstleistungen und Produkte an wie u. a. einen eigenen Webbrowser, eine Landkarten-Anwendung, Webmail, Clouddienste, Online-Übersetzungen und Internetwerbung. Nach Google, Baidu, Bing und Yahoo ist Yandex die fünftgrößte Suchmaschine der Welt, die außer in Russland auch in einigen anderen Ländern Osteuropas einen signifikanten Marktanteil hat. Yandex hat eine Kooperation mit Microsoft und ist dadurch die voreingestellte Suchmaschine in Windows 10 für den russischen Markt, in der Ukraine und in einigen anderen Ländern, u. a. der Türkei.[14]

---

13. *https://www.bing.com*

14. *Yandex Continues Its Momentum as Market Share Rises (http://www.fool.com/investing/general/2016/04/29/yandex-continues-its-momentum-as-market-share-rise.aspx)*

Seit Mai 2010 ist die Suchmaschine auch in einer *englischen Version*[15] global verfügbar. Einige Bracheninsider trauen Yandex zu, zu einem ernsthaften Google-Konkurrenten heranzuwachsen.

Yandex ist definitiv wichtig, wenn Sie in russischsprachigen Ländern gefunden werden wollen.

## 1.8 Baidu

Baidu ist die marktführende Suchmaschine in China. Ihr Marktanteil liegt bei über 70 %. Das chinesische Unternehmen arbeitet eng mit den chinesischen Behörden zusammen und blockiert Inhalte, die von der chinesischen Regierung zensiert werden. Baidu ist an der Börse notiert und verdient sein Geld mit Onlinewerbung. Neben der textbasierten Suchmaschine bietet Baidu auch eine Büchersuche und eine Suche nach MP3-Audiodateien an. Durch eine Kooperation mit Microsoft werden Suchanfragen an Baidu mit englischen Begriffen seit Ende 2015 an Bing weitergeleitet. Im Gegenzug ist *Baidu.com*[16] in Microsoft Windows 10 für den chinesischen Markt die voreingestellte Suchmaschine. Google dagegen hat sich nach einem Streit mit den chinesischen Behörden über deren Forderung nach Zensur bestimmter Inhalte vom chinesischen Markt weitgehend zurückgezogen.

## 1.9 Alternative Suchmaschinen

Außer in einigen wenigen Ländern ist Google mit Abstand der unangefochtene Marktführer. Zwar gab und gibt es immer wieder Versuche, mit Neuentwicklungen und neuen Technologien die Marktmacht des Suchmaschinengiganten zu brechen, doch bisher war kein Versuch von dauerhaftem Erfolg gekrönt. Zu diesen gescheiterten Projekten gehören u.a. *Cuil, Viewzi, Wikia Search, SearchMe* und *Blekko*. Darüber hinaus gibt es zahlreiche zwar noch aktive, aber wenig erfolgreiche Projekte wie z.B. *Excite* (fristet ein Nischendasein), und *Exalead* (erfolgloser europäischer Google-Kontrahent).

Nach dem Bekanntwerden des Überwachungsprogramms PRISM und durch zunehmende Kritik an Google als »Datenkrake« konnten in jüngster Zeit einige neuere Suchmaschinen Marktanteile gewinnen, die damit werben, keine persönlichen Informationen zu sammeln und den Benutzer nicht zu tracken. Dazu gehören die Suchmaschinen *DuckDuckGo*[17], *Qwant*[18] und *Startpage*[19]. Während es sich

15. *https://www.yandex.com/*
16. *http://Baidu.com*
17. *https://duckduckgo.com/*
18. *https://www.qwant.com/*

bei *Startpage* um eine Meta-Suchmaschinen handelt, die andere Suchmaschinen, darunter auch Google, anonymisiert abfragen, indexieren *DuckDuckGo* und *Qwant* das Web mit eigenen Crawlern. Insbesondere *DuckDuckGo* verzeichnet seit 2014 ein starkes Wachstum von 50% pro Jahr.[20]

## 1.10 Fazit

Google dominiert den globalen Suchmaschinenmarkt. Nur in wenigen Ländern spielen andere Suchmaschinen eine signifikante Rolle. Ich behandle daher in diesem Kurs ausschließlich die Optimierung für Google unter Berücksichtigung der Funktionsweise und der Rankingfaktoren von Google. Über die genaue Funktionsweise und die Rankingfaktoren von Yandex, Baidu, Naver und anderen Suchmaschinen kann ich nichts sagen. Wenn das für Sie wichtig ist, dann müssen Sie sich damit gesondert auseinandersetzen. Die Microsoft-Suchmaschine Bing und damit auch die Yahoo-Suche scheinen dagegen technisch den Google-Algorithmen sehr ähnlich zu sein, sodass Webseiten, die für Google optimiert wurden, in der Regel auch in Bing und Yahoo gut ranken.

## 1.11 Teste Dein Wissen!

1. Warum ist es für den Erfolg einer Website wichtig, in Suchmaschinen gut gefunden zu werden?

   *Bitte ankreuzen:*

   - ☐ weil mehr als 50% der Besucher einer kommerziellen Website über die organischen Suchergebnisse einer Suchmaschine kommen.
   - ☐ weil die meisten Internetnutzer Suchmaschinen regelmäßig nutzen, um Produkte oder Dienstleistungen zu finden.
   - ☐ weil Suchmaschinen in jeder Phase des Kaufprozesses genutzt werden.
   - ☐ weil viele Suchmaschinennutzer glauben, dass ein Anbieter, der bei der Suche nach einem Produkt auf der Suchergebnisseite nicht auftaucht, das Produkt gar nicht führt.

2. In welchem Land ist Google aktuell **nicht** Marktführer?

   *Bitte ankreuzen:*

   - ☐ China

---

19. *https://www.startpage.com/*
20. *DuckDuckGo reaches 30 million queries per day (https://searchengineland.com/duckduckgo-reaches-30-million-queries-per-day-306649)*

- ☐ Japan
- ☐ Südkorea
- ☐ USA

3. Welche der folgenden Suchmaschinen setzen eigene Robots/Crawler ein?

   *Bitte ankreuzen:*

   - ☐ DuckDuckGo
   - ☐ Qwant
   - ☐ Startpage
   - ☐ Google
   - ☐ Bing

4. Welche der folgenden Personen haben die Suchmaschine bzw. das Unternehmen **Google** gegründet?

   *Bitte ankreuzen:*

   - ☐ Jerry Yang
   - ☐ David Filo
   - ☐ Larry Page
   - ☐ Tim Berners-Lee
   - ☐ Sergey Brin

# Aufbau und Funktionsweise von Suchmaschinen

2

**In dieser Lektion lernen Sie**

- wie groß das World Wide Web ist und wie viele Menschen es nutzen.
- wie Suchmaschinen aufgebaut sind.
- wie Suchmaschinen funktionieren.

## 2.1 Wie groß ist eigentlich das World Wide Web?

Seit der Erfindung des World Wide Web (WWW) durch Tim Berners-Lee im Jahre 1990 hat sich das Internet in vielen Ländern zu einem Massenmedium entwickelt. Heute nutzen weltweit mehr als 4,5 Milliarden Menschen das Internet, das sind knapp 59 % der Weltbevölkerung [21].

Eine interessante Frage ist, aus wie vielen einzelnen (unterschiedlichen und indexierbaren) Webseiten[22] das WWW besteht. Ein Websitebetreiber konkurriert letztlich mit all diesen Seiten um die Auffindbarkeit im Web, und je mehr Seiten es zu einem Thema bzw. Keyword gibt, desto schwieriger wird es prinzipiell, gut gefunden zu werden.

Da es unmöglich ist, die einzelnen Seiten direkt zu zählen, gibt es dazu nur Schätzungen. Diese beruhen größtenteils auf der Auswertung der Größe des Suchindex der großen Suchmaschinen. Wenn man davon ausgeht, dass eine Suchmaschine wie Google bemüht und grundsätzlich in der Lage ist, alle im WWW erreichbaren und zugänglichen Seiten zu indexieren, entspräche die Größe des Index ziemlich genau der Summe aller Seiten im WWW.

Leider verrät Google dies schon seit einigen Jahren nicht mehr. Bis September 2005 blendete Google die Zahl der Dokumente im Index auf der Startseite des Suchinterfaces ein (vgl. Abb. 2), dann verschwand diese Zahl. Der damalige CEO

21. http://www.internetworldstats.com/stats.htm aufgerufen am 23.9.2019
22. Begriffserläuterung: Eine Website besteht aus einer Vielzahl einzelner Webseiten, die jeweils mit einer weltweit eindeutigen Adresse, URL genannt, aufgerufen werden können.

**Abb. 2** *Startseite von Google im September 2005. http://web.archive.org/web/20050901125225/ http://www.google.com/*

von Google, Eric Schmidt, begründete dies damit, dass keine einheitliche Zählweise existiere. Google-Konkurrent Yahoo warb zu diesem Zeitpunkt nämlich mit einer größeren Zahl auf seiner eigenen Startseite, wofür Google die höhere Zahl an nicht bereinigten Dubletten verantwortlich machte. Viele Seiten im WWW lassen sich unter unterschiedlichen URLs[23] aufrufen, obwohl sie inhaltlich identisch sind. Eine Dublettenbereinigung ist also sinnvoll, wenn man die tatsächliche Zahl unterschiedlicher Webseiten ermitteln möchte. Offenbar lösten Google und Yahoo ihren Streit um den größten Index damit, dass sie übereinkamen, öffentlich keine Angaben mehr zur Größe ihres Index zu machen.

Heute kennt also niemand, außer vielleicht Google, die Größe des WWW genau. Es gibt aber wissenschaftliche Ansätze zur Abschätzung der Größe des WWW. Der Niederländer Maurice de Kunder hat im Rahmen seiner Master-Abschlussarbeit an der Tilburg University eine Methode entwickelt, die auf der Analyse der Suchindexe der Suchmaschinen Google und Bing basiert. Danach umfasst der Google-Index (bzw. das WWW) aktuell circa 60 Milliarden Webseiten (Abb. 3). Die genaue Methodik erklärt de Kunder auf seiner *Website*[24].

23. URL = Uniform Resource Locator, eindeutige Adresse eines Dokuments im WWW wie z. B. https://de.webmasters-europe.org/zertifizierung
24. *http://www.worldwidewebsize.com*

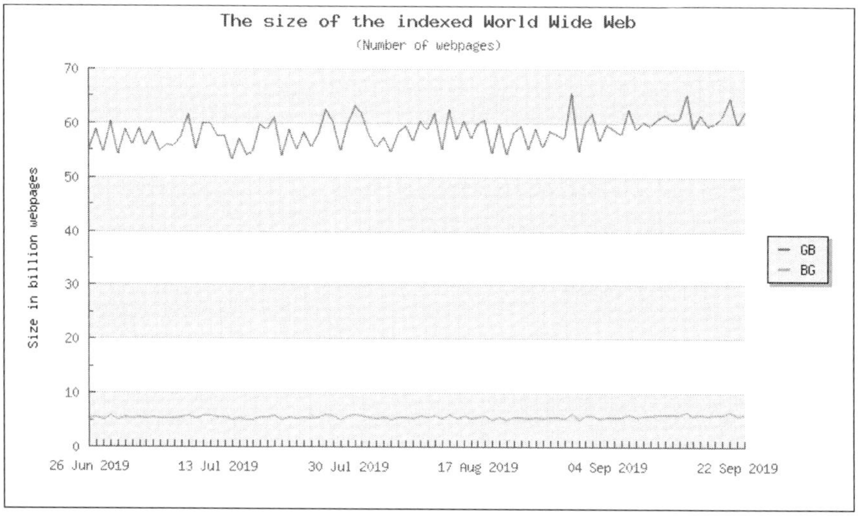


***Abb. 3*** *Eine wissenschaftliche Methodik zur Ermittlung der Größe des World Wide Web hat Maurice de Kunder entwickelt. http://www.worldwidewebsize.com*

## 2.2 Die Architektur von Suchmaschinen

Wie Sie gesehen haben, besteht das World Wide Web aktuell aus ca. 60 Milliarden Webseiten. Wenn Sie wissen möchten, welche dieser Webseiten Informationen zu einem bestimmten Thema enthalten, müssten Sie sich im Prinzip alle Seiten anschauen und diese beurteilen. Das würde reichlich lange dauern. Nehmen wir einmal an, Sie wären ein absoluter Schnell-Leser und würden sich jede Sekunde eine neue Webseite anschauen, dann bräuchten Sie genau genommen 1902 Jahre – natürlich ohne Ihre Zeit mit Essen, Trinken, Schlafen und anderen unnützen Dingen zu vertrödeln ...

Natürlich würde niemand auf die Idee kommen, auf diese Weise relevante Informationen zu suchen. Suchmaschinen haben aber grundsätzlich das gleiche Problem. Sie müssen alle Seiten des World Wide Web analysieren, um Ihnen eine Auswahl von Seiten auf der Suchergebnisseite als relevant für Ihre Suchwörter zu präsentieren. Dabei ist es technisch schlicht unmöglich, diese 60 Milliarden Seiten live zu durchsuchen, wenn ein Benutzer auf der Webseite einer Suchmaschine eine Anfrage absetzt.

Selbst wenn eine Suchmaschine in der Lage wäre, viele Milliarden Webseiten gleichzeitig aufzurufen: Diese herunterzuladen und zu analysieren würde Zeit kosten und die Geduld des Suchenden arg strapazieren. Ganz abgesehen davon, dass der eine oder andere Webserver sicherlich in die Knie ginge, müsste er alle auf ihm gespeicherten Webseiten gleichzeitig ausliefern.

Suchmaschinen müssen also einen anderen Ansatz verfolgen. Das Grundprinzip besteht darin, die im World Wide Web auf Servern gespeicherten Dokumente zunächst herunterzuladen, zu analysieren und einen durchsuchbaren Index anzulegen.

Etwas vereinfacht dargestellt, bestehen heutige Suchmaschinen aus vier Systemkomponenten:

- dem Webcrawler-System
- dem Index
- dem Scheduler
- dem Suchinterface

## 2.3 Das Webcrawler-System

Das ***Webcrawler***-System besteht aus Computerprogrammen, die das World Wide Web automatisch durchsuchen und Webseiten herunterladen und analysieren können. Die Webcrawler (auch *Spider, Searchbot* oder (Suchmaschinen-)*Robot* genannt) ähneln softwaretechnisch Webbrowsern wie z.B. Firefox, Safari oder Google Chrome. Der Crawler startet auf einer beliebigen Webseite, lädt diese für die weitere Analyse und Verarbeitung in den *Store Server* herunter und erstellt eine Liste der auf dieser Webseite vorhandenen Hyperlinks zu anderen Webseiten. Diese Liste wird an den *Scheduler* übergeben. Dabei werden u.a. auch die HTTP-Statuscodes ausgewertet, die die Webserver beim Übertragen der Dokumente an die Webcrawler mitschicken. Ist z.B. eine URL, die ein Webcrawler aufzurufen versucht, nicht mehr gültig, weil die Datei inzwischen auf dem Server gelöscht wurde, liefert der Server den HTTP-Statuscode *404 File not found* zurück. Die URL muss also aus dem Dokumentenindex entfernt werden, und der Scheduler muss keine weiteren Crawler zu dieser Adresse mehr entsenden.

Google z.B. verwendet eine ganze Reihe unterschiedlicher Robots für den Aufbau und die Aktualisierung des Index (vgl. Abb. 4). Die meisten Robots verwenden als HTTP-User-Agent die Bezeichnung *Googlebot*.

Im Logfile findet sich nach dem Besuch eines Google-Bots z.B. folgender Eintrag:

```
Mozilla/5.0 (compatible; Googlebot/2.1; +http://www.google.com/
bot.html)
```

Man kann die Googlebots aber auch noch unter einem anderen Aspekt beleuchten: Die sog. ***Freshbots*** besuchen neu gefundene Seiten. Diesen Robots ist zu verdanken, dass neue Seiten in der Regel sehr schnell im Google-Index erscheinen. Sie kommen außerdem in den folgenden Tagen wieder, um herauszufinden, wie

| Crawler | Token des User-Agents | Vollständiger User-Agent-String (den Protokolldateien der Websites zu entnehmen) |
|---|---|---|
| APIs-Google | APIs-Google | APIs-Google (+https://developers.google.com /webmasters/APIs-Google.html) |
| AdSense | Mediapartners-Google Mediapartners (Googlebot) | Mediapartners-Google |
| AdsBot Mobile Web Android (Prüft die Anzeigenqualität für Webseiten, die für Android-Geräte optimiert sind) | AdsBot-Google-Mobile | Mozilla/5.0 (Linux; Android 5.0; SM-G920A) AppleWebKit (KHTML, like Gecko) Chrome Mobile Safari (compatible; AdsBot-Google-Mobile; +http://www.google.com/mobile /adsbot.html) |
| AdsBot Mobile Web (Prüft die Anzeigenqualität für Webseiten, die für iPhones optimiert sind) | AdsBot-Google-Mobile | Mozilla/5.0 (iPhone; CPU iPhone OS 9_1 like Mac OS X) AppleWebKit/601.1.46 (KHTML, like Gecko) Version/9.0 Mobile/13B143 Safari/601.1 (compatible; AdsBot-Google-Mobile; +http://www.google.com/mobile /adsbot.html) |
| AdsBot (Prüft die Anzeigenqualität für Webseiten, die für Desktop-Computer optimiert sind) | AdsBot-Google | AdsBot-Google (+http://www.google.com /adsbot.html) |
| Googlebot für Bilder | Googlebot-Image (Googlebot) | Googlebot-Image/1.0 |
| Googlebot für Nachrichten | Googlebot-News (Googlebot) | Googlebot-News |
| Googlebot für Videos | Googlebot-Video (Googlebot) | Googlebot-Video/1.0 |

***Abb. 4*** *Die von Google verwendeten Robots (Ausschnitt). https://support.google.com/webmasters/answer/1061943*

häufig eine Seite aktualisiert wird. Wird eine Seite aktualisiert, behalten die Freshbots ihre Besuchsfrequenz bei. So wird sichergestellt, dass sich im Google-Index immer möglichst aktuelle Kopien der Webseiten befinden. Die Freshbots analysieren vor allem reine Textinhalte und gehen nicht sehr tief in eine Site hinein, sodass in der Regel zuerst die Startseite und die direkten Unterseiten, die mit einem Klick erreichbar sind, im Index erscheinen. Wird eine Seite nicht regelmäßig aktualisiert, lässt auch die Besuchsfrequenz der Freshbots nach.

Die sog. ***Deepbots*** erfassen dagegen möglichst viele Seiten einer Website und berücksichtigen ein weit größeres Spektrum an Dateitypen (u.a. Bilder, PDF-Dateien, sogar Word-, Powerpoint- und Postscript-Dateien, dynamische Seiten mit Parametern). Bis diese Inhalte im Index erscheinen, dauert es in der Regel Tage bis Wochen.

## 2.4 Der Scheduler

Der Scheduler sammelt und verwaltet die Adressen der Webseiten (URLs) und steuert die automatisierte Aussendung von Crawlern zu diesen Adressen. Er bekommt von den Crawlern ständig neue URLs gemeldet, die diese in den besuchten Webseiten finden, und gleicht diese URLs mit den bereits bekannten ab. Da nahezu alle Webseiten direkt oder indirekt miteinander verlinkt sind, können die Crawler auf diese Weise durch das gesamte World Wide Web wandern und die gefundenen Seiten herunterladen.

Es wird dabei jedoch immer auch Seiten geben, die die Crawler nicht finden können, z.B. weil es keinen einzigen Link von anderen Webseiten auf sie gibt, sie also völlig isoliert sind. Oder weil man diese Seiten erst erreicht, wenn man zuvor ein Formular ausfüllt oder sich registriert, was ein Crawler typischerweise nicht tut. Die Seiten, die Suchmaschinen aus solchen Gründen nicht finden, bezeichnet man übrigens als ***Deep Web***. Manche Experten gehen davon aus, dass das Deep Web nochmals deutlich größer ist als das von Suchmaschinen-Robots durchsuchbare Web.

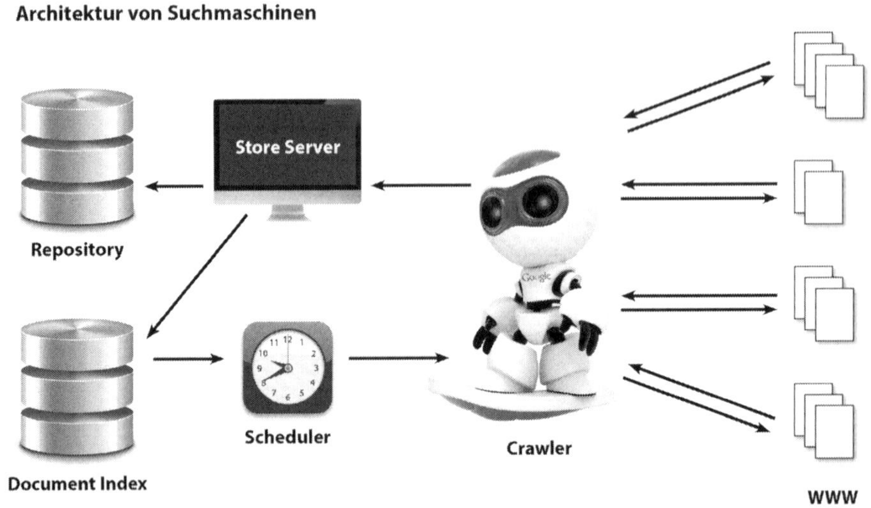


***Abb. 5*** *Architektur von Suchmaschinen: Verschiedene Komponenten arbeiten zusammen, um die Funktionalität einer Suchmaschine zu gewährleisten.*

## 2.5 Der Index

Die von den Crawlern heruntergeladenen Dokumente werden einer eingehenden Analyse unterzogen und dabei in ihre Bestandteile (Text, Bilder, Videos, HTML-Code) zerlegt. Ziel der Analyse ist, für jedes Dokument zu ermitteln, für welche Suchbegriffe es wie relevant ist. Dabei verwenden moderne Suchmaschinen wie Google inzwischen mehr als 200 verschiedene Kriterien.

Der auf diese Weise aufgebaute Index dient dazu, bei späteren Suchanfragen über das Suchinterface verwendet zu werden. Um das zu erleichtern, wird ein sog. ***invertierter Index*** angelegt. Dabei werden den potenziellen Suchbegriffen bzw. den sogenannten ***Keywords***, die aus den heruntergeladenen Webdokumenten gewonnen werden, jeweils die URLs der Dokumente zugeordnet. Anschließend berechnet die Suchmaschine für jeden der Suchbegriffe die Relevanz der einzelnen Dokumente. Ein sehr einfaches Kriterium für Relevanz kann z.B. sein, dass ein bestimmter Begriff oder eine Kombination von Begriffen in einem Dokument überhaupt vorkommt, wie häufig er vorkommt und an welcher Stelle des HTML-Dokuments, z.B. im Titel oder in einer Überschrift, er steht. Jede Zuordnung hat eine berechnete Relevanz, die darüber entscheidet, auf welcher Position der Suchergebnisliste eine URL gelistet wird.

Gibt ein Nutzer nun einen Suchbegriff in die Suchmaschine ein, so durchsucht diese den zuvor aufgebauten Index, nicht etwa die Dokumente selbst und schon gar nicht die Originaldateien auf den Servern im WWW. Der Index der Suchmaschine ist quasi ein Abbild des WWW und enthält Kopien der Dokumente des World Wide Web zu einem bestimmten Zeitpunkt.

Ein großer Vorteil dieses Prinzips ist Geschwindigkeit. Mit entsprechendem technischen Aufwand kann der Index sehr schnell durchsucht werden. Bei Google z.B. dauert dieser Suchvorgang in der Regel weniger als eine ½ Sekunde!

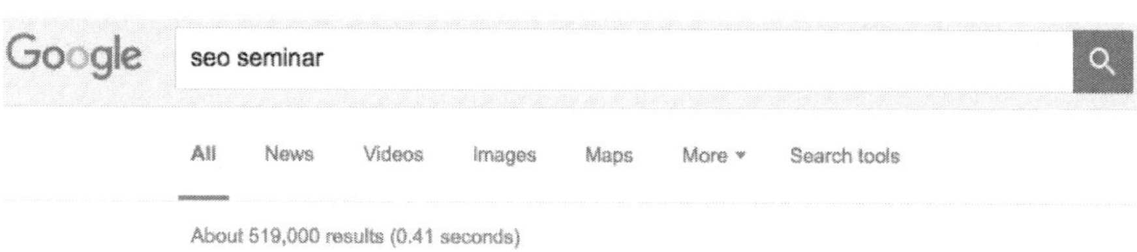


***Abb. 6*** *Google benötigt nur 0,41 Sekunden, um den circa 60 Milliarden Seiten starken Suchindex nach relevanten Webseiten für die Suchanfrage »seo seminar« zu durchsuchen und 519.000 Treffer zu finden.*

Das Prinzip hat aber auch Nachteile:

- Den Index aufzubauen erfordert einen enormen technischen Aufwand. Der Index muss permanent aktualisiert werden, was nicht minder aufwendig ist, da jeden Tag im WWW Webseiten hinzukommen, gelöscht oder geändert werden.

- Um den Index wenigstens tagesaktuell zu halten, müsste eine Suchmaschine jeden Tag das gesamte WWW crawlen, was selbst für Google eine nur schwer lösbare Aufgabe darstellt.

Google hat die Index-Technologie im Laufe der Jahre immer weiter verbessert. Bei der ersten Generation der Index-Technologie (1998-2003) hat Google zunächst das gesamte WWW gecrawlt, was mehrere Wochen dauerte, und dann den Index komplett neu aufgebaut, was nochmals mehrere Tage dauerte. Während dieses Update-Prozesses passierte es regelmäßig, dass verschiedene Google-Rechenzentren unterschiedliche Ergebnislisten auslieferten, was man als den *Google Dance* bezeichnete. Es dauerte zu dieser Zeit regelmäßig mehrere Wochen, bis eine neue Webseite im Google-Index enthalten war und gefunden werden konnte.

Im Jahr 2003 wurde die Index-Technologie erstmals stark verbessert. Der Index wurde in verschiedene Schichten unterteilt, von denen einige schneller aktualisiert wurden als andere. In den »oberen« Schichten, die häufiger aktualisiert wurden, befanden sich z.B. besonders beliebte Webseiten und Seiten, deren Inhalte häufig aktualisiert wurden.

### Caffeine

Unter dem Codenamen ***Caffeine*** führte Google im Jahr 2010 eine komplett neue Index-Technologie ein, die einen inkrementellen, d.h. schrittweisen und kontinuierlichen Crawling- und Indexierungsprozess erlaubt. Webseiten können nun innerhalb von Sekunden, nachdem sie gecrawlt worden sind, in den Index aufgenommen werden. Nach eigenen Angaben von Google erhalten Suchende seit der Einführung von Caffeine bis zu 50 % aktuellere Suchergebnisse. Neue Webseiten oder Aktualisierungen bestehender Seiten erscheinen bei wichtigen Domains bereits innerhalb von Stunden oder wenigen Tagen im Suchindex. Bei besonders zeitkritischen Informationsquellen wie z.B. Twitter nähert sich Google sogar immer mehr einer Echtzeit-Suchmaschine an.

Durch Caffeine ist die Speicherkapazität des Index außerdem stark gestiegen und lässt sich besser skalieren. Die aktuelle Größe des Index dürfte bei mehr als 100 Millionen Gigabyte liegen. Dadurch lassen sich auch Datentypen wie Videos und Bilder schnell auffindbar machen.

### Mobile-First-Index

Der Index wird ständig weiterentwickelt. Im Frühjahr 2018 hat Google den Index auf das sog. *Mobile-First Indexing* umgestellt[25]. Bereits seit April 2015 wurden bei der Suche auf mobilen Endgeräten Webseiten, die nicht für Mobilgeräte optimiert sind, im Ranking heruntergestuft. Dennoch analysierte Google für den Aufbau des Index primär die Desktop-Version einer Webseite. Inzwischen gehen weltweit mehr Suchanfragen von mobilen Endgeräten aus als von Desktop-Rechnern. Nach der Einführung des ***Mobile-First-Index*** wertet Google nun primär die mobile Version bzw. Darstellung einer Webseite für das Ranking aus. Ist diese nicht vorhanden oder fehlerhaft, kann dies nun auch zu einem schlechteren Ranking bei der Desktop-Suche führen.

## 2.6 Das Suchinterface

Last, but not least verfügen Suchmaschinen über ein Suchinterface in Form einer Website, auf der Internetnutzer ihre Suchbegriffe in ein Formular eingeben können. Die Startseite des Suchinterfaces ist bei den meisten modernen Suchmaschinen sehr einfach aufgebaut und konzentriert sich auf das Wesentliche: ein einzeiliges Formularfeld, in das der Suchende Suchwörter eingeben kann. Vorreiter für diese Form des Suchinterfaces war das Unternehmen Google, das als erstes erkannte, welche Bedürfnisse die Suchenden in Bezug auf das Suchinterface haben:

- Das Suchinterface soll den Suchenden nicht mit Informationen »belästigen«, die ihn nicht interessieren. Auch das hat zuerst Google erkannt und präsentierte schon 1998 ein Interface, das keine Nachrichten und keine Werbung enthielt, sondern sich auf den »Suchschlitz« beschränkte.
- Das Suchinterface muss sehr schnell laden. Wer pro Tag viele Male eine Suchmaschine verwendet, möchte nicht warten müssen, bis das Suchinterface in seinem Webbrowser geladen ist. Bei Google dauert es in der Regel nur Bruchteile einer Sekunde, bis das Suchinterface im Browser erscheint.
- Das Suchergebnis muss sehr schnell angezeigt werden. Bei Google dauert es meistens nur weniger als ½ Sekunde, bis nach dem Absenden des Suchformulars das Suchergebnis angezeigt wird.

Ein wesentlicher Erfolgsfaktor der Suchmaschine Google bestand also darin, dass Google mehr als die Wettbewerber die Bedürfnisse der Suchenden verstand und das Suchinterface konsequent darauf ausrichtete.

### Google Suggest

***Google Suggest*** ist eine spezielle Funktion von Google, die während des Tippens einer Suchanfrage Vorschläge zur Ergänzung der Anfrage macht. Die Vorschläge gewinnt Google aus vorherigen Suchanfragen des Benutzers (sofern dieser in seinem Google-Konto eingeloggt ist) und aus ähnlichen Suchanfragen anderer Nut-

25. *Mobile-First-Index: Jetzt startet Google den Rollout (https://t3n.de/news/mobile-first-index-startet-google-1000368/)*

***Abb. 7*** *Das Google-Suchinterface 1999: konsequent auf die Bedürfnisse der Suchenden optimiert*

***Abb. 8*** *Das Google-Suchinterface 2019: immer noch konsequent auf die Bedürfnisse der Suchenden optimiert*

zer, wobei man davon ausgeht, dass bevorzugt Suchanfragen vorgeschlagen werden, die von anderen häufig verwendet wurden.

Google Suggest ist für SEO interessant, weil es sich für die Keyword-Recherche einsetzen lässt (vergl. Abschnitt 7.12).

***Abb. 9*** *Demonstration von Google Suggest durch die Eingabe der Suchbegriffe »google suggest«.*

### Die Profisuche

Praktisch alle Suchmaschinen, die heute eine Rolle spielen, bieten den Suchenden neben dem einfachen Suchinterface auch eine komplizierter aufgebaute »Profisuche« bzw. »Erweiterte Suche« an. Hier kann der Suchende seine Suche mit zahlreichen Optionen verfeinern. Eine Statistik, wie viele Suchende anstelle des einfachen Suchinterfaces z. B. bei Google die erweiterte Suche verwenden, ist mir nicht bekannt. Ich vermute jedoch, dass dies nur ein sehr kleiner Teil der Suchenden insgesamt ist.

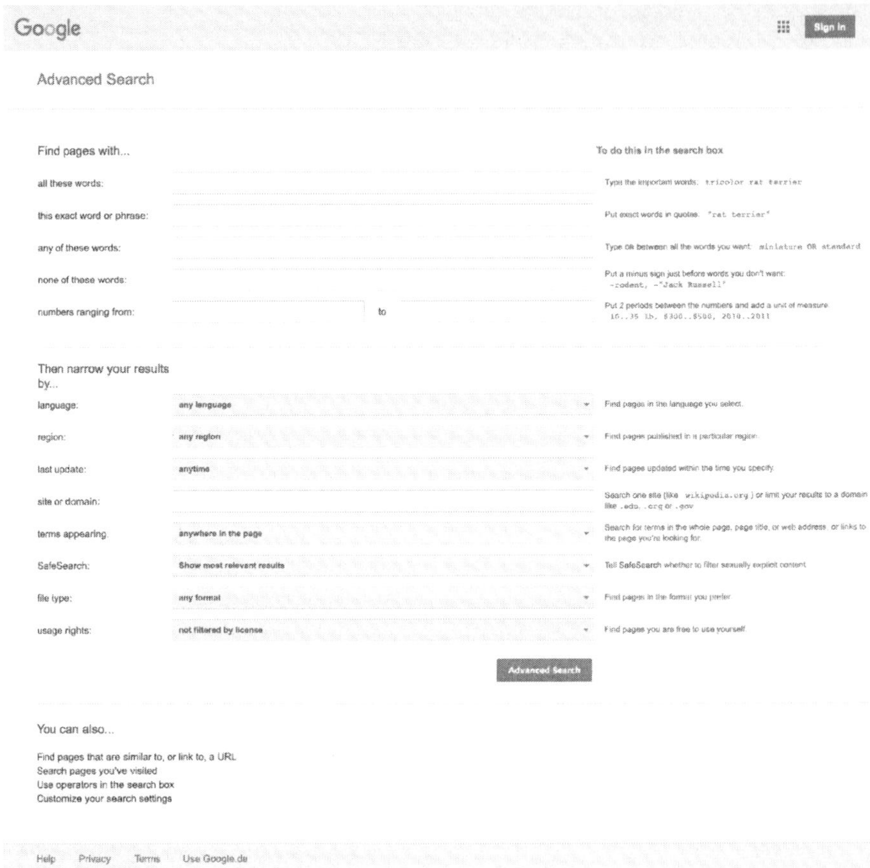


***Abb. 10*** *Die erweiterte Suche von Google*[26] *erreichen Sie, nicht sehr intuitiv, über das Menü* ***Einstellungen*** *(Settings) auf der Google-Startseite.*

## Übung 1: Die erweiterte Google-Suche

Probieren Sie die erweiterte Suche von Google aus. Suchen Sie darin gezielt nach:

- PDF-Dateien, die Informationen zum TCP/IP-Protokoll enthalten.
- Webseiten, die in den letzten 24 Stunden zum Thema *Donald Trump* veröffentlicht wurden.
- Webseiten mit Text in englischer Sprache, die das Wort *SEO* im Seitentitel beinhalten, auf denen aber das Wort *Google* nicht vorkommt.

26. *https://www.google.de/advanced_search*

- Webseiten der Domain *w3.org* (ausschließlich), die Informationen zum Suchbegriff *HTML5* beinhalten.

## 2.7 Teste Dein Wissen!

1. Wozu dienen sog. **Freshbots**?

   *Bitte ankreuzen:*

   - ☐ Freshbots sorgen dafür, dass neue Seiten im Web schnell gefunden und indexiert werden.
   - ☐ Freshbots sorgen dafür, dass möglichst viele Seiten einer Website gefunden und indexiert werden.
   - ☐ Freshbots sorgen dafür, dass möglichst nur häufig aktualisierte Seiten einer Website gefunden und indexiert werden.
   - ☐ Freshbots sorgen dafür, dass alte Seiten regelmäßig aus dem Index der Suchmaschine gelöscht werden.

2. Welche Seiten können WebCrawler bzw. Robots grundsätzlich nicht von selbst finden?

   *Bitte ankreuzen:*

   - ☐ Seiten, die nur registrierte und eingeloggte Benutzer sehen können.
   - ☐ Seiten, die von keiner anderen Seite verlinkt sind.
   - ☐ Seiten, deren Dateiformat nicht dem Standardformat *HTML* entsprechen.
   - ☐ Seiten, die erst nach Ausfüllen eines Formulars erreichbar sind.

3. Welche Vorteile bietet die unter dem Codenamen **Caffeine** 2010 von Google eingeführte Index-Technologie gegenüber früheren Indexierungs-Verfahren?

   *Bitte ankreuzen:*

   - ☐ Sie ermöglicht, dass der Crawling- und Indexierungsprozess schrittweise und kontinuierlich erfolgen kann.
   - ☐ Sie ermöglicht, dass die für Mobilgeräte optimierte Version einer Webseite primär für das Ranking verwendet wird.
   - ☐ Sie ermöglicht, dass Suchende wesentlich aktuellere Suchergebnisse erhalten.

- ☐ Sie ermöglicht, dass andere Suchmaschinen über eine Schnittstelle direkt auf den Google-Index zugreifen können.
- ☐ Sie ermöglicht, dass Webseiten innerhalb von Sekunden, nachdem sie gecrawlt worden sind, in den Index aufgenommen werden können.

4. Welche Anforderungen sollte das Suchinterface (»Suchschlitz«) einer Suchmaschine erfüllen, damit es besonders häufig genutzt wird?

   *Bitte ankreuzen:*

   - ☐ Es sollte grafisch besonders aufwendig gestaltet sein.
   - ☐ Es sollte im Browser sehr schnell laden.
   - ☐ Es sollte den Suchenenden nicht mit Inhalten wie z.B. Werbung von der Suche ablenken.
   - ☐ Es sollte nach der Eingabe eines Suchbegriffes sofort zum besten Suchergebnis springen.
   - ☐ Es sollte die Suchergebnisse sehr schnell anzeigen.

# Die Google-Suchergebnisseite



**In dieser Lektion lernen Sie**

- wie die Suchergebnisseite von Google aufgebaut ist.
- wie die sog. Universal Search von Google funktioniert.
- aus welchen Elementen ein einzelner Suchtreffer besteht.
- wie einzelne Suchtreffer mit erweiterten Informationen angereichert werden.
- was der Google Knowledge Graph ist.

Als Ergebnis einer Eingabe in das Suchformular liefern Suchmaschinen eine Ergebnisseite mit einer Liste der Webseiten, die die Suchmaschine, bezogen auf den eingegebenen Suchbegriff, für relevant hält. Der Fachbegriff für die Suchergebnisseite lautet ***Search Engine Results Page (SERP)***. Dabei werden alle gefundenen Suchtreffer absteigend nach Relevanz sortiert. Google wendet dabei ein sog. *Paging* an, d.h., die gesamte Suchergebnisliste wird in Bildschirmseiten unterteilt.

Die Aufgabe von SEO besteht nicht nur darin, gute Rankings auf der Suchergebnisseite zu erzielen, sondern auch, dafür zu sorgen, dass Google den Suchtreffer so gestaltet, dass gute Klickraten (engl.: Click-Through-Rate, CTR)[27] erreicht werden.

Der Aufbau der Suchergebnisseite und der Aufbau der einzelnen Suchtreffer ist zumindest bei Google sehr komplex bzw. variabel. Die Seite und die einzelnen Treffer können viele verschiedene Elemente beinhalten, die wir uns im Detail anschauen wollen.

## 3.1 Bezahlte Anzeigen (Google Ads und Google Shopping)

Google bietet Werbetreibenden die Möglichkeit an, auf der Suchergebnisseite Werbung einzublenden. Die Anzeigenplätze, die sich über und unter den sog. organischen Suchergebnissen befinden und mit dem Hinweis »Anzeige« gekenn-

27. Click-Through-Rate: Prozentsatz der Betrachter der SERP, die auf den Suchtreffer klicken. Klicken z.B. von 100 Betrachtern der SERP fünf auf einen Treffer, beträgt die Click-Through-Rate 5%.

zeichnet sind, werden an Werbetreibende mithilfe der Google-Dienste *Google Ads* und *Google Shopping* versteigert.

Über das Google-Ads-System bieten Werbetreibende Geld auf Keywords, d.h. Begriffe, die die Suchenden eingeben. Die Anzeigenplätze werden an die meistbietenden Werbetreibenden vergeben und deren Anzeigen eingeblendet. Die Einblendung der Anzeigen ist grundsätzlich kostenlos. Erst wenn jemand auf eine Anzeige klickt, wird der Geldbetrag fällig. Abgerechnet wird also nach dem ***Pay-per-Click-Verfahren***. Die Platzierungen im sog. ***organischen Bereich*** können dagegen nicht ersteigert werden.

Google Shopping wurde im Jahr 2005 von Google eingeführt. Onlineshop-Betreiber konnten kostenlos ihre Produkte einstellen. Die Produktinformationen wurden dann teilweise auch in den organischen Suchergebnissen eingeblendet. Heute ist Google Shopping in Google Ads integriert. Hersteller und Verkäufer können ihre Produkte kostenlos einstellen. Die Produktinformationen werden in Gestalt sog. ***Product Listing Ads*** (PLA, dt.: Produktanzeigen) auf der Suchergebnisseite über oder neben den organischen Suchergebnissen eingeblendet, wenn jemand nach entsprechenden Produkten sucht. Sie sind als Werbung gekennzeichnet. Die Abrechnung erfolgt, wie bei Google Ads, nach dem Pay-per-Click-Verfahren.

Ein PLA besteht aus dem Produktbild, einer kurzen Produktbeschreibung, dem Preis sowie Angaben zum Versand (Abb. 11).

> Google Ads (ehemals Google AdWords) und Google Shopping haben mit SEO nichts zu tun und werden hier nicht weiter behandelt. SEO beschäftigt sich ausschließlich mit den organischen Suchergebnissen. Eine gute Platzierung dort lässt sich nicht erkaufen, sondern nur durch gute Suchmaschinenoptimierung erreichen.

## 3.2 Organische Suchergebnisse

Die SERP enthält eine Liste der von der Suchmaschine als für die eingegebenen Suchbegriffe relevant erachteten Webseiten oder anderer Dateitypen, die im Web vorkommen. Standardmäßig zeigt Google auf der ersten Suchergebnisseite 10 Treffer an.

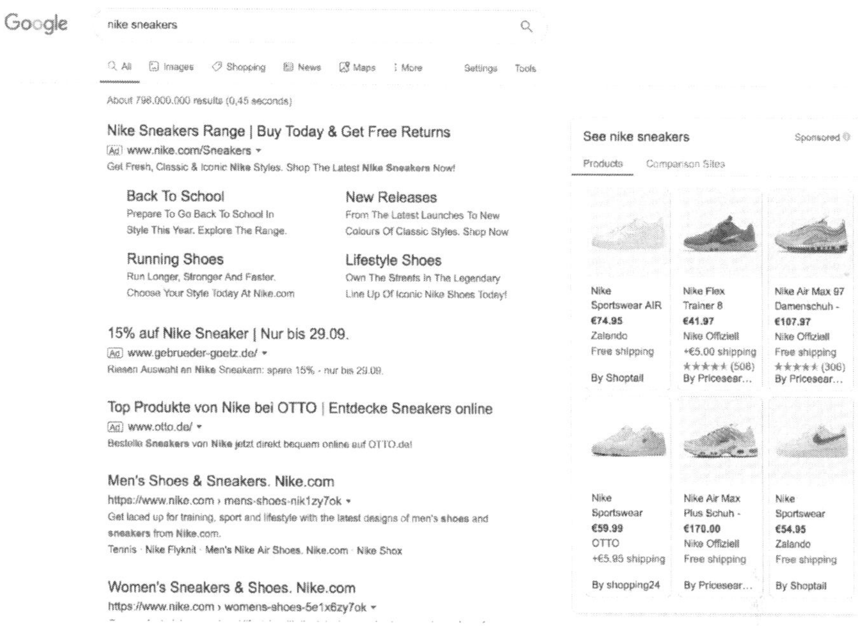


***Abb. 11*** *Auf der Suchergebnisseite von Google werden (je nach Suchbegriff) auch bezahlte Anzeigen (Google Ads) oder Produkthinweise (Google Shopping) angezeigt. Diese sind als Werbung gekennzeichnet (Ad, Sponsored). Im Google-Shopping-Panel werden optional auch noch Produktvergleichsportale aufgelistet (Comparison Sites).*

> Nach einem Update des Google-Algorithmus (dem sog. *Site Diversity Update*) im Juni 2019 werden auf der Google-Suchergebnisseite für jede Domain nur noch maximal zwei Suchergebnisse angezeigt (Ausnahmen bestätigen die Regel ;-)
>
> Damit will Google sicherstellen, dass die Suchergebnisseite nicht von einzelnen (meist großen und bekannten) Website dominiert werden, sondern auch kleinere, weniger bekannte Websites eine Chance haben, auf der ersten Suchergebnisseite zu erscheinen.

Die meisten bekannten Suchmaschinen analysieren nicht nur Textinhalte, sondern auch Bilder, Videos, PDF-Dateien, Audiodateien usw. Google beispielsweise indexiert sogar Word- und Powerpoint-Dateien, reine Textdateien, Postscript-Dateien und Shockwave-Flash-Dateien (.swf).

## 3.2.1 Die Google-Spezialsuchmaschinen

Google hat zahlreiche Spezialsuchmaschinen entwickelt, die spezielle Dateiformate, besondere Arten von Dokumenten oder Informationen berücksichtigen. Ein einfaches Beispiel dafür ist die Google-Bildersuche, mit der Sie gezielt nach Bildern im Web suchen können. Die Suche mithilfe dieser Spezialsuchmaschinen heißt im Fachjargon auch ***Vertical search*** (vertikale Google-Suche).[28]

Auf der Google-Startseite ist nur die Bildersuche direkt verlinkt. Erst auf der Suchergebnisseite lassen sich einige der anderen Spezialsuchmaschinen direkt aufrufen (Abb. 12).

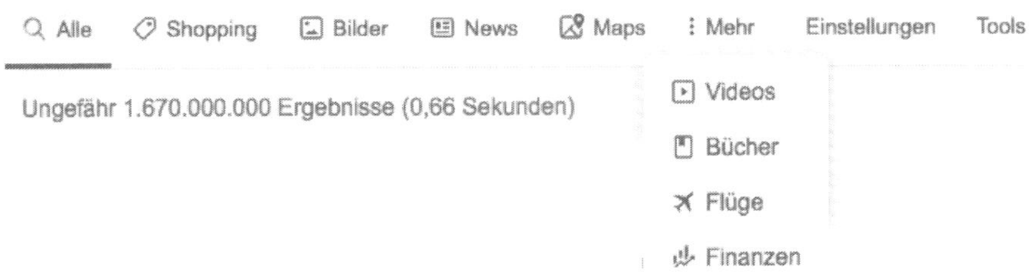


***Abb. 12*** *Erst auf der Suchergebnisseite lassen sich einige der Spezialsuchmaschinen aufrufen.*

Die Wichtigsten der Spezialsuchmaschinen sind:

- News
- Bilder
- Shopping
- Videos
- Maps
- Bücher
- Flüge
- Finanzen
- Destinations
- Scholar

Sie können die Google-Spezialsuchmaschinen auch gezielt aufrufen, auch wenn Google sie gut versteckt hat. In der folgenden Beschreibung nenne ich jeweils auch die URL dazu.

### News[29]

Die Spezialsuchmaschine *Google News Search* konzentriert sich auf das Aufspüren aktueller Informationen, die Nachrichtenportale, Onlineausgaben von Tageszei-

28. vgl. *https://en.wikipedia.org/wiki/Vertical_search*
29. *https://news.google.com/*

tungen, Pressedienste, Fernsehportale usw. publizieren. Neue Meldungen werden oftmals schon Minuten nach ihrer Veröffentlichung von Google News gefunden.

### Bilder[30]

Geben Sie doch mal Ihren Namen in den Suchschlitz ein und finden Sie heraus, welche Fotos es von Ihnen im Web gibt. Seit Kurzem können Sie sogar Bilddateien in den Google-Suchschlitz ziehen (sogar von Ihrem Desktop aus!), und Google sucht nach ähnlichen Bildern. Probieren Sie das einmal mit einem Foto von Ihnen aus und schauen Sie sich Ihre Doppelgänger an :-).

### Shopping[31]

Google Shopping ist ein Preisvergleichsportal, das bis 2013 für Händler kostenlos war, inzwischen jedoch in Google Ads integriert ist. Produkt-Anzeigen werden in Form von Product Listing Ads auch auf der Suchergebnisseite der normalen Web-Suche eingeblendet.

### Videos[32]

Das Web ist inzwischen voll von Videos, und Google bemüht sich, diese zu finden. Dabei kommt es Google sehr entgegen, dass Youtube inzwischen zum Konzern gehört. So hat Google direkten Zugang zum Datenbestand von Youtube. Google findet aber auch Videos auf anderen Websites.

### Maps[33]

Der Kartendienst von Google bietet neben der Suche nach Orten und Adressen auch einen Routenplaner, eine Satellitenansicht und das berühmte Google Streetview an. Interessant ist jedoch, dass Google Maps direkt mit ***Google My Business (ehemals Google Places)*** verknüpft ist. Google My Business bietet Unternehmen die Möglichkeit, ein Profil bei Google einzutragen. Auf diese Profile greift Google immer dann zu, wenn die Suche einen lokalen Charakter hat (Abb. 13).

Google selbst bewirbt das so:

30. *https://images.google.com/*
31. *https://shopping.google.com/*
32. *https://video.google.com/*
33. *https://maps.google.com/*

*Millionen Menschen täglich führen Suchen in Google Maps durch. Mit einem kostenlosen Google Maps-Eintrag machen Sie es ihnen leichter, Sie zu finden. Sie können in Google My Business einen kostenlosen Eintrag erstellen. Wenn potenzielle Kunden in Maps nach örtlichen Informationen suchen, finden sie Ihr Unternehmen mit Adresse, Öffnungszeiten und sogar Fotos Ihres Unternehmens oder Ihrer Produkte. Es ist einfach, kostenlos, und Sie benötigen keine eigene Website.*

Falls Sie mit der Maps-Suche noch nicht so vertraut sind: Geben Sie doch einmal den Namen eines Unternehmens oder einen Suchbegriff wie »Hotel Toronto« ein (Abb. 13).

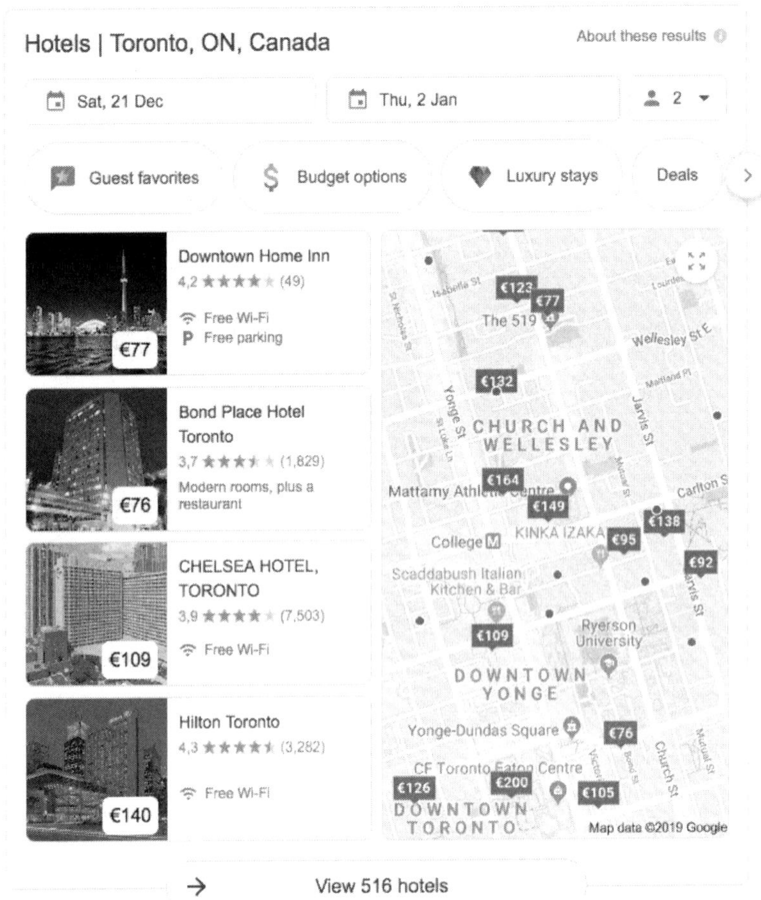


***Abb. 13** Bei Suchanfragen mit lokalem Bezug (hier: »Hotel Toronto« blendet Google auf der Suchergebnisseite Daten aus Google Maps bzw. Google My Business ein.*

Die Internetnutzer können Einträge in Google Maps auch bewerten, und Google zeigt diese Bewertungen u. U. dann auch auf der Suchergebnisseite an (Abb. 13).

Mit Google My Business beschäftigen wir uns näher in Lektion 15.

### Bücher[34]

Die Google-Büchersuche verwendet Daten aus zwei unterschiedlichen Quellen. Zum einen existiert seit 2004 eine Kooperation mit einigen Verlagen, die ihre Bücher in gedruckter oder digitaler Form zur Verfügung stellen. Google erfasst die Bücher elektronisch und erstellt einen Volltextindex des Materials. Dieser Bücher-Index ist seit 2005 online durchsuchbar. Allerdings können Internetnutzer nur einen Teil der Buchseiten einsehen. Diese lassen sich außerdem auf einfache Weise weder drucken noch speichern. Denn selbstverständlich haben die Verlage ein Interesse daran, die Bücher weiterhin zu verkaufen. So dient das Ganze in erster Linie den Verlagen dazu, ihre Bücher zu vermarkten. Der unmittelbare Nutzen für den Suchenden ist eher begrenzt.

Die Datenbasis der Google-Büchersuche wird aber noch aus einer anderen Quelle gespeist: dem ***Google Library Project***. Im Rahmen einer Kooperation mit einigen großen öffentlichen und universitären Bibliotheken lässt Google seit 2005 historische Bücher einscannen und digitalisieren. An dem Projekt beteiligen sich neben der New York Public Library zahlreiche amerikanische Universitätsbibliotheken, darunter Harvard und Stanford. In Europa machen u.a. die Oxford University und die Bayerische Staatsbibliothek in München mit. Urheberrechtsfreie Werke stehen dann im Volltext zur Verfügung oder lassen sich herunterladen. In die Kritik geriet das Projekt, weil Google auch urheberrechtlich geschützte Bücher digitalisiert, sofern die Rechteinhaber dem nicht widersprochen haben. Als Antwort auf die Kritik von Autoren und Verlagen setzte Google das Einscannen zeitweise aus und forderte die Rechteinhaber auf, mitzuteilen, welche Bücher sie nicht digitalisiert haben wollen. Dies ist zwar im Einklang mit amerikanischem Recht, wird von einigen Autoren und Verlagen jedoch als nicht hinreichend angesehen.

### Flüge[35]

Google Flights ist eine Spezial-Suchmaschine für Flüge. Über eine spezielle Suchmaske können Sie nach Flugverbindungen suchen. Ergebnisse dieser Spezial-Suchmaschine werden je nach Suchanfrage auch auf der Ergebnisseite einer normalen Web-Suche eingeblendet.

### Finanzen[36]

Google Finance ist ein Portal rund um Informationen der Finanzbranche. Beispielsweise werden Wechselkurse, Börsendaten und Finanzdaten von Unternehmen

34. *https://books.google.com/*
35. *https://flights.google.com/*
36. *https://finance.google.com/*

ausgegeben und u. U. auch auf der Ergebnisseite der normalen Suche eingeblendet *(https://finance.google.com/; https://www.google.de/finance)*.

#### Destinations[37]

Google Destinations ging 2016 an den Start als eine Art Reiseführer, mit dem Sie sich in der Web-Suche über ein Reiseziel informieren und einen Trip komplett planen können *(https://www.google.com/destination; https://www.google.de/destination)*.

#### Google Scholar[38]

In dem Projekt *Google Scholar* erfasst Google wissenschaftliche Publikationen und indexiert diese, um sie der Websuche zugänglich zu machen. Dazu zählen z.B. Seminararbeiten, Bachelor-, Master-, Magister-, Diplom- und Doktorarbeiten, Bücher und vor allem auch Fachartikel, die von akademischen Verlagen, Berufsverbänden, Universitäten und anderen Bildungseinrichtungen veröffentlicht werden.

### 3.2.2 Universal Search

Die Spezialsuchmaschinen kommen aber auch bei der »normalen« Google-Suche zum Einsatz: Google selbst hat schon 2007 damit begonnen, diese bei jeder Suchanfrage mit abzufragen, auch wenn der Suchende diese nicht explizit auswählt, und die Ergebnisse auf der Suchergebnisseite ebenfalls (d.h. zuätzlich zu dem Ergebnis der reinen Websuche nach Hypertext-Dokumenten) einzublenden. Dieses Konzept bezeichnet Google als ***Universal Search***.

Das sollten wir uns anhand eines Beispiels näher anschauen, um zu verstehen, woher die auf der Suchergebnisseite eingeblendeten Suchtreffer im Einzelnen stammen können (Abb. 14).

Wie Sie in Abb. 14 sehen, streut Google auch bei einer Standard-Suchanfrage Ergebnisse aus den Spezialsuchmaschinen auf der Suchergebnisseite ein. Welcher Spezialsuchmaschinen Google sich bedient, hängt vom Suchbegriff ab. Prinzipiell können Ergebnisse aus allen Spezialsuchmaschinen angezeigt werden.

37. *https://www.google.com/destination*
38. *https://scholar.google.com/*

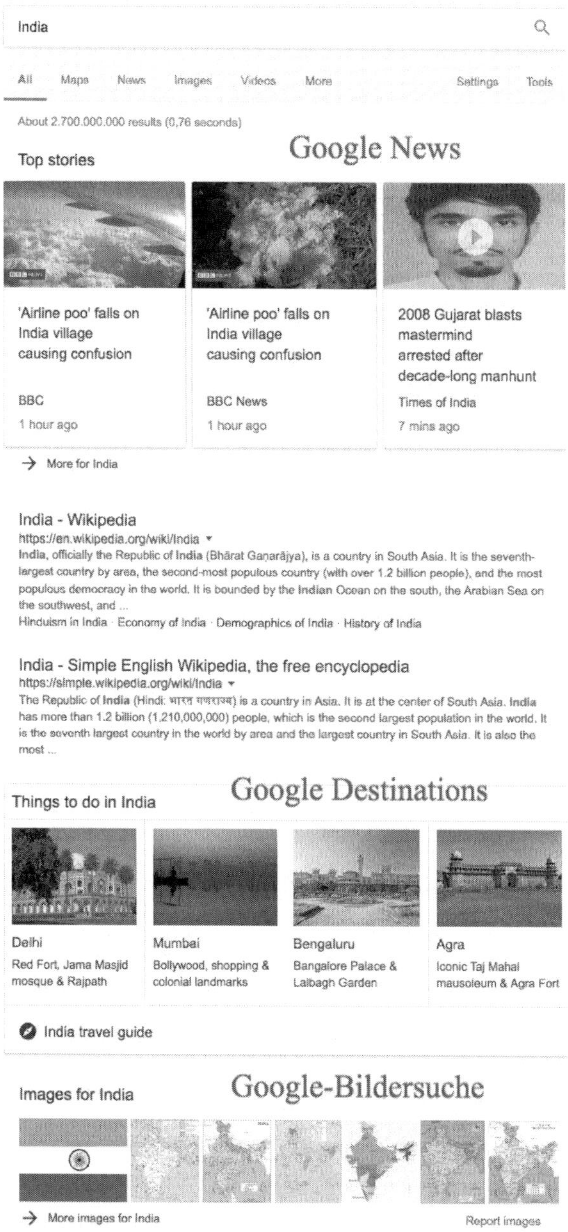


***Abb. 14*** *Google Universal Search: Auf der Ergebnisseite werden auch Ergebnisse aus verschiedenen Google-Spezialsuchmaschinen eingeblendet, hier aus Google News, der Google-Bildersuche und dem Google Reiseführer (Google Destinations).*

**Übung 2: Die Google-Spezialsuchmaschinen und Universal Search**

Geben Sie Ihren Firmen- oder Markennamen oder ein für Sie/Ihr Unternehmen besonders wichtiges Suchwort nacheinander in die »normale« Google-Websuche und anschließend jeweils in die Spezialsuchmachinen News, Bilder, Videos, Maps, Bücher, Scholar und Shopping ein. Welche Inhalte, die mit Ihrem Unternehmen in Verbindung stehen, findet Google? Welche davon finden sich auf der Suchergebnisseite der Standard-Suche?

## 3.3 Aufbau eines einzelnen Suchergebnisses

Google verwendet Informationen aus sehr unterschiedlichen Quellen, um die einzelnen Suchtreffer darzustellen. Google nennt diese Darstellung ***Snippet*** (dt.: Schnipsel). Neben Informationen aus dem HTML-Quelltext der indexierten Webseite holt sich Google u.U. auch Informationen aus der gesamten Website der Trefferseite, aus dem Unternehmensverzeichnis Google My Business, aus Google Maps, der Bilder- und Videosuche und diversen Bewertungsportalen.

In der einfachsten Form besteht ein Snippet aus folgenden Elementen:

***Abb. 15*** *Aufbau eines Snippets in der einfachsten Form bei einer Suche nach »SEO Software«*

Der Titel eines Treffers (1) ist in der Regel der Seitentitel der referenzierten Webseite und stammt also aus dem HTML-Tag `<title>` der Webseite.

Darunter (2) wird die Webadresse (URL) des Suchtreffers angezeigt, wobei Google jedoch den lokalen Pfad der URL (der Teil nach der Top-Level-Domain) in Form von sog. *Breadcrumbs* anzeigt. Im Beispiel (Abb. 15) lautet die tatsächliche URL des Suchtreffers *https://uk.pcmag.com/cloud-services/85704/the-best-seo-tools*. Die Breadcrumbs sind eine Textzeile, die dem Benutzer anzeigt, in welcher Verzweigung er sich innerhalb einer Website befindet. Viele Websites verwenden eine solche Brotkrumen-Navigation als Orientierungshilfe auf den einzelnen Webseiten. Google zeigt seit August 2019 auch in der Desktop-Suche keine vollen URLs mehr an, sondern verwendet Breadcrumbs für die Darstellung des lokalen Pfads der URL und vereinheitlicht in diesem Punkt die mobile Suche mit der Desktop-Suche.

> Google kann solche Breadcrumbs aus der Navigationsstruktur der Website automatisch erstellen. Sie können jedoch den Breadcrumb-Pfad im SERP-Snippet mithilfe einer semantischen Optimierung steuern und sollten dies aus SEO-Gründen auch tun. Mehr dazu finden Sie in Abschnitt 13.6.1.

Unter der URL wird der Beschreibungstext des Suchtreffers angezeigt (3). Dieser stammt in der Regel aus dem HTML-Tag `<meta name="description">` (»Meta-Description«) der gefundenen Seite. Falls es auf der gefundenen Seite dieses HTML-Tag nicht gibt, oder dieses Tag Text enthält, der nicht zum Inhalt der Seite passt, bastelt sich Google einen eigenen Beschreibungstext aus dem Text der Seite, der sich in der Nähe der Suchbegriffe findet, zusammen.

> Der Suchbegriff, den der Suchende verwendet hat, wird in diesem Abschnitt fett hervorgehoben. Bei der Optimierung einer Webseite für bestimmte Keywords, sollten diese daher unbedingt in der Meta-Description enthalten sein.

### Sitelinks

Unter Umständen blendet Google unter dem Beschreibungstext sog. ***Sitelinks*** ein. Das sind Links, die zu Unterseiten der Website führen, aus der der Suchtreffer stammt. Unter welchen Umständen Google solche Sitelinks einblendet, ist nicht bekannt. Besonders häufig scheinen diese eingeblendet zu werden, wenn es sich bei dem Suchtreffer um die Startseite einer Website handelt. Google sagt dazu:

> *»Wir zeigen Sitelinks lediglich für Suchergebnisse an, wenn wir sie als hilfreich für den Nutzer erachten. Lässt die Struktur Ihrer Website keine Algorithmen zur Suche nach geeigneten Sitelinks zu oder sind Sitelinks für Ihre Website unserer Auffassung nach für die Suchanfrage des Nutzers nicht relevant, werden sie nicht angezeigt.«*

Es gibt für Webseitenbetreiber leider aktuell keine Möglichkeit, die Darstellung der Sitelinks für seine eigenen Domains zu beeinflussen. Google sagt dazu:

> *»Derzeit sind Sitelinks automatisiert. Wir arbeiten ständig daran, die Algorithmen für unsere Sitelinks zu verbessern, und integrieren die Eingabe durch Webmaster möglicherweise in der Zukunft. Zur Verbesserung der Qualität Ihrer Sitelinks können Sie sich jedoch an Best Practices orientieren. So sollten Sie für die internen Links Ihrer Website beispielsweise Ankertext und alt-Text verwenden, der informativ und kompakt ist, und Wiederholungen möglichst vermeiden.«*

***Abb. 16*** *Beispiel für Sitelinks*

## Rich Results (Rich Snippets)

Die Suchtreffer werden von Google mit immer mehr Informationen »angereichert«, sodass man von sog. ***Rich Results*** (bis vor kurzem war auch der Begriff *Rich Snippets* gebräuchlich) spricht.

Mithilfe dieser zusätzlichen Informationen zum Suchtreffer sollen Suchende leichter bzw. schneller erkennen, ob ein Treffer für sie relevant ist.

Bei den zusätzlichen Informationen handelt es sich u.a. um:

- Terminhinweise: Zu Veranstaltungen wie z.B. Konzerten und Seminaren können Termine angezeigt werden.
- Erfahrungsberichte und Bewertungen: Zu Produkten oder Dienstleistungen können Sternebewertungen oder Links zu Erfahrungsberichten angezeigt werden.
- Breadcrumbs: Als Breadcrumbs (dt.: Brotkrumen) bezeichnet man einen Navigationspfad aus mehreren Links. Mithilfe dieser Links kann der Suchende die Struktur der Website, auf die der Suchtreffer verweist, erfassen und von der Suchergebnisseite direkt verschiedene URLs ansteuern.
- Koch- und Backrezepte: Es können Kochzeit oder Kalorienangaben angezeigt werden. Auch Sternebewertungen sind möglich.
- Musik: Bei der Suche nach Musikern, Bands, Alben oder Liedern können Informationen wie eine Liste der Songs eines Interpreten oder eines bestimmten Albums mit Hörprobe angezeigt werden.
- Produkte: Es können z.B. Informationen wie Preis oder Verfügbarkeit angezeigt werden.
- Fotos und Videos: In den Suchergebnissen kann ein Foto oder das Thumbnail eines Videos, das zum Suchtreffer passt, angezeigt werden.

Durch solche Zusatzinformationen angereicherte Suchtreffer fallen gegenüber den Standard-Suchtreffern auf und erhöhen u. U. die Wahrscheinlichkeit, dass Suchende auf diese Treffer klicken. Bei Suchtreffern mit Sternebewertungen steigt die Klickrate angeblich um bis zu 5 %.

Zwar kann Google solche ***Rich Results*** vollkommen automatisch erstellen, aber Sie können Google auch dabei helfen und damit die Wahrscheinlichkeit erhöhen, dass Google für Ihre Webseiten Rich Results erstellt, was wiederum die Wahrscheinlichkeit erhöht, dass Suchende auf Ihre Webseite gelangen.

Dazu müssen Sie den HTML-Code Ihrer Webseiten um *semantische Informationen* ergänzen. Wie das geht, erfahren Sie in Lektion 13.

***Abb. 17*** *Anzeige von Konzertterminen der Band Glasperlenspiel in einem Suchergebnis*

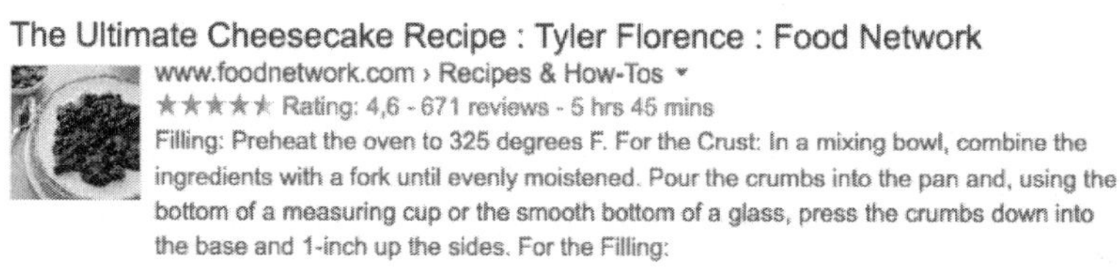


***Abb. 18*** *Erweiterte Informationen in einem Suchtreffer zum Suchbegriff* Cheesecake Recipe *(Käsekuchen Rezept). Zusätzlich zu den Standardinformationen enthält der Treffer ein Foto, eine Sternebewertung und Angaben zur Zubereitungszeit des Backrezepts.*

***Abb. 19*** *Erweiterte Informationen in einem Suchtreffer zu einer Musik-CD der Gruppe The Police. Neben der Sternebewertung wird der Preis des Produkts in dem Onlineshop angezeigt sowie die Information, dass das Produkt auf Lager ist (In stock).*

## 3.4 Die Google Answer Box

Für viele Suchanfragen (durchschnittlich 17 %[39]) gibt Google über den organischen Suchergebnissen direkt eine Antwort in der sog. ***Answer Box*** aus. Wie diese

Answer Box aussieht und woher die Informationen stammen, ist dabei sehr unterschiedlich.

Für einige typische Fragen wie z.B. Umrechnung von Währungen oder Längeneinheiten sowie für Übersetzungen (***Google Translate***) stellt Google sog. ***Widgets*** zur Verfügung.

***Abb. 20*** *Google beantwortet die Suchanfrage »300 miles in km« mit einem Maßeinheiten-Umrechner-Widget.*

***Abb. 21*** *Google beantwortet die Suchanfrage »300 USD in EUR« mit einem Währungsrechner-Widget.*

Andere Antworten stammen aus vielen unterschiedlichen Quellen, z.B. aus dem Google Dictionary (Lexikon), das inzwischen vollständig in die Suche integriert wurde[40], aus Wikipedia, aber teilweise auch aus beliebigen, auch kommerziellen Webseiten. Für den letzteren Fall scheint das hauptsächliche Kriterium zu sein, dass die Seite in der organischen Suche sehr hoch rankt (Abb. 23).

39. *Decoding the Google Answer Box Algorithm – a SERP Research on 10.353 Keywords (http://cognitiveseo.com/blog/6266/decoding-google-answer-box-algorithm-serp-research-10-353-keywords/)*
40. *Google closes its Dictionary site, wants you to "search" for definitions instead (http://thenextweb.com/google/2011/08/05/google-closes-its-dictionary-site-wants-you-to-search-for-definitions-instead/)*

***Abb. 22*** *Googles Antwort auf die Suchanfrage »What is a hashtag«. Die Antwort stammt aus dem Google Dictionary.*

***Abb. 23*** *Google beantwortet die Suchanfrage »What is https« mit einem Ausschnitt einer kommerziellen Webseite, und zwar der, die im organischen Bereich auf Position 1 rankt!*

Google wird auch immer besser darin, Suchanfragen in natürlicher Sprache (Fachbegriff: *natural language search*) zu unterstützen.

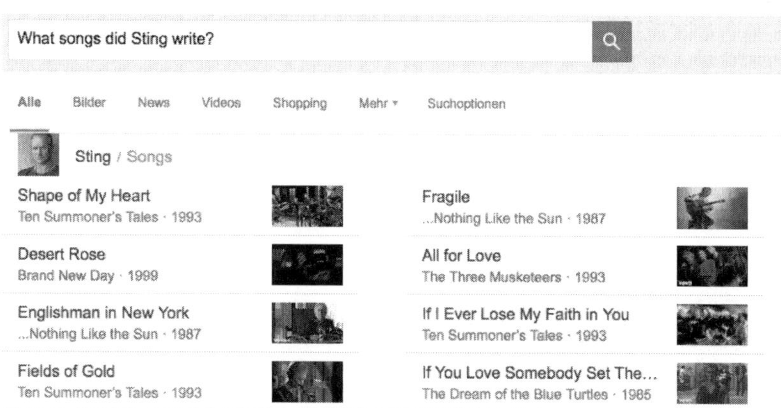


***Abb. 24*** *Googles Antwort auf die Suchanfrage »What songs did Sting write?«*

## 3.5 Der Google Knowledge Graph

Im Jahr 2012 hat Google eine völlig neue Suchtechnologie, den sog. ***Knowledge Graph*** eingeführt. Der Knowledge Graph ergänzt die bisherige Suchtechnologie und soll Google nach eigener Aussage den Weg von einer »Informationsmaschine« zu einer »Wissensmaschine« ebnen.

### Was meint Google damit?

Der Knowledge Graph ist ein wissensgestütztes Informationssystem, in dem Faktenwissen gespeichert wird, ähnlich wie in einem Lexikon. Wörter werden zusammen mit ihren möglichen Bedeutungen abgespeichert. Beispielsweise enthält der Knowledge Graph die Information, dass es sich bei der Zeichenkette »Europe« um einen Kontinent oder auch um eine Rockband handeln kann.

Beziehungen zwischen Begriffen werden hergestellt. So enthält der Knowledge Graph z.B. die Information, dass Michelangelo und Leonardo da Vinci beide u.a. Maler waren und im Zeitalter der Renaissance lebten.

Die »semantische Nähe« zwischen Begriffen wird ermittelt. Eine semantische Nähe zwischen zwei Begriffen ist dann gegeben, wenn diese Begriffe in Texten oft gemeinsam vorkommen. So gibt es z.B. eine semantische Nähe zwischen den Begriffen »Albert Einstein« und »Relativitätstheorie«.

### Wozu ist das gut?

Mit dem Knowledge Graph geht Google einen großen Schritt in Richtung ***semantische Suche***. Das ist eine Suche, die nicht nur Dokumente findet, die für die vom Suchenden eingegebene Zeichenkette relevant sind, sondern auch versucht, zu berücksichtigen, *wonach*, d.h. nach welchem Ding, welcher Person, welchem Konzept oder was auch immer der Suchende tatsächlich sucht. Mit anderen Worten, Google versucht zu verstehen, was die eingegebene Zeichenkette *bedeutet*, und zu dieser Bedeutung passende Informationen zu finden.

Der Knowledge Graph kennt diese verschiedenen Bedeutungen, und so erhält man nun für Begriffe, die im Knowledge Graph enthalten sind, ein zusätzliches Panel, das sog. ***Knowledge Panel***, auf der Ergebnisseite. Ist der Suchbegriff nicht eindeutig, werden Boxen mit Informationen zu den verschiedenen Bedeutungen des Suchbegriffs eingeblendet. Der Suchende kann nun wählen, welche Bedeutung des Begriffs er meint, und erhält dann spezifische Suchtreffer, die sich auf die gewählte Bedeutung beziehen.

Die erste Funktion des Knowledge Graph besteht also darin, bei Suchbegriffen, die mehrere Bedeutungen haben, herauszufinden, für welche Bedeutung des Suchbegriffs sich der Suchende interessiert (Abb. 25).

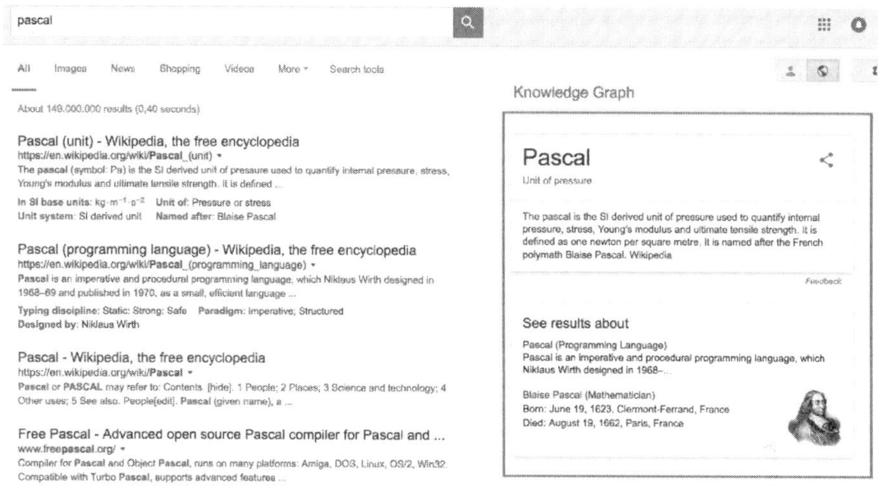


***Abb. 25*** *Suchergebnisseite für den Suchbegriff* pascal.

Betrachten wir Abb. 25. Der Knowledge Graph zeigt drei verschiedene Bedeutungen für den Suchbegriff an: physikalische Einheit, Programmiersprache und Blaise Pascal, französischer Mathematiker des 17. Jahrhunderts. Wählt man nun die dritte Bedeutung, den Mathematiker Blaise Pascal, so erhält man nicht nur Suchergebnisse für diese Bedeutung des Begriffs, sondern auch eine ganze Reihe von Detailinformationen wie im konkreten Beispiel u. a. Informationen zu Geburts- und Sterbedatum, einige bekannte Zitate, eine Auswahl von Büchern des Literaten und Philosophen Blaise Pascal sowie eine Kurzinfo, die aus Wikipedia stammt (Abb. 26).

Schauen wir uns noch ein Beispiel an: Der Suchbegriff lautet diesmal *europe*.

Wieder ist der Begriff nicht eindeutig. *Europe* könnte für den Kontinent stehen, aber vielleicht sucht der Suchende auch nach Informationen zu der gleichnamigen Rockband oder nach Informationen zur Europäischen Union?

In diesem Fall entscheidet sich Google dafür, die Detailinformationen zur Bedeutung »Kontinent« sofort einzublenden und darunter die beiden anderen Bedeutungen zur Auswahl anzubieten.

Google zufolge umfasst der Knowledge Graph mehr als 570 Millionen Objekte und mehr als 18 Milliarden Fakten über verschiedene Objekte und deren Beziehungen untereinander.[41]

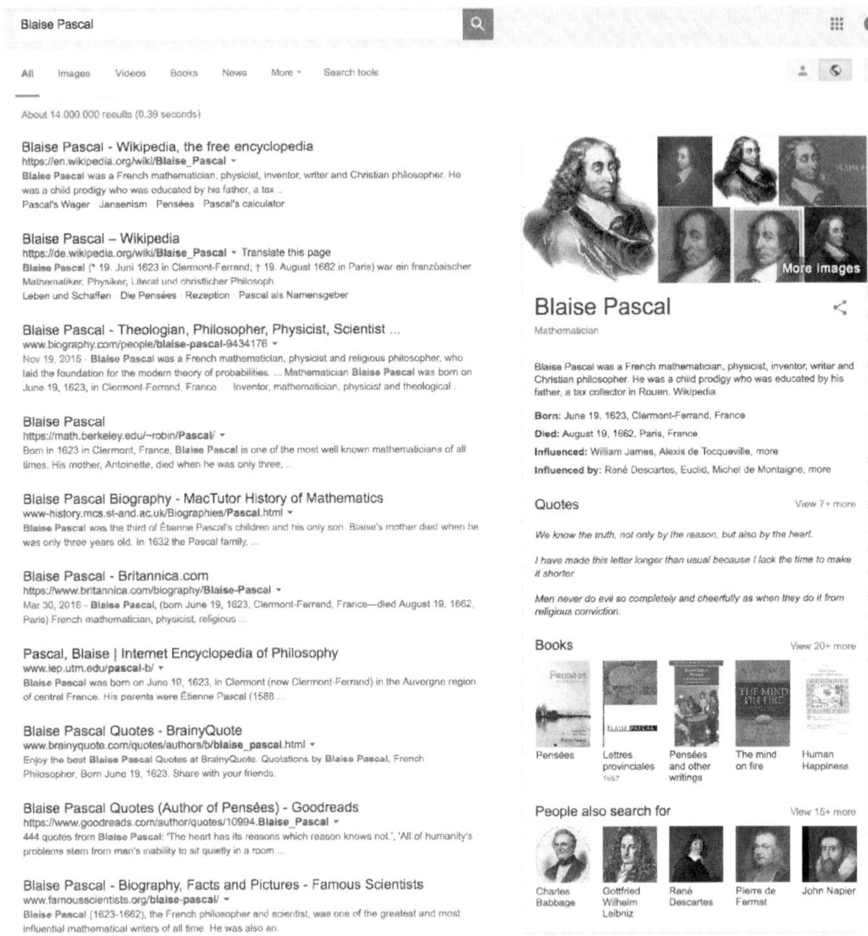


***Abb. 26*** *Informationen aus dem Knowledge Graph zur Person Blaise Pascal*

## Welche Begriffe kennt der Knowledge Graph?

Wir halten also fest, dass der Knowledge Graph mit dem Google-Index zunächst einmal nichts zu tun hat und unabhängig von diesem existiert. Er enthält eine wesentlich kleinere Anzahl von Wörtern und Begriffen als der Suchindex, speichert diese jedoch in einer Art und Weise ab, die es ermöglicht, die verschiedenen Bedeutungen eines Begriffs zu erkennen und die Relevanz dieser Bedeutungen zu bewerten.

41. *Get smarter answers from the Knowledge Graph from Português to 日本語 to русский (https://search.googleblog.com/2012/12/get-smarter-answers-from-knowledge_4.html)*

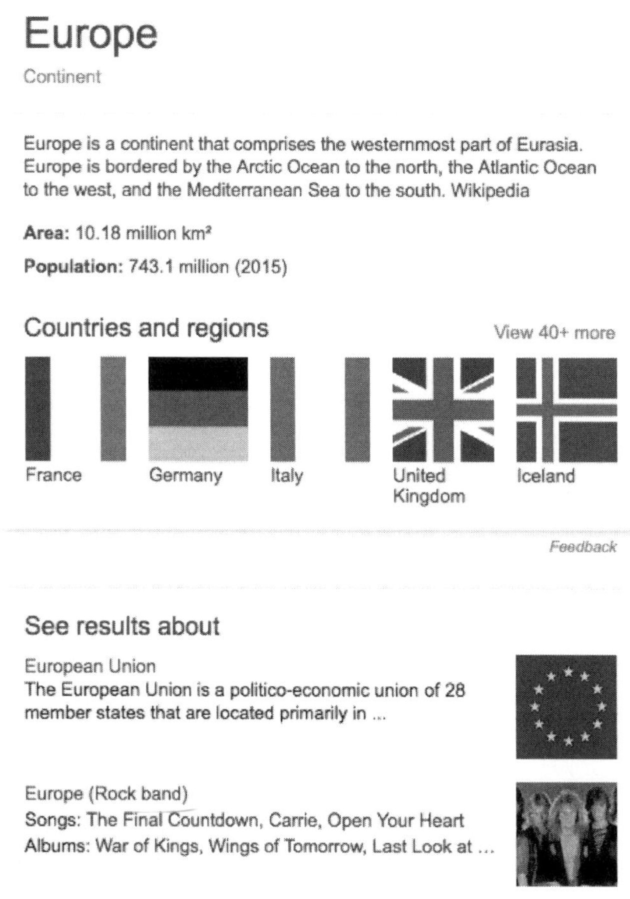


***Abb. 27** Der Knowledge Graph rätselt über den eingegebenen Suchbegriff* europe. *Meint der Suchende den Kontinent, die Rockband oder sucht er nach Informationen zur Europäischen Union?*

Nun könnte man sagen, dass letztlich jedes Wort in jeder x-beliebigen Sprache eine Bedeutung hat und dass am Ende alle Wörter im Knowledge Graph stehen werden. Ich bezweifle jedoch, dass sich der Knowledge Graph in der näheren Zukunft in diese Richtung entwickeln wird. Vielmehr scheint sich Google auf Begriffe und Wörter bestimmter Kategorien zu konzentrieren, nämlich solche, deren Bedeutungen sich aus Quellen im Web leicht ableiten und vor allem für den Suchenden auch anzeigen lassen.

Aktuell scheint der Knowledge Graph vor allem Begriffe aus den folgenden Kategorien zu enthalten:

- bekannte Persönlichkeiten
- Orte (Städte, Länder)

- bekannte Unternehmen
- Organisationen (z. B. EU)
- Sehenswürdigkeiten (z. B. Eiffelturm)
- Kinofilme
- Musikgruppen (z. B. Rolling Stones, The Police)
- Gemälde (z. B. Mona Lisa, Der Schrei, Der Kuss)
- Tiere (z. B. Hund, Pferd)
- Geschichtliche Ereignisse (z. B. Schlacht von Waterloo)
- Wissenschaftliche Fakten (z. B. Relativitätstheorie)

**Woher bezieht der Knowledge Graph seine Informationen?**

Seine Informationen bezieht der Knowledge Graph aus ganz unterschiedlichen Quellen, aktuell offenbar vor allem aus den folgenden:

- Wikipedia
- Wikidata
- CIA World Factbook
- Internet Movie Database (IMDb)
- Last.fm
- Spotify
- Deezer
- Googles eigene Dienste: Google My Business, Maps, Books, Shopping, Bildersuche, Google Play Music,Youtube

Bei dieser Liste fällt vor allem auf, dass Google neben den weitbekannten, offenen Quellen wie Wikipedia und der Filmdatenbank IMDb seine eigenen Webdienste nutzt, um Informationen zu bestimmten Keywords anzuzeigen! Das ist auf der einen Seite leicht nachvollziehbar, da Google aus urheberrechtlichen Gründen nicht einfach umfassendere Informationen aus irgendwelchen Webseiten anzeigen kann. Schon bei den altbekannten Text-Snippets, die Google zu jedem Treffer auf der Ergebnisseite anzeigt, gibt es kritische Stimmen. Da ist es für Google natürlich naheliegend, seine eigenen Dienste anzuzapfen. Man könnte auch sagen: Jetzt wird klar, warum Google diese Dienste überhaupt betreibt, nämlich, um in den Besitz von Informationen zu gelangen, die Google für seine Suchtechnologien benötigt!

Übrigens: So zurückhaltend Google damit ist, Texte aus beliebigen Websites zu verwenden, so ungeniert zieht sich Google im Knowledge Graph Bilder aus der Google-Bildersuche und damit von beliebigen Websites!

**Änderungen vorschlagen**

Google bietet die Möglichkeit an, Änderungen an den Informationen, die im Knowledge Panel angezeigt werden, vorzuschlagen. Auf diese Weise können Sie ggf. die angezeigten Informationen und Bilder zu Ihrem Unternehmen optimieren. Lesen Sie dazu bitte die *Hilfeseite von Google durch*[42], dort finden Sie eine Anleitung.

***Übung 3: Die Google-Suchergebnisseite***

Geben Sie verschiedene Suchbegriffe aus den Bereichen bekannte Persönlichkeiten, Kunstwerke, Kinofilme, Musiktitel, Musiker, Bücher, Länder, Städte, Organisationen, Fachbegriffe (z.B. aus dem Marketing-Umfeld), Produkte, Marken, Unternehmen in die Google-Suche ein.

Zu welchen dieser Begriffe gibt es Einträge im Knowledge Graph? Welche der Begriffe führen zur Anzeige einer Answer Box? Für welche werden PLAs ausgegeben? Welche anderen Elemente kommen noch vor?

Klicken Sie in der Knowledge-Graph-Box auch auf die dort eventuell angezeigten Bilder. Woher stammen diese?

## 3.6 Was bedeutet das alles für SEO?

Google führt immer wieder neue Spezialsuchmaschinen ein, die auf bestimmte Dateiformate oder Fragestellungen des Suchenden spezialisiert sind. Diese werden schon bei einer Standardsuche parallel abgefragt und liefern Ergebnisse für die Suchergebnisseite der Universal Search. Die Suchergebnisseite ist hochkomplex aufgebaut und kann je nach Suchanfrage die unterschiedlichsten Elemente enthalten. Für die Sichtbarkeit in Google werden Inhalte wie Bilder, Videos, ja sogar Bücher, aber auch spezielle Informationsformate wie Nachrichten/News/Blog-Artikel, Online-Lexika/Wikis immer wichtiger, da sie von Spezialsuchmaschinen ausgewertet werden und die Sichtbarkeit erhöhen können.

42. *https://support.google.com/knowledgepanel/answer/7534842*

Für Ihre Aufgaben als SEO ist es sehr wichtig, die verschiedenen Elemente zu kennen und zu verstehen, um entsprechend gezielt optimieren zu können.

## 3.7 Teste Dein Wissen!

1. Was sind *Sitelinks*?

   *Bitte ankreuzen:*

   - ☐ Als Sitelinks bezeichnet man die bei einem Suchtreffer auf der Suchergebnisseite von Google zusätzlich angezeigte Hyperlinks, die zu Unterseiten der gefundenen Website führen.
   - ☐ Als Sitelinks bezeichnet man Hyperlinks zu Webseiten, die auf der Google-Suchergebnisseite am Rand neben den Suchergebnissen angezeigt werden, z. B. innerhalb eines Knowledge-Graph-Panels.
   - ☐ Als Sitelinks bezeichnet man die Summer aller Hyperlinks einer Website, die auf andere Webseiten derselben Website verlinken (interne Links).
   - ☐ Als Sitelinks bezeichnet man alle Hyperlinks im Google-Index, die zu einer bestimmten Website verweisen.

2. Sie geben in die Google-Suche ein: »100 USD in EUR«. Welche Ausgabe erwarten Sie für die Suchergebnisseite?

   *Bitte ankreuzen:*

   - ☐ Eine Google Answer Box, in der mithilfe eines Widgets die Umrechnung von 100 US-Dollar in Euro erfolgt.
   - ☐ Ein Rich Result mit Informationen dazu, wie man die Währungen umrechnet.
   - ☐ Ein Knowledge-Graph-Panel mit Informationen zu den Währungen US-Dollar und Euro
   - ☐ Es wird keine Ergebnisseite angezeigt, stattdessen erscheint das Ergebnis der Währungsumrechnung direkt im Google-Suchschlitz.

3. Identifizieren Sie die Quellen, aus denen der *Knowledge Graph* seine Informationen bezieht.

   *Bitte ankreuzen:*

   - ☐ Wikipedia
   - ☐ Wikidata
   - ☐ IMDb
   - ☐ Bilder können auch aus privaten oder kommerziellen Websites stammen

4. Welche der folgenden Spezialsuchmaschinen zählen bei Google zur sog. *Vertical Search*?

   *Bitte ankreuzen:*

   ☐ Scholar

   ☐ Web

   ☐ Maps

   ☐ Videos

   ☐ Bilder

5. Aus welchen drei Elementen besteht ein Suchtreffer in Google (*Snippet*) in seiner einfachsten Form?

   *Bitte ankreuzen:*

   ☐ Sitelinks

   ☐ Titel

   ☐ Bewertungen

   ☐ Beschreibungstext

   ☐ URL des Suchtreffers

6. Bei diesem Suchergebnis…

   …handelt es sich um ein Snippet vom Typ:

   *Bitte ankreuzen:*

   ☐ Universal Search

   ☐ Google Answer Box

   ☐ Rich Result

   ☐ Standard

   ☐ Widget

# 4 Das Ranking

**In dieser Lektion lernen Sie**

- wie Suchmaschinen vor Google funktionierten und welche revolutionäre Idee die Google-Gründer hatten.
- wie das legendäre PageRank-Verfahren von Google funktioniert und welche Rolle es heute noch spielt.
- wie sich die Google-Rankingalgorithmen in den letzten Jahren weiterentwickelt haben.
- was es mit dem *RankBrain* auf sich hat.
- welche Signale heute am wichtigsten sind, um gut in Google gefunden zu werden.

Nachdem Sie jetzt wissen, wie Suchmaschinen aufgebaut sind und funktionieren, werden Sie sich sicherlich brennend dafür interessieren, wie Google ermittelt, welche Webseiten wie relevant für eine Suchanfrage sind, wie also das ***Ranking*** der Suchergebnisse funktioniert. Welche Webseiten werden auf der Suchergebnisseite ganz oben gelistet, wie kommt die magische Reihenfolge der Suchergebnisse zustande? Schließlich müsste man ja nur wissen, wie Google das macht und welche Kriterien wie wichtig sind, dann müsste man seine Seiten nur entsprechend optimieren und schon wäre man immer an Position 1!

Leider, oder zum Glück, ist das nicht ganz so einfach …

Nach eigenen Aussagen berücksichtigt Google bei der Relevanzberechnung heute mehr als 200 Rankingfaktoren. Google nennt diese »Signale«. Welche das sind, und wie diese algorithmisch ausgewertet werden, legt Google nicht offen. Betriebsgeheimnis. Trotzdem wissen wir aus verschiedenen Quellen sehr viel über diese Signale und wie Google diese bewertet. Mehr dazu in Lektion 5.

Viele dieser Signale sind relativ einfach zu verstehen. Manche sind jedoch kompliziert. Außerdem ändern sich die Rankingalgorithmen und die betrachteten Signale ständig. Manche verlieren an Bedeutung, andere werden wichtiger. Neue Signale und ganz neue Algorithmen kommen hinzu. Das hat zur Folge, dass Optimierungsmaßnahmen, die heute noch gut und richtig sind, morgen bereits unwichtig oder gar schädlich sein können.

In dieser Lektion gebe ich Ihnen eine Einführung in das Thema Ranking und erkläre Ihnen, wie sich die Rankingverfahren bei Google über die Jahre hinweg weiterentwickelt haben.

Einige der komplizierteren Verfahren und Algorithmen erläutere ich Ihnen genauer. Dazu zählt das inzwischen schon etwas betagte, aber immer noch wichtige ***PageRank***-Verfahren. Sie erfahren außerdem, wie das PageRank-Verfahren weiterentwickelt wurde und welche Rolle es heute noch spielt.

Ich erläutere Ihnen, wie Google mit den Algorithmus-Updates ***Panda*** und ***Penguin*** erfolgreich Webspam bekämpft und mit dem ***Hummingbird***-Algorithmus die Content-Qualität bewerten kann. Außerdem erfahren Sie, was es genau mit dem Algorithmus ***RankBrain*** auf sich hat, mit dem Google auf künstliche Intelligenz (KI) in der Suche setzt.

Ohne ein Verständnis dieser Technologien lassen sich Top Rankings kaum erreichen. Es lohnt sich also in jedem Fall, diese Lektion aufmerksam durchzuarbeiten. :-)

## 4.1 Wie funktionierte die Relevanzberechnung vor Google?

Zunächst einmal sollten wir uns anschauen, wie Web-Suchmaschinen vor Google funktionierten, z.B. die im Gründungsjahr von Google marktführende Suchmaschine *Altavista*.

Wenn Sie auf der Homepage einer Suchmaschine einen oder mehrere Begriffe eingeben, möchten Sie möglichst relevante Webseiten finden, also solche, die die Informationen beinhalten, nach denen Sie suchen.

Ein offensichtlicher Ansatz ist dabei, im Suchindex nachzuschauen, auf welchen Webseiten das Suchwort überhaupt vorkommt. Ein Dokument, in dem der Suchbegriff nicht vorkommt, enthält wahrscheinlich auch keine Informationen zu diesem Begriff und ist folglich für den Suchenden nicht relevant. Das schließt viele Dokumente schon einmal aus. Jetzt müssen die verbleibenden nur noch nach Relevanz sortiert werden. Dazu braucht man Relevanzkriterien, die man gewichtet und aus denen sich ein Relevanzwert für jede einzelne Seite berechnen lässt.

Webdokumente bestehen grundsätzlich aus zwei Komponenten: aus Text und Markup (HTML). HTML als sog. *Auszeichnungssprache* dient dazu, die Textelemente semantisch auszuzeichnen, also z.B. festzulegen, ob ein Textabschnitt der Titel des Dokuments, eine Überschrift oder ein Absatz des Fließtexts ist. Dazu verwendet HTML sog. *Tags*[43], die ein Textelement umschließen. Die Tags stehen immer in eckigen Klammern. So wird z. B. ein normaler Absatz des Fließtexts mit dem HTML-Tag `<p>` ausgezeichnet:

```
<p>Das ist ein Absatz</p>
```

Mit dem öffnenden Tag `<p>` wird festgelegt, dass danach der Text des Absatzes beginnt. Mit dem schließenden Tag `</p>` wird festgelegt, dass der Absatz an dieser Stelle endet. In der Regel wird dazu dasselbe Tag wie beim Öffnen verwendet, jedoch ein Schrägstrich (Forward Slash) davorgestellt.

Mit HTML können Sie natürlich auch Tabellen und Listen definieren, innerhalb eines Textteils Wörter hervorheben und einzelne Wörter oder Textpassagen mit anderen Textstellen oder beliebigen anderen Dokumenten des WWW verlinken.

Frühe Suchmaschinen untersuchten für die Relevanzberechnung vor allem die Webdokumente selbst und machten dabei u. a. folgende Annahmen:

- Häufigkeit des Suchbegriffs: Je häufiger ein Suchbegriff in einem Dokument vorkommt (absolut oder in Relation zur Gesamttextmenge), desto relevanter ist das Dokument.
- Hervorhebungen: Die Relevanz steigt, wenn das Suchwort durch entsprechende HTML-Tags ausgezeichnet ist, z. B. im Dokumenten-Titel (HTML-Tag `<title>`), oder wenn es in Überschriften (HTML-Tag `<h1>`) vorkommt. Ein höherer Relevanzwert ergibt sich auch, wenn das Suchwort im Fließtext z. B. durch das HTML-Tag `<strong>` hervorgehoben wird, wenn es als Element in Listen vorkommt (HTML-Tag `<li>`) oder Teil eines Hyperlinks ist (HTML-Tag `<a>`).
- Position innerhalb des Dokuments: Je weiter oben im Fließtext ein Suchwort vorkommt, desto relevanter ist das Dokument.
- Kombination der verschiedenen Kriterien: Ein Dokument ist besonders relevant, wenn das Suchwort im Titel, in der ersten Überschrift und im ersten Absatz des Fließtexts vorkommt.
- Außer diesen reinen Seitenfaktoren wurde auch das Vorkommen des Suchworts in der URL (z. B. im Domain-, Verzeichnis- oder Dateinamen) untersucht, wobei das Vorkommen des Suchworts im Domainnamen besonders stark gewichtet wurde. So hätte z. B. eine Domain mit dem Namen *dichter-goethe.de* eine besonders hohe Relevanz für die Suchphrase »Dichter Goethe«.

Das alles hat eine gewisse Logik, aber leider auch ein grundsätzliches Problem: Die Suchergebnisse sind leicht zu manipulieren. Und genau das passierte dann auch.

43. Der englische Begriff tag lässt sich mit Etikett übersetzen. Können Sie sich noch an die Zeit erinnern, als im Supermarkt alle Produkte mit Preis-Etiketten ausgezeichnet waren?

**Keyword: »Seminare«**

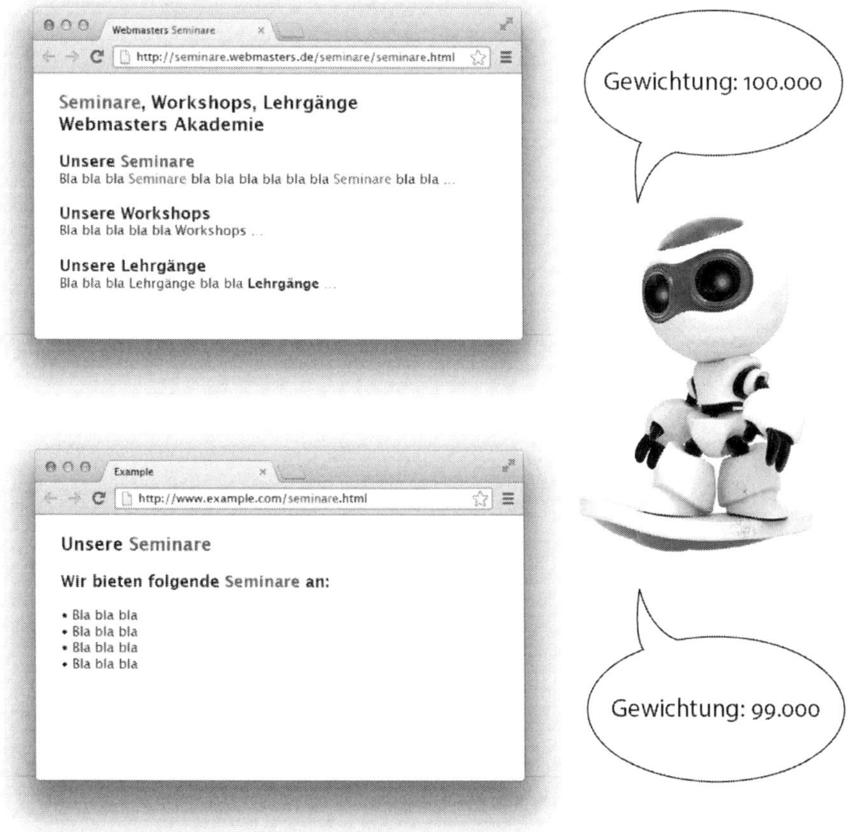


***Abb. 28*** *In der Ära vor Google untersuchten Suchmaschinen lediglich die Webseiten selbst auf das Vorkommen der Suchbegriffe in URL und Quelltext (Häufigkeit, Position, Hervorhebungen usw.).*

Es ist z.B. ein Leichtes, bestimmte Keywords im HTML-Quellcode für den Seitenbetrachter unsichtbar häufig zu wiederholen (z.B. im Metatag *keywords* oder im Body-Bereich der Seite mit einer Schriftfarbe, die der Hintergrundfarbe des Dokuments entspricht, um die Keyworddichte zu erhöhen).

Diese Manipulationen führten dazu, dass nicht unbedingt die relevantesten Dokumente weit oben in der Trefferliste erschienen, sondern die Dokumente, die am besten für Suchmaschinen präpariert waren. Die Qualität der Suchergebnisse wurde immer schlechter. Dieses Phänomen war Ende der 1990er Jahre bei den üblichen Suchmaschinen besonders stark zu beobachten und ließ Spielraum für den Newcomer Google.

## 4.2 Ein revolutionärer Ansatz: Googles PageRank-Verfahren

### 4.2.1 Die Hypothese der Google-Gründer

Die beiden Google-Gründer Larry Page und Sergey Brin glaubten, für das Problem eine Lösung gefunden zu haben.

Ihre Hypothese war, dass eine Suchmaschine, die bei der Relevanzberechnung die *Verlinkung* der Webseiten im WWW berücksichtigt, bessere Resultate liefert als herkömmliche Suchmaschinen.

Das ist vielleicht nicht gleich offensichtlich, macht aber durchaus Sinn, wenn man sich Folgendes überlegt: Websitebetreiber werden in der Regel nur dann auf andere Webseiten verlinken, wenn diese nützliche Informationen bieten und für den Leser ihrer eigenen Webseiten einen Mehrwert liefern. Auf Webseiten, die keinen nützlichen oder passenden Inhalt haben oder die qualitativ schlecht sind, wird auch nicht verlinkt. Webseiten, auf die sehr viele andere Seiten verlinken, müssen demnach besonders gut und nützlich sein.

Eine Suchmaschine, die die Zahl der eingehenden Links (die sog. ***Backlinks***) als Qualitätskriterium bei der Relevanzberechnung mit berücksichtigt, müsste besonders gute Resultate liefern. Webseiten mit vielen eingehenden Links würden in der Ergebnisliste weiter oben gelistet, Webseiten ohne oder mit nur wenigen eingehenden Links weiter unten. Ein eingehender Hyperlink würde quasi als menschliches Votum für eine bestimmte Webseite gewertet. Die Google-Gründer prägten dafür den Begriff ***Link Popularity*** – die Zahl eingehender Links sagt etwas über die Beliebtheit (Wichtigkeit) einer Webseite aus.

> Die Link Popularity ist als die absolute Zahl der auf eine bestimmte Webseite verweisenden Hyperlinks definiert.

Die Idee ist eigentlich die Übertragung eines Prinzips aus der Wissenschaft: Dort gab es schon seit Langem den *Citation Index*, mit dem erfasst wird, wie häufig eine wissenschaftliche Publikation zitiert wird. Die Zitierungshäufigkeit wird als Maß für die Wichtigkeit einer wissenschaftlichen Publikation gewertet und dient auch als Grundlage für die Berechnung des *Journal Impact Factors*, einem Maß für die Wichtigkeit von Fachzeitschriften.

Die Idee, dieses Prinzip auf die Dokumente des World Wide Web anzuwenden, ist zwar interessant, birgt jedoch einige offensichtliche Probleme:

**Link Popularity**

These: Auf bedeutende Dokumente wird häufiger verlinkt als auf unbedeutende

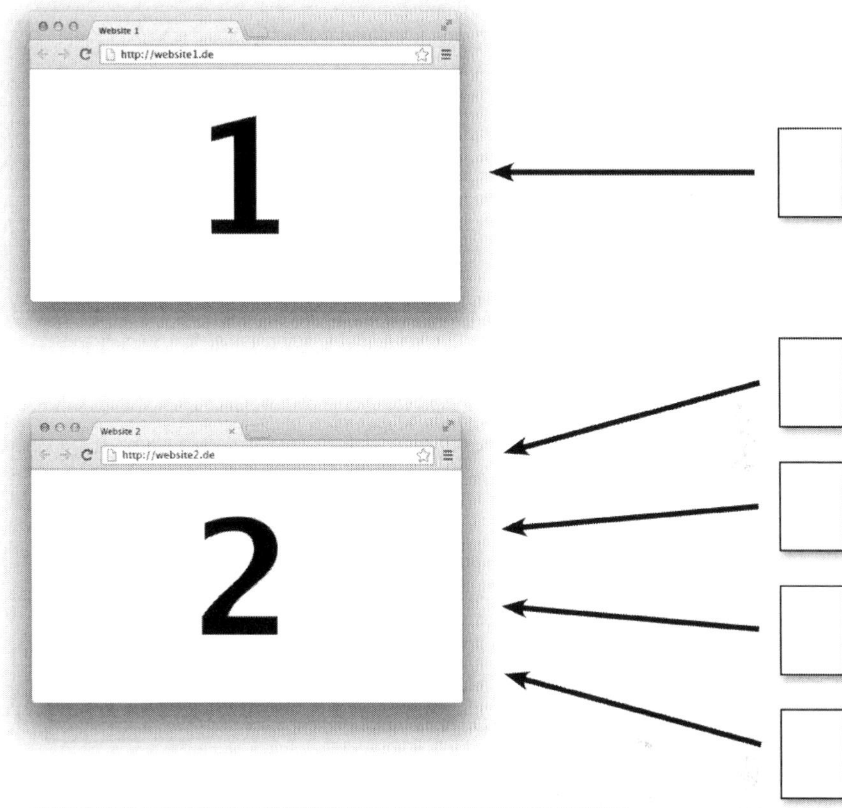


| URL | Keyword-Gewichtung | Link Popularity | Gesamt-gewichtung |
|---|---|---|---|
| Seite 1 | 200.000 | 1 | 200.000 |
| Seite 2 | 100.000 | 4 | 400.000 |

***Abb. 29*** *Eine zentrale These der Google-Gründer war, dass auf bedeutende Dokumente im WWW häufiger verlinkt wird. Die Anzahl der eingehenden Links auf ein Dokument wird als* ***Link Popularity*** *bezeichnet. Lässt man diese als Faktor in die Relevanzberechnung einfließen, kann sich das Ergebnis dramatisch ändern. Im gezeigten Beispiel ist ein halb so relevanter Treffer nun auf einmal doppelt so relevant wie ein anderer: Die relative Relevanz steigt von 100.000 auf 400.000 an. Die Zahlen sind frei erfunden und dienen nur der Verdeutlichung.*

- Anders als bei wissenschaftlichen Publikationen, bei der jedes zur Veröffentlichung in einem Fachjournal eingereichte Manuskript einer rigorosen Prüfung durch Fachexperten unterzogen wird (dem sog. *Peer Review*), kann im WWW jeder alles ungeprüft veröffentlichen, ohne jegliche Qualitätskontrolle und Überprüfung des Wahrheitsgehalts.

- Dadurch lässt sich auch hier die Relevanz einer Webseite leicht manipulieren, indem man z. B. eine weitere Webseite ins WWW stellt und auf dieser sehr viele Hyperlinks platziert, die alle auf diese Webseite verlinken, um sie in der Suchergebnisliste nach oben zu bringen.

Page und Brin mussten daher eine Möglichkeit finden, die Verlinkung von Webseiten auf eine Weise zu berücksichtigen, die sich nicht so einfach manipulieren lässt.

### 4.2.2 Ein hilfreiches Modell: Der Zufallssurfer

Um sich dem Problem zu nähern, erdachten Page und Brin das Modell des ***Zufallssurfers (Random Surfer)***: Der Zufallssurfer ist eine fiktive Person, die durch das World Wide Web surft, indem sie auf irgendeiner Seite startet und wahllos, ohne den Inhalt zu beachten, auf einen der Hyperlinks klickt, die sich auf der Seite befinden, und so auf die nächste Seite gelangt. Kommt sie auf eine Seite, die keine ausgehenden Links hat, so ruft sie irgendeine andere, zufällig ausgewählte Seite auf, damit der Surfprozess nicht abbricht.

Man könnte sich nun die Frage stellen, wie hoch zu einem bestimmten Zeitpunkt die Wahrscheinlichkeit ist, den Zufallssurfer auf einer bestimmten Webseite anzutreffen. Durchsurft der Zufallssurfer auf die beschriebene Weise permanent das World Wide Web, so wird er sich zu einem bestimmten Zeitpunkt mit höherer Wahrscheinlichkeit auf Seiten befinden, die insgesamt, d. h. direkt oder indirekt, gut verlinkt sind, als auf Seiten, die gar nicht oder nur wenig verlinkt sind.

Man könnte die Frage auch anders stellen: Wie viel Prozent seiner Zeit verbringt der Zufallssurfer auf einer bestimmten Seite? Oder noch einmal anders ausgedrückt: Wie häufig bzw. mit welcher Wahrscheinlichkeit ruft er beim Surfen eine bestimmte Seite auf, wenn man einen genügend langen Zeitraum betrachtet?

Die Antwort auf diese Frage muss direkt mit der Wichtigkeit eines Dokuments korrelieren, die sich aus der gesamten Verlinkungsstruktur des WWW ergibt und dadurch relativ robust gegenüber Manipulationen ist.

### 4.2.3 Der PageRank-Algorithmus

Jetzt wird es ein klein wenig mathematisch, aber ich verspreche Ihnen, Sie müssen keine Angst davor haben, auch wenn Sie kein Mathe-Crack sind, denn ich halte die Betrachtung des PageRank-Algorithmus mathematisch so einfach und nachvollziehbar wie möglich.

Einen Algorithmus zu finden, der dieses Modell beschreibt und mit dem man die Wahrscheinlichkeit berechnen kann, dass sich der Zufallssurfer gerade auf einer bestimmten Seite befindet, ist nämlich gar nicht so kompliziert. Wenn Sie das gelesen und verstanden haben, werden Sie sich bestimmt fragen: »Warum nur bin ich nicht darauf gekommen?«

Nehmen wir an, der Zufallssurfer ist gerade auf einer Seite T1, auf der es eine bestimmte Anzahl von Hyperlinks (C) gibt, von denen einer auf die Seite A verlinkt.

Die Wahrscheinlichkeit *p* (für *probability*, dem englischen Wort für Wahrscheinlichkeit), dass der Surfer die Seite A aufruft, ist dann:

```
p(A) = p(T1)/C(T1)
```

Wobei gilt:

- p(A) ist die Wahrscheinlichkeit, dass der Surfer auf Seite A gelangt.
- p(T1) ist die Wahrscheinlichkeit, dass der Surfer sich auf der Seite T1 befindet.
- C(T1) ist die Zahl der ausgehenden Hyperlinks auf der Seite T1, wobei einer der Links auf die Seite A verweist. Je weniger ausgehende Links es auf der Seite T1 gibt, desto wahrscheinlicher ist es, dass der Surfer beim zufälligen Klicken den Link erwischt, der auf die Seite A führt.

Jetzt gibt es möglicherweise nicht nur die Seite T1, die auf die Seite A verlinkt, sondern mehrere oder gar viele. Der Zufallssurfer kann von jeder dieser Seiten (nennen wir diese *Tn*) auf die Seite A gelangen. Die Wahrscheinlichkeit, den Zufallssurfer auf Seite A anzutreffen, ist dann die Summe aller Wahrscheinlichkeiten:

```
p(A) = p(T1)/C(T1) + p(T2)/C(T2) + ... + p(Tn)/C(Tn)
```

Im World Wide Web gibt es jedoch auch Seiten, auf die Hyperlinks verweisen, die jedoch selbst keine ausgehenden Links tragen. Der Zufallssurfer würde irgendwann auf eine solche Seite gelangen und käme von dieser nicht mehr weg, weil es keine ausgehenden Links gibt, auf die er klicken könnte! Die Wahrscheinlichkeit, dass sich der Zufallssurfer auf einer solchen Seite befindet, wäre bei genügend langer Betrachtung schließlich 100 %, die Wahrscheinlichkeit, ihn auf anderen Seiten anzutreffen, gleich 0 %.

Um dieses Problem zu lösen, gaben die Google-Gründer ihrem Random Surfer noch eine durchaus menschliche Eigenschaft: Irgendwann, d.h. mit einer bestimmten Wahrscheinlichkeit, wird ihm das ewige Klicken auf Hyperlinks langweilig, er bricht es ab und ruft willkürlich irgendeine andere Webseite auf.

Nennen wir die Wahrscheinlichkeit, mit der er überhaupt einem Hyperlink folgt, *d*, dann ergibt sich:

```
p(A) = d (p(T1)/C(T1) + p(T2)/C(T2) + ... + p(Tn)/C(Tn))
```

Der Wert für *d*, den Google eigenen Angaben zufolge zumindest in den frühen Versionen seines Algorithmus verwendet hat, liegt bei 0,85 – also einer 85%igen Wahrscheinlichkeit, dass der Zufallssurfer überhaupt einem Link folgt.

Die Wahrscheinlichkeit, dass er keinem Link folgt, sondern stattdessen eine zufällige Seite aufruft, liegt dann bei 0,15 (15%) und lässt sich einfach durch *(1-d)* ausdrücken.

Die Wahrscheinlichkeit, dass der Zufallssurfer nicht durch Verfolgen von Hyperlinks, sondern durch Aufruf einer zufälligen Seite auf die Seite A gelangt, lässt sich folglich mit der Formel

```
p(A) = (1-d)/N
```

beschreiben, wobei N für die Anzahl aller Seiten des Systems, also des WWW, steht: Mit einer Wahrscheinlichkeit von (1-d) – also angenommenen 0,15 (15%) – ruft der Zufallssurfer eine beliebige Seite auf, anstatt einen Link anzuklicken. Mit einer Wahrscheinlichkeit von 1/N handelt es sich dabei um die Seite A.

Ohne diesen sogenannten Dämpfungsfaktor wären alle Random Surfer irgendwann auf Seiten gefangen, die keine ausgehenden Links tragen. Alle anderen Seiten hätten eine Wahrscheinlichkeit von 0.

Die gesamte Wahrscheinlichkeit, den Zufallssurfer auf der Seite A anzutreffen, beträgt in unserem erweiterten Zufallssurfer-Modell also:

```
p(A) = (1-d)/N + d (p(T1)/C(T1) + p(T2)/C(T2) + ... + p(Tn)/C(Tn))
```

Diese Formel, heute in Anlehnung an Larry Page allgemein unter dem Namen ***PageRank-Algorithmus*** bekannt, beschreibt im Prinzip eine Wahrscheinlichkeitsverteilung. Sie beantwortet die Frage: Mit welcher Wahrscheinlichkeit befindet sich der Zufallssurfer zu einem gegebenen Zeitpunkt auf einer bestimmten Seite des WWW?

Jede Seite hat einen eigenen Wahrscheinlichkeitswert, die Summe aller Wahrscheinlichkeitswerte beträgt 1 (100%).

Page und Brin verstanden, dass die Lösung des Problems darin bestand, nicht nur die direkten eingehenden Links zu analysieren, sondern die Verlinkungsstruktur des gesamten Systems, also des gesamten WWW. Ihr Algorithmus berechnet für jede Webseite im WWW die Wahrscheinlichkeit, dass sich der fiktive Zufallssurfer zu einem bestimmten Zeitpunkt dort befindet, und wertet dies als allgemeines Maß für die Wichtigkeit dieser Seite. Lässt man die berechnete allgemeine (da Keyword-unabhängige) Wichtigkeit als Faktor in die Relevanzberechnung der Keywordsuche einfließen bzw. sortiert – im einfachsten Fall – die Ergebnisliste der für einen Suchbegriff relevanten Seiten nach ihrer allgemeinen Wichtigkeit, so erhält man sehr viel bessere Suchergebnisse als zuvor, weil die insgesamt gut verlinkten, wichtigen Seiten höher gewichtet werden als unwichtige, wenig verlinkte Seiten.

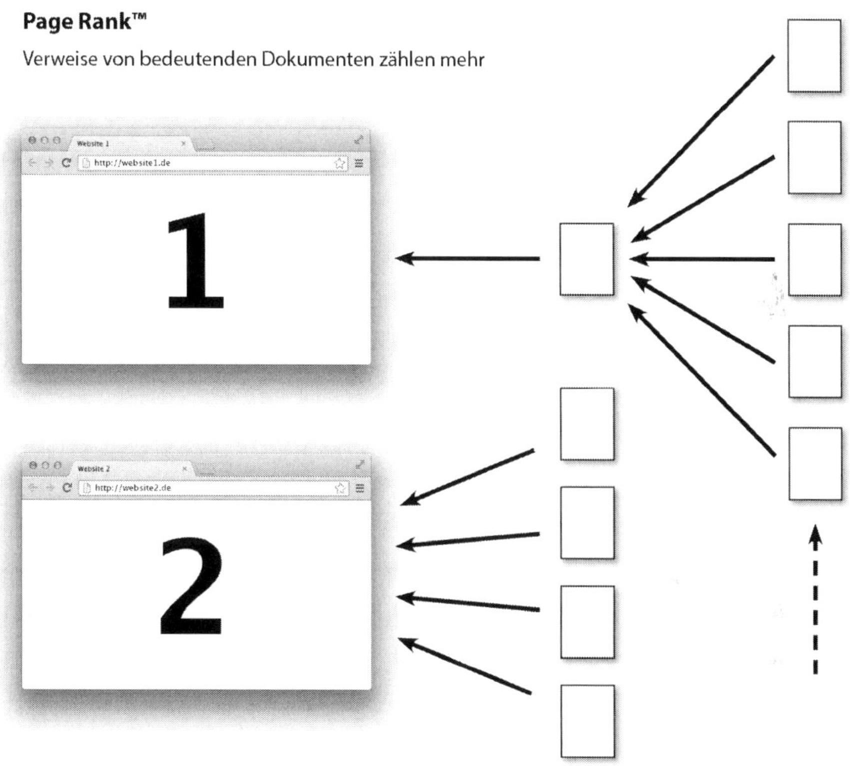


| URL | Keyword-Gewichtung | Page Rank | Gesamt-gewichtung |
|---|---|---|---|
| Seite 1 | 200.000 | 5 | 1.000.000 |
| Seite 2 | 100.000 | 2 | 200.000 |

***Abb. 30*** *Das PageRank-Verfahren berücksichtigt die gesamte Linkstruktur des WWW. Für jede Seite wird iterativ (näherungsweise) ein PageRank-Wert berechnet, der als Faktor in das Ranking einfließt. Dies verändert die Ergebnisliste dramatisch. Die angegebenen Werte sind nur exemplarisch.*

In ihrer berühmten Publikation *The Anatomy of a Large-Scale Hypertextual Web Search Engine*[44] geben Brin und Page eine leicht modifizierte Form der PageRank-Formel an:

```
PR(A) = (1-d) + d (PR(T1)/C(T1) + ... + PR(Tn)/C(Tn))
```

Diese Variante der Formel unterscheidet sich von der bisher von uns betrachteten lediglich dadurch, dass die Gesamtzahl der Seiten im System (also N) nicht miteinbezogen wird. Folglich berechnet diese Formel auch keine Wahrscheinlichkeit, sondern einen Wert, dem Page und Brin den Namen ***PageRank*** gegeben haben.

Der PageRank-Wert ist mathematisch mit dem Wahrscheinlichkeitswert aus der ersten Variante der Formel über *N* verknüpft, da man ja nur die Wahrscheinlichkeit mit N multiplizieren muss, um den PageRank-Wert zu erhalten. Die Summe der PageRank-Werte aller Seiten ergibt wiederum N.

Mit dem PageRank-Wert anstelle des Wahrscheinlicheitswerts zu arbeiten, hat den Vorteil, dass man *N* nicht kennen muss, um das Gleichungssystem zu lösen. Und wahrscheinlich auch, dass man einen neu erfundenen Wert hatte, dem man einen klangvollen Namen geben konnte ...

Mathematisch betrachtet handelt es sich bei dem PageRank-Algorithmus um ein lineares Gleichungssystem mit so vielen Unbekannten wie es Webseiten gibt. Rein mathematisch ist das Gleichungssystem auch bei vielen Milliarden Unbekannten auflösbar. Weniger rechenintensiv ist jedoch die näherungsweise (iterative) Lösung. In der Patentschrift ist von circa 100 Iterationen die Rede, die ein hinreichend genaues Ergebnis liefern, und genau diesen Weg dürfte Google auch gehen.

Da der Algorithmus noch als Teil eines Forschungsprojekts an der Stanford University entwickelt wurde, ließ die Stanford University den Algorithmus patentieren. Google erhielt später die Erlaubnis, die Technologie zu nutzen. Die Stanford University erhielt im Gegenzug Aktienanteile von Google und verkaufte diese 2005 für 336 Millionen Dollar.[45] Die Original-Patentschrift ist *im Web veröffentlicht*[46].

In der Zusammenfassung der Patentschrift, die Larry Page als Erfinder nennt, erläutert Page die Methode, frei übersetzt, so:

> *Die Methode weist den Dokumenten in einer verlinkten Datenbank (...) einen Wert für Wichtigkeit (Rang) zu. Dieser Rang eines Dokuments wird aus den Rangwerten der Dokumente, die darauf verweisen, berechnet. Diese wiederum werden aus einer Konstanten berechnet, die die Wahrscheinlichkeit repräsentiert, mit der jemand, der die Dokumente der Datenbank betrachtet und dabei wahllos den Verlinkungen folgt, zufällig auf ein bestimmtes Dokument stößt. Die Methode ist besonders nützlich dafür, die Qualität von*

44. *http://infolab.stanford.edu/~backrub/google.html*
45. *http://en.wikipedia.org/wiki/Pagerank*
46. *http://www.google.com/patents/US6285999*

*Suchergebnissen in Hypermedia-Datenbanken wie dem World Wide Web, wo die Qualität der Dokumente sehr unterschiedlich ist, zu verbessern.*

Der PageRank-Algorithmus berechnet also auf Basis der Verlinkung der einzelnen Webseiten im WWW für jede Seite einen Wert (PageRank). Dieser Wert ist umso höher, je mehr Hyperlinks auf eine Seite verweisen. Dabei hat jedoch nicht jeder Link den gleichen Effekt, sondern Links von Seiten, die selbst einen hohen PageRank-Wert haben, zählen mehr.

Und noch eine Erklärung des PageRanks. Diesmal eine ganz einfache von der Google-Website:

*PageRank reflektiert unsere Einschätzung der Wichtigkeit einer Webseite. Wichtige Seiten haben einen höheren PageRank und erscheinen mit einer höheren Wahrscheinlichkeit weit oben in der Suchergebnisliste.*

Das PageRank-Verfahren ist das Herz der Suchmaschine Google und ein wesentlicher Grund für den Erfolg und die heutige Marktdominanz des Unternehmens.

### PageRank-Berechnung: ein Beispiel

Schauen wir uns anhand eines kleinen Beispiels einmal genauer an, wie die PageRank-Formel funktioniert:

Unser Beispiel besteht aus einem Mini-WWW aus nur drei Seiten: A, B und C. In unserem Mini-WWW verlinkt die Seite A auf Seite B, B verlinkt auf A und C und C verlinkt auf A:

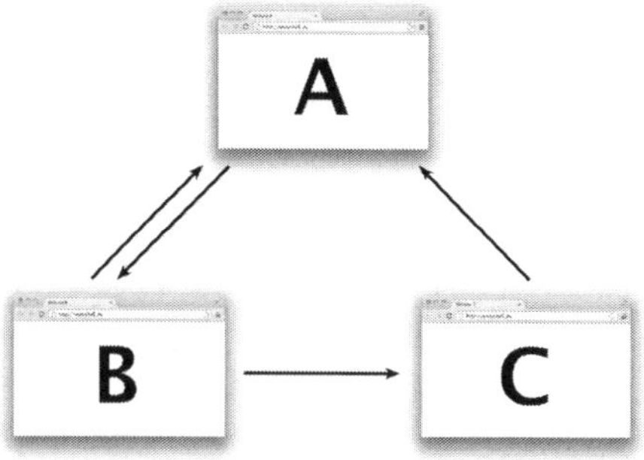


***Abb. 31*** *Mini-WWW bestehend aus nur drei Seiten, zur Demonstration der PageRank-Berechnung.*

Unser PageRank-Gleichungssystem mit drei Unbekannten sieht dann so aus:

```
PR(A) = 0,15 + 0,85 (PR(B)/2 + PR(C))
PR(B) = 0,15 + 0,85 PR(A)
PR(C) = 0,15 + 0,85 PR(B)/2
```

Das Gleichungssystem lässt sich selbst mit rudimentären Mathematikkenntnissen, z.B. mithilfe des Einsetzungsverfahrens, lösen.

Das ergibt folgende Lösungen (auf zwei Nachkommastellen gerundet):

```
PR(A) = 1,19
PR(B) = 1,16
PR(C) = 0,64
```

Die Summe der PageRank-Werte ergibt wie erwartet 3 (2,99 wegen der Rundungsfehler), also die Summe aller Webseiten in unserem Mini-WWW.

Alternativ könnten wir jetzt auch die Wahrscheinlichkeitswerte *p* ausrechnen, dass sich der Zufallssurfer zu einem bestimmten Zeitpunkt auf Seite A, B oder C befindet (oder anders betrachtet: wie viel Prozent seiner Surfzeit er auf den einzelnen Seiten verbringt). Dazu müssen wir die PageRank-Werte nur durch 3 teilen:

```
p(A) = 0,40
p(B) = 0,39
p(C) = 0,21
```

Das bedeutet: Unseren Zufallssurfer treffen wir mit einer Wahrscheinlichkeit von 21 % auf Seite C an, mit einer Wahrscheinlichkeit von 39 % auf Seite B und mit einer Wahrscheinlichkeit von 40 % auf Seite A.

Seite C ist die unwichtigste Seite in unserem Mini-WWW, die Seite A und B sind fast gleich wichtig, mit einem leichten Vorsprung für A.

Anhand dieses Beispiels sieht man sehr schön, wie das PageRank-Verfahren funktioniert. Sie können das nun auf beliebige Verlinkungsstrukturen anwenden und natürlich auch mit mehr als drei Seiten. Viel Spaß beim Ausrechnen!

...

Wieder da?

Wenn Sie des manuellen Ausrechnens überdrüssig sind, empfehle ich Ihnen den *PageRank-Simulator von Andrew Scholer*[47] (Chemeketa Community College).

Dort können Sie Verlinkungsstrukturen analysieren und sich den PageRank berechnen lassen.

47. *http://faculty.chemeketa.edu/ascholer/cs160/WebApps/PageRank/*

Ich hoffe, Sie haben inzwischen ein recht gutes Verständnis dafür aufgebaut, was es mit dem PageRank-Verfahren auf sich hat.

### 4.2.4 Der sog. »Toolbar-PageRank«

Gleich vorweg muss ich leider Folgendes klarstellen: Es gibt kein Tool, das den tatsächlichen PageRank-Wert von Webseiten anzeigt. Die wahren Werte kennt nur Google, und Google verrät diese Werte nicht.

»Bitte?«, werden Sie jetzt fragen …

Wahrscheinlich haben Sie schon gehört, dass jemand den PageRank-Wert seiner Webseiten kennt oder selbst schon PageRank-Werte ermittelt hat.

Möglich war dies bis April 2016 mit der sog. *Google Toolbar*, einer Erweiterung für die Webbrowser Internet Explorer und Firefox. Die Google Toolbar erweitert die Webbrowser um verschiedene auf Google bezogene Funktionen wie z. B. ein Google-Suchfeld. Eine dieser Funktionen nannte sich »PageRank«. Damit lieferte Google für jede gerade im Browser angezeigte Webseite einen Wert zurück, der zwischen 0 und 10 lag und grafisch mit einem kleinen grünen Balken in der Google Toolbar dargestellt wurde.

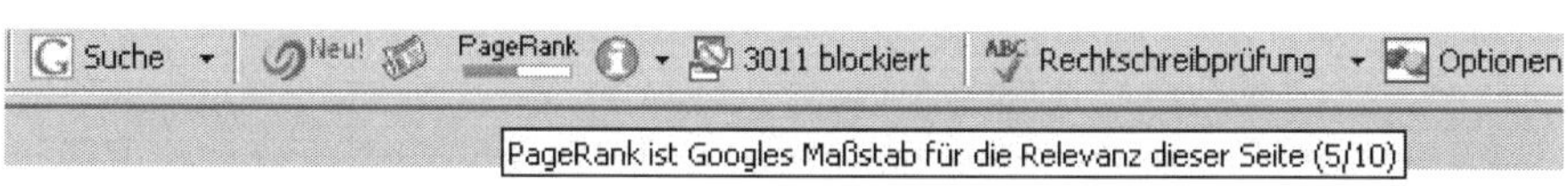


***Abb. 32*** *Die Google Toolbar im Microsoft Internet Explorer Webbrowser*

Da man den Google-Toolbar-PageRank auch über eine Schnittstelle (API) abfragen konnte, entstanden zahlreiche Webbrowser-Addons und SEO-Tools, u. a. auch für Firefox, die den Toolbar-PageRank ebenfalls anzeigten.

Selbstverständlich handelte es sich dabei jedoch **nicht** um den tatsächlichen PageRank-Wert. In Abgrenzung zu dem tatsächlichen PageRank-Wert bezeichnet man den in der Toolbar angezeigten Wert daher als ***Toolbar-PageRank.***

#### Wie unterscheidet sich der sog. Toolbar-PageRank vom echten PageRank?

Der Toolbar-PageRank basiert auf einer logarithmischen Skala, was im Prinzip nur ein mathematischer Trick ist, den Wertebereich zu verkleinern. Durch diesen Trick ist es möglich, Werte von 0 bis 10 anzuzeigen, wobei jede Zahl für einen mehr oder weniger großen Wertebereich des echten PageRank-Werts steht. Die Transformationsformel verrät Google natürlich nicht, sodass sich der echte PageRank-Wertebereich nicht zurückberechnen lässt.

Markus Sobek zeigt in seinem *Artikel zum PageRank-Verfahren*[48] Tabelle 4.1 und vermittelt damit eine Vorstellung davon, wie der Toolbar-PageRank mit dem echten PageRank zusammenhängen könnte. Er weist darauf hin, dass die Werte nur eine Annahme sind, die sich »bei einer angenommenen logarithmischen Basis von 6 ergäben«, und dass Google wahrscheinlich keine strikte logarithmische Skalierung verwendet, sondern eine »manuelle Skalierung, die einem logarithmischen Schema folgt, damit Google die volle Kontrolle darüber behält, wie viele Seiten einen bestimmten Toolbar-PageRank inne haben«.

| **Toolbar-PageRank** | **Tatsächlicher PageRank** |
|---|---|
| 0 | 0,15 - 0,9 |
| 1 | 0,9 - 5,4 |
| 2 | 5,4 - 32 |
| 3 | 32 - 194 |
| 4 | 194 - 1.166 |
| 5 | 1.166 - 6.998 |
| 6 | 6.998 - 41.990 |
| 7 | 41.990 - 251.942 |
| 8 | 251.942 - 1.511.654 |
| 9 | 1.511.654 - 9.069.926 |
| 10 | 9.069.926 - 0,85 x N + 0,15 |

***Tabelle 4.1*** *Zusammenhang zwischen Toolbar-PageRank und den echten PageRank-Werten nach Markus Sobek (http://pr.efactory.de/d-pagerank-implementierung.shtml)*

## 4.2.5 PageRank 10: Der Blick in den Google-Himmel

Gibt es eigentlich Webseiten mit Toolbar-PageRank 10, und, wenn ja, welche sind es? Google selbst bot uns leider nie die Möglichkeit, gezielt nach Webseiten mit PageRank 10 zu suchen. Es gab aber Webseiten, die es sich zur Aufgabe gemacht hatten, die bekannten Webseiten mit PageRank 10 aufzulisten.

48. *http://pr.efactory.de/d-pagerank-implementierung.shtml*

Auch wenn es sich hierbei um inzwischen historische Daten handelt, lässt sich daraus doch einiges lernen: Am Beispiel der Adobe-Reader-Download-Seite sieht man, dass eine Unterseite einer Website einen höheren PageRank als die Startseite haben kann, wenn sie viele eingehende Links hat (Abb. 33) . Hieraus erkennt man, dass die absolute Zahl der Backlinks nicht das Entscheidende ist.

| Title | PR | GBLs (Google's Fake representation) | YBLs (Yahoo's representation) | URL |
|---|---|---|---|---|
| US Goverment Website | 10 | 20,900 | 9,652,685 | http://www.usa.gov/ |
| Adobe - Adobe Reader Download | 10 | 141,000 | 31,072,000 | http://get.adobe.com/reader/ |
| Adobe - Adobe Flash Player Download | 10 | 141,000 | 19,090,000 | http://get.adobe.com/flashplayer/ |
| United States Department of Health and Human Services | 10 | 9,750 | 2,308,721 | http://www.hhs.gov/ |
| Miibeian | 10 | 70,300 | 841,149,899 | http://www.miibeian.gov.cn/ |
| Social Bookmarking Sharing Button Widget | 10 | 59,300 | 254,386,507 | http://www.addthis.com/bookmark.php |
| Europeana | 10 | 3,890 | 140,776 | http://www.europeana.eu/portal/ |
| EUA - European University Association | 10 | 1,500 | 163,899 | http://www.eua.be/ |
| Universitas 21 | 10 | 422 | 205,306 | http://www.universitas21.com/ |
| Twitter | 10 | 4,590 | 1,79,090 | http://www.twitter.com/ |
| United Nations | 10 | 1,830 | 62,223 | http://www.un.org/en/ |

**Following Site was downgraded to Page Rank 9 from PR 10 in the latest backlink update,**

http://www.google.com
http://www.facebook.com/

***Abb. 33*** *Bekannte Websites mit PageRank 10 (Stand: Mai 2012, http://www.searchenginegenie.com/pagerank-10-sites.htm)*

## 4.2.6 Was folgt aus dem PageRank-Algorithmus?

Aus dem PageRank-Algorithmus lässt sich Folgendes schließen:

- Jeder eingehende Link erhöht den PageRank.
- Eine Seite »vererbt« ihren PageRank an die Seiten, auf die sie verlinkt. Wie hoch der vererbte PageRank ist, hängt davon ab, wie viele ausgehende Links es auf der Seite gibt und in welchem Bereich eines PageRank-Werts sich die Seite bewegt. Hat die Seite wenige ausgehende Links und bewegt sich eher im oberen Bereich eines bestimmten PageRank-Werts, vererbt sich der Toolbar-PageRank meist mit PR(A)-1.
- Wenige Links von Seiten mit hohem PageRank bringen mehr als viele Links von Seiten mit geringem PageRank. Ein einzelner Link von einer Seite mit einem hohen PageRank reicht theoretisch aus, um selbst einen hohen PageRank zu bekommen. (Der Toolbar-PageRank liegt meist ein bis zwei Stufen unter dem der verlinkenden Seite.)
- Je mehr Links eine Seite trägt, desto weniger PageRank wird vererbt, da die Zahl der ausgehenden Links in der PageRank-Formel im Nenner steht. Da der PageRank auch innerhalb einer Website vererbt wird, z.B. von der Startseite

auf die Unterseiten, empfiehlt es sich, ausgehende Links auf einer Unterseite zu konzentrieren, um möglichst viel PageRank in der Site zu halten.

Wie genau fließt der PageRank nun in die Gewichtung einer Webseite bei spezifischen Suchanfragen ein? Google berücksichtigt bei der Relevanzbeurteilung u.a. die folgenden Faktoren:

- seitenspezifische Faktoren, also z.B. Vorkommen und relative Häufigkeit eines Suchbegriffs im Seitentitel, in der URL, auf der Seite selbst sowie Position auf der Seite, Hervorhebungen usw.
- Vorkommen des Suchbegriffs im Ankertext eingehender Links
- den PageRank der Seite.

Die Erfahrung mit Google zeigt, dass der Einfluss des PageRanks insbesondere wichtig ist bei Suchanfragen, die nur aus einem oder zwei Begriffen bestehen. Bei komplexeren Suchanfragen überwiegt der Einfluss der seitenspezifischen Faktoren, sodass es durchaus möglich ist, durch gezielte Seitenoptimierung alleine für die Kombination mehrerer Suchbegriffe auf der Google-Trefferliste relativ weit nach oben zu kommen.

Oder anders ausgedrückt: Wenn die Suchbegriffe in der Kombination und Reihenfolge, wie sie in die Suchmaske von Google eingegeben werden, auf sehr vielen Webseiten vorkommen und die Gewichtung auf Basis der seitenbezogenen Kriterien ähnlich ist, entscheidet der PageRank maßgeblich mit darüber, welche Seiten in der Ergebnisliste oben angezeigt werden.

### 4.2.7 Weiterentwicklung des PageRank-Verfahrens

Wie schon erwähnt, ist auch das PageRank-Verfahren nicht 100 % robust gegen Manipulationen. Das Setzen vieler Links auf ein bestimmtes Dokument nur mit dem Ziel, den PageRank hochzutreiben, wird als ***Linkspam*** bezeichnet. Linkspamming wurde von einigen Websitebetreibern und SEOs in den letzten Jahren massiv betrieben. Die Möglichkeiten dazu reichen von gefälschten Gästebucheinträgen, Fake-Threads in Foren und künstlich erzeugten Blog-Kommentaren bis zum Aufbau ganzer Linkfarmen, deren einziger Zweck darin besteht, durch hundertfache Verlinkung von Websites und Webseiten untereinander den PageRank einzelner Seiten zu erhöhen.

Google hat das PageRank-Verfahren seit seiner Einführung kontinuierlich weiterentwickelt, um es robuster gegen solche Manipulationsversuche zu machen:

### Distanz zwischen Webseiten

Google berücksichtigt vermutlich die Distanz zwischen verlinkender und verlinkter Seite, ausgehend von der Annahme, dass folgender Zusammenhang gilt: Je größer die Distanz zwischen Websites, desto geringer ist die Wahrscheinlichkeit, dass die Websites von einer Person kontrolliert werden.

Kriterien für die Distanz können z. B. sein:

- Ob die Seiten auf der gleichen Domain liegen. Links innerhalb einer Website würden damit weniger stark gewichtet.
- Ob sich die Websites auf demselben Server befinden. Dies lässt sich leicht anhand der IP-Adresse der Websites ermitteln, da virtuelle Webserver, die sich auf einem physikalischen Server befinden, heute in der Regel alle auf einer IP-Adresse liegen und über den sog. ***Host Name Header***[49] angesprochen werden.
- Anhand der IP-Adressen der verlinkenden Websites kann auch ermittelt werden, in welchen geografischen Regionen die Sites liegen, da IP-Adressen weltweit koordiniert vergeben werden und sich die Informationen über die Zuordnung zwischen IP-Adressbereichen und geografischen Regionen in öffentlich zugänglichen Datenbanken finden lassen.

Eingehende Links von – nach diesen Kriterien – weit entfernten Websites werden höher gewichtet als Links von Websites in der Nähe.

### Domain Popularity

Inzwischen wurde bei der Berechnung des PageRanks das Konzept der ***Link Popularity*** weitgehend durch das der ***Domain Popularity*** ersetzt. Nicht mehr die absolute Zahl der eingehenden Links (***Backlinks***) ist entscheidend, sondern die Zahl der eingehenden Links von unterschiedlichen Domains. Es macht also für den PageRank keinen messbaren Unterschied mehr, ob eine Seite von einer bestimmten Domain viele Links oder nur einen einzigen Link erhält. Auch dies soll die Möglichkeiten der Manipulation durch einzelne Websitebetreiber weiter reduzieren.

### Der »Reasonable Surfer«

Google hat bereits im Jahre 2004 ein Patent eingereicht, in dem ein modifiziertes Random-Surfer-Modell beschrieben wird. Die Patentschrift wurde 2010 veröffentlicht.[50]

---

49. Die Version 1.1. des HTTP-Protokolls überträgt den Host-Namen (z. B. www.example.org) im Header des HTTP-Requests vom Client (Webbrowser) zum Server. Dieser kann den Namen dann auswerten und die Anfrage einem virtuellen Server zuordnen.

Darin geht Google nunmehr davon aus, dass der Surfer nicht mehr rein zufällig irgendeinem Link auf einer Webseite folgt, sondern eine Auswahl vornimmt: Aus dem Random Surfer wird der *Reasonable (dt.: vernunftbegabte) Surfer.*

Der *Reasonable Surfer* würde z.B. mit einer höheren Wahrscheinlichkeit einem Link folgen, der einen thematischen Bezug zu der Webseite hat, auf der sich der Surfer gerade befindet. Ebenso würde der Surfer mit höherer Wahrscheinlichkeit einen Link anklicken, der sich im Inhaltsbereich der Seite befindet, als z.B. einen Link im Footer.

Zu den Faktoren, die Google heute bei der PageRank-Berechnung zusätzlich berücksichtigt, zählen wahrscheinlich:

- die Stärke der Hervorhebung eines Links (z.B. Links in Überschriften)
- die Position des Links innerhalb des Dokuments (je weiter oben, desto besser vermutlich)
- die Distanz zwischen Webseiten (s. u.)
- die Domain Popularity
- die thematische Nähe der verlinkten Webseite zu der Webseite, auf der sich der Surfer gerade aufhält.

### Der »Intelligent Surfer«?

Da Google seit Jahren schon massiv in die Entwicklung von KI-Algorithmen[51] investiert und RankBrain (siehe Abschnitt 4.8) bereits fester Bestandteil der aktuellen Google-Suche und Rankingalgorithmen ist, ist es naheliegend, dass Google auch bei der Analyse der Backlinkstruktur auf künstliche Intelligenz baut. Ich persönlich gehe davon aus, dass aus dem »Reasonable Surfer« inzwischen ein »Intelligent Surfer« geworden ist, der beim virtuellen Klicken auf Hyperlinks ähnliche »Überlegungen« anstellt und Entscheidungen trifft wie Menschen dies tun würden.

Dieser intelligente Surfer würde z.B. nur oder mit einer höheren Wahrscheinlichkeit auf Links klicken, die für die Information auf der Website, auf der sich der Backlink befindet, einen echten Mehrwert darstellen. Also auf weiterführende oder ergänzende Informationen zum Thema der Webseite, z.B. auf verlinkte Quellenangaben, auf verwandte Themenseiten, auf Seiten mit nützlichen Zusatzfunktionen oder Downloads. Der intelligente Surfer würde einen unpassenden und nutz-

---

50. JA Dean, C Anderson, A Battle - US Patent 7,716,225, 2010: Ranking documents based on user behavior and/or feature data
51. KI = Künstliche Intelligenz

losen Link sofort erkennen und diesen gar nicht erst oder mit einer geringen Wahrscheinlichkeit anklicken. Und er würde selbstständig dazu lernen, je mehr Webseiten er auf diese Weise analysiert. Damit würden in die PageRank-Berechnung nur oder mit viel höherem Gewicht die für Nutzer nützlichen Links herangezogen, unnütze oder »unnatürliche« Links dagegen weniger oder gar nicht.

Auch wenn Google die Weiterentwicklung des PageRank-Verfahrens in diese Richtung bisher nicht offiziell bestätigt hat, gibt es sehr viele Indizien dafür. Bekannt ist z.B. schon länger, dass die thematische Nähe zwischen verlinkender und verlinkter Webseite wichtig ist, damit der Link »zählt«. Bekannt ist auch, dass Links aus dem Haupt-Inhaltsbereich (Main Content) der Seite mehr zählen als Links aus Navigations- und Footer-Bereichen. Die Anreicherung des PageRank-Algorithmus um eine KI-Komponente ist daher nur logisch. Ich würde jedenfalls um drei Kästen Bier mit Ihnen wetten, dass Google genau das getan hat.

### 4.2.8 Der PageRank ist tot —es lebe der PageRank!

**Welche Rolle spielt der PageRank heute noch?**

Der Toolbar-PageRank wurde von Google leider nur in längeren, unregelmäßigen Abständen von mehreren Monaten aktualisiert. Seit Dezember 2013 gab es gar keine Aktualisierungen mehr, sodass die Werte, die man von Google abfragen konnte, immer mehr veralteten.

> Im April 2016 stellte Google schließlich die Veröffentlichung der Toolbar-PageRank-Werte offiziell endgültig ein, sodass es heute keine Möglichkeit mehr gibt, (Toolbar-)PageRank-Werte von Google zu erhalten.

In der SEO-Community gibt es schon seit Längerem eine lebhafte Diskussion darüber, welche Rolle der PageRank heute überhaupt noch spielt. Einige sind sogar der Ansicht, der PageRank sei nicht mehr wichtig. »Der PageRank ist tot«, liest man auf vielen Webseiten, die sich mit SEO beschäftigen.

Das hat wahrscheinlich damit zu tun, dass Google selbst sich bereits seit Jahren bemüht, die Bedeutung des PageRanks herunterzuspielen, und den Toolbar-PageRank heute nicht mehr verrät.

Stattdessen lässt Google verlauten, Websitebetreiber sollten sich auf die Qualität und den Nutzwert des Contents konzentrieren und den PageRank vergessen.

Sicherlich ist es so, dass Google in den letzten Jahren große Fortschritte darin gemacht hat, die inhaltliche Qualität und den Nutzwert von Webseiten zu ermitteln. Und gewiss sind diese Signale heute sehr wichtig. Das möchte ich nicht bestreiten.

Was die Bedeutung des PageRanks anbelangt, so bin ich jedoch anderer Meinung als einige andere SEOs: Aus Insiderkreisen weiß ich, dass Google mit Suchergebnislisten, die ohne PageRank als Rankingfaktor berechnet wurden, experimentiert, — und, dass diese für die meisten Suchanfragen den Ergebnislisten, die PageRank als Faktor berücksichtigen, qualitativ immer noch weit unterlegen sind. Ausnahmen bestätigen dabei die Regel. ;-)

Außerdem dürfen wir nicht vernachlässigen, dass Google das PageRank-Verfahren seit seiner Entwicklung vor fast 20 Jahren umfassend weiterentwickelt hat.

Besonders wertvoll scheint für Google auch eine Kombination aus PageRank und Trust-Berechnung (vgl. Abschnitt 4.3) zu sein, um die besten und nützlichsten Seiten zu einem Thema zu finden.

Ich denke daher, dass Google die Bedeutung des PageRanks nicht deshalb herunterspielt, weil PageRank nicht mehr wichtig ist, sondern dass genau das Gegenteil der Fall ist: Vermutlich hat Google festgestellt, dass es keine gute Idee war, den (Toolbar-)PageRank-Wert zu veröffentlichen, da Webmaster, SEOs und Linkverkäufer damit eine wertvolle Information bekamen und das Verkaufen von Links überhaupt erst lukrativ wurde. Und dies hatte das Potenzial, die Google-Suchtechnologie in ihren Grundfesten zu erschüttern.

Die Grundidee hinter dem PageRank-Verfahren war, dass Websitebetreiber auf andere Webseiten verlinken, wenn sie diese für gut und nützlich halten. Das mag auch heute im Prinzip noch stimmen, aber es gibt natürlich auch noch andere Beweggründe für das Setzen von Hyperlinks auf andere Seiten wie Gefälligkeits-Links (Links auf die Seiten von Freunden und Bekannten), Linktausch (»Verlink auf mich, dann verlinke ich auf dich«) und Links aus technischen oder juristischen Anforderungen heraus (z. B. die aus juristischen Gründen notwendige Quellenangabe eines Bilds).

Solange diese Gründe, Hyperlinks zu setzen, nur in geringem Maße vorkommen, stellt das für das Grundprinzip des PageRank-Verfahrens kein großes Problem dar. Nimmt es jedoch überhand, dass Webmaster Hyperlinks setzen, weil sie Geld dafür bekommen oder weil sie den PageRank einzelner Seiten gezielt erhöhen wollen, so wird PageRank als Metrik für die Wichtigkeit einer Webseite immer weniger gültig.

Google unternimmt daher große Anstrengungen gegen diese Tendenzen. Zu diesen gehört z. B., die Bedeutung des PageRanks öffentlich herunterzuspielen und keine (Toolbar-) PageRank-Werte mehr zu veröffentlichen.

Und was noch an Backlink-Spam übrigt bleibt, kann Google mithilfe von Trust-Berechnung und KI-Algorithmen leicht erkennen und ausfiltern.

Eine moderne Form des PageRank-Verfahrens ist daher aller Wahrscheinlichkeit nach auch heute noch einer der wichtigsten Rankingfaktoren für Google.

Die aktuellen Erfahrungswerte bestätigen das: Ohne qualitativ hochwertige Backlinks von Websites, die selbst über viel PageRank und Trust verfügen, schafft es kaum eine Webseite auf die erste Ergebnisseite von Google und schon gar nicht auf die Top-Rankingplätze (Plätze 1 bis 3).

Es ist daher essenziell wichtig, dass wir dies bei unserer SEO-Arbeit berücksichtigen.

> Die aktuelle Form des PageRank-Algorithmus liefert Google sehr wahrscheinlich eines der wichtigsten Rankingsignale. Leider gibt es jedoch keine Möglichkeit mehr, von Google PageRank-Werte abzufragen, sodass wir auf die Tools von SEO-Tool-Anbietern angewiesen sind, die auf eigene Faust PageRank und Trust-Werte berechnen (vgl. Tabelle 4.2).

## 4.3 Trust und »TrustRank«

Man kann davon ausgehen, dass das ursprüngliche PageRank-Verfahren im Laufe der Zeit weitgehende Veränderungen und Erweiterungen erfahren hat und durch weitere Verfahren ähnlicher Art ergänzt wurde.

Ein für Google offenbar sehr wichtiges Konzept ist das des Trusts. Damit meint Google, wie vertrauenswürdig die Informationen auf einer Webseite sind. Google versucht, genau das zu berechnen.

In einem *Video-Blogpost*[52] hat der Google-Ingenieur und Leiter des Webspam-Teams *Matt Cutts* erläutert, was Google unter Trust versteht. Danach ist u.a. PageRank ein wichtiges Trust-Signal.

Experten gehen jedoch davon aus, dass Google darüber hinaus einen Algorithmus verwendet, der an ***TrustRank*** angelehnt ist. TrustRank ist ein an das PageRank-Verfahren angelehnter Algorithmus zur Bewertung der Qualität von Webseiten. Der TrustRank-Algorithmus wurde im Jahr 2004 von Forschern der Stanford University sowie einem Yahoo-Mitarbeiter publiziert.[53] Ein Jahr später reichte Yahoo einen darauf basierenden Patentantrag mit dem Titel »*Link-based spam detection*[54]« ein.

52. *https://www.youtube.com/watch?v=ALzSUeekQ2Q*

Mithilfe dieses Algorithmus sollen Suchmaschinen die *Qualität* von Webseiten bewerten können und nicht »nur« – wie der PageRank-Algorithmus – eine Art Beliebtheit, die sich aus der Verlinkungsstruktur ergibt.

Die Grundidee des TrustRank-Algorithmus besteht darin, eine relativ kleine Zahl von besonders vertrauenswürdigen Websites von Hand auszuwählen (sog. *Seed-Sites*) und diesen, nach eingehender Prüfung, den höchsten TrustRank-Wert zuzuweisen, der sich – ähnlich wie beim PageRank-Verfahren – durch ausgehende Links auf andere Seiten vererbt.

Solche besonders vertrauenswürdigen Websites (***Authority Domains***) zeichnet aus, dass sie sorgfältig von Hand gepflegt und aktualisiert werden, dass sie mit einer sehr geringen Wahrscheinlichkeit auf schlechte Webseiten (z. B. Spamseiten) verlinken, jedoch mit hoher Wahrscheinlichkeit auf gute, nützliche Sites. Und natürlich, dass von diesen Seiten keine Backlinks gekauft werden können.

Je weiter eine Website von einer solchen Authority Domain entfernt ist, d. h., je mehr Klicks auf Links benötigt werden, um von der Authority Domain zu einer bestimmten Website zu gelangen, desto weniger Trust kommt dort an.

Berechnet man nun mit dem Algorithmus den TrustRank für alle Domains, so werden insbesondere die Seiten, die durch Linkkauf, Linktausch oder Linkfarmen einen unnatürlich hohen PageRank-Wert haben, wenig TrustRank aufweisen.

Das TrustRank-Verfahren kann somit besonders effektiv dazu verwendet werden, solche Spamseiten zu identifizieren.

Es ist davon auszugehen, dass Google einen dem TrustRank-Verfahren sehr ähnlichen Algorithmus einsetzt und damit Domains oder vielleicht sogar einzelnen Webseiten einen Trust-Wert zuweist, und dass dieser, ebenso wie der PageRank, ein wichtiges Rankingsignal ist.

Dieser Trust-Wert dient vermutlich auch dazu, Seiten mit manipulativ erhöhtem PageRank-Wert zu identifizieren und diese dann herunterzustufen.

Google vermeidet jedoch, öffentlich von »TrustRank« zu sprechen, vermutlich, weil es sich dabei nicht um ein Google-Patent handelt.

Google ist wahrscheinlich auch deshalb bemüht, möglichst wenig öffentliche Diskussion zum Thema Trust entstehen zu lassen, und ganz sicher wird es von Google

53. Gyöngyi, Zoltán; Hector Garcia-Molina, Jan Pedersen (2004). »Combating Web Spam with TrustRank«. Proceedings of the International Conference on Very Large Data Bases 30: 576. Retrieved 2007-10-26.

54. *https://www.google.com/patents/US7533092*

keinen »Toolbar-TrustRank« geben! Den Fehler, den das Unternehmen mit dem PageRank begangen hat, wird es sicherlich nicht noch einmal begehen.

Gehen wir also davon aus, dass Trust heute ein wichtiges Rankingkriterium ist, dann muss ein Ziel von SEO sein, den Trust zu erhöhen.

Das können Sie nur dadurch erreichen, dass Sie Backlinks von Seiten mit hohem Trust erhalten. Von besonderem Interesse wäre natürlich, die handverlesenen Seed-Seiten zu kennen, aber diese sind natürlich streng geheim.

Man kann hier nur vermuten, wie Google solche Seiten auswählt. Ein naheliegender Schluss ist der, dass die Google-Experten sich insbesondere die Seiten mit hohem PageRank anschauen, da diese sicherlich heiße Kandidaten für die Seiten mit höchstem Trust sind. Zu diesen gehören wahrscheinlich Websites von Universitäten, Regierungen, staatlichen und nicht-staatlichen Organisationen und Verbänden, Nachrichtenportale der als seriös eingestuften Presse und Medien, bekannte Blogs und – höchstwahrscheinlich – auch bestimmte Wikipedia-Seiten.

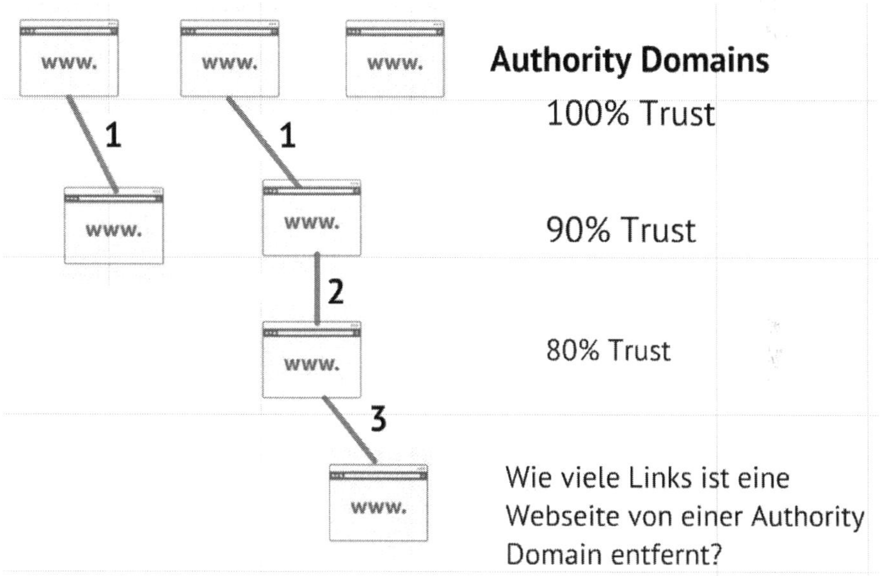


***Abb. 34*** *Modellhafte Darstellung der Trust-Berechnung: Je »näher« sich eine Webseite bei einer Authority Domain befindet, desto höher ist Googles Vertrauen in diese Seite.*

### Gibt es eine Möglichkeit, den Trust-Wert einer Domain oder einzelner Webseiten zu ermitteln?

Wie bereits erwähnt, bietet Google hierzu keinerlei Möglichkeit. Es gibt jedoch eine Reihe von SEO-Tool-Anbietern, die eigene Trust-Berechnungen durchführen und Metriken entwickelt haben, mit denen SEOs arbeiten können. Die wichtigsten Tools und Metriken wollen wir uns im folgenden Abschnitt anschauen.

## 4.4 PageRank- und Trust-Metriken von SEO-Tool-Anbietern

Dass Google den Toolbar-PageRank nicht mehr publiziert, kommt den zahlreichen Anbietern von SEO-Software und -Tools sehr entgegen, denn man ist nun für Page-Rank- und Trust-Metriken auf diese Tools und deren Metriken angewiesen.

Einige Anbieter haben eigene Metriken entwickelt, die an das PageRank- und mutmaßliche Trust(Rank)-Verfahren von Google angelehnt sind und sich als Alternative zum PageRank verwenden lassen. Dazu analysieren sie jeweils mit eigenen Crawlern die Backlinkstruktur des World Wide Web. Wie umfangreich, aktuell und technisch akurat die jeweilige Datenbasis ist und wie gut die Metriken das reflektieren, was Google für sich berechnet, lässt sich nicht sicher sagen. Die hier vorgestellten Anbieter gehören jedenfalls zu den großen und bekannten der Branche. Zusätzlich zu den an das PageRank-Verfahren angelehnten Metriken bieten sie eine Vielzahl weiterer Tools und Analysemöglichkeiten an, auf die ich hier nicht im Einzelnen eingehen kann.

Alle diese Anbieter haben verschiedene monatliche Abo-Modelle, über die man mehr oder weniger umfassenden Zugang zu den Analysedaten und den verschiedenen Tools erhält. Einige Anbieter bieten kostenlose Test-Accounts an oder stellen — ohne Registrierung, mit einem kostenlosen Konto oder einer Browser-Toolbar — einen kleinen Teil ihrer Daten zur Verfügung.

### 4.4.1 LRT Power*Trust

Die in Österreich ansässige Firma *LinkResearchTools*[55] (LRT) wurde 2009 von Christoph C. Cemper gegründet, einem bekannten SEO-Experten, der sich seit 2003 mit Linkbuilding beschäftigt. LinkResearchTools verfügt über eine der umfangreichsten Backlink-Datenbanken des WWW und errechnet auf Basis der Verlinkungsstruktur u. a. die Metrik *LRT Power*, die an den PageRank von Google angelehnt ist, und *LRT Trust*, die an das TrustRank-Verfahren angelehnt ist. Beide Metriken basieren auf einer logarithmischen Skala und haben einen Wertebereich zwischen 0 und 10.

Seit August 2015 bietet das Unternehmen unter dem Namen *LRT Power*Trust* ein kostenloses *Browser-Addon für die Webbrowser Google Chrome und Firefox*[56] an, das LRT selbst als »perfekten Ersatz für den Google Toolbar-PageRank« preist.

55. *http://www.linkresearchtools.com*

56. *http://www.linkresearchtools.com/technology/lrt-power-trust/*

Sehr zu empfehlen ist auch die kostenlose *LRT SEO Toolbar*[57], die es jedoch nur für den Webbrowser Google Chrome gibt. Damit können Sie direkt auf der Suchergebnisseite die LRT-Metriken für die einzelnen Suchtreffer einblenden.

Sowohl die Toolbar als auch das Browser-Add-on zeigen für die im Browser gerade besuchte Domain und Webseite die Metriken *LRT Power* und *LRT Trust* sowie die Multiplikation der beiden Werte an; der Wertebereich für die Metrik *Power*Trust* beträgt dann logischerweise 0 bis 100. Dies kommt meiner Meinung nach vermutlich dem sehr nahe, was Google auch macht. Der *LRT Power*Trust*-Wert ist damit eine sehr nützliche Metrik, um das Rankingpotenzial einer Domain zu ermitteln.

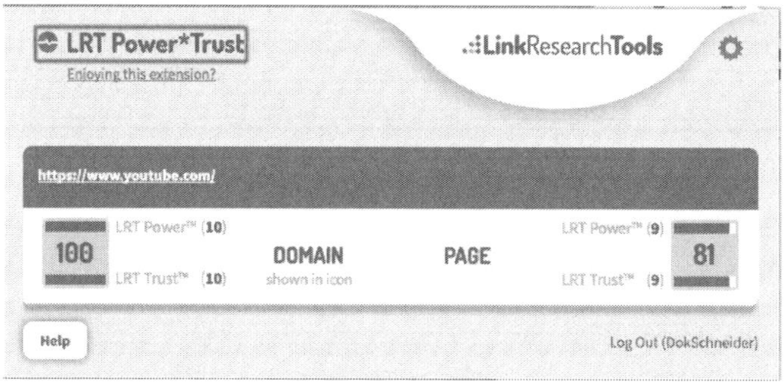


***Abb. 35*** *Das LRT Power*Trust Add-on für Google Chrome zeigt für die Domain youtube.com*[58] *einen Traumwert von 100 an.*

Außerdem erstellt LRT regelmäßig die *Top-500 LRT Power*Trust Links*[59], d.h. die Domains mit den höchsten Power*Trust-Werten, jeweils global bzw. für einzelne Länderdomains — eine sehr interessante Lektüre.

LRT bietet auch noch eine ganze Reihe weiterer SEO-Tools an, die mit der Analyse und Optimierung der Backlinkstruktur zu tun haben. Um diese zu nutzen, benötigen Sie ein kostenpflichtiges Abo.

### 4.4.2 MOZ Domain Authority (DA) und Page Authority (PA)

Die amerikanische Firma *MOZ*[60] (früherer Name *SEOmoz*) existiert seit dem Jahr 2008. Ihre Backlink-Datenbank umfasst eigenen Angaben zufolge mehr als 641 Milliarden Links.

---

57. *http://www.linkresearchtools.com/tools/link-research-seo-toolbar/*
58. *http://youtube.com*
59. *http://https://www.linkresearchtools.de/try/top-lrt-powertrust-links//top-500-power-trust-links/*
60. *https://moz.com/*

Mit der *MOZ Domain Authority (DA)* und der *MOZ Page Authority (PA)* hat MOZ zwei Metriken zu bieten, die viele SEO-Experten für den besten Ersatz für den Toolbar-PageRank von Google halten und die sich bei der SEO-Arbeit in der Praxis bewährt haben. Die Metriken verwenden eine Skala von 0 bis 100. Die *MOZ Domain Authority* beschreibt das Rankingpotenzial der Domain, basierend auf der Backlinkstruktur *(MozRank)* und einer Trust-Metrik *(MozTrust)*, in die u.a. das Alter der Domain als Faktor einfließt. Die *MOZ Page Authority (PA)* ermittelt das Rankingpotenzial für einzelne Unterseiten der Domain. Darin fließen u.a. die direkten Backlinks auf die entsprechende Unterseite ein. *MozRank* und *MozTrust* sind ebenfalls an Googles PageRank und an den TrustRank-Algorithmus angelehnt und haben auf einer logarithmischen Skala einen Wertebereich von 0 bis 10.

MOZ bietet mit der *MozBar*[61] ein kostenloses Addon für die Webbrowser Google Chrome und Mozilla Firefox an, das für jede besuchte Webseite diese Metriken anzeigt.

***Abb. 36*** *Das Browser-Add-on MozBar zeigt für jede besuchte Webseite die Metriken MOZ Page Authority (PA) und MOZ Domain Authority (DA) an. In dem abgebildeten Beispiel handelte es sich um eine Unterseite der Domain* nytimes.com.

## 4.4.3 Ahrefs Rank (AR) von Ahrefs

Das Unternehmen *Ahrefs Pte Ltd.* bietet unter der Adresse *https://ahrefs.com* einen umfangreichen Backlink-Index an. Ahrefs verwendet eine eigene Metrik, um die Wichtigkeit einer verlinkenden Domain bzw. einzelner URLs zu ermitteln: *Domain Rating (DR)* und *URL Rating (UR)*. Beide Metriken verwenden einen Wertebereich zwischen 0 und 100.

Ahrefs hat ebenfalls eine kostenlose Toolbar für die Webbrowser Chrome und Firefox im Angebot, die *Ahrefs SEO Toolbar*[62]. Neben *Domain Rating* und *URL Rating* zeigt diese u.a. noch die Zahl der Backlinks (BL) und die Zahl der verlinkenden Root-Domains (RD) an.

## 4.4.4 Trust Flow von Majestic SEO

Der Hyperlink-Index der britischen Firma *Majestic-12 Ltd*, der unter dem Namen *Majestic SEO*[63] vermarktet wird, ist nach eigenen Angaben des Unternehmens der

61. *https://moz.com/mozbar*
62. *https://ahrefs.com/labs/seo-toolbar*
63. *https://www.majesticseo.com/*

größte und aktuellste Hyperlink-Index des WWW, der öffentlich zugänglich ist. Mit einer kostenlosen Registrierung erhält man relativ umfangreiche Informationen zu seinen eigenen Websites.

Die Metric *Trust Flow* von Majestic SEO ist an den TrustRank-Algorithmus angelehnt und berechnet auf einer Skala von 0 bis 100 die relative Nähe einer Domain oder URL zu Webseiten, die von Suchmaschinen als besonders vertrauenswürdig eingestuft werden. Je weniger Klicks ein Surfer theoretisch braucht, um von einer vertrauenswürdigen Webseite auf die betrachtete Webseite zu gelangen, desto höher ist der Trust Flow.

### 4.4.5 Page Strength (SPS) von Searchmetrics

Die deutsche Firma *Searchmetrics*[64] hat ebenfalls eine eigene Metrik im Angebot, die *Searchmetrics Page Strength (SPS)*. Der SPS-Wert wird ähnlich wie der PageRank von Google auf einer logarithmischen Skala von 0 bis 10 angezeigt und aus der Anzahl und Qualität aller Links, die auf die Domain bzw. Seite verweisen, berechnet. Der SPS-Wert ist allerdings nur mit einem kostenpflichtigen Abo zu ermitteln.

### 4.4.6 Übersichtstabelle

In der folgenden Tabelle habe ich die verschiedenen Metriken der genannten SEO-Tools der besseren Übersicht halber für Sie zusammengestellt:

| **Anbieter** | **Seiten-Metriken (Wertebereich)** | **Domain-Metriken (Wertebereich)** |
|---|---|---|
| Google | Toolbar-PageRank (PR) (0-10)<br>(Nicht mehr verfügbar!) | — |
| LRT | LRT Power (Page) (0-10)<br>LRT Trust (Page) (0-10)<br>LRT Power*Trust (Page) (0-100) | LRT Power (Domain) (0-10)<br>LRT Trust (Domain) (0-10)<br>LRT Power*Trust (Domain) (0-100) |
| MOZ | MozRank (mR) (0-10)<br>MozTrust (mT) (0-10)<br>Page Authority (PA) (0-100) | Domain MozRank (DmR) (0-10)<br>Domain MozTrust (DmT) (0-10)<br>Domain Authority (DA) (0-100) |

***Tabelle 4.2*** *PageRank-Alternativen verschiedener SEO-Tools*

64. *http://www.searchmetrics.com/de/*

| Anbieter | Seiten-Metriken (Wertebereich) | Domain-Metriken (Wertebereich) |
|---|---|---|
| Ahrefs | URL Rating (UR) (0-100) | Domain Rating (DR) (0-100) |
| Searchmetrics | Searchmetrics PageStrength (SPS) (0-10) | — |

***Tabelle 4.2*** *PageRank-Alternativen verschiedener SEO-Tools*

**Übung 4: PageRank-Alternativen**

1. Installieren Sie die kostenlose *LRT SEO Toolbar*[65] und die *MozBar*[66] in Ihrem Google-Chrome-Webbrowser.
2. Besuchen Sie verschiedene Websites (ältere, bekannte, ggf. auch jüngere und weniger bekannte Sites und ggf. natürlich auch Ihre eigenen Sites und die Ihrer wichtigsten Wettbewerber) und notieren Sie sich für jede Domain die von diesen Tools ermittelten Domain-Metriken (siehe Abschnitt 4.4).
3. Was können Sie beobachten?

## 4.5 Das BadRank-Konzept

Das PageRank-Verfahren verhält sich insgesamt sehr robust gegenüber Manipulationsversuchen, weil man entweder extrem viele Links braucht, um den PageRank einer Seite manipulativ zu erhöhen, oder Links von Seiten, die selbst über einen hohen PageRank (und wenige ausgehende Links) verfügen, was jedoch in der Regel schwierig zu erreichen ist. Genau diese Robustheit macht das PageRank-Verfahren für Google so wertvoll.

Es gibt jedoch Hinweise darauf, dass Google auch noch Wege verfolgt, um Manipulationsversuche aufzudecken: Seiten manuell aus dem Index zu entfernen, ist eine Option, die sich Google offenhält. Da dies aber mit einem hohen Personalaufwand verbunden ist, vermuten Experten, dass Google für jede Seite außer dem PageRank noch einen anderen, geheimen Wert errechnet, den man als ***BadRank*** bezeichnen könnte.

Nach dieser Vorstellung ist der BadRank quasi eine Umkehrung des PageRank-Verfahrens und errechnet sich auf der Basis aller ausgehenden Links einer Webseite.

65. *http://www.linkresearchtools.com/tools/link-research-seo-toolbar/*
66. *https://moz.com/mozbar*

Verweisen diese Links auf Seiten, die selbst einen hohen BadRank haben, erben die verlinkenden Seiten von diesen BadRank.

Websites, von denen man BadRank erben kann, bezeichnet Google als »bad neighborhood« und warnt ausdrücklich davor, auf solche Seiten zu verlinken. Es handelt sich dabei um Websites, die bei Google wegen erheblicher Verstöße gegen die Suchmaschinenrichtlinien in Ungnade gefallen sind, z.B., weil sie Backlinks verkaufen oder Linkfarmen betreiben, um den PageRank bestimmter Webseiten nach oben zu manipulieren. Solche Websites werden in der Regel auch aus dem Google-Index hinausgeworfen.

## 4.6 Kampf gegen den Webspam: Panda und Penguin

In den Jahren vor 2011 hatte Google mit dem Problem zu kämpfen, dass es vielen Websites durch massives Backlinkbuilding und aggressive Onpage-Optimierung gelang, mit minderwertigen Webseiten ohne großen Nutzwert gute Rankings in Google zu erzielen.

Google hat auf diese Entwicklung spätestens seit 2011 mit einigen Updates seines Ranking-Algorithmus umfassend reagiert.

### 4.6.1 Panda: Kampf gegen minderwertigen Content

Das sog. ***Panda-Update*** aus dem Jahr 2011 hatte das Ziel, qualitativ minderwertige Seiten bzw. Domains zu identifizieren und in den Suchergebnissen herunterzustufen.

Insbesondere führen seitdem die folgenden Signale zur Abwertung einer Seite im Ranking:[67]

- eine geringe Menge an originalen Inhalten *(unique content)*
- ein hoher Prozentsatz an doppelten Inhalten *(duplicate content)*
- ein hoher Prozentsatz an sog. *Boilerplate*-Inhalten (z.B. gleiche Texte oder Links auf jeder Seite)
- eine hohe Anzahl irrelevanter Werbeanzeigen, generell: zu viel Werbung
- Seiteninhalt und Seitentitel stimmen nicht mit der Suchanfrage überein
- unnatürlich häufiges Vorkommen eines Worts auf einer Seite

---

67. *Google Panda Update. Sistrix GmbH. (http://www.sistrix.de/frag-sistrix/google-algorithmus-aenderungen/google-panda-update/)*

Angeblich handelt es sich bereits bei Panda um einen selbstlernenden Algorithmus, der im Laufe der Zeit selbstständig immer besser darin wird, qualitativ minderwertige Seiten zu erkennen.

### 4.6.2 Penguin: Kampf gegen den Backlink-Spam

Mit dem ***Penguin-Update*** des Jahres 2012 hat Google Webspam in den Suchergebnissen nochmals radikaler bekämpft. Insbesondere wird nun die Qualität der Backlinks umfassend ausgewertet. Minderwertige Backlinks zählen praktisch nichts mehr. Seit Penguin ist es sogar möglich, dass minderwertige Backlinks negative Rankingsignale senden können.

Vor Penguin hatte Google immer beteuert, dass Backlinks einer Website niemals schaden können. Zu Zeiten des reinen PageRank-Verfahrens war das auch der Fall. Ausnahmslos jeder eingehende Link hat den PageRank der verlinkten Seite mehr oder weniger stark erhöht.

Seit Penguin gilt das nicht mehr. Verfügt eine Website über viele minderwertige Backlinks, kann diese von Google dafür durch schlechteres Ranking bestraft werden. In der Regel sind Websites betroffen, die in der Vergangenheit einen aggressiven und unvernünftigen Linkaufbau betrieben haben.

#### Real Time Penguin (Penguin 4.0)

Inzwischen sind wir schon bei Version 4 des Penguin-Algorithmus. Das Penguin-Update 4.0 wurde im September 2016 released und wird auch als ***Real Time Penguin*** bezeichnet: Abstrafungen und Erholungen sollen nun in »Echtzeit« geschehen – also sofort, wenn Google seine Backlink-Daten aktualisiert. Eine weitere Neuerung ist, dass positive und negative Backlink-Signale »granularer« ausgewertet werden, womit Google wahrscheinlich einzelne Webseiten meint. So könnten z. B. einzelne Seiten einer Website wegen schädlicher Backlinks abgewertet werden, während andere Seiten der Website nicht betroffen sind. Bisher hatte man eher beobachtet, dass die Website als Ganzes durch Penguin abgestraft wurde.

Mit Penguin haben sich auch die SEO-Anforderungen geändert: Es geht nicht mehr nur um Linkaufbau, sondern um ein umfassendes Backlink-Management.

Wie man minderwertige, schädliche Backlinks erkennt bzw. findet und was Sie dagegen tun können, erläutere ich Ihnen ausführlich in Lektion 11.

## 4.7 Hummingbird: Google wird schlau

Nachdem Google mit Panda und Penguin umfassende Maßnahmen gegen Webspam getroffen hatte, folgte 2013 der nächste große Wurf: ***Hummingbird***.

Diesmal ging es darum, Suchanfragen besser zu verstehen und relevantere Webseiten mit besserem Content zu identifizieren.

Mit Hummingbird hat Google einen Weg gefunden, Suchanfragen von Nutzern noch besser zu verstehen. Google analysiert nicht mehr nur die Keywords, die in der Suchanfrage vorkommen, sondern versucht, die Intention des Suchenden zu verstehen, d. h. welche Absicht, welches Ziel der Suchende verfolgt. Googles Verständnis von Synonymen wurde weiter optimiert. Bei Suchanfragen, die nicht nur aus einzelnen Begriffen bestehen, wird nun der gesamte Satz im Kontext betrachtet, um den Sinn der Suchanfrage zu verstehen. Dabei hilft Google insbesondere auch der Knowledge Graph (vgl. Abschnitt 3.5), die möglichen Bedeutungen einzelner Begriffe zu erkennen, und durch den Kontext der Suchanfrage wird klar, welche Bedeutung gemeint ist.

Google kann nun Suchanfragen, die wie in zwischenmenschlichen Dialogen formuliert sind (*natural language search, conversational queries*), besser verarbeiten.

Solche Suchanfragen nehmen kontinuierlich zu. Außerdem werden Suchanfragen immer häufiger per Spracheingabe an Google gerichtet. Allgemein wird davon ausgegangen, dass die hauptsächlich genutzte Schnittstelle zwischen Mensch und Computer in Zukunft die Spracheingabe sein wird. Mit Hummingbird bereitet sich Google auf diese Entwicklung vor.

Das beeinflusst natürlich auch, welche Seiten gut ranken. Es sind nicht mehr unbedingt die Seiten, die für die Keywords, die in einer Suche vorkommen, optimiert sind, sondern Seiten, die auf die Suchanfrage die beste Antwort geben.

Zusätzlich werden auch die Textinhalte der Webseiten auf intelligentere Art und Weise mithilfe von Algorithmen, die eine semantische Analyse vornehmen, untersucht. Mit diesen Verfahren gelingt es im Vergleich zu so primitiven Ansätzen wie der einfachen Keyworddichte wesentlich besser, den Inhalt einer Webseite zu »verstehen«. Einen derartigen Algorithmus, das sog. WDF*IDF-Verfahren, schauen wir uns in Lektion 9 näher an.

Seit Hummingbird ist es nun noch wichtiger geworden, hochwertigen Content zu produzieren, der umfassende Antworten auf die Fragen von Suchenden liefert.

Letztlich sind diese Google-Updates eine schlechte Nachricht für alle, die inhaltsleere oder qualitativ minderwertige, werbelastige Webseiten mit nicht originärem Content durch gezielte SEO-Maßnahmen auf die vorderen Plätze der Google-Ergebnisliste bringen, um über die Werbung auf den Seiten Geld zu verdienen. Und eine gute Nachricht für alle, die sich die Mühe machen, Webseiten mit nützlichen, hochwertigen Inhalten zu erstellen – und zu denen Sie sicherlich gehören. ;-)

## 4.8 RankBrain

### Was ist RankBrain?

Nach Aussagen von Google sind circa 15 % aller Sucheingaben für Google neu, d.h. sie wurden in exakt dieser Form zuvor noch nicht eingegeben. Wahrscheinlich war dieser Umstand Grund genug für Google, einen eigenen Algorithmus zu entwickeln, der sich dieses Problems annimmt. Im Herbst 2015 hat Google den Hummingbird-Algorithmus durch einen neuen Algorithmus namens ***RankBrain*** ergänzt. Mit RankBrain kann Google insbesondere Suchanfragen noch besser verstehen, die komplex oder nicht eindeutig sind oder die Google so noch nie gesehen hat.

### Wie funktioniert RankBrain?

RankBrain basiert auf dem Prinzip eines künstlichen, rekurrenten (rückgekoppelten) neuronalen Netzes, einer Architektur, die dem Aufbau des menschlichen Gehirns (genauer: dem Neocortex), nachempfunden ist. Neuronale Netze sind besonders gut dazu geeignet, Problemstellungen der Mustererkennung (z.B. Bilderkennung, Handschrifterkennung, Spracherkennung, Maschinenübersetzung) zu lösen.

RankBrain setzt zusätzlich die Technik des maschinellen Lernens (*machine learning)* ein. Ähnlich wie das menschliche Gehirn lernt RankBrain aus Beispielen, indem es diese verallgemeinern und auf andere Fälle (Suchanfragen) anwenden kann. RankBrain erkennt also Muster und Gesetzmäßigkeiten in den betrachteten Daten und kann dann auch unbekannte, neue Daten beurteilen.

Dazu analysiert RankBrain u.a. das Verhalten der Nutzer in Bezug auf die Suchergebnisseite und die darauf gelisteten Suchtreffer, um daraus Rückschlüsse auf Suchintention und Zufriedenheit mit dem Suchergebnis zu ziehen.

RankBrain besitzt die Fähigkeit, aus jeder Analyse zu lernen und sich durch Erstellung neuer Verknüpfungen in seinem neuronalen Netz und damit verbunden durch Erzeugung neuer Algorithmen selbstständig, d.h. ohne menschliches Zutun von Softwareentwicklern, weiterzuentwickeln. So wird RankBrain automatisch immer besser darin, Suchanfragen zu verstehen und die Webseiten mit den besten Rankings zu belohnen, die für die Nutzer den besten Nutzwert bieten.

Mit RankBrain gelingt es Google noch besser, Webseiten in den Suchergebnissen zu zeigen, die sich eher auf den Kontext bzw. die Intention der Suche beziehen, als nur gut zur Syntax, d.h. den Keywords der Suche zu passen.

Zunächst wurde RankBrain von Google nur bei neuen, komplexen oder unverständlichen (z.B. schlampig formulierten) Suchanfragen eingesetzt. Dabei hat RankBrain offenbar so (unerwartet) gut funktioniert, dass der Algorithmus inzwischen nun auch bei »gewöhnlichen« Suchanfragen eingesetzt wird.

Aufgrund der Fähigkeit, selbstständig dazu zu lernen, passt sich RankBrain automatisch einem veränderten Nutzerverhalten bzw. dem Auftauchen neuer Suchbegriffe, Phantasiewörter oder Suchphrasen an.

RankBrain ist der Beginn einer neuen Ära in der Suchtechnologie. Es ist zu erwarten, dass Google an anderen Stellen des Such- und Rankingprozesses früher oder später ebenfalls KI-Technologien einsetzen wird.

**Wie verändert RankBrain die Suchergebnisse?**

RankBrain ist kein direkter Rankingfaktor, sondern arbeitet auf der Ebene der Suchanfragen und beeinflusst über diesen Weg indirekt die Suchergebnisse. Man kann sich das so vorstellen, dass Google nun vor allem auch längere, mehrdeutige oder unklare Sucheingaben besser versteht und dadurch ganz andere Webseiten in den Ergebnissen anzeigt.

Außerdem kann Google Synonyme und Bedeutungen nun noch besser verstehen und als Suchergebnis Seiten listen, die gut zur Intention der Suche passen, auch wenn diese die in der Suche verwendeten Begriffe gar nicht oder nicht sehr prominent enthalten.

Insbesondere bei längeren Suchanfragen erscheinen jetzt nicht mehr die Webseiten mit einer exakten Wortübereinstimmung mit der Suchanfrage ganz oben auf der Suchergebnisseite, sondern Webseiten, die die Suchanfrage tatsächlich am besten beantworten.

Auf dem SEODay 2016 in Köln hat *Gero Wenderholm*[68] dazu in seinem Vortrag »Inside Rankbrain — so tickt Googles AI« ein originelles Beispiel gebracht: Für die sehr umgangssprachlich und »schlampig« formulierte Suchanfrage »wie gehts wenn ich nix tierisches futtere« liefert Google als Ergebnis Webseiten, die sich mit den Folgen veganer Ernährung beschäftigen (Abb. 37). Offenbar ist Google in der Lage, die schwer verständliche Suchanfrage zu verstehen und in eine sinnvolle Fragestellung zu übersetzen.

Bemerkenswert ist, dass bei keinem der drei Top-Ergebnisse auch nur einer der Suchbegriffe im Seitentitel vorkommt. In der Ära vor RankBrain hat man solche Effekte als SEO nur im Zusammenhang mit dem Google Bombing (Abschnitt 11.8)

68. *http://www.wenderholm.de/*

gesehen. Laut Aussage von Google beeinflusst RankBrain bereits jetzt die Suchergebnisse in hohem Maße und ist daher zumindest indirekt ein wichtiger Rankingfaktor geworden. Außerdem macht die Lernfähigkeit von RankBrain es für Google einfacher, Suchergebnisse zu personalisieren.

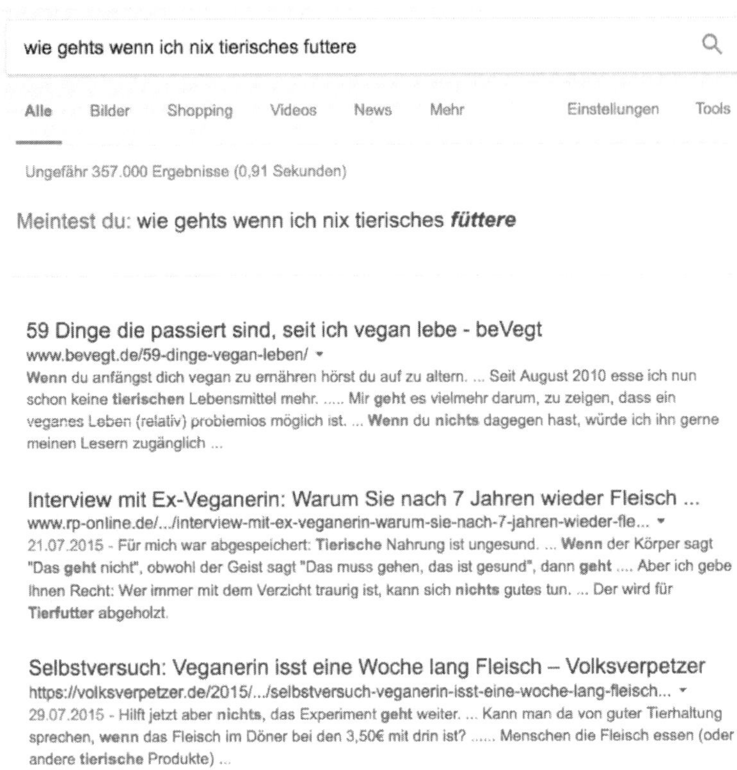


***Abb. 37*** *Google erkennt selbst bei dieser sehr umgangssprachlich formulierten Suchanfrage, wofür sich der Suchende interessiert.*

### Was bedeutet das für Websitebetreiber und SEOs?

Dadurch, dass die Qualität der Suchergebnisse immer besser wird, werden Suchende immer häufiger bereits unter den ersten Suchtreffern die Seiten finden, die ihre Frage beantworten bzw. das gesuchte Ergebnis bzw. den gewünschten Nutzwert liefern. Deshalb wird es in Zukunft wohl nicht mehr reichen, nur auf der ersten Suchergebnisseite gelistet zu werden, sondern das Ziel muss sein, Top Rankings unter den ersten fünf Ergebnissen zu erzielen, da schätzungsweise 80 % der Besucher auf den obersten fünf Plätzen der Suchergebnisseite »abgeholt« werden.

Inhalte sind der Schlüssel für gute Rankings im Zeitalter von RankBrain. Es kommt darauf an, dass die Inhalte für Menschen klar und verständlich sind, dass sie Antworten liefern und Probleme der Suchenden lösen. Ziel von Seitenbetreibern muss sein, mit hochwertigem, einzigartigem und nützlichem Content sowie mit vorbildlicher Usability für das perfekte Nutzererlebnis zu sorgen.

Je klarer und verständlicher eine Webseite für Menschen ist und je höher ihr Nutzwert für die Zielgruppe ist, desto größer ist ihr Potenzial, mithilfe von RankBrain gut zu ranken, da RankBrain an die Arbeitsweise des menschlichen Gehirns angelehnt ist.

Was im Einzelnen bei der Gestaltung von Content und dem Schreiben von Texten zu beachten ist, besprechen wir in Lektion 9.

## 4.9 Rankingfaktoren sind nicht mehr statisch

Der SEO-Tool-Anbieter *Searchmetrics*[69] führt regelmäßig Korrelationsstudien durch, um Erkenntnisse über die Rankingfaktoren von Google zu gewinnen. Nach Einschätzung von Marcus Tober[70], Gründer und CTO von Searchmetrics, sind viele Rankingfaktoren heute nicht mehr »statisch«, sondern »flexibel«, d. h., sie passen sich dem jeweiligen »Objekt« an.

Auf der Basis aktueller Analysen lässt sich z. B. erkennen, dass es eine Korrelation zwischen der Textlänge und besseren Rankings gibt. Webseiten mit längeren Texten tendieren dazu, besser zu ranken.

Das ist jedoch nicht generell für alle Themen bzw. Branchen der Fall. So müssen z. B. Texte rund um Gesundheitsthemen deutlich länger sein (ca. 2.400 Wörter) als Texte in Onlineshops (ca. 1.700 Wörter) und Texte rund um Finanzprodukte (ca. 1.400 Wörter), um ein optimales Rankingsignal für die Textlänge zu senden.

Welche Werte für einzelne Rankingfaktoren ein optimales Signal senden und welches Gewicht ein einzelner Faktor für das Ranking hat, ist außerdem abhängig von der Suchanfrage selbst.

Gibt man beispielsweise »security camera systems« in die Suche ein, so verweisen alle Top-Treffer auf Onlineshop-Seiten. Reine Informationsseiten zum Thema tauchen in den Top-10-Suchergebnissen nicht auf, da Google bei dieser Suchanfrage als Suchintention eine Kaufabsicht vermutet. Ein wichtiges Rankingsignal, um bei dieser Suchanfrage ein Top Ranking zu erzielen, ist dementsprechend wahrscheinlich eine »above the fold« platzierte »Add to Cart«- bzw. »Dem Warenkorb hinzufügen«Funktion. »Above the fold« umfasst den Bereich der Webseite, der für den User auf den ersten Blick und bei normaler Auflösung ohne Scrollen sichtbar ist.

69. *https://www.searchmetrics.com/*
70. Vortrag auf dem SEODay 2016 in Köln

**Personalisierung von Rankingsignalen?**

Zukünftig, so vermutet Tober, werden einige Rankingsignale sogar personalisiert werden. Dazu wird Google mit sog. »Personas« arbeiten. Das sind fiktive Persönlichkeiten, die bestimmte Merkmale in sich vereinen: z. B. der Intellektuelle, der sich in der Regel für ausführliche Informationen und Hintergründe interesssiert, der Käufer-Typ, der bereit ist, Geld auszugeben, oder der Schnäppchenjäger, dem in der Regel günstige Preise wichtig sind. Suchende werden anhand der Informationen, die Google über die Person hat, in Persona-Gruppen eingeteilt, und die Suchergebnisse dementsprechend personalisiert präsentiert.

Ob Google bereits mit Personas arbeitet bzw. ab wann dieser Ansatz in der Praxis zum Einsatz kommt, lässt sich nicht sicher sagen.

> Es gibt Rankingfaktoren, die statisch sind, also unabhängig von der Suchanfrage, der Branche und der Person des Suchenden. Ein Teil der Rankingfaktoren ist heute bereits dynamisch, d. h., welcher Wert mit welcher Gewichtung für das Ranking eine Rolle spielt, hängt u. a. von der Suche selbst ab. In Zukunft werden sehr wahrscheinlich einige Rankingfaktoren sogar personalisiert werden, d. h., diese sind dann abhängig von der Person des Suchenden und davon, was Google über diese Person weiß.

## 4.10 Die Zukunft der Suche

In nicht allzu ferner Zukunft werden Sie sich mit Google wahrscheinlich ganz salopp unterhalten können. Ihre Kommunikation mit Google könnte dann z. B. so aussehen:

Google (aus dem iPad in Ihrem Schlafzimmer): »Guten Morgen, mein Lieber! Ausgeschlafen?«

Sie: »Ach ja, geht so. Die Nacht war ein wenig kurz …«

Google: »Ja, du solltest wirklich früher zu Bett gehen … Was kann ich denn heute für dich tun?«

Sie: »Also ich suche heute ein neues Fahrrad. Meines ist ja letzte Woche leider geklaut worden.«

Google: »Oh, das tut mir leid zu hören. Was für ein Rad soll es denn sein?«

Sie: »Also ich stelle mir ein Trekkingrad mit 21 bis 27 Gängen vor. Am liebsten wäre mir ein Produkt des Herstellers XY, sofort lieferbar, komplett montiert und Probe gefahren. Lieferung frei Haus. Ach ja, und ich will nicht mehr als 500 Euro dafür zahlen!«

Google: »Da kann ich dir helfen. Der Onlineshop *best-bikes-of-the-universe.com* bietet heute Fahrräder des Herstellers Universal Space Bikes, die deinen Vorstellungen entsprechen, mit einem Rabatt von 15 % an. Es sind aktuell noch fünf Räder auf Lager. Soll ich gleich eines bestellen?«

Klingt nach Science-Fiction? Wir sprechen uns in ein paar Jahren wieder!

## 4.11 Das Google-Ranking im Überblick

Martin Mißfeldt, Betreiber des *tagSeoBlog*[71], hat in einer wunderbaren Grafik (Abb. 38) das Zusammenspiel der wichtigsten Google-Rankingalgorithmen skizziert. Danach senden Webseiten viele verschiedene Signale, die Google auswertet. Spamseiten werden mithilfe der Panda- und Penguin-Algorithmen aussortiert. Während Panda vor allem Seitenfaktoren auf Anzeichen für Spam untersucht, knöpft sich Penguin die Backlinkstruktur vor. Die inhaltliche Bewertung übernimmt der Hummingbird-Algorithmus. RankBrain arbeitet vor allem auf Ebene der Suchanfragen und beeinflusst damit indirekt das Ranking.

## 4.12 Auf den Punkt gebracht: Was ist denn nun tatsächlich wichtig, um in Google gut gefunden zu werden?

Laut Google-Wissenschaftler *Greg Corrado*[72] ist RankBrain bereits das drittwichtigste Signal, das direkten Einfluss auf die Suchergebnisse hat.[73] Die anderen beiden Signale, die noch wichtiger sind, sind laut Andrey Lipattsev, Search Quality Senior Strategist bei Google, Backlinks und Content.[74]

Um das komplexe Thema Ranking am Ende dieser Lektion auf den Punkt zu bringen: Was ist also besonders wichtig bzw. unerlässlich, um in Google gut gefunden zu werden?

- **Content:** Qualitativ hochwertiger, einzigartiger Content, der zur Intention der Suche passt.

71. *http://www.tagseoblog.de/*
72. *http://research.google.com/pubs/GregCorrado.html*
73. *Google Turning Its Lucrative Web Search Over to AI Machines (https://www.bloomberg.com/news/articles/2015-10-26/google-turning-its-lucrative-web-search-over-to-ai-machines)*
74. *https://searchengineland.com/now-know-googles-top-three-search-ranking-factors-245882*

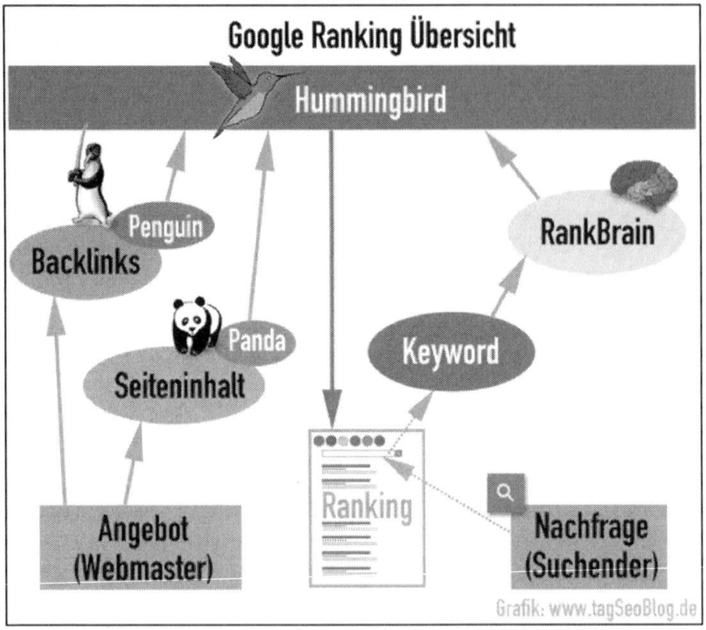


***Abb. 38*** *Zusammenspiel der Google-Rankingalgorithmen. Wiedergabe mit freundlicher Genehmigung von Martin Mißfeldt (www.tagseoblog.de*[75]*)*

- **Backlinks:** Hochwertige Backlinks, d. h. Backlinks von Seiten, die selbst hohe PageRank- und Trust-Werte haben und noch einige weitere Kriterien erfüllen, die wir in Lektion 11 besprechen.
- **Rankbrain**: Hoher Nutzwert für die angesprochene Zielgruppe. Vereinfacht gesagt, ist es genau das, was RankBrain auswertet und honoriert.

Natürlich sind das nicht drei einzelne Rankingsignale, an denen sich ganz einfach »schrauben« lässt. Es handelt sich eher um Kategorien von Signalen. Es bleibt also noch genügend Stoff, um diese drei »Signalgruppen« im Folgenden im Detail zu betrachten.

## 4.13 Teste Dein Wissen!

1. Welche Annahmen machten frühe Suchmaschinen wie beispielsweise *Alta-Vista*, wenn Sie die Relevanz von Webdokumenten im Hinblick auf den Suchbegriff berechneten?

75. *http://www.tagseoblog.de/aufloesung-phantom-update-war-google-rankbrain*

*Bitte ankreuzen:*

- ☐ Die Relevanz steigt, wenn der Suchbegriff an hervorgehobener Stelle wie z. B. im HTML-Title <title> vorkommt.
- ☐ Die Relevanz steigt, wenn der Anteil des Suchbegriffes an der Gesamt-Wortzahl mindestens 10% beträgt.
- ☐ Die Relevanz steigt, wenn der Suchbegriff im Domainnamen vorkommt.
- ☐ Die Relevanz steigt, wenn der Suchbegriff z. B. durch Fettung oder sonstige Gewichtung hervorgehoben wird.

2. Identifizieren Sie die korrekte/n Definition/en des Begriffes *Domain Popularity*.

   *Bitte ankreuzen:*

   - ☐ Die Summe aller verschiedenen Domains, die auf eine Webseite verlinken, multipliziert mit der Anzahl der eingehenden Links (Backlinks), die von der jeweiligen Domain stammen.
   - ☐ Die Summe aller verschiedenen Domains, die auf eine Webseite verlinken. Pro Domain werden nur diejenigen Links gezählt, die nicht auf die Startseite verlinken.
   - ☐ Die Summe aller verschiedenen Domains, die auf eine Webseite verlinken. Pro Domain wird nur ein Link gezählt, auch wenn viele Links von einer Domain stammen.
   - ☐ Die Summe aller verschiedenen Domains, die auf die Startseite eine Webseite verlinken. Pro Domain wird nur ein Link gezählt, auch wenn viele Links von einer Domain stammen.

3. Welche Hypothese der beiden Google-Gründer Larry Page und Sergey Brin führte später zur Entwicklung des PageRank-Algorithmus?

   *Bitte ankreuzen:*

   - ☐ Eine Suchmaschine, die bei der Relevanzberechnung die Keyworddichte berücksichtigt, liefert bessere Resultate als herkömmliche Suchmaschinen.
   - ☐ Eine Suchmaschine, die bei der Relevanzberechnung die Verlinkung der Webseiten im WWW berücksichtigt, liefert bessere Resultate als herkömmliche Suchmaschinen.
   - ☐ Eine Suchmaschine, die bei der Relevanzberechnung die Bewertungen von Nutzern berücksichtigt, liefert bessere Resultate als herkömmliche Suchmaschinen.
   - ☐ Eine Suchmaschine, die bei der Relevanzberechnung die Gestaltung (Layout und Design) der Webseiten im WWW berücksichtigt, liefert bessere Resultate als herkömmliche Suchmaschinen.

4. Was genau ist der sog. **PageRank**-Wert einer Webseite?

   *Bitte ankreuzen:*

   - ☐ Der PageRank-Wert wird für jede Seite im Google-Index berechnet und korreliert direkt mit der Wahrscheinlichkeit, dass der sog. *Zufallssurfer* diese Seite aufruft.
   - ☐ Der PageRank-Wert ist die jeweils aktuelle Position eines Suchtreffers auf der Google-Suchergebnisseite.
   - ☐ Der PageRank-Wert ist eine Metrik für die Qualität einer Webseite und basiert auf der Bewertung der Webseiten im Index einer Suchmaschine durch menschliche Bewerter.
   - ☐ Der PageRank-Wert wird für jede Webseite im Index der Google-Suchmaschine berechnet, wobei vor allem die Zahl der Erwähnungen der Webseite in Sozialen Medien (Facebook, Twitter usw.) herangezogen wird.

5. Wie hängt der sog. *Toolbar-PageRank* (der inzwischen nicht mehr abgefragt werden kann), mit dem »echten« Google *PageRank* zusammen?

   *Bitte ankreuzen:*

   - ☐ Der sog. Toolbar-PageRank ist eine logarithmische Transformation des tatsächlichen PageRank-Werts und hat einen Wertebereich von 0 bis 10.
   - ☐ Der Toolbar-PageRank ist identisch mit dem PageRank und wurde bis April 2016 in der Google-Toolbar angezeigt.
   - ☐ Als Toolbar-PageRank bezeichnet man alternative Metriken zum Google PageRank z. B. LRT Power oder MozRank.
   - ☐ Der Google PageRank lässt sich aus dem Toolbar-PageRank mithilfe der berühmten PageRank-Formel berechnen.

6. Worauf müssen SEOs im Hinblick auf den *Hummingbird*-Algorithmus bei der Suchmaschinenoptimierung für Google besonders achten?

   *Bitte ankreuzen:*

   - ☐ Es muss besonders darauf geachtet werden, dass eine Site möglichst viele hochwertige Backlinks hat.
   - ☐ Es muss besonders darauf geachtet werden, dass eine Site möglichst viele hochwertige Bewertungen hat.
   - ☐ Es muss besonders darauf geachtet werden, dass eine Site möglichst schnelle Ladezeiten hat.
   - ☐ Es muss besonders darauf geachtet werden, dass eine Site möglichst hochwertigen Content hat, der umfassende Antworten auf die Fragen von Suchenden liefert.

7. Sie haben eine Linkbuilding-Agentur beauftragt, die Zahl der Backlinks einer Website zu erhöhen. Plötzlich verliert Ihre Website massiv im Ranking. Welcher Algorithmus ist wahrscheinlich dafür verantwortlich?

   *Bitte ankreuzen:*

   ☐ der Penguin-Algorithmus

   ☐ der Panda-Algorithmus

   ☐ der RankBrain-Algorithmus

   ☐ das Site Diversity Update

8. Aus welchem/n Grund/Gründen wurde der *RankBrain*-Algorithmus von Google entwickelt?

   *Bitte ankreuzen:*

   ☐ Um Suchanfragen noch besser zu verstehen, die komplex oder nicht eindeutig sind.

   ☐ Um Suchanfragen möglichst schnell und direkt in der Suche beantworten zu können.

   ☐ Um Suchanfragen mit Tippfehlern besser korrigieren zu können.

   ☐ Um Suchanfragen noch besser zu verstehen, die Google so noch nie gesehen hat.

# 5 Die wichtigsten Google-Rankingsignale

**In dieser Lektion lernen Sie**

- woher man etwas über die Rankingfaktoren von Google erfahren kann.
- welche Rankingfaktoren wirklich wichtig sind und wie man diese sinnvoll einteilen kann.

In der letzten Lektion haben Sie gelernt, mit welchen Methoden Google zu relevanten Suchergebnissen kommt und wie sich diese Methoden weiterentwickelt haben. Dabei haben wir uns noch nicht einzelne Rankingsignale im Detail angeschaut. Diese Lektion dient dazu, Ihnen einen Überblick über die aktuellen Google-Rankingfaktoren zu geben. Dabei beschränke ich mich auf circa 60 Signale, die als gesichert und als vergleichsweise wichtig gelten. Auf viele dieser Signale gehe ich in den folgenden Lektionen dann noch ausführlicher ein.

Wie Sie bereits erfahren haben, haben sich die Rankingalgorithmen von Google seit Gründung des Unternehmens im Jahr 1998 kontinuierlich weiterentwickelt. Auch sind immer mehr Rankingfaktoren dazu gekommen, manche wurden wieder fallengelassen oder haben an Bedeutung verloren. Das wird sicherlich in Zukunft so weitergehen. Bedenken Sie daher, wenn Sie diese Lektion über aktuelle Rankingsignale lesen, dass sich die Situation schnell ändert. Was heute noch wichtig ist, kann morgen schon unwichtig oder gar schädlich sein. Bei der SEO-Arbeit ist es sehr wichtig, stets auf dem aktuellen Stand zu sein!

## 5.1 Quellen

Woher stammen die Informationen über diese Rankingfaktoren, die wir heute haben? Es gibt dafür im Wesentlichen zwei Quellen:

- Google selbst
- Untersuchungen und Erfahrungswerte von SEO-Experten.

### 5.1.1 Informationen von Google

Zwar legt Google die Rankingkriterien und Algorithmen nicht offen, doch gibt das Unternehmen über verschiedene Kanäle Informationen darüber preis. An vielen Kerntechnologien hält Google Patente, und die Patentschriften sind öffentlich zugänglich. Darin kann man z.B. nachlesen, wie der berühmte PageRank-Algorithmus funktioniert. Darüber hinaus hat Google verschiedene Kommunikationskanäle eingerichtet, um sich mit der Webmaster- und SEO-Community auszutauschen (siehe Lektion 18) und Fragen zum Thema Ranking und SEO zu beantworten.

### 5.1.2 Untersuchungen von SEO-Experten

Einige SEO-Firmen und SEO-Experten führen eigene Untersuchungen durch, um herauszufinden, welche Rankingkriterien Google verwendet, was sich positiv und was sich negativ auf das Ranking einer Webseite auswirkt, und wie wichtig die einzelnen Signale sind.

Dabei werden in der Regel die Top-Suchergebnisse für eine Anzahl von Keywords untersucht und analysiert, ob die gut rankenden Seiten bestimmte vermutete Rankingkriterien erfüllen. Damit soll die Frage beantwortet werden: Was unterscheidet Seiten auf den vorderen Positionen der SERPs von denen, die weiter hinten platziert sind?

Untersucht werden Korrelationen zwischen Rankingpositionen und den einzelnen vermuteten Rankingfaktoren. Solche Korrelationsstudien sind allerdings tückisch: Eine positive Korrelation bedeutet nicht automatisch, dass das untersuchte Signal für das gute Ranking verantwortlich ist, dass es einen kausalen Zusammenhang gibt. Sie bedeutet nicht einmal, dass es sich bei dem betrachteten Signal überhaupt um ein (wichtiges) Rankingsignal handelt. Eine positive Korrelation ist nicht viel mehr als ein Indiz dafür, dass das Signal eine Rolle spielen *könnte*.

**Korrelation ≠ Kausalität**

Die SEO-Experten von Searchmetrics schreiben über ihre eigene Korrelationsstudie: »Es ist jedoch nachdrücklich darauf hinzuweisen, dass Korrelationen nicht gleichbedeutend sind mit kausalen Zusammenhängen, und folglich keine Garantie besteht, dass die jeweiligen Faktoren tatsächlich einen Einfluss auf das Ranking haben – oder überhaupt von Google als Signal genutzt werden.«[76]

76. *http://www.searchmetrics.com/de/was-ist-ein-ranking-faktor/*

Beispiel: Im Sommer steigen sowohl der Absatz von Speiseeis als auch das Vorkommen von Sonnenbränden. Bei einer Untersuchung ergäbe sich zwischen beiden Fakten eine positive Korrelation. Es wäre aber falsch, daraus den Schluss zu ziehen, dass man vom Eisessen Sonnenbrand bekommt. Vielmehr ist es in diesem Fall so, dass es einen dritten Faktor gibt, der kausal beides bewirkt, nämlich die Sonneneinstrahlung.[77]

Bei der Interpretation der Ergebnisse solcher Korrelationsstudien müssen wir also vorsichtig sein. Eine positive Korrelation bedeutet nicht unbedingt, dass es auch tatsächlich einen direkten kausalen Zusammenhang zwischen einem vermuteten Rankingsignal und einem positiven Effekt auf das Ranking gibt. Diese Korrelationsstudien sind trotz dieser Einschränkungen das Beste, was wir haben, um den Google-Rankingsignalen auf die Schliche zu kommen.

Eine weitere beliebte Methode, um Aussagen über die Google-Rankingsignale zu treffen, ist die Befragung von SEO-Experten und die Auswertung ihrer Erfahrungswerte. Manche Studien kombinieren auch mehrere der genannten Methoden.

In dieser Lektion gebe ich Ihnen einen zusammenfassenden Überblick über die aktuellen Erkenntnisse zu den Google-Rankingfaktoren. Dazu gibt es zahllose Studien, Untersuchungen und Meinungen im Web. Meine Quellen sind im Wesentlichen folgende Studien, Informationsseiten sowie eigene Erfahrungswerte:

### Rankingfaktoren-Studie von Searchmetrics

Das Berliner Unternehmen Searchmetrics gehört zu den bekannten Größen der SEO-Branche. Die Berliner veröffentlichen regelmäßig ihre *Rankingfaktoren-Studie*[78], die auf umfassenden Korrelationsanalysen beruht.

### Search Engine Ranking Factors von MOZ

Das amerikanische SEO-Unternehmen MOZ interviewt regelmäßig führende SEO-Experten und führt eigene Korrelationsstudien durch. In der *letzten Studie*[79] hat MOZ mehr als 150 Experten über ihre Meinung zu mehr als 90 potenziellen Rankingfaktoren befragt.

77. *https://de.wikipedia.org/wiki/Korrelation#Korrelation_und_Kausalzusammenhang*
78. *http://www.searchmetrics.com/de/knowledge-base/ranking-faktoren/*
79. *https://moz.com/search-ranking-factors*

Darüber hinaus ist MOZ eine überaus wertvolle Ressource für SEO-Wissen. Neben dem *SEO Learning Center*[80], das Informationen zu nahezu allen Aspekten von SEO bereitstellt, empfehle ich SEO-Einsteigern den *Beginner's Guide to SEO*[81].

## Google Ranking Factors von NORTHCUTT

Das US-Unternehmen Northcutt hat sich etwas Besonderes ausgedacht: eine *interaktive Webseite*[82], auf der man mehr als 270 potenzielle Rankingfaktoren untersuchen und nach verschiedenen Kriterien filtern kann. Für alle Kriterien werden die Informationsquellen angegeben, oftmals Patentschriften von Google oder Aussagen aus Videobotschaften des Google-Mitarbeiters Matt Cutts. Mithilfe der Filter ist es z. B. möglich, nur die Kriterien anzuzeigen, die als sicher gelten, oder nur die, die eindeutig nur Mythen sind.

***Abb. 39*** *Die Filterfunktion von Northcutt: 62 von 271 untersuchten Rankingsignalen können als gesichert gelten, d. h., es gibt dafür eindeutige Quellen. Bei 29 handelt es sich um reine Mythen (Filtereinstellung im Screenshot nicht gezeigt).*

## Das Periodensystem der SEO-Faktoren

Das Blog *Search Engine Land*[83] veröffentlicht seit 2011 die Infografik *The Periodic Table of SEO Factors*[84]. Jedes Element innerhalb des »Periodensystems« stellt einen Google Rankingfaktor dar, der laut Search Engine Land berücksichtigt werden sollte. Die Faktoren sind gewichtet. Auch Faktoren, die das Ranking negativ beeinflussen, werden berücksichtigt. Die Infografik wird jährlich aktualisiert.

80. *https://moz.com/learn/seo*
81. *https://moz.com/beginners-guide-to-seo*
82. *https://northcutt.com/wr/google-ranking-factors/*
83. *https://searchengineland.com/*
84. *https://searchengineland.com/seotable*

## 5.2 Gliederung/Einteilung der Rankingsignale

Ich finde es hilfreich, die Rankingsignale in verschiedene Gruppen bzw. Kategorien zu unterteilen, die sich an den praktischen Arbeitsebenen und Aufgabenteilungen, die es typischerweise gibt, orientieren. So lassen sie sich besser verstehen und bei der Arbeit berücksichtigen.

Meine persönliche Einteilung besteht aus den folgenden acht Kategorien:

- Webpage-Signale
- Website-Signale
- Domain-Signale
- Server-Signale
- Nutzer-Signale
- Markensignale
- Social Media Signale
- Negative Signale

## 5.3 Webpage-Signale

Webpage-Signale sind Signale, die einzelne Webseiten senden und die bei der Optimierung einzelner Seiten berücksichtigt werden sollten. Sie haben zu tun mit dem Content der Seite, dem HTML-Quellcode, der Ladegeschwindigkeit, aber auch mit dem PageRank und anderen Backlink-Signalen.

### 5.3.1 Content-Qualität

Google hat in den letzten Jahren enorme Fortschritte darin gemacht, Suchanfragen und Texte auf Webseiten nicht nur als einfache Zeichenketten zu behandeln, sondern zu »verstehen«, wonach ein Nutzer sucht, und worum es inhaltlich auf einer Webseite geht. Insbesondere das ***Hummingbird-Update*** des Jahres 2014 hat Google in die Lage versetzt, die inhaltliche Ausrichtung einer Webseite zu analysieren und die inhaltliche Qualität zu bewerten.

Folgende Signale sind besonders wichtig:

#### Originalität

Der Inhalt muss original sein, d.h. keine Kopie! Erstellen Sie einzigartige Inhalte, die es so auf anderen Webseiten nicht gibt. Falls dieser Inhalt unter weiteren URLs aufrufbar ist, dann haben Sie ein Duplicate-Content-Problem, das Sie lösen sollten (siehe Abschnitt 10.3).

### Nutzwert

Google versucht, den Nutzwert des Contents anhand von Nutzer-Signalen (siehe Abschnitt 5.7) zu bewerten.

### Länge des Texts

Text, der den Anspruch erfüllen soll, ein bestimmtes Thema umfassend und mit Hintergrundinformation zu behandeln, muss zwangsläufig über eine gewisse Länge verfügen. Zwischen der Textlänge und dem Ranking auf oberen Positionen gibt es eine deutlich positive Korrelation. Allgemein wird davon ausgegangen, dass Webseiten mit längeren Texten tendenziell besser ranken als kurze Dokumente. Laut einer Analyse von *backlinko.com*[85] enthält die auf Position 1 rankende Webseite durchschnittlich 1.890 Wörter. Beachten Sie jedoch, dass insbesondere dieser Faktor inzwischen »dynamisch« ist, d.h., dass die optimale Textlänge u.a. von der Branche und der konkreten Suchanfrage abhängt (vgl. Abschnitt 4.9).

### Semantische Textoptimierung

Welche Methoden Google verwendet, um Texte auf Webseiten zu analysieren und zu bewerten, ist ansatzweise bekannt. Das können Sie sich zunutze machen, um Ihre Texte zu optimieren, sodass diese maximal positive Signale senden. Näheres dazu in Lektion 9.

### Bilder

Google bewertet es positiv, wenn eine Webseite Bilder enthält, die zum Thema der Webseite passen und die Informationen der Webseite ergänzen. Da Google inzwischen über sehr ausgereifte Bilderkennungsverfahren verfügt, muss man davon ausgehen, dass Google erkennen kann, was in einer Abbildung oder einem Foto dargestellt wird. Bilder sollten für eine schnelle Ladezeit der Webseite optimiert sein. Auch bei der Einbindung in den HTML-Code ist einiges zu beachten (vgl. Abschnitt 8.4).

### Videos

Nutzer lieben Videos, und weil das so ist, liebt auch Google Videos. In eine Webseite eingebundene, thematisch passende Videos von hoher Qualität senden ein positives Signal. Videos können aber auch unabhängig von Webseiten auf der Suchergebnisseite gelistet werden (Universal Search), insbesondere, wenn Sie auf

85. *http://www.backlinko.com/search-engine-ranking*

Youtube veröffentlicht werden. Mehr zum Thema Optimierung von Videos finden Sie in Abschnitt 8.5).

### Ergänzende Inhalte (Supplementary Content)

Unter *Supplementary Content* versteht Google Informationen oder Funktionen, die den eigentlichen Inhalt einer Webseite ergänzen und den Nutzwert erhöhen. In den aktuellen *Search Quality Evaluator Guidelines*[86] sind einige Beispiele für solche Elemente zu finden. Einen besonderen Stellenwert haben offenbar Links zu weiterführenden oder verwandten Themen innerhalb derselben Website (sog. »related« Links).

***Abb. 40*** *Beispiel für sinnvolle interne Verlinkung zu Webseiten mit ähnlichen oder weiterführenden Inhalten. Gesehen auf The Moz Blog*[87]

Auch spezielle Funktionen auf der Webseite zählen zu diesen ergänzenden Inhalten, z.B. die Möglichkeit auf der Webseite eines Kochrezepts, das Rezept in einer Rezept-Box zu speichern, die Zutaten auf eine Einkaufsliste zu setzen oder das Rezept einem Menü hinzuzufügen.

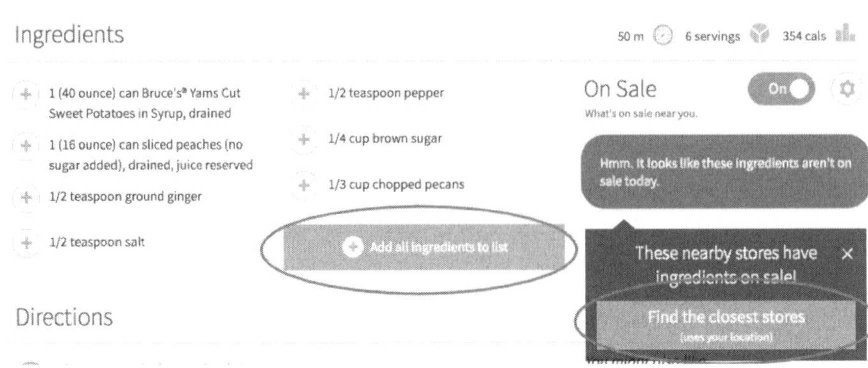


***Abb. 41*** *Beispiel für sinnvollen »Supplementary Content« auf der Website allrecipes.com/*[88]

86. *https://www.google.com/insidesearch/howsearchworks/assets/searchqualityevaluatorguidelines.pdf*
87. *https://moz.com/blog*
88. *http://allrecipes.com/*

## 5.3.2 Keywords

Die Fixierung auf Keywords ist spätestens seit dem Hummingbird-Update des Jahres 2014 vorbei. Google wendet inzwischen intelligentere Methoden an, um die Relevanz einer Webseite für eine bestimmte Suchanfrage zu ermitteln, als nur keywordbezogene Rankingsignale auszuwerten. Und dank RankBrain-Algorithmus ist Google seit 2015/16 noch besser in der Lage, Webseiten als relevant zu erkennen, die nicht für die in der Suchanfrage verwendeten Begriffe optimiert wurden.

Das bedeutet jedoch nicht, dass Keywords gar keine Rolle mehr spielen. Selbstverständlich ist es nach wie vor hilfreich, wenn die Keywords auf der Webseite vorkommen und das Rankingsignal senden, dass es auf der Website um eben diese Themen geht, die durch die Keywords beschrieben werden. Aber Keywords alleine reichen ganz einfach nicht mehr. Eine zu starke Konzentration auf die Keywords kann sich sogar negativ auswirken, da dies für Google nach einer Überoptimierung aussieht. Vor allem bei der Keyworddichte (vgl. ) sollten Sie aufpassen.

Nach wie vor beginnt jedes SEO-Projekt mit einer Betrachtung der Keywords, d. h. der Begriffe, die die potenziellen Kunden in Google eingeben. Den Keywords widme ich daher eine eigene Lektion (Lektion 7).

### Keywords im Title-Tag

Nach wie vor senden Keywords im Title-Tag ein starkes Signal, dass es in dem Dokument um das Thema des Keywords geht. Keywords im Title der Webseite sind also nach wie vor sinnvoll und hilfreich.

### Keywords in der Meta-Description

Keywords im Metatag `<meta name="description" content="...">` senden nur ein schwaches Rankingsignal, sind jedoch insofern wichtig, als Google den Inhalt dieses Tags in der Regel als Beschreibungstext des Snippets auf der Suchergebnisseite verwendet. Das kann die Click-Through-Rate erhöhen. Keywords in der Meta-Description sind daher wichtig.

### Keywords in Überschriften

Keywords in Überschriften, vor allem in Überschriften der Ebene `<h1>`, senden nach wie vor bedeutsame Rankingsignale. Es spricht nach wie vor alles dafür, auf einer Webseite Keywords in Überschriften einzubauen.

#### Keywords im ersten Absatz des Fließtexts

Das oder die Keywords sollten möglichst weit oben im Fließtext vorkommen, um das Signal zu senden, dass es in dem Dokument um genau diese Keywords geht. Keywords im ersten Absatz des Fließtexts zu verwenden, ist nach wie vor zu empfehlen.

Insbesondere die Kombination aus den Elementen Title, Meta-Description, h1-Überschrift und erster Absatz sendet ein starkes keywordbezogenes Rankingsignal. Ich empfehle daher, die Keywords konsequent in diese Elemente einzubauen.

#### Keyworddichte

Die Keyworddichte ist definiert als die Häufigkeit des Vorkommens eines bestimmten Terms (Worts) bezogen auf die Dokumentenlänge. Kommt ein Term in einem Dokument, das 1.000 Wörter lang ist, zehnmal vor, dann beträgt die Keyworddichte 1 %. Für frühe Suchmaschinen war die Keyworddichte ein wichtiges Rankingsignal, und sie ließen sich dadurch austricksen, dass Dokumente mit Keywords »vollgestopft« wurden (Keyword Stuffing).

SEO-Experten sind sich darüber einig, dass die auf diese Weise berechnete Keyworddichte heute kein sinnvolles Rankingsignal mehr ist, da Google wesentlich bessere Methoden hat, um herauszufinden, worum es in einem Dokument geht. Trotzdem ist es richtig, dass es hilfreich ist, wenn die Keywords, mit denen eine Seite gefunden werden soll, innerhalb des Texts wiederholt vorkommen. Ein zu häufiges Vorkommen ist jedoch schädlich. Stellt sich also die Frage, wie häufig gerade richtig ist, um ein positives Rankingsignal zu senden. Die Antwort darauf finden Sie in Lektion 9. Dort erläutere ich Ihnen auch, wie Sie insgesamt am besten mit diesem sensiblen Thema umgehen.

### 5.3.3 HTML-Code

Auch wenn die Qualität des HTML-Codes vermutlich nur ein schwaches Rankingsignal ist, gibt es viele gute Gründe, auf modernes (HTML 5) und valides (gültiges) HTML zu achten. Mehr dazu in Abschnitt 9.2.1.

### 5.3.4 Semantische Auszeichnung mit Mikroformaten

Mithilfe der sog. ***Mikroformate*** können Sie Inhalte auf Ihrer Website semantisch auszeichnen. So unterstützen Sie Google dabei, diese Inhalte zu verstehen und sie auf der Suchergebnisseite in Form von ***Rich Results*** zu verarbeiten. Der direkte Einfluss auf das Ranking ist zwar eher gering, aber durch Rich Results werden auf der Suchergebnisseite höhere Durchklickraten erreicht, was per se gut ist (mehr Traffic, mehr Besucher), aber auch als User Signal wiederum das Ranking direkt positiv beeinflusst. Ich rate daher unbedingt zur semantischen Auszeichnung von Inhalten mit Mikroformaten. Diesem relativ komplexen Thema habe ich eine eigene Lektion gewidmet (Lektion 13).

***Abb. 42*** *Sternebewertungen in einem Suchtreffer auf der Google-Suchergebnisseite können mithilfe von semantischen Auszeichnungen getriggert werden.*

### 5.3.5 Layout

Laut Google ist ein »nutzerfreundliches« Layout ein wichtiges Qualitätskriterium und damit auch ein Rankingsignal. Ob und, falls ja, in welchem Umfang das algorithmisch ausgewertet werden kann bzw. wird, ist nicht bekannt. Bei der Beurteilung der Suchergebnisse durch die ***Search Quality Raters*** spielt dieser Aspekt jedenfalls eine wichtige Rolle. Kriterien für ein nutzerfreundliches Layout sind dabei u.a.:

- Der Hauptinhalt muss sofort erkennbar und leicht zugänglich sein. Er sollte das Erste sein, was ein Besucher sieht.
- Werbung und »Nebeninhalte« dürfen den Hauptinhalt nicht überdecken und sollten nicht zu sehr von ihm ablenken.
- Werbung muss als solche gekennzeichnet sein. In vielen Ländern, u.a. auch in Deutschland, ist das rechtlich ohnehin vorgeschrieben.
- Das Seitenlayout (Navigation, Zeichensätze, Raumaufteilung usw.) muss professionellen Ansprüchen genügen und sollte zeitgemäß und vor allem ***responsive*** sein.

Dieses Rankingsignal macht deutlich, dass sich SEO immer weniger isoliert betrachten lässt. SEO ist inzwischen stark verzahnt mit anderen Disziplinen wie z.B. Webdesign und Usability.

### 5.3.6 Optimierung für Mobilgeräte

Seit April 2015 ist ein offiziell bestätigtes Rankingsignal, ob eine Website für mobile Endgeräte, vor allem für Smartphones optimiert ist. Zumindest bei der Suche mit mobilen Endgeräten (»mobile search«) werden Seiten, die sich auf diesen Geräten nicht gut bedienen lassen, abgewertet und verlieren im Ranking. Näheres dazu in Abschnitt 9.5.

### 5.3.7 Ladezeit

Wie schnell eine Webseite lädt, ist ein wichtiges Rankingsignal, da Google genau weiß: Nichts hasst der Mensch so sehr, wie auf einen Computer zu warten. ;-) Laut einer *Studie*[89] des Unternehmens Dyn, Inc. brechen 65 % der Shopper weltweit einen Einkauf ab, wenn die Seite nicht nach spätestens drei Sekunden geladen ist.

Das Thema ist jedoch komplex, da die Ladezeit von sehr vielen verschiedenen Faktoren abhängt. Wie Sie die Ladezeit Ihrer Webseiten messen können, und welche Maßnahmen Sie zur Optimierung der Ladezeit ergreifen sollten, erfahren Sie in Abschnitt 10.4.1.

### 5.3.8 URL (lokaler Pfad)

URLs (Uniform Ressource Locators) sind die weltweit eindeutige Adresse einer Webseite, z.B. *https://www.example.org/example.html*. Was hinter der Top Level Domain (im Beispiel: .org) steht, bezeichnet man als lokalen Pfad. Auch wenn man diesen Pfad nicht im Quellcode der Website, sondern auf dem Server oder in der Webanwendung festlegt, betrachte ich ihn als eine Eigenschaft der Webseite. Aufbau und Keywords innerhalb der URL senden Rankingsignale, darin sind sich alle SEO-Experten einig. Über Keywords im Domainnamen siehe Abschnitt 5.5.2. Keywords im lokalen Pfad senden ebenfalls ein Rankingsignal, dessen Gewichtung in den letzten Jahren nachgelassen hat. Als optimal gilt, wenn die seitenrelevanten Keywords direkt zu Beginn des lokalen Pfads stehen. Beispiel:

*/senseo-kaffeemaschine*

Mehr zum Thema URL-Optimierung erfahren Sie in Abschnitt 10.1.

### 5.3.9 Eingehende Links (Backlinks)

Ich zähle alle Signale, die mit Backlinks zu tun haben, zu den Seitensignalen, da es sich im Prinzip um individuelle Eigenschaften einzelner Webseiten handelt, auch wenn diese von außen kommen. In letzter Zeit hört bzw. liest man immer öfter, Backlinks seien nicht mehr wichtig und der PageRank sei »tot«. Mit diesem gefährlichen Mythos habe ich in Abschnitt 4.2.8 ja schon aufgeräumt. Backlinks sind immer noch so wichtig, dass ich dem Backlink-Management eine eigene Lektion widme (Lektion 11). Darin erfahren Sie alles darüber, wie Linkaufbau und modernes Backlink-Management aussehen.

89. *http://etailment.de/news/stories/Ungeduldige-Online-Kunden-Drei-Sekunden-bis-zum-Abbruch-3070*

### PageRank

Der PageRank-Wert einer Webseite ist ein wichtiges, keywordunabhängiges Rankingsignal. Webseiten mit hohen PageRank-Werten haben es viel leichter, für ihre relevanten Keywords gut zu ranken. Es rentiert sich also in jedem Fall, an der Steigerung des PageRanks zu arbeiten. Da Google die PageRank-Werte nicht mehr verrät, sind wir für die Auswertung und Erfolgskontrolle auf Tools von Drittanbietern angewiesen (Abschnitt 4.4).

### Trust

Auch der Trust-Wert einer Webseite ist ein keywordunabhängiger Rankingfaktor, der das Ranking deutlich beeinflusst. PageRank und Trust bilden diesbezüglich eine Einheit und sollten zusammen betrachtet werden. Problematisch kann sein, wenn eine Website deutlich mehr PageRank als Trust hat, da dies für künstlichen Backlink-Aufbau spricht. Auf diese Problematik gehe ich in Lektion 11 näher ein.

### Domainpopularität der Seite

Die Domainpopularität ist die Anzahl von Backlinks unterschiedlicher Domains. SEOs sind sich darüber einig, dass es ein positives Rankingsignal ist, wenn eine Webseite von vielen verschiedenen Domains Backlinks bekommt. Dabei zählen Domains mit hohem Trust und thematischer Nähe mehr als Domains, die diese Kriterien nicht erfüllen.

### Anzahl der verlinkenden Seiten einer verlinkenden Domain (Linkgeber)

Es wirkt sich positiv auf das Ranking einer Webseite aus, wenn nicht nur von einer Webseite einer anderen Domain, sondern von mehreren Webseiten dieser Domain Backlinks auf diese Seite zeigen.

### Ankertexte

Google analysiert die Ankertexte (Linktexte) der Backlinks. Im Quellcode einer Webseite ist das der Text innerhalb der HTML-Tags `<a>` und `</a>`. Beispiel:

```
<a href="https://www.example.org/example.html">Das ist der
Ankertext</a>
```

Die verlinkte Webseite wird relevanter für Keywords, die sich im Ankertext befinden. Dieser Effekt war einmal so stark, dass Google Webseiten für Keywords als extrem relevant eingestuft hat, die auf der Webseite selbst kein einziges Mal vorkamen. Dies konnte sogar ausgenutzt werden, um fremde Webseiten gezielt mit verunglimpfenden Begriffen zu assoziieren (Google Bombing). Auch wenn das heute in dieser extremen Form nicht mehr funktioniert, senden Keywords in Ankertexten immer noch starke Rankingsignale und sind nach wie vor ein Mittel der Suchmaschinenoptimierung. Es sollte jedoch mit Bedacht eingesetzt werden, da eine Überoptimierung an dieser Stelle zu Abstrafungen führen kann. Näheres dazu erfahren Sie in Abschnitt 11.4.2.

### Umgebungstext von Backlinks

Oftmals tauchen die relevanten Keywords nicht im Ankertext auf, sondern stehen in der Nähe des Links. Beispiel:

```
Wenn Sie mehr zum Thema SEO wissen möchten, klicken Sie <a
href="https://www.example.org/seo.html">hier</a>. Sie erfahren
dort, wie das Ranking funktioniert, ...
```

Das ist vielleicht keine vorbildliche Art der Verlinkung, kommt aber in der Praxis sehr häufig vor. Worum es auf der verlinkten Seite geht, steht hier nicht im Ankertext, sondern im Satzteil vor dem verlinkten Text. Google analysiert daher den Text in der Umgebung eines Backlinks, da dieser oftmals darauf hinweist, welchem Zweck der Backlink dient und worum es auf der Zielseite geht. Die Relevanz der Zielseite kann dadurch für die Keywords im Umgebungstext des Links steigen.

### Thematische Nähe von verlinkenden Seiten

Backlinks von Webseiten, die sich mit ähnlichen Themen beschäftigen wie die verlinkte Seite, sind besonders nützlich, d.h., sie senden stärkere positive Rankingsignale als Backlinks von Webseiten, die sich mit ganz anderen Themen beschäftigen.

### Linkposition auf der Seite

Links, die im Quelltext weit oben stehen, senden stärke Rankingsignale als Links, die weit unten stehen. Ebenso werden Links aus dem Hauptinhalt der Seite stärker positiv gewertet als Links in Seitenleisten oder Fußbereichen.

### Natürliches Linkprofil (Vielfalt der Linktypen)

SEOs sind sich darüber einig, dass ein natürlich aussehendes Linkprofil ein positives Rankingsignal sendet, ein unnatürlich, d.h. künstlich erzeugtes Linkprofil dagegen ein negatives. Ein natürliches Linkprofil zeichnet sich vor allem dadurch aus, dass es Links von ganz unterschiedlichen Seiten gibt, wie z.B. Links von thematisch verwandten Webseiten, redaktionellen Seiten, Presseportalen, Foren,

Blogs, Webverzeichnissen und sozialen Netzwerken. Eine magische Formel, wie sich die Links prozentual in diese Linktypen aufteilen sollten, gibt es nicht. Das hängt inzwischen sehr von der Branche und den betrachteten Keywords ab.

**Linkwachstum**

Google analysiert, wie sich die Backlinks zu einer Webseite mit der Zeit verändern. Es ist ein positives Signal, wenn die Zahl der Backlinks über einen längeren Zeitraum (Wochen, Monate oder gar Jahre) hinweg kontinuierlich wächst, da dies für ein natürliches Linkwachstum und eine wachsende Beliebtheit der verlinkten Seite spricht. Dagegen senden ein sich verlangsamendes Linkwachstum, eine Stagnation oder gar eine Linkabnahme negative Rankingsignale. Ein unnatürlich aussehendes Linkwachstum (viele Links in kurzer Zeit, dann ein unmittelbarer Einbruch des Linkwachstums) kann ebenfalls negative Signale senden, da dies für künstlich erzeugtes Linkwachstum spricht.

**Alter der Links**

Gut rankende Seiten haben oftmals viele ältere Links, also Links, die es schon sehr lange gibt. Je länger ein Link besteht, desto wertvoller wird er.

### 5.3.10 Interne Links

Die interne Verlinkung einzelner Seiten einer Website aus dem Fließtext des Hauptinhalts heraus kann das Ranking auf verschiedene Art und Weise beinflussen. Eine gute interne Verlinkung kann zu einer besseren oder schnelleren Indexierung von Unterseiten führen, da die Crawler der Suchmaschinen die Seiten schneller und einfacher finden. Als Rankingsignal einer einzelnen Webseite ist relevant, welche internen Links auf diese Seite verweisen. Auch innerhalb einer Website wertet Google die Ankertexte und den Text in der Nähe des Links aus, um daraus Rankingsignale zu gewinnen. Durch eine sinnvolle interne Verlinkung erhöht sich auch der Nutzwert für die Besucher, und die Usability kann sich verbessern. Es gibt also viele gute Gründe, der internen Verlinkung einen hohen Stellenwert einzuräumen und sie in den SEO-Prozess einzubeziehen.

## 5.4 Website-Signale

Website-Signale sind Signale, die die gesamte Website, d.h. die Summe aller einzelnen Seiten, sendet. Webpage-Signale können Website-Signale beeinflussen oder Teil derselben sein und Website-Signale beeinflussen wiederum das Ranking einzelner Seiten der Website.

### 5.4.1 Nützliche und einzigartige Inhalte

Google »liebt« Websites mit nützlichen und einzigartigen Inhalten, im Gegensatz zu Websites, die Inhalte aufweisen, die es auch anderswo im Web gibt, die keine Mehrwerte bieten oder die nur zu SEO-Zwecken erstellt wurden. Vom Vorhandensein nützlicher, einzigartiger Inhalte profitiert die gesamte Website, die dadurch insgesamt besser rankt.

### 5.4.2 Informationsarchitektur der Website

Die Informationsarchitektur einer Website lässt sich z.B. mithilfe einer sog. *Sitemap* grafisch darstellen. Aus ihr geht u.a. hervor, aus welchen Haupt- und Unterbereichen eine Website besteht; man könnte auch sagen, welche inhaltlichen Cluster gebildet wurden. Die Informationsarchitektur beeinflusst das Ranking auf verschiedene Art und Weise indirekt: Sie beeinflusst die Usability und ist damit ein *User Signal*. Sie steuert den »Fluss« von PageRank und Trust innerhalb der Website, da sich diese Werte über Hyperlinks auch innerhalb einer Website »vererben«. Aus SEO-Sicht ist es daher wichtig, sich umfassend mit der Informationsarchitektur auseinanderzusetzen. Mehr dazu erfahren Sie in Abschnitt 10.2.

### 5.4.3 Aktualisierungen der Website

Webseiten, auf denen etwas Neues passiert, senden positive Rankingsignale. Positiv auf das Ranking wirkt es sich in der Regel aus, regelmäßig (und nicht nur sporadisch bzw. unregelmäßig) neuen Content zu publizieren und ggf. bestehenden Content zu aktualisieren.

### 5.4.4 Anzahl der Seiten

Die Anzahl der Seiten einer Website korreliert positiv mit dem Ranking einzelner Seiten und der Gesamt-Sichtbarkeit der Website für viele betrachtete Keywords. Das ist nur logisch, da sich mit vielen Seiten auch viele unterschiedliche Keywords bedienen lassen. Auf der anderen Seite sendet eine Website, die aus vielen Seiten besteht, das Signal, dass es sich um eine große, möglicherweise alleine schon deshalb bedeutende Website handelt. Allerdings nur dann, wenn die einzelnen Seiten auch einzigartige Inhalte bieten.

### 5.4.5 Zunahme der Seiten

Eine stetig steigende Zahl an Webseiten sendet das Signal, dass die Website aktiv ist, was als positives Rankingsignal gewertet wird. Auch das gilt natürlich nur, wenn die neuen Seiten wiederum einzigartige, nützliche Inhalte besitzen.

### 5.4.6 Anbieterinformationen (Impressum, Datenschutzbestimmungen etc.)

Seriöse Websites informieren aussagekräftig über den Anbieter (Über uns, Über das Unternehmen, Team etc.), berücksichtigen einschlägige Rechtsvorschriften (in Deutschland z.B. Datenschutzhinweise, Impressum) und bieten Kontaktmöglichkeiten (Kontaktformular, Telefon, E-Mail-Adressen). Diese Elemente sind vermutlich ein Trust-Signal. Fehlen diese Elemente, kann sich das negativ auf das Ranking auswirken, da Google die Website möglicherweise nicht für besonders vertrauenswürdig hält.

### 5.4.7 Backlinks

#### Anzahl der verlinkenden Domains auf die gesamte Domain

Die Domainpopularität der Website beeinflusst das Ranking einzelner Seiten, auch wenn auf diese nicht von außen verlinkt wird.

#### Natürliches Linkprofil, Alter der Links und Linkwachstum

Das Linkprofil, das Alter der Backlinks und das Linkwachstum der Website insgesamt können das Ranking einzelner Seiten der Website beeinflussen.

## 5.5 Domain-Signale

Die Domain, z.B. *www.example.com*, ist der Name der Website und Teil aller URLs der einzelnen Webseiten. Der Domainname verfügt über eigene Signale, die Google auswertet.

### 5.5.1 Domain-Historie

Google wertet aus, wann eine Domain zum ersten Mal registriert wurde, und wie sie sich im Laufe der Jahre entwickelt. Je mehr positive Signale der zur Domain gehörigen Website im Laufe der Zeit registriert wurden, desto höher bewertet Google das Vertrauen der Domain. Zu den (allerdings weniger starken) positiven Signalen gehört auch, für welchen Zeitraum die Domain registriert wurde. Domains, die nicht nur für ein Jahr, sondern für längere Zeiträume vorab registriert sind, senden ein positives Vertrauenssignal. Die Veränderung der Backlinkstruktur wird ebenfalls ausgewertet. Positiv wirkt sich ein natürlich aussehendes, kontinuierliches Linkwachstum über einen längeren Zeitraum hinweg aus. Unnatürliches Linkwachstum mit vielen minderwertigen Backlinks in der Domain-Historie wirkt sich dagegen negativ aus. Beim Kauf einer »gebrauchten« Domain sollte das unbedingt bedacht und vorher analysiert werden, da es schwierig sein kann, eine Domain mit einer »unrühmlichen Vergangenheit« wiederzubeleben, d. h., zu guten Rankings zu führen.

### 5.5.2 Keywords im Domainnamen

Von allen Stellen innerhalb der URL senden Keywords im Domainnamen (Second-Level-Domain, Beispiel: *www.keyword.com*) immer noch die stärksten Signale, auch wenn dieses Signal in den letzten Jahren immer weniger wichtig geworden ist. Aspekte der Domainwahl besprechen wir in Lektion 10.

## 5.6 Server-Signale

Websites werden auf Webservern gehostet, die in Rechenzentren stehen. In der Regel kommen dazu heute Webanwendungen zum Einsatz, z. B. Content-Management-Systeme (CMS), Webshops oder Eigenentwicklungen, die spezielle Anforderungen erfüllen. Server und Software senden ebenfalls Signale, die Google auswertet.

### 5.6.1 Verfügbarkeit

Google wertet aus, wie verfügbar Ihr Server ist. Vermeiden Sie längere oder öfter auftretende Down-Zeiten, da sich das negativ auf das Ranking der betroffenen Domains auswirken kann.

### 5.6.2 Performance

Die Ladezeit einer Website und die durchschnittliche Ladezeit aller Webseiten einer Domain sind **sehr** wichtige Rankingsignale. Sehr viele Faktoren haben Anteil an der Ladezeit, darunter auch der Server (Hardware, Netzwerkanbindung).

### 5.6.3 HTTPS

Google hat im August 2014 mitgeteilt, dass die Verwendung des https-Protokolls anstelle von http ab sofort ein Rankingsignal ist und dass die Stärke des Signals im Laufe der Zeit zunehmen soll. Näheres dazu in Abschnitt 10.6.

## 5.7 Nutzer-Signale (User Signals)

Google versucht, die Interaktion von echten Benutzern mit der Suchergebnisseite und den gefundenen Webseiten zu analysieren, um herauszubekommen, wie nützlich die Webseiten für die Nutzer tatsächlich sind. Eine Schlüsseltechnologie dafür ist der ***Google Chrome Webbrowser***, der viele Nutzerdaten an Google sendet, sofern er nicht im anonymen Modus betrieben wird. Außerdem geht man davon aus, dass Google die Interaktion der Suchenden mit der Suchergebnisseite intensiv auswertet. Ob Google auch Daten aus Google Analytics, Googles eigenem beliebten und kostenlosen Webanalyse-Tool, auswertet, ist nicht bekannt.

Eine weitere Quelle für User Signals sind die ***Search Quality Rater*** . Das sind Menschen, die von Google beauftragt werden, die Qualität der Suchergebnisse manuell zu überprüfen und zu bewerten. Im *Webmaster Central Blog schreibt Google dazu*[90]:

»Änderungen am Suchalgorithmus vorzunehmen ist immer ein Experiment. Teil dieses Experiments sind Prüfer — Menschen, die die Qualität der Google Suchergebnisse manuell überprüfen und uns Feedback geben. Diese Feedbacks beeinflussen nicht das Ranking einzelner Websites, sondern helfen uns dabei, die Auswirkungen unserer Experimente mit Änderungen des Rankingalgorithmus zu verstehen.«

Das bedeutet: Die Search Quality Rater beinflussen nicht direkt das Ranking einzelner Webseiten, sondern die Weiterentwicklung des Rankingalgorithmus insgesamt und damit das Ranking vieler Webseiten gleichzeitig. Der Einfluss ihrer Arbeit ist nicht zu unterschätzen. Die Richtlinien, nach denen diese Qualitätsbewerter vorgehen sollen, werden inzwischen von Google sogar publiziert. Die *Search Quality Evaluator Guidelines*[91] können Sie auch als Richtlinie für die Optimierung der eigenen Seiten verwenden: Wenn die Search Quality Rater Ihre Website für gut befinden, wird auch Google sie mögen!

### 5.7.1 Durchklickrate (Click-Through-Rate)

Google wertet aus, wie häufig Suchende auf der Suchergebnisseite auf einen bestimmten Suchtreffer klicken. Wird ein bestimmter Treffer im Vergleich zu anderen auf der Seite häufiger angeklickt, dann kann sich das Ranking dieses Treffers um einige Plätze verbessern. Steigern Sie daher die Click-Through-Rate durch Optimierung des SERP-Snippets (Title und Meta-Description der Webseite) und mithilfe von Mikrodaten (Lektion 13).

90. *https://webmasters.googleblog.com/2015/11/updating-our-search-quality-rating.html*
91. *https://www.google.com/insidesearch/howsearchworks/assets/searchqualityevaluatorguidelines.pdf*

### 5.7.2 SERP-Return-Rate

Google wertet aus, wie viel Prozent der Suchenden, die ein bestimmtes SERP-Snippet anklicken, schnell wieder zur Google-Suche zurückkehren. Dies wird als Indiz dafür gewertet, dass die Suchenden auf der Webseite nicht die gesuchten Informationen gefunden haben. Eine hohe SERP-Return-Rate kann sich negativ auf das Ranking auswirken. Sie können dies nur dadurch beeinflussen, dass die Suchenden auf Ihrer Webseite nützliche und zum rankenden Keyword bzw. zur Suchintention passende Informationen finden.

### 5.7.3 Time on Site

Google wertet aus, wie lange Suchende auf einer gefundenen Webseite bleiben, bevor sie wieder zu Google zurückkommen. Denkbar ist auch, dass Google die Verweildauer direkt über den Chrome-Webbrowser messen kann. (Natürlich nur bei Nutzern, die Chrome verwenden.) Eine längere Verweildauer auf der gefundenen Webseite ist ein positives Rankingsignal, eine sehr kurze Verweildauer vermutlich ein negatives.

### 5.7.4 Bounce Rate (Absprungrate)

Die Absprungrate ist definiert als der Prozentsatz von Besuchern einer Website, die nur eine einzige Seite der Website betrachten und danach die Website sofort wieder verlassen. Sie können die Absprungrate Ihrer Website mithilfe eines Webanalyse-Tools, z. B. Google Analytics oder Piwik, messen. Google kann die Absprungrate vermutlich über den Chrome-Browser ermitteln. Die Absprungrate lässt sich sowohl für die Website insgesamt als auch für einzelne Seiten messen. Eine hohe Absprungrate deutet darauf hin, dass die Webseite keine Anreize bietet, tiefer in die Website einzusteigen, d. h., weitere Seiten aufzurufen. Welche Absprungraten als hoch oder niedrig gelten, lässt sich nicht pauschal sagen, sondern hängt vom Zweck der Site/Seite und der Branche ab.

Niedrige Absprungraten (im Branchenvergleich) senden vermutlich positive Rankingsignale, während hohe Absprungraten (wiederum im Branchenvergleich) vermutlich negative Rankingsignale senden. Aus SEO-Sicht sind daher Maßnahmen, die zur Senkung der Absprungrate führen, sinnvoll.

### 5.7.5 Nutzer-Interaktionen mit der Seite

Nutzer-Interaktionen mit der Website bzw. Webseite senden positive Rankingsignale. Solche Interaktionen können z. B. das Hinterlassen eines Kommentars oder einer Bewertung sein, das Hinzufügen eines Artikels zum Warenkorb, ein Registrierungsprozess, das Aufrufen einer speziellen Funktion usw.

## 5.8 Markensignale (Brand Signals)

Der ehemalige Google-CEO Eric Schmidt sagte im Jahr 2008 (frei übersetzt):

> *Marken sind die Lösung, nicht das Problem. Mithilfe von Marken sortieren wir den Spam aus.*[92]

Seitdem hat Google stark daran gearbeitet, Signale auszuwerten, die sich in irgendeiner Form auf Marken beziehen. Marken sind für Google im Wesentlichen Wort- bzw. Wort-Bild-Marken von Unternehmen bzw. von Produkten wie z. B. »Google« oder »Coca Cola«. Häufig kommen Markenbegriffe in Domainnamen vor. Google untersucht z. B., wie häufig Markenbegriffe im Web erwähnt werden, wer der Markeninhaber ist, welche Websites und Social-Media-Kanäle dieser betreibt, was Internetnutzer über ihn sagen, wie also seine Reputation ist. SEO-Studien zeigen, dass in den Top-Suchergebnissen immer häufiger bekannte Marken vorkommen. Markensignale sind also in letzter Zeit offenbar immer wichtiger geworden.

### 5.8.1 Vertrauenswürdige Marke

Steht eine Website/Webseite im Zusammenhang mit einer vertrauenswürdigen Marke? Für Google sprechen u. a. folgende Indizien dafür:

- Seriöse Website mit Impressum, Anbieterinformationen, Rechtskonformität und Kontaktinfos
- Aktive Social-Media-Accounts
- Niedrige Absprungraten (Bounce Rates)
- Domain-Registrierung für längeren Zeitraum
- Backlinks von Authority Domains, seriösen Publikationsorganen und Unternehmenswebsites

### 5.8.2 Reputation

Google analysiert, was andere im Web über eine Website sagen und wertet dazu vor allem Bewertungen, Kundenmeinungen und Rezensionen in unabhängigen Bewertungsportalen aus. Viele positive Bewertungen können das Ranking positiv beeinflussen, während negative Rezensionen und Bewertungen ein negatives Rankingsignal senden. Reputationsmanagement ist daher heute auch eine wichtige SEO-Aufgabe.

---

92. Original-Zitat: »Brands are the solution, not the problem. Brands are how you sort out the cesspool.« *http://adage.com/article/media/google-s-schmidt-internet-cesspool-brands/131569/*

### 5.8.3 Nennungen ohne Link (»Mentions«)

Häufige Nennungen der Marke auf vielen verschiedenen Seiten im Web sprechen für einen hohen Bekanntheitsgrad der Marke und senden ein positives Rankingsignal.

### 5.8.4 Suchvolumen für Suche nach der Marke

Wie häufig ein Markenname in die Google-Suche eingegeben wird, und ob sich die Häufigkeit verändert, dient ebenfalls als Rankingsignal. Ein steigendes Suchvolumen spricht für wachsende Bekanntheit der Marke (positives Rankingsignal), während ein sinkendes Suchvolumen für schwindendes Interesse spricht (negatives Rankingsignal).

## 5.9 Social Media Signale (Social Signals)

Schon seit Jahren wird in der SEO-Branche diskutiert, ob und in welchem Umfang Google Signale von Social-Media-Plattformen wie Twitter, Facebook oder Instagram auswertet. Bekannt ist, dass Google mit diesen Signalen schon seit Längerem experimentiert, jedoch bisher stets betont hat, dass Social Signals (noch) keine direkten Rankingfaktoren seien. Verschiedene SEO-Studien haben jedoch inzwischen Hinweise dafür gefunden, dass zumindest in manchen Situationen Signale von Social-Media-Plattformen eine Rolle spielen.

Es ist aktuell nicht möglich, an dieser Stelle konkrete Social-Media-Plattformen zu benennen und die Wichtigkeit dieser Plattformen hinsichtlich ihrer Signalwirkung zu bewerten. Eindeutig ist dies nur für Signale aus Googles eigenen Plattform, vor allem *Google My Business*, wenn es um das Ranking von vor allem lokal agierenden Unternehmen in Suchanfragen mit lokalem Bezug geht. Mehr dazu in Lektion 15.

Signale von Social Media können das Ranking einer Domain/Website insgesamt auf unterschiedliche Weise indirekt positiv beeinflussen, u.a. in Form von Markensignalen.

## 5.10 Negative Signale

Negative Signale beeinflussen das Ranking negativ oder führen gar zu einer Bestrafung durch Google (***Google Penalty***), die bis zum kompletten Ausschluss einer Domain aus dem Suchindex führen kann. Diese Signale gilt es unbedingt zu vermeiden.

Jeden Tag werden Tausende nutzlose Seiten ins Web gestellt, die mit vielerlei Tricks versuchen, an die Spitze der Suchergebnisse zu gelangen, um mit wenig

Aufwand viele Besucher zu bekommen, um diesen dann z.B. irgendetwas zu verkaufen, was sie gar nicht gesucht haben.

Google bekämpft solche Spamseiten mit einer Kombination aus Algorithmen, die Spamseiten automatisch erkennen und im Ranking herunterstufen, und Teams von menschlichen Qualitätsbewertern, die die Suchergebnisse bzw. die dort gelisteten Webseiten überprüfen[93].

### 5.10.1 Minderwertiger Content

Seit dem Panda-Update straft Google Webseiten mit minderwertigem Content massiv ab. Vor allem betroffen sind Seiten mit automatisch erstelltem Content, kopierten Inhalten und störender Werbung.

### 5.10.2 Schädliche Backlinks

Seit dem Penguin-Update führen minderwertige Backlinks zur Abwertung von Websites. Betroffen sind vor allem Websites, die in der Vergangenheit massiv und ohne Augenmaß Backlinkaufbau betrieben haben. Was Google unter minderwertigen Backlinks versteht, wie man diese Backlinks findet und loswird, erkläre ich in Lektion 11.

### 5.10.3 Schädliche ausgehende Links

Google selbst warnt schon seit vielen Jahren: »Don't link to bad neighbourhood« (vgl. Abschnitt 4.5). Ausgehende Links zu Websites, die gegen *Googles Webmaster Richtlinien*[94] verstoßen und z.B. Linkfarmen betreiben, Links verkaufen oder zu werbelastigen Spamseiten mit nutzlosem Content führen, können gefährlich sein. Auch auf pornografische Webseiten oder Webseiten mit illegalem Content zu verlinken, kann sich negativ auswirken.

### 5.10.4 Viele gebrochene Links

Internetnutzer hassen gebrochene Links, d.h. Links, die zu Seiten führen, die es unter der verlinkten URL nicht mehr gibt. In der Regel sieht man dann eine 404-Fehlerseite. Und weil Nutzer gebrochene Links hassen, hasst Google sie auch. Achten Sie unbedingt darauf, dass Ihre internen und externen Links funktionieren. Es gibt Tools, sog. ***Linkchecker***, mit denen Sie diese Kontrolle automatisieren kön-

93. *https://www.google.com/insidesearch/howsearchworks/fighting-spam.html*
94. *https://support.google.com/webmasters/answer/35769*

nen. Gebrochene interne Links werden auch in der ***Google Search Console*** angezeigt.

### 5.10.5 Technische Probleme oder Hindernisse

Häufige oder längere Nicht-Erreichbarkeit der Domain, lange Ladezeiten einzelner Seiten oder schlechter Durchschnittswert aller Seiten, das Blockieren von CSS- oder JavaScript-Dateien in der *robots.txt* — all das sendet negative Rankingsignale. Kümmern Sie sich darum, dass Ihre Website stabil verfügbar ist, dass die einzelnen Seiten schnell laden und dass eingebundene CSS- und JavaScript-Dateien nicht von der Indexierung ausgeschlossen sind. Vermeiden Sie außerdem aus der Mode gekommene Technologien wie Adobe Flash und HTML-Framesets. Achten Sie auf gültiges und am besten modernes HTML (HTML5).

### 5.10.6 Verstoß gegen Googles Webmaster-Richtlinien

Google erläutert in den sog. *Webmaster Richtlinien*[95], welche Maßnahmen zur Verbesserung der Auffindbarkeit in Google erlaubt sind und welche nicht. Unerlaubte SEO-Maßnahmen (sog. ***Black Hat SEO***) können zur Abwertung im Ranking oder sogar zum kompletten Ausschluss aus dem Google-Index führen. Dazu zählt:

- Brückenseiten (engl.: *Doorway Pages*). Brückenseiten sind speziell für Suchmaschinen optimierte Webseiten, die menschliche Besucher der Website nicht zu Gesicht bekommen, weil ihr Browser mithilfe von JavaScript direkt auf eine andere Seite weitergeleitet wird. Die Robots der Suchmaschinen sollen dagegen diese Brückenseiten indexieren.
- Einen ähnlichen Ansatz verfolgt das sog. *Cloaking* (engl. Verhüllen). Das ist eine Technik, bei der den Robots einer Suchmaschine unter derselben URL eine andere Seite ausgeliefert wird als einem »normalen« Webbrowser, den ein Mensch bedient. Ziel ist auch dabei, der Suchmaschine eine für bestimmte Keywords optimierte Seite zu präsentieren, um ein besonders gutes Ranking zu erreichen. Technisch erreicht man das z. B. mithilfe eines Skripts, das auswertet, welche Art Browser oder Robot die Seite besucht, und dann in Abhängigkeit vom Ergebnis dieser sog. User-Agent-Auswertung eine andere Seite zu dem Client, der die HTTP-Anfrage gesendet hat, zurückschickt.
- automatisch erstellter Content
- Einfügen von Inhalten anderer Webseiten
- Teilnahme an Linktauschprogrammen

95. *https://support.google.com/webmasters/answer/35769*

- Kaufen von Backlinks
- Verborgener Text (engl.: hidden content). Das sind Textinhalte und Links, die zwar im Quellcode der Webseite stehen, jedoch für die Besucher unsichtbar bleiben.

Google erkennt solche Ansätze heute relativ leicht und straft die betroffene Website ab (»Penalty«). Achten Sie darauf, dass auch von Ihnen ggf. beauftragte Dienstleister nicht mit solchen Methoden arbeiten.

### 5.10.7 Überoptimierung

Eine Überoptimierung wie z. B. eine zu hohe Keyworddichte (Keyword Stuffing), zu viele Links mit Keywords im Ankertext (unnatürliches Linkprofil) und ein zu rasantes, ungleichmäßiges Linkwachstum kann zur Abstrafung führen.

### 5.10.8 Gastbeiträge in Blogs

Gastbeiträge in Blogs zu platzieren (Guest Blogging) war vor einigen Jahren eine sehr beliebte Methode, um Backlinks zu generieren. So beliebt, dass Google sich genötigt sah, dagegen vorzugehen. Das heißt aber nicht, dass jede Form von »Guest Blogging« generell schlecht sein muss. Wenn Sie mit dieser Methode arbeiten wollen, agieren Sie bitte vorsichtig und beachten dabei Folgendes:

- Vermeiden Sie Blogs, die ganz offenbar nur für den Zweck erstellt wurden, den Autoren Backlinks zu geben. Solche Blogs haben in der Regel sehr viele verschiedene Autoren, aber keinen eigenen Blogbetreiber, der maßgeblich als Autor in Erscheinung tritt.
- Publizieren Sie nicht denselben Artikel auf verschiedenen Blogs.
- Vermeiden Sie, dass aus der Autorenbox auf Ihre Website verlinkt wird. Viel besser ist es, wenn der Link im Textbereich des Artikels platziert ist und auf eine themenverwandte Seite Ihrer Website verweist.

### 5.10.9 Negative Bewertungen

Bewertungen und Rezensionen durch Nutzer werden von Google in letzter Zeit immer intensiver ausgewertet, vor allem solche aus unabhängigen Bewertungsportalen. Negative Bewertungen und Meinungen können das Ranking negativ beeinflussen. Es wird also zunehmend wichtiger, ein ***Reputationsmanagement*** aufzubauen und aktiv zu betreiben.

### 5.10.10 Manuelle Bestrafung durch Google

Google hat die Möglichkeit, gegen eine Website sog. ***manuelle Maßnahmen*** zu verhängen, z.B., wenn die Site massiv gegen die Webmaster-Richtlinien von Google verstößt.

Die Information über sog. »manuelle Maßnahmen« gibt es bereits seit 2008 in der ***Google Search Console***.[96] Damit soll der Betreiber einer Website darüber informiert werden, ob Google gegen seine Site manuelle Anti-Spam-Maßnahmen aufgrund von Verstößen gegen die Webmaster-Richtlinien ergriffen hat.

Sie finden diese Information in der Google Search Console unter **Manuelle Maßnahmen** (Abb. 43).

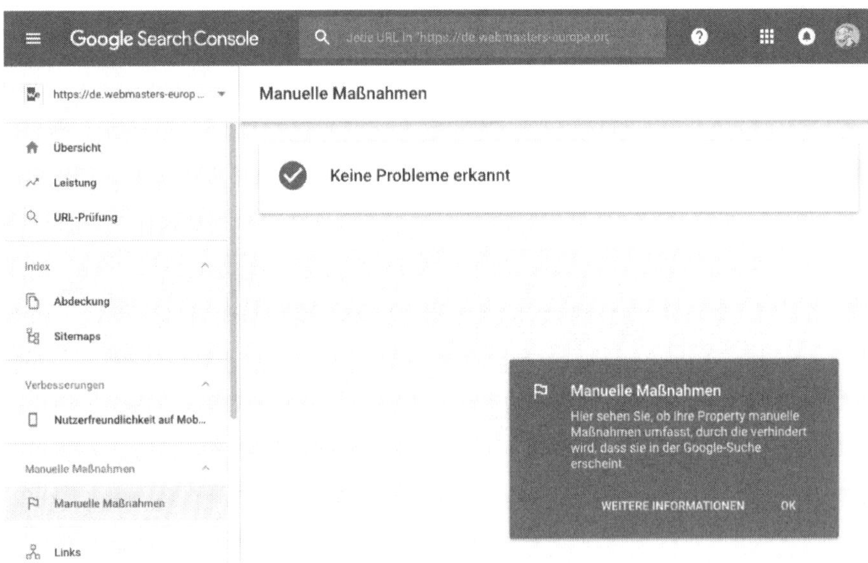


***Abb. 43*** *In der Search Console informiert Google über manuelle Anti-Spam-Maßnahmen gegen die Website.*

Google nennt beispielhaft verschiedene Gründe für Maßnahmen gegen eine Website: [97]

- gehackte Website
- nutzergenerierter Spam
- kostenlose Spamhosts

96. *http://googlewebmastercentral-de.blogspot.de/2013/08/manuelle-webspam-massnahmen-in-webmaster-tools.html*
97. *https://support.google.com/webmasters/answer/2604824?hl=de*

- Markup mit Spamstrukturen
- unnatürliche Links zur Website
- Inhalte von minderwertiger Qualität mit geringem oder gar keinem Mehrwert
- Cloaking bzw. irreführende Weiterleitungen
- Cloaking: Verstoß gegen die »Erster Klick gratis«–Richtlinie
- unnatürliche Links von Ihrer Website
- reine Spamwebsite
- Bilder-Cloaking
- verborgener Text bzw. überflüssige Keywords

Auf der referenzierten Support-Seite können Sie zu jedem dieser Punkte eine genauere Beschreibung aufrufen.

## 5.11 Wie geht es weiter?

Herzlichen Glückwunsch! Jetzt haben Sie einen Überblick über die wichtigsten Rankingsignale von Google bekommen und zusammen mit den vorausgegangenen Lektionen eine wirklich gute Basis aufgebaut, um im Folgenden in den SEO-Prozess einzusteigen. In den nächsten Lektionen beschäftigen wir uns mit der Frage, wie der SEO-Prozess aussieht, wie man sinnvolle Ziele definiert, wie man diese schrittweise erreicht und wie sich die Zielerreichung messen lässt.

## 5.12 Teste Dein Wissen!

1. Ein Webportal für Kochrezepte führt folgende Neuerungen ein:

   - Links zu weiterführenden Informationen über einzelne Zutaten wie z. B. Gemüse, Getreide oder Gewürzen
   - ein Widget, mit dem die Nutzer die benötigte Menge der Zutaten in Abhängigkeit von der gewünschten Anzahl der Portionen berechnen können

   Mit welcher Auswirkung auf das Ranking in Google ist wahrscheinlich zu rechnen?

   *Bitte ankreuzen:*

   - [ ] Das Ranking wird sich verbessern.
   - [ ] Das Ranking wird sich verschlechtern.
   - [ ] Das Ranking wird dadurch nicht beeinflusst.
   - [ ] Das lässt sich nicht voraussagen.

2. Wie können Sie es Google erleichtern, für eine Website Rich Results in den organischen Suchergebnissen zu erzeugen?

   *Bitte ankreuzen:*

   - [ ] Durch semantische Auszeichnung, z. B. mit Microformaten
   - [ ] Durch Schalten von Anzeigen in Google Ads
   - [ ] Durch Verwendung von XML anstelle von HTML für den Seitenquelltext
   - [ ] Durch Konfiguration der Rich Results in der Google Search Console

3. Identifizieren Sie die SEO-Techniken, die heute nicht mehr angewandt werden sollten.

   *Bitte ankreuzen:*

   - [ ] Automatisch erstellter Content
   - [ ] Einfügen von Inhalten anderer Webseiten
   - [ ] Teilnahme an Linktauschprogrammen
   - [ ] Kaufen von Backlinks
   - [ ] Verborgener Text (hidden content).

4. Welche HTML-Tags einer Webpage sollten aus SEO-Gründen Keywords enthalten?

*Bitte ankreuzen:*

- ☐ Das <title>-Tag
- ☐ Das <h1>-Tag
- ☐ Das <meta description>-Tag
- ☐ Das <meta keywords>-Tag

5. Welche Kriterien sind beim Layout einer Webpage zu beachten, damit diese aus Sicht der Suchmaschine Google »nutzerfreundlich« ist und starke Rankingsignale aussendet?

   *Bitte ankreuzen:*

   - ☐ Der Hauptinhalt muss sofort erkennbar und leicht zugänglich sein.
   - ☐ Werbung und »Nebeninhalte« dürfen den Hauptinhalt überdecken, wenn diese für den Besucher besonders interessant sind.
   - ☐ Das Seitenlayout sollte professionellen Ansprüchen genügen, zeitgemäß und responsive sein.
   - ☐ Das Design der Seite sollte möglichst originell sein, um die Aufmerksamkeit der Besucher zu erhöhen.

6. Welche der folgenden Rankingsignale zählen zur Kategorie der *Website-Signale*?

   *Bitte ankreuzen:*

   - ☐ Die Anzahl der Backlinks
   - ☐ Anzahl der Seiten
   - ☐ Verfügbarkeit
   - ☐ Zunahme der Anzahl der Webseiten
   - ☐ Nützlichkeit und Einzigartigkeit der Inhalte

7. Welche Gründe gibt Google als Ursache für mögliche manuelle Strafmaßnahmen gegen eine Site an?

   *Bitte ankreuzen:*

   - ☐ Kein mobilgerätefreundliches Layout
   - ☐ Cloaking bzw. irreführende Weiterleitungen
   - ☐ Inhalte von minderwertiger Qualität
   - ☐ Verborgener Text bzw. überflüssige Keywords
   - ☐ Fehlendes Description-Metatag

# 6 SEO-Prozess und SEO-Ziele

**In dieser Lektion lernen Sie**

- aus welchen einzelnen Schritten eine Suchmaschinenoptimierung besteht.
- wie Sie sinnvolle und erreichbare SEO-Ziele festlegen.

## 6.1 Der Prozess der Suchmaschinenoptimierung

SEO war einmal denkbar einfach: Mit ein bisschen Onpage-Optimierung und reichlich Backlinks ließen sich noch vor wenigen Jahren ohne Weiteres Top-Rankings erreichen. Diese Zeiten sind inzwischen vorbei: SEO wird von Jahr zu Jahr aufwendiger. Das liegt daran, dass Google immer »schlauer« wird und sich nicht mehr so einfach austricksen lässt. Wie Sie bereits erfahren haben, wertet Google bei der Berechnung der Rankings mehr als 200 »Signale« aus. Nun ist es aber sehr schwierig bzw. praktisch unmöglich, mit 200 Signalen zu »jonglieren« bzw. an der Optimierung aller Signale gleichzeitig und gleichermaßen zu arbeiten.

Wie geht man also am besten in der Praxis vor, um eine Website zu optimieren?

Um den Prozess praktikabel zu gestalten, habe ich insgesamt zehn Schritte bzw. »SEO-Arbeitsbereiche« definiert:

1. Keywords
2. Content
3. Webpage
4. Site, Server & Domain
5. Backlinks
6. User Signals
7. Social SEO
8. Shop SEO
9. Local SEO
10. Erfolgskontrolle

Die Schritte 2 (Content) und 3 (Webpage) werden manchmal auch unter dem Begriff ***Onpage-Optimierung*** zusammengefasst, da sie sich ausschließlich mit der

Optimierung einzelner Webseiten beschäftigen. Die Schritte 4 (Site, Server, Domain) und 5 (Backlinks) hat man früher als ***Offpage-Optimierung*** bezeichnet, da es hier um die Optimierung von Elementen außerhalb einzelner Webseiten geht.

Diese Arbeitsbereiche haben sich in der Praxis bewährt, u.a. auch deshalb, weil heute in der Regel nicht alle Schritte von einer einzelnen Person bearbeitet werden können, sondern unterschiedliche Experten zum Einsatz kommen und daher klar getrennte Aufgabenbereiche und Schnittstellen nötig sind.

Der SEO-Prozess startet in der Regel bei Schritt 1 (Keywords). Es ist sehr wichtig, die Keyword-Analyse bereits sehr früh in der Konzeptionsphase eines Webprojekts durchzuführen. Sowohl die Contentlieferanten (Texter, Grafiker usw.) als auch die technischen Experten (Webdesigner, Webentwickler) müssen wissen, für welche Keywords die Site optimiert werden soll, um dies bei der Erstellung des Contents und der technischen Umsetzung zu berücksichtigen.

> Es ist ein großer Fehler, eine neue Website zuerst komplett zu erstellen und dann anschließend das Thema SEO anzugehen. Im schlimmsten Fall bedeutet dies, dass Sie an vielen Stellen nochmal von vorne anfangen müssen und doppelten Aufwand (und Kosten) haben!

Sie müssen die zehn Schritte jedoch nicht zwangsläufig in dieser Reihenfolge abarbeiten, Sie müssen nicht einmal unbedingt alle Bereiche angehen. Je nach Projekt ist es sinnvoll, sich auf ausgewählte Schritte zu konzentrieren. Wenn es z.B. darum geht, die SEO-Leistung einer bestehenden Website zu verbessern, steht in der Regel an erster Stelle eine sog. ***SEO Site Clinic*** (vgl. Lektion 17), um bestehende Defizite zu erkennen. Auf Basis der Analyse können Sie dann gezielt festlegen, welche der zehn SEO-Arbeitsbereiche bearbeitet werden sollen und mit welcher Priorität.

***Local SEO*** betrifft z.B. nur Anbieter von lokalen Dienstleistungen, ***Shop SEO*** betrifft nur Onlineshops.

Ich gebe Ihnen im Folgenden einen kurzen Überblick über alle Schritte. In den folgenden Lektionen gehen wir dann jeweils ins Detail.

### Keywords

Wenn man sagt, dass eine bestimmte Webseite in Google gut gefunden wird, dann muss man immer auch die Suchbegriffe angeben, für die das der Fall ist. In der Keyword-Analyse geht es darum, die Begriffe zu finden, die einerseits den Inhalt und Nutzwert einer Webseite gut beschrieben, andererseits von der Zielgruppe der Website in der Suche auch tatsächlich verwendet werden. Außerdem hilft die Keyword-Analyse dabei, das Kosten-Nutzen-Verhältnis einer Optimierung auf ein bestimmtes Keyword zu ermitteln, da mithilfe der Keyword-Analyse auch geschätzt wird, wie viele zusätzliche Besucher, Kunden bzw. Käufer mithilfe von SEO überhaupt möglich sind.

### Content

Mit *Content* ist die Optimierung aller Inhaltselemente einer Website für bestimmte Keywords bzw. Themen gemeint. Zu diesen Inhaltselementen gehören der Text einer Webseite sowie alle darin eingebundenen Inhalte wie z.B. Bilder, Videos und PDF-Dateien. Wie Sie bereits erfahren haben, wird die Optimierung des Contents immer wichtiger, da der Content, bzw. dessen Qualität und Nutzwert für den Suchenden, eines der wichtigsten Rankingsignale überhaupt ist.

### Webpage

Nachdem guter Content erstellt wurde, geht es darum, diesen in Form von Webseiten zu präsentieren. Hier gibt es viele Ansatzpunkte für SEO: Webseiten bestehen bekanntlich aus Quellcode (im Wesentlichen HTML, CSS und JavaScript) und Inhaltselementen. Der Quellcode, vor allem das HTML, lässt sich in vielerlei Hinsicht für Suchmaschinen optimieren. Aber auch Aspekte wie Layout, Optimierung für Mobilgeräte, Ladezeit, URL (lokaler Pfad) der einzelnen Webseiten und Hyperlinks spielen eine wichtige Rolle.

### Site, Server & Domain

Wie Sie bereits in Lektion 5 erfahren haben, senden die Domain, die Website als Ganzes (Summe aller Webseiten) und der Webserver eigene Signale, die Google auswertet. Dazu gehören z.B. die Wahl des Domain-Namens, die Informationsarchitektur der Website, der Aufbau der URLs der einzelnen Seiten und die Performance, Verfügbarkeit und Sicherheit der Server-Infrastruktur.

### Backlinks

Backlinks, d.h. »eingehende Hyperlinks von anderen Webseiten«, sind nach wie vor ein wichtiges Rankingsignal. Google wendet komplexe Algorithmen an, um aus den Backlinks zu ermitteln, wie wichtig bzw. beliebt und wie vertrauenswürdig eine Webseite ist. Backlinks können aber nicht nur nützen, sondern auch schaden, wenn sie von den falschen Seiten ausgehen. Bei der Backlink-Optimierung geht es um ein umfassendes ***Backlink-Management***, mit dem Ziel, eine Backlinkstruktur zu schaffen, die ein möglichst positives Rankingsignal sendet.

### User Signals

Von den Website-Nutzern selbst erzeugte Signale haben in den letzten Jahren stetig an Bedeutung gewonnen. Daher widme ich diesen ab sofort einen eigenen SEO-Arbeitsbereich. Zu diesen Signalen gehören u.a. Erfahrungsberichte/Rezensionen, Click-Through-Rate auf der Suchergebnisseite, außerdem die sog. *SERP Return Rate* und die *Time on Site* (vgl. Abschnitt 5.7).

### Social SEO

Zum Thema Social SEO gehören für mich vor allem Markensignale. Social-Media-Plattformen sind hervorragend dafür geeignet, um eine Marke bekannt zu machen und Google davon zu überzeugen, dass es sich um eine wichtige und bedeutsame Marke handelt, über die die Welt spricht. Social SEO sollte immer und vor allem unter diesem Aspekt betrachtet werden.

### Shop SEO

Für die Optimierung von Onlineshops gibt es zahlreiche spezielle Aspekte zu berücksichtigen. Dieser optionale Arbeitsbereich ist für alle wichtig, die Produkte online verkaufen und nicht *Amazon* heißen.

### Local SEO

***Local SEO*** ist die Optimierung einer Website für die Sichtbarkeit in lokalen Suchergebnissen, also Suchergebnissen, die für den Standort des Suchenden optimiert sind. Wichtig ist dies für Unternehmen, die ortsgebunden z.B. ein Ladengeschäft, ein Restaurant, ein Hotel, ein Sportstudio o.Ä. betreiben.

### Erfolgskontrolle

Am Ende des SEO-Prozesses steht die Erfolgskontrolle. Dabei überprüfen Sie, ob und in welchem Umfang sich die Rankings der optimierten Seiten verbessert haben.

> Ich empfehle Ihnen, den SEO-Prozess als Teil der fortwährenden Online-Marketing-Aufgaben zu betrachten und nicht zu unterbrechen. Wenn Sie mit allen Schritten durch sind, fangen Sie ganz einfach vorne wieder an. ;-) Wenden Sie den Prozess für jede Website immer wieder und so lange an, wie die Website online ist. So erzielen Sie den maximalen Effekt.

## 6.2 Ziele der Suchmaschinenoptimierung

Wie bei jedem Projekt sollten Sie im Vorfeld die Projektziele definieren. Auch bei SEO-Projekten ist es wichtig, die Projektziele strikt von strategischen Zielen zu unterscheiden.

### 6.2.1 Strategische SEO-Ziele

Strategische Ziele beschreiben, was mittel- bis langfristig mithilfe von SEO erreicht werden soll. Es ist wichtig, die strategischen Ziele zu kennen. Nur dann lassen sich SEO-Projekte so konzipieren, dass sie konkret dazu beitragen, die strategischen Ziele zu erreichen.

Zu den strategischen SEO-Zielen kann z. B. gehören:

- das Unternehmen und/oder seine Marken dadurch bekannter machen (Branding), dass entsprechende Webseiten häufiger in den Trefferlisten der Suchmaschinen erscheinen
- die Zahl der Besucher einer Website oder in einem Onlineshop erhöhen, um die Neukunden-Umsätze zu steigern
- Bestandskunden in Suchmaschinen abholen und auf die eigene Website leiten
- Marketingkosten einsparen (z. B. im Printbereich)
- Mitarbeiter-Akquise durch gute Auffindbarkeit von Stellenangeboten auf der eigenen Website
- Zahl der Backlinks erhöhen durch gute Auffindbarkeit von verlinkenswertem Content

### 6.2.2 Projektziele für SEO-Projekte

Einzelne SEO-Projekte mit definierten Start- und Endzeitpunkten dienen immer dazu, der Erreichung der strategischen Ziele näher zu kommen.

Wie definieren Sie für SEO-Projekte Ziele, die klar und eindeutig und erreichbar sind? Wiederholen wir kurz die Kernaussagen dazu aus der Projektmanagement-Disziplin:

- Projektziele sind dann klar und eindeutig, wenn alle Beteiligten das Gleiche darunter verstehen. Um dies sicherzustellen, definiert man die Projektziele so, dass die Zielerreichung mit möglichst einfachen Mitteln überprüft werden kann. Beim Durchlesen des Ziels muss ein Leser mit dem passenden fachlichen Hintergrund sagen können, was er konkret wann tun würde, um zu überprüfen, ob das Ziel erreicht wurde.

- Um die Wahrscheinlichkeit zu erhöhen, dass die Projektziele erreichbar sind, sollte das Projektteam (d.h. die Experten, die an der Umsetzung der Projektanforderungen arbeiten) an der Zieldefinition beteiligt werden. Nur diese verfügen über genügend Wissen und Erfahrung, um abschätzen zu können, ob sich ein Ziel im vorgegebenen Zeitrahmen und mit den zur Verfügung stehenden Mitteln und Ressourcen erreichen lässt.

Eine Zieldefinition umfasst in der Regel vier Dimensionen:

- die Zielrichtung
- die Messgröße
- die Höhe der Messgröße
- den Bezugswert

Bei SEO-Projekten ist die Zielrichtung meist die Auffindbarkeit in Suchmaschinen bezogen auf genau festgelegte Suchbegriffe bzw. -phrasen. Die Bezugnahme auf die Suchwörter ist zwingend notwendig: Eine Webseite steht niemals ganz allgemein, sondern immer nur keywordbezogen »auf dem 1. Platz bei Google«.

Nach der Optimierungsarbeit soll eine bestimmte Webseite weiter oben in der Ergebnisliste erscheinen (Messgröße).

Ein in der Regel erreichbares und wirtschaftlich sinnvolles Ziel ist eine Auflistung unter den ersten 5 oder 10 Treffern (Höhe der Messgröße). Man könnte natürlich auch als Ziel ausgeben, dass eine Seite auf Platz 1 gelistet wird, läuft dann aber Gefahr, dass das Ziel möglicherweise nicht oder nur mit einem wirtschaftlich nicht vertretbaren Aufwand zu erreichen ist. Was erreichbar ist, hängt im Wesentlichen von drei Faktoren ab:

1. Der Anzahl der Konkurrenzseiten (wie viele Seiten hält Google bei dem betrachteten Keyword für relevant?)
2. Dem Optimierungsgrad der top rankenden Webseiten (wie stark optimiert sind die top rankenden Seiten?)
3. Der Kompetenz des SEO-Experten ;-)

Der Wahl der Suchwörter bzw. der Suchphrase kommt dabei eine wichtige Bedeutung zu. So macht es z.B. wenig Sinn, als Ziel zu definieren, dass eine Website für ein einzelnes, sehr allgemeines Suchwort auf Platz 1 der Trefferliste erscheinen soll, da die Konkurrenz sehr groß ist.

**Beispiel**

Ein Berliner Webentwickler könnte als SEO-Ziel vorgeben, dass seine Website bei Eingabe des Begriffs »PHP« auf der ersten Ergebnisseite (also unter den Top 10) von Google erscheint. Für das Suchwort »PHP« findet Google heute »ungefähr 25.270.000.000 Ergebnisse«. Auf Platz 1 steht die Seite mit der URL *http://de.wikipedia.org/wiki/PHP*.

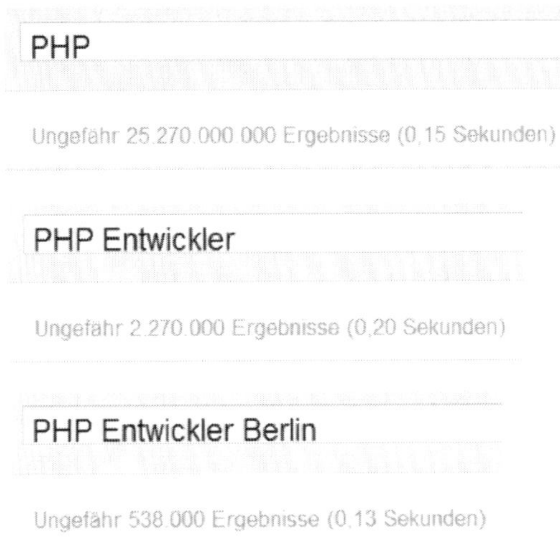


***Abb. 44*** *Mit jedem weiteren Suchbegriff in einer Suchanfrage nimmt die Zahl der Treffer rapide ab. Es wird dann immer leichter, ein Ranking auf der ersten Ergebnisseite zu erreichen. Bei der Auswahl einer Suchwort-Kombination sollten Sie immer die Zahl der konkurrierenden Treffer mit berücksichtigen.*

Bei dieser massiven und starken Konkurrenz ist es sicherlich schwierig, unter die Top 10 zu kommen. Nahezu unmöglich dürfte es jedoch sein, den Wikipedia-Artikel von Position 1 zu verdrängen, da diese Seite über gigantisch hohe Page-Rank- und Trustwerte verfügt. Ein derartiges Ziel wäre höchstwahrscheinlich nicht erreichbar (zumindest nicht mit den zur Verfügung stehenden Mitteln), und daher wäre das Projekt schon bei der Zieldefinition gescheitert.

Mit einem so allgemeinen Suchwort wie »PHP« auf Position 1 gefunden zu werden, dürfte für die meisten Websites aber auch gar nicht nötig sein, da die Streuverluste dabei sehr hoch wären. Nur ein kleiner Teil der Suchenden, die PHP eingeben, wird wohl tatsächlich einen PHP-Entwickler suchen, aber genau die möchte man ja erreichen.

Zudem wissen die Suchenden, dass sie bessere Ergebnisse bekommen, wenn sie mehrere Suchbegriffe kombinieren.

### Wie viele Begriffe kombinieren Internetnutzer in ihren Suchanfragen?

Marktstudien belegen, dass die Zahl der Begriffe, die Suchende in ihren Suchanfragen eingeben, tendenziell zunimmt. Allerdings gibt es zwischen verschiedenen Sprachen große Unterschiede, wie Tabelle 6.1 zeigt.

| Suchbegriffe | Deutschland | USA |
|---|---|---|
| 1 | 65,2 | 29,03 |
| 2 | 22,23 | 28,24 |
| 3 | 8,09 | 20,14 |
| 4 | 2,72 | 10,64 |
| 5 | 0,97 | 5,84 |
| 6 | 0,36 | 2,62 |
| 7 | 0,18 | 1,48 |
| 8 | 0,11 | 0,81 |
| 9 | 0,07 | 0,50 |
| 10 und mehr | 0,07 | 0,71 |

***Tabelle 6.1*** *Anzahl der Suchbegriffe pro Suchanfrage in Deutschland und den USA (Jahr 2016. http://de.statista.com/)*

Bei Suchanfragen in deutscher Sprache verwenden Suchende durchschnittlich weniger Keywords als bei Suchanfragen in englischer Sprache, da im Deutschen durch die Zusammensetzung mehrerer Wörter neue Substantive gebildet werden können. Im Englischen heißt es z. B. Search Engine Optimization (drei Wörter), im Deutschen Suchmaschinenoptimierung (ein Wort). Noch ein Beispiel: Web Design (englisch), Webdesign (deutsch).

In der Praxis lässt sich oftmals mit Wortkombinationen aus zwei Begriffen am besten arbeiten, aber das muss für jedes SEO-Projekt und jede Webseite individuell entschieden werden. Dabei sollte man immer die Zahl der konkurrierenden Webseiten im Auge behalten: Meiner Erfahrung nach ist es in der Regel relativ leicht, bei einigen Hunderttausend Konkurrenten unter die Top 5 zu kommen, bei mehreren Millionen wird es schon deutlich schwieriger bzw. aufwendiger.

Wie könnte nun eine klare, eindeutige und erreichbare Zieldefinition für ein SEO-Projekt aussehen?

Für unser Beispiel, den Berliner PHP-Entwickler, vielleicht so:

**Beispiel**

Ziel: »Die Startseite der Website *www.example.org* soll bis spätestens (Datum) bei Eingabe der Suchbegriffe *PHP Entwickler* in Google unter den ersten fünf Suchergebnissen gelistet werden.«

Dieses Ziel ist klar und eindeutig, da sofort jedem, der es liest, klar ist, wie sich überprüfen lässt, ob das Ziel erreicht wurde: An dem genannten Datum gibt man in Google *PHP Entwickler* ein und prüft, ob die Startseite der genannten Website unter den ersten 5 Treffern gelistet wird.

Ob das Ziel erreichbar ist, lässt sich natürlich nicht exakt vorhersagen, da dies von vielen Faktoren abhängt. Mit ein wenig Erfahrung bekommt man jedoch ein Gespür dafür, was machbar ist und was eher nicht.

#### Visibility einer gesamten Website

Klar ist außerdem, dass die Projektziele in den meisten SEO-Projekten umfassender sein werden als in diesem Beispiel. Es soll ja in der Regel nicht nur erreicht werden, dass eine einzelne Seite mit bestimmten Suchwörtern gut gefunden wird, sondern viele Seiten für die jeweils seitenspezifischen Keywords. Je nach Website können das sehr viele sein. Geht es z. B. um einen Onlineshop mit 10.000 verschiedenen Artikeln in der Produktdatenbank, soll idealerweise jede einzelne Artikelseite mit den jeweils für sie spezifischen Keywords gefunden werden – am besten unter den Top Ten, also auf der ersten Suchergebnisseite.

Als Ziel könnte definiert werden, dass eine Website mit einer bestimmten Zahl an Keywords Rankings in einem definierten Bereich erzielt. Beispiel: »Website XY soll bis (Datum) bei Google mit 100 Keywords in den Top 10 gefunden werden«. Solche Zieldefinitionen machen z. B. bei Onlineshops Sinn bzw. immer dann, wenn innerhalb der Website viele URLs existieren, die mit ihren spezifischen Keywords gefunden werden sollen.

### 6.2.3 Wirtschaftliche SEO-Ziele

Alternativ zur SEO-Zielsetzung, für definierte Keywords bestimmte Rankingpositionen zu erreichen, können Sie mit Umsatzzielen arbeiten:

In Lektion 7 erkläre ich Ihnen, wie Sie für jedes Keyword den zu erwartenden Umsatz berechnen können. Es ist also durchaus möglich, ein SEO-Ziel so zu definieren: »Im Jahr XY soll über den Kanal der organischen Google-Suche der Umsatz gegenüber dem Vorjahr um XY gesteigert werden.« Die Schwierigkeit besteht hier darin, die Umsätze dem Kanal der organischen Suche einwandfrei zuzuordnen, um die Erreichung des Ziels überprüfen zu können. In der Regel bzw. in den meisten Fällen lässt sich dieser Umsatz jedoch recht gut abschätzen, indem man z. B.

die Google-Ads-Umsätze sowie andere Umsätze, die sich exakt zuordnen lassen, abzieht.

## 6.3 Messung der Zielerreichung

In jedem Projekt ist es wichtig zu prüfen, ob die definierten Projektziele erreicht wurden. Die Erreichung wirtschaftlicher SEO-Ziele erfordert, dass Sie mithilfe von Webanalyse-Tools und einer Segmentierung der Umsätze nach Marketingkanälen die Umsätze der organischen Suche hinreichend genau zuordnen können. Wie diese Aufgabe zu lösen ist, unterscheidet sich von Unternehmen zu Unternehmen und ist ein zu vielschichtiges Thema, um es hier im Detail erörtern zu können.

Einfacher ist die Messung der Rankingziele. Dazu werden die Rankings am Stichtag, der im Projektziel festgelegt ist, kontrolliert. Geben Sie die Suchbegriffe aber nicht einfach in Google ein! Durch die Personalisierung und Lokalisierung der Suchergebnisse sehen Sie möglicherweise ganz andere Treffer als die meisten anderen Suchenden. Da das Thema der Erfolgskontrolle recht komplex ist, habe ich ihm eine eigene Lektion gewidmet.

Ich erwähne das trotzdem an dieser Stelle, da es durchaus sinnvoll ist, zu Beginn eines SEO-Projekts ein Keyword-Monitoring aufzusetzen. Wenn Sie gerade mit einem SEO-Projekt beginnen, dann sollten Sie jetzt einen kurzen Ausflug in Lektion 16 unternehmen.

### *Übung 5: SEO-Ziel definieren (Keyword)*

Wie formuliert man ein SEO-Ziel? Formulieren Sie ein Beispiel für ein SEO-Ziel, bei dem es um die bessere Auffindbarkeit bei einem exakt definierten Keyword geht!

### *Übung 6: SEO-Ziel definieren (Website)*

Ein Onlineshop verfügt über 1.000 Artikelseiten mit jeweils einem spezifischen, relevanten Keyword. Wie könnte ein SEO-Ziel für diesen Shop aussehen?

## 6.4 Teste Dein Wissen!

1. Welche der genannten Optionen sind geeignete strategische SEO-Ziele?

*Bitte ankreuzen:*

- ☐ Mehr Website-Besucher bekommen
- ☐ Ausgaben für Google Ads einsparen
- ☐ Bekannheitsgrad einer Marke erhöhen
- ☐ Umsätze mit Neukunden steigern

2. Mit welcher der genannten Tätigkeiten sollte der SEO-Prozess für eine komplett neu zu erstellende Website beginnen?

   *Bitte ankreuzen:*

   - ☐ Mit der Keyword-Analyse
   - ☐ Mit einer sog. *SEO Site Clinic*
   - ☐ Mit der Optimierung des Contents
   - ☐ Mit der Domain-Registrierung
   - ☐ Mit der Backlink-Analyse

3. Welche der folgenden Angaben zählen zu den vier Dimensionen der Zieldefinition im Projektmanagement?

   *Bitte ankreuzen:*

   - ☐ Die Zielrichtung
   - ☐ Die Messgröße
   - ☐ Die Höhe der Messgröße
   - ☐ Der Budgetrahmen
   - ☐ Der Bezugswert

# Keywords



**In dieser Lektion lernen Sie**

- was Keywords sind und was nicht.
- welche Bedeutung Keywords im SEO-Prozess haben.
- warum es wichtig ist, die Suchintention zu berücksichtigen.
- wie Sie Keyword-Kandidaten ermitteln können.
- was Keyword-Kandidaten von relevanten Keywords unterscheidet.
- wie Sie herausfinden, für welche Keywords sich eine Optimierung wirklich lohnt.

## 7.1 Was sind Keywords?

Der Begriff ***Keywords*** ist in den letzten Lektionen schon häufig gefallen, ohne dass ich ihn einmal exakt definiert hätte.

*Laut Google*[98] sind Keywords »Wörter oder Wortgruppen, mit denen Ihr Produkt oder Ihre Dienstleistung beschrieben wird.«

**Beispiel**:

Auf einer Webseite, auf der ein Seminar zum Thema Suchmaschinenoptimierung beschrieben und beworben wird, gehören Begriffe wie z.B. *Seminar, SEO, Google, PageRank, RankBrain, Onpage-Optimierung* (und noch viele mehr) zu den Keywords. Begriffe wie z.B *der, die, das, ein, und, geht* gehören nicht dazu. Dagegen könnte das Verb *lernen* durchaus zu den Keywords gehören, weil es semantisch eng mit dem Begriff *Seminar* verknüpft ist.

Genau diese Begriffe werden in der Regel auch von Suchenden als Suchbegriff verwendet, um bestimmte Informationen, Produkte oder Dienstleistungen zu finden. Keywords sind daher für Suchmaschinen ein sehr wichtiges Konzept.

Auf den Punkt gebracht, könnte man also formulieren:

98. *https://support.google.com/google-ads/answer/6323?hl=de*

***Keywords*** sind Begriffe oder Kombinationen von Begriffen, die den Inhalt einer Webseite, eine Information, ein Produkt oder eine Dienstleistung charakterisieren und von anderen Angeboten unterscheidbar machen. Keywords kommen z.B. in Texten von Webseiten und in Suchanfragen/Suchbegriffen vor.

Im SEO-Bereich geht es darum, die Keywords zu finden, die einerseits ein Produkt, eine Dienstleistung oder eine Information auf einer Webseite gut charakterisieren, andererseits aber auch von vielen Suchenden als Suchbegriff verwendet werden.

Diese Begriffe stimmen nicht automatisch überein. Oft stellt man fest, dass die Begriffe, die von den Text-Erstellern gewählt werden, nicht die sind, die die Zielgruppe in der Suche verwendet. Ein Grund dafür kann sein, dass die Ersteller der Information Fachbegriffe oder firmeninterne, produktspezifische Begriffe verwendet, die nicht allgemein bekannt sind oder von der Zielgruppe einfach nicht verwendet werden.

Eine Aufgabe der Keyword-Recherche und -Festlegung besteht daher auch darin, die Suchbegriffe und die auf den Landing Pages verwendeten Keywords in Einklang zu bringen, damit die Webseiten nicht nur für Keywords gut ranken, nach denen nicht oder nur wenig gesucht wird, sondern vor allem auch für Keywords mit einem hohen Suchvolumen, um einen möglichst hohen Traffic zu erzielen.

## 7.2 Die Bedeutung der Suchintention

Das Ziel von SEO kann aber nicht nur darin bestehen, für viele Besucher auf einer Website zu sorgen. Viele Besucher bedeuten nicht automatisch auch viele Kunden. Wichtig ist, dass mithilfe von SEO die »richtigen« Besucher auf die Website gelenkt werden, d.h. Besucher, die zur Zielgruppe der Website gehören und deren Wünsche und Bedürfnisse die Website erfüllt.

Anders ausgedrückt:

SEO muss das Ziel haben, dass die Zielgruppe der Website diese findet und sie ansteuert.

Um die dafür passenden Keywords auszuwählen, müssen wir uns mit der Intention (Absicht, Ziel) der Suchenden beschäftigen und wie diese mit den Keywords zusammenhängt.

Dies ist auch ein zentrales Thema bei Google: In den *Search Quality Evaluator Guidelines*[99] (vgl. Abschnitt 5.7) nimmt das Thema ***Suchintention*** einen wichtigen

Stellenwert ein. Google unterscheidet darin zwischen *Page Quality (PQ) rating*, also der Bewertung der Qualität einer Webseite, und *Needs Met (NM) rating*, also der Bewertung, ob die Webseite die Bedürfnisse des Suchenden erfüllt.

Google nennt diese *User Intent* (Nutzer-Absicht):

> *User Intent : When a user types or speaks a query, he or she is trying to accomplish something. We refer to this goal as the user intent.*
>
> *(Wenn ein Nutzer eine Suchanfrage eintippt oder -spricht, dann versucht er oder sie, ein bestimmtes Ziel zu erreichen. Das nennen wir Nutzer-Absicht)*

Google hat ein großes Interesse daran, die Webseiten hoch zu ranken, die der Intention des Suchenden am besten entsprechen, für ihn also den höchsten Nutzwert haben. Denn nur dies führt zur maximalen Zufriedenheit des Suchenden.

Das spiegelt sich auch durch folgenden Hinweis in den Search Quality Evaluator Guidelines wider:

> *Understanding the query is the first step in evaluating the task ... If you ... don't understand the query or user intent, please release the task.*
>
> *(Die Suchanfrage zu verstehen, ist der erste Schritt bei der Bewältigung der Bewertungsaufgabe ... Wenn Sie die Suchanfrage oder die Absicht des Benutzers nicht verstehen, geben Sie die Bewertungsaufgabe ab.)*

Die Quality Rater sollen also die Intention des Suchenden unbedingt verstehen, bevor sie eine Webseite beurteilen.

Auch die Google-Suchmaschine versucht, die Suchintention aus der Suchanfrage abzuleiten. Das ist umso schwieriger, je weniger Begriffe der Suchende in Google eingibt und wird einfacher, wenn der Suchende ganze Sätze formuliert, wie z. B. bei der Voice Search (vgl. Abschnitt 7.3).

Die verschiedenen Suchintentionen mögen im Detail höchst unterschiedlich sein, aber lassen sich doch im Grunde in einige wenige grundlegende Intentionen unterteilen. Auf diese Weise lässt sich damit relativ einfach arbeiten.

Google teilt die Suchintention in folgende Kategorien ein:

- **Know query**: Suche nach Informationen.
- **Know simple query**: Spezielle Form der Know query. Bei dieser besteht die ideale Antwort nur aus einer kurzen Definition oder Beschreibung.

99. *https://www.google.com/insidesearch/howsearchworks/assets/searchqualityevaluatorguidelines.pdf*

- **Do query**: Der Suchende möchte eine bestimmte Aktion ausführen, z.B. etwas bestellen, buchen oder herunterladen.
- **Website query**: Suche nach einer bestimmten Website.
- **Visit-in-person query**: Der Suchende möchte einen bestimmten Ort persönlich besuchen, z.B. ein Unternehmen, ein Restaurant, eine Tankstelle, ein Hotel, ein Museum o.ä.

### 7.2.1 Know und Know simple

Suchanfragen dieser Kategorien werden in der SEO- und Online-Marketing-Branche auch als ***informational queries*** bezeichnet. Der Suchende möchte mehr über ein bestimmtes Thema erfahren. Das Ziel ist, Informationen zu finden. Er sucht nach Antworten auf gezielte Fragestellungen, nach Lösungen für Probleme, nach Hintergründen und Zusammenhängen. Solche Suchanfragen haben oft keine kommerzielle Intention, kommen aber auch als Recherche in Kaufentscheidungsprozessen vor, oftmals bevor eine konkrete Kaufabsicht besteht. Antworten finden die Suchenden oftmals in Blogbeiträgen, redaktionellen Beiträgen, Anleitungen, Ratgebern und Online-Enzyklopädien.

Die Kategorie *Know simple* hat Google wahrscheinlich im Hinblick auf die *Answer Box* (vgl. Abschnitt 3.4) definiert, um entscheiden zu können, ob auf der Suchergebnisseite eine Answer Box eingeblendet wird. In Tabelle 7.1 sehen Sie einige Beispiele für diese beiden Suchkategorien.

| Know simple query | Know query | Erklärung |
|---|---|---|
| Eiffelturm Höhe | Eiffelturm | Auf die Know query gibt es keine einfache Antwort, da nicht klar ist, was genau der Suchende wissen möchte. Die Antwort auf die Know simple query besteht lediglich aus einer Höhenangabe. |
| Bitcoin kurs | soll ich in bitcoins investieren | Als Antwort auf die Know simple query kann ein Diagramm angezeigt werden, das den Wertverlauf der Kryptowährung Bitcoin anzeigt. Auch wenn die Antwort auf die Know query theoretisch *ja* oder *nein* lauten könnte, gibt es auf die Frage keine Antwort, der jeder zustimmen würde. |
| Wie heißt der Bundespräsident von Deutschland | Bundespräsident | Die Know simple query kann mit dem Namen des aktuellen Bundespräsidenten eindeutig beantwortet werden. Die Know query enthüllt nicht die Intention des Suchenden, es ist nicht einmal klar, um den Bundespräsidenten welches Landes es sich handelt. |

| | | |
|---|---|---|
| Pizzeria Panolio Ziegelstein Öffnungszeiten | Pizzeria Panolio | Die Know simple query kann mit einer Liste der Öffnungszeiten beantwortet werden. Bei der Know query ist die Fragestellung nicht eindeutig. |
| Wer wurde 2014 Fußball Weltmeister | Fußball Weltmeisterschaft | Die Know simple query hat eine eindeutige und einfach Antwort: Deutschland. Die Know query deutet darauf hin, dass jemand nach umfassenden Informationen zum Thema sucht. |
| Wetter (in der mobile search) | Wetter (in der desktop search) | Gibt jemand auf einem Smartphone Wetter in der Suche ein, möchte er mit hoher Wahrscheinlichkeit wissen, wie das Wetter an seinem aktuellen Standort aktuell und in der näheren Zukunft (Tagesverlauf) ist. Das lässt sich durch die aktuelle Wetterprognose eindeutig und kurz beantworten. Derselbe Suchbegriff auf einem Desktop-Rechner eingegeben, wird jedoch als Know query behandelt. |

### 7.2.2 Do

Die Kategorie *do* wird auch als ***transactional*** bezeichnet. Der Suchende möchte eine bestimmte Aktion (engl.: Transaction) ausführen, z.B. etwas bestellen oder buchen, eine Reservierung durchführen, eine Software herunterladen oder ein Video betrachten. Eine Unterkategorie sind Suchanfragen mit klarer Kaufintention (***commercial***).

In der Suchanfrage kommen häufig Verben vor, die die gewünschte Aktion beschreiben, z.B. Download, Buchen, Kaufen. Oft ist jedoch die Aktion implizit im Suchbegriff enthalten, weil Google herausgefunden hat, dass die meisten Suchenden, die den Begriff verwenden, anschließend eine bestimmte Aktion ausführen.

Regelmäßig ist das z.B. bei spezifischen Produktbezeichnungen der Fall. Hier unterstellt Google fast immer eine Kaufabsicht, auch wenn der Begriff *Kaufen* in der Suche nicht vorkommt.

| **Suchanfrage** | **wahrscheinliche Nutzer-Absicht** |
|---|---|
| adobe reader download | Der Nutzer möchte den Adobe Acrobat Reader herunterladen und installieren. |
| citizen armbanduhren | Der Nutzer möchte eine Armbanduhr von Citizen kaufen. |
| samsung galaxy s8 | Der Nutzer möchte das Smartphone Samsung Galaxy S8 kaufen. |
| die siedler online | Der Nutzer möchte *Die Siedler online* (ein Online-Spiel, das im Webbrowser läuft) spielen. |

### 7.2.3 Website

Diese Suchintention wird auch als ***navigational query*** bezeichnet, da viele Nutzer, selbst wenn Sie die URL einer Website kennen, nach dieser in Google suchen, indem sie z. B. den Domainnamen, Firmen- oder Markennamen in Google eingeben.

**Beispiel:** In einem SEO-Projekt untersuchte ich, welche Begriffe in der Suche am häufigsten mit dem Suchbegriff *Urlaub* kombiniert werden. Es waren die Terme *ab, in, den* und *de*.

Offenbar geben sehr viele Suchende den Domainnamen eines bekannten Reiseportals nicht in die Adresszeile des Webbrowsers, sondern in die Google-Suche ein.

Marken- oder Firmennamen sind ebenfalls häufig Bestandteil einer Navigationssuche: Beispielsweise geben sehr viele Suchende, wenn sie die Website *amazon.com* oder *amazon.de* besuchen möchten, einfach *amazon* in die Google-Suche ein und klicken dann auf den ersten Suchtreffer.

### 7.2.4 Visit-in-person

Diese Suchintention kommt vor allem auf Smartphones vor. Sie bedeutet, dass der Suchende einen bestimmten Ort persönlich besuchen möchte, z. B. ein Unternehmen, ein Restaurant, eine Tankstelle, ein Hotel, ein Museum o. ä. Der Ort sollte zum Zeitpunkt der Suche geöffnet haben und sich in der Nähe des Suchenden befinden, wenn kein spezifischer Ort in der Suchanfrage vorkommt. Typische Suchterme dafür sind z. B. *Hotels, Restaurants, Bank, Geldautomat, Supermarkt, U-Bahn, Bahnhof, Bäckerei, WC*, wenn sie auf einem Smartphone eingegeben werden.

### 7.2.5 Was bedeutet das für die Suchmaschinenoptimierung?

Jede Suchanfrage wird von Google durch eine oder mehrere der o. g. Kategorien klassifiziert. Eine ähnliche Klassifizierung nimmt Google auch für jede Webseite im Index vor, und Webseiten, die in denselben Kategorien wie die Suchanfrage eingeordnet werden, haben einen Rankingvorteil.

Ich empfehle, die erarbeiteten Keywords unter dem Aspekt der Suchintention zu betrachten und eine Klassifikation nach Suchintention der Zielgruppe vorzunehmen. Ich persönlich arbeite dabei mit folgenden Kategorien:

- Know
- Know simple
- Do (non-commercial)

- Do (commercial)
- Website
- Visit-in-person

Diese Information wird dann bei der Erstellung oder Optimierung des Contents und der Gestaltung der Website bzw. der einzelnen Landing Pages benötigt, denn diese sollen es den Suchenden möglichst einfach machen, ihre Suchintention umzusetzen. Wir werden also in den nächsten Lektionen auf diesen Aspekt nochmals zurückkommen.

## 7.3 Was ändert sich durch Voice Search und digitale Assistenten?

Vor allem auf mobilen Endgeräten nutzen Suchende zunehmend die Möglichkeiten der Spracheingabe, um Suchanfragen abzusetzen (***Voice Search***), da das Tippen auf dem kleinen Display und mithilfe der Bildschirmtastatur mühsam ist. *Laut Google*[100] basierten bereits 2016 20% aller Suchanfragen auf mobilen Endgeräten auf Spracheingabe, Tendenz: stark steigend.

Auf Android-Systemen steht hierfür der ***Google Assistant*** zur Verfügung, auf iOS-Geräten Apples ***Siri***, und von Microsoft gibt es den digitalen Assistenten ***Cortana*** für verschiedene Systeme.

*Home Appliances* wie *Google Home* oder *Amazon Echo* finden immer weitere Verbreitung. Sie kommunizieren ausschließlich über ein Voice Interface, einen Bildschirm gibt es gar nicht mehr.

Die Marktforschungsfirma *Comscore* prognostiziert, dass im Jahr 2020 *mehr als die Hälfte aller Suchanfragen auf Spracheingabe basieren werden*[101]. Da die Spracherkennungssysteme und digitalen Assistenten immer besser werden, wird auch deren Akzeptanz und Verbreitung in den kommenden Jahren stark steigen.

### Wie verändert sich dadurch die Suche?

Mündlich formulierte Suchanfragen sind fast immer länger und komplexer als eingetippte Suchanfragen. Sie nähern sich der natürlichen Sprache immer mehr an *(natural language queries)* und enthüllen deutlicher die wahre Intention des Suchenden. Beispielsweise könnte aus der getippten Suchanfrage »Pizzeria Nürn-

100. *https://searchengineland.com/voice-search-changes-everything-286665*
101. *https://www.campaignlive.co.uk/article/just-say-it-future-search-voice-personal-digital-assistants/1392459*

berg« mündlich formuliert die Frage »Wo gibt es hier in der Nähe eine Pizzeria?« werden.

**Was bedeutet das für die SEO-Keywords?**

Die relevanten Keywords ändern sich dadurch in der Regel nicht. In unserem Beispiel wäre »Pizzeria Nürnberg« nach wie vor eine gute Wahl, egal, ob die Suche eingetippt oder mündlich ausformuliert wird.

Trotzdem hat die starke Zunahme der Voice Search Konsequenzen: Experimente zeigen, dass kleine Änderungen in der Formulierung der Suchanfrage das Suchergebnis durchaus beinflussen können. So könnten z.B. als Ergebnis der mündlich formulierten Suchanfrage bevorzugt Pizzerien aufgelistet werden, die sich in geografischer Nähe des Suchenden befinden (ermittelt über die Standort-Daten seines Smartphones), während bei der getippten Suche »Pizzeria Nürnberg« bevorzugt Pizzerien gelistet werden, die eine optimierte Website und gute Kundenbewertungen haben.

Die Konsequenzen, die sich durch Voice Search für SEO ergeben, sind eher im Bereich des Contents angesiedelt als bei der Keyword-Festlegung. Wir müssen über die reine Betrachtung der Keywords hinaus alle möglichen Intentionen des Suchenden antizipieren; damit meine ich, alle Fragen stellen, die Suchende im Zusammenhang mit unseren relevanten Keywords haben könnten, und diese auf der optimierten Webseite beantworten.

Für unser Beispiel fallen mir spontan u.a. folgende ausformulierten Fragen ein, die hinter der getippten Suchanfrage »Pizzeria Nürnberg« stehen könnten:

- Welche Pizzeria ist in der Nähe meines aktuellen Standorts?
- Welche Pizzeria hier in Nürnberg hat die besten Kundenbewertungen?
- Welche Pizzeria in Nürnberg hat zur aktuellen Uhrzeit geöffnet?
- Welche Pizzeria in Nürnberg liefert mir in kürzester Zeit meine Bestellung?
- Welche Pizzeria ist besonders gemütlich?

Nach wie vor sind unsere relevanten Keywords »Pizzeria« und »Nürnberg«. Wir werden im SEO-Bereich *Content* nun aber keinen Text mehr erstellen, der sich ausschließlich auf diese beiden Keywords konzentriert, sondern einen Text, der die (wahrscheinlichen) Fragen der Suchenden beantwortet. Am Ende werden wir idealerweise einen Content haben, der Google davon überzeugt, dass unsere Webseite die beste Antwort auf alle o.g. Fragen/Bedürfnisse der Suchenden, schlicht also die Lösung ihres aktuellen Problems, ist.

Viel dramatischere Änderungen bringt die Tatsache mit sich, dass in Zukunft auch viele Suchergebnisse nicht mehr angezeigt, sondern uns von digitalen Assistenten mündlich mitgeteilt werden. Und sicherlich werden uns diese Assistenten keine Liste von zehn Suchergebnissen vorlesen ... Wie sehr sich diese Technologien durchsetzen und welche Implikationen das für die Entwicklung und Optimierung von Websites hat, wird sich schon sehr bald zeigen und, darauf würde ich wetten, sehr bald ein wichtiges SEO-Thema werden.

## 7.4 Die Bedeutung von Keywords im SEO-Prozess

Wie Sie schon gelernt haben, ist dank Hummingbird- und RankBrain-Algorithmen eine enge Fokussierung auf einzelne Keywords nicht mehr zielführend. Das heißt jedoch nicht, dass Sie den Keyword-Aspekt ignorieren sollten. Nach wie vor ist es wichtig, sich zu überlegen, welche Suchbegriffe Ihre potenziellen Kunden verwenden und für welche Suchanfragen Ihre Webseiten dementsprechend gut ranken sollen. Was sich durch die oben genannten Algorithmen geändert hat, betrifft vor allem die Content-Optimierung. Das werden wir in Lektion 8 besprechen.

## 7.5 Keyword-Kandidaten ermitteln

Im ersten Schritt geht es darum, für jede einzelne Seite Ihrer Website, die Sie gerne gut auffindbar machen möchten, die Keywords festzulegen.

Dabei stellt sich u.a. die Frage, wie häufig bestimmte Suchwörter eingegeben werden. Es macht keinen Sinn, die Website auf Begriffe zu optimieren, die Suchende nicht oder nur sehr selten verwenden.

Über verschiedene Methoden kommen Sie in der Regel sehr schnell zu vielen verschiedenen Begriffen, die als Keywords infrage kommen. Diese nenne ich gerne ***Keyword-Kandidaten***, so lange, bis bewiesen ist, dass diese Begriffe von den Suchenden tatsächlich auch mit einer nennenswerten Häufigkeit verwendet werden. Das machen Sie am besten über eine Auswertung des ***Suchvolumens***, wofür Google und andere Anbieter entsprechende Online-Tools anbieten.

> Die ***relevanten Keywords*** sind die Begriffe, die Ihre potenziellen Kunden in die Suchmaske der Suchmaschinen eingeben und mit denen Ihre Website gefunden werden soll.

Die Ermittlung der relevanten Keywords findet am besten zu Beginn eines Webprojekts statt, noch bevor die erste Webseite gestaltet wird, da die Keywords in den Gestaltungsprozess einfließen müssen. So sparen Sie sich unnötigen Zusatzaufwand, der entsteht, wenn Sie die Suchmaschinenoptimierung erst am Ende oder gar erst nach Launch der Website durchführen.

Um Keyword-Kandidaten zu ermitteln, haben sich u.a. die folgenden Techniken bewährt:

- Brainstorming
- Kundenbefragungen
- Wettbewerberanalyse
- semantische Analyse

### 7.5.1 Brainstorming

Führen Sie ein Brainstorming mit den Betreibern der zu optimierenden Website durch. Die zentrale Frage lautet: Wonach suchen die potenziellen Kunden im Web, welche Begriffe geben sie in Suchmaschinen ein? Dazu fällt den Teilnehmern des Brainstormings bestimmt eine Menge ein.

### 7.5.2 Kundenbefragungen

Wenn Sie die Möglichkeit dazu haben, befragen Sie Kunden, Freunde und Kollegen, mit welchen Suchbegriffen sie die zu optimierende Website suchen würden. Bitten Sie sie, jeweils fünf Suchbegriffe zu benennen, die ihnen spontan einfallen. Fragen Sie auch die Personen im Unternehmen, die regelmäßig Kundenkontakt haben (z.B. am Telefon). Diese können Ihnen sicherlich Begriffe nennen, die Kunden oder Interessenten häufig im Zusammenhang mit den von Ihnen angebotenen Produkten oder Dienstleistungen benutzen.

### 7.5.3 Wettbewerberanalyse

Schauen Sie sich die Webseiten der Wettbewerber an. Welche Begriffe werden auf diesen häufig verwendet? Schauen Sie sich auch den Quellcode der Webseiten an. Häufig werden die Keywords noch in das Metatag `<meta name="Keywords" content="Keyword1, Keyword2, ...">` eingetragen, obwohl die meisten Suchmaschinen dieses Metatag heute nicht mehr berücksichtigen. Viele Redaktionssysteme verwenden in der Eingabemaske eines Artikels ein Feld namens Keywords, das ahnunglosen Anwendern nur allzugerne mit Unmengen an mehr oder weniger relevanten Begriffen gefüllt wird. Diese landen dann im Quellcode der Seite in dem beschriebenen Meta-Tag.

> In meinen SEO-Seminaren sage ich dann immer: Der einzige Zweck des Metatags `name="keywords"` besteht darin, Ihren Wettbewerbern Ihre Keywords zu verraten! Mein Ratschlag: Lassen Sie dieses Metatag einfach weg!

Bedenken Sie dabei, dass die Begriffe, die Sie auf diese Weise finden, nur die Begriffe sind, die Ihre Wettbewerber für relevante Keywords *halten*. Für Sie sind es erst einmal nur weitere Keyword-Kandidaten, die möglicherweise interessant sind.

In jedem Webbrowser haben Sie die Möglichkeit, den Quellcode einer Webseite zu betrachten.Wie genau das geht, ist leider in jedem Browser anders. Im Webbrowser *Safari* z. B. müssen Sie diese Option in den Einstellungen erst aktivieren. Wenn Sie nicht wissen, wie das in Ihrem Browser geht, recherchieren Sie das bitte selbst via Googlesuche nach *Quellcode betrachten mit (Name des Browers).*

Im HTML-Quellcode suchen Sie einfach mit der Suchfunktion Ihres Browsers nach *<meta name="keywords"*. Sie finden dieses Tag im Head-Bereich der HTML-Seite, sofern es vorhanden ist.

Komfortabler geht es mithilfe eines SEO-Addons für den Browser, beispielsweise der *MozBar*[102]. Diese zeigt Ihnen, wenn eingeschaltet, mit einem Klick auf das Lupensymbol (Page Analysis) einige interessante Daten der Webseite an, darunter auch die Meta-Keywords (Abb. 45).

***Abb. 45*** *Anzeige der Meta Keywords auf der Artikelseite eines Onlineshops mithilfe der MozBar.*

## 7.5.4 Semantische Analyse

Welche Suchbegriffe geben Suchende häufig alternativ oder in Kombination mit ihren bisher ermittelten Keyword-Kandidaten ein? Welche Begriffe haben eine ähnliche Bedeutung (Synonyme) oder kommen in Texten häufig in Verbindung mit anderen Keywords vor?

102. *https://moz.com/mozbar*

Verschiedene Tools, die auf semantischen Analyseverfahren basieren, helfen Ihnen dabei, diese Fragen zu beantworten und auf diese Weise weitere interessante Keyword-Kandidaten zu finden.

Folgende Tools finde ich persönlich hilfreich:

## Openthesaurus

Der *Openthesaurus*[103] findet Synonyme und semantisch verwandte Begriffe. Hier finden Sie ganz bestimmte jede Menge weitere Keyword-Kandidaten.

***Abb. 46*** *Der Openthesaurus eignet sich für die Recherche nach Synonymen und semantisch verwandten Begriffen*

## Der MetaGer-Web-Assoziator

Unter der Adresse *https://metager.de/asso*[104] finden Sie den ***MetaGer-Web-Assoziator***, ein nützliches Tool, das am Rechenzentrum der Universität Hannover entwickelt wurde, und heute von dem gemeinnützigen *SUMA-EV – Verein für freien*

103. *https://www.openthesaurus.de/*
104. *https://metager.de/asso*

*Wissenszugang*[105] weiterentwickelt wird, der auch die Meta-Suchmaschine *MetaGer*[106] betreibt.

Der MetaGer-Web-Assoziator untersucht, welche Begriffe von Suchenden zusammen mit anderen Begriffen bei der Suche verwendet wurden und zeigt solche Begriffe als Ergebnis an. Auf diese Weise finden Sie schnell weitere Keyword-Kandidaten und laufen nicht Gefahr, interessante Kandidaten zu übersehen.

**Beispiel**

Falls Ihr Kunde, dessen Website Sie optimieren sollen, z.B. Hersteller von »Zeckenzangen« ist, versuchen Sie es einmal mit dem Begriff »Zecken«. Bei Eingabe des Begriffs »Zecken« liefert der Assoziator u.a. die Begriffe »Borreliose« (eine durch Zeckenbisse übertragbare bakterielle Erkrankung) und »FSME« (Frühsommer-Meningo-Enzephalitis, eine durch Zeckenbisse übertragbare, durch Viren ausgelöste Hirnhautentzündung). (Abb. 47). Weitere häufige Assoziationen sind »Krankheiten«, »Gefahren« und »Camping«.

105. *https://www.suma-ev.de/*

106. *https://metager.de/*

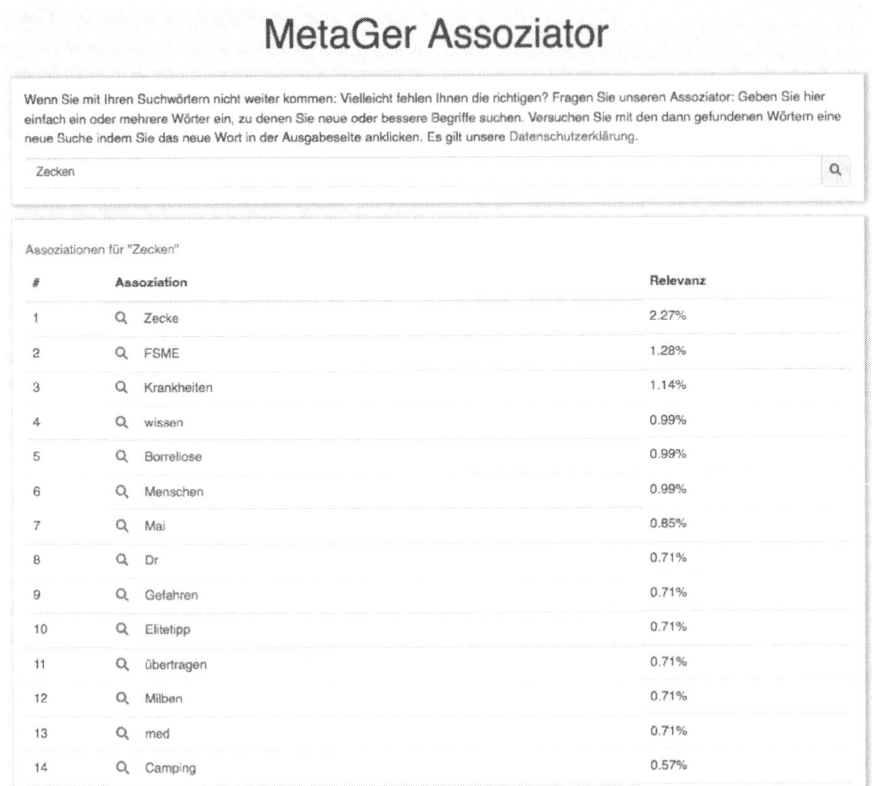


| # | Assoziation | Relevanz |
|---|---|---|
| 1 | Zecke | 2.27% |
| 2 | FSME | 1.28% |
| 3 | Krankheiten | 1.14% |
| 4 | wissen | 0.99% |
| 5 | Borreliose | 0.99% |
| 6 | Menschen | 0.99% |
| 7 | Mai | 0.85% |
| 8 | Dr | 0.71% |
| 9 | Gefahren | 0.71% |
| 10 | Elitetipp | 0.71% |
| 11 | übertragen | 0.71% |
| 12 | Milben | 0.71% |
| 13 | med | 0.71% |
| 14 | Camping | 0.57% |

***Abb. 47*** *Assoziationsanalyse mit dem MetaGer-Web-Assoziator für den Begriff »Zecken«*

## 7.6 Das Suchvolumen ermitteln und relevante Keywords finden

Ihre Keyword-Kandidaten sind sicherlich jetzt zu einer eindrucksvollen Liste angewachsen. Aber welche dieser Begriffe geben die Suchenden tatsächlich auch ein, wie häufig und in welcher Kombination?

Oder anders gefragt: Was macht aus einem ***Keyword-Kandidaten*** ein ***relevantes Keyword***? Richtig, das ***Suchvolumen***! Relevant sind nur Keyword-Kandidaten, die von Suchenden auch tatsächlich mit einem signifikanten Häufigkeit verwendet werden. Schließlich macht es wenig Sinn, mit Keywords gut gefunden zu werden, die keiner (oder nur sehr wenige) in der Suche verwenden.

Um das Suchvolumen zu ermitteln, stehen auch eine ganze Reihe von kostenlosen und kostenpflichtigen Tools zur Verfügung, von denen ich Ihnen wiederum einige vorstellen möchte.

### 7.6.1 Der Google Keyword-Planer

Was liegt näher, als die marktführende Suchmaschine selbst danach zu fragen, wie häufig bestimmte Begriffe in den Suchschlitz eingegeben werden?

Google bietet mit dem ***Keyword Planer*** ein Werkzeug an, das genau das leisten kann, was wir jetzt brauchen.

Der Keyword-Planer ist Bestandteil von Google Ads, Googles Werbesystem und soll Werbetreibenden dabei helfen, die passenden Keywords auszuwählen, auf die sie dann im Rahmen der Versteigerung von Google-Ads-Werbeplätzen auf der Suchergebnisseite bieten. Es ist natürlich nicht unbedingt im Sinne von Google, wenn jemand den Keyword-Planer für SEO-Zwecke verwendet. Daher hat Google die Verwendung des Keyword-Planers in den letzten Jahren immer weiter eingeschränkt. Aktuell ist es so, dass Sie eine kostenpflichtige Google-Ads-Kampagne laufen haben müssen, die (bei Google) auch tatsächlich Umsatz generiert, Sie also Geld kostet, um im Keyword-Planer exakte Suchvolumina angezeigt zu bekommen. Ohne eine kostenpflichtige Kampagne zeigt der Keyword-Planer nur noch ungenaue Suchvolumen-Bereiche (Suchanfragen pro Monat) in den folgenden Abstufungen an:

- 0–10
- 10–100
- 100–1.000
- 1.000–100.000
- 100.000–1.000.000
- 1.000.000–10.000.000

Das sieht dann z. B. so aus wie in Abb. 48.

| Keyword (nach Relevanz) | Durchschnittl. Suchanfragen pro Monat |
|---|---|
| adwords google | 10 Tsd. bis 100 Tsd. |
| adwords com | 1 Tsd. bis 10 Tsd. |
| adwords google com | 1 Tsd. bis 10 Tsd. |
| googl adwords | 1 Tsd. bis 10 Tsd. |
| www adwords | 1 Tsd. bis 10 Tsd. |
| adwords analyse | 100 bis 1 Tsd. |
| adwords marketing | 100 bis 1 Tsd. |

***Abb. 48*** *Der Keyword-Planer in Google Ads zeigt nur noch Suchvolumen-Bereiche an, wenn man keine kostenpflichtige Google-Ads-Kampagne laufen hat.*

Der Keyword-Planer ist also nur dann wirklich zu gebrauchen, wenn Sie auch Google-Ads schalten. Sollte das nicht der Fall sein, verwenden Sie besser eines der alternativen Tools (Abschnitt 7.7)

Der Google-Keyword-Planer ist ein sehr leistungsfähiges Tool, das sich sehr gut für SEO-Zwecke verwenden lässt, da es gleich drei wichtige Fragen beantworten kann:

1. Wie häufig sucht eine bestimmte Zielgruppe (geografisch, Sprache) nach bestimmten Keywords?
2. Welche Suchwörter kombiniert diese Zielgruppe häufig mit einem bestimmten Keyword-Kandidaten?
3. Welche semantisch verwandten Keywords benutzt die Zielgruppe außerdem noch?

Ich zeige Ihnen zunächst, wie Sie mit dem Keyword-Planer von Google arbeiten. Anhand eines Beispiels erkläre ich Ihnen, wie Sie relevante Keywords ermitteln können. Dabei gehe ich davon aus, dass Sie Google-Ads-Kunde sind und eine kostenpflichtige Kampagne laufen haben.

> Falls das nicht der Fall ist: keine Sorge! Ich zeige Ihnen anschließend noch einige völlig kostenlose Alternativen.

**Beispiel**

Ein Reisebüro möchte sein Online-Reiseportal für Suchmaschinen optimieren. Auf der Liste der Keyword-Kandidaten steht u.a. der sehr allgemeine Begriff *Urlaub*. Mithilfe des Keyword-Planers soll ermittelt werden, wie hoch das Suchvolumen für diesen Begriff ist und mit welchen anderen Suchbegriffen Suchende den Begriff *Urlaub* am häufigsten kombinieren.

Die folgende Anleitung beschreibt, wie sich die Analyse durchführen lässt.

### Schritt für Schritt 1: Keyword-Analyse mit Googles Keyword-Planer

1 Rufen Sie den Keyword-Planer auf, indem Sie sich mit Ihrem Google-Ads-Konto anmelden und im Drop-down-Menü *Tools* die Option *Keyword-Planer* auswählen.

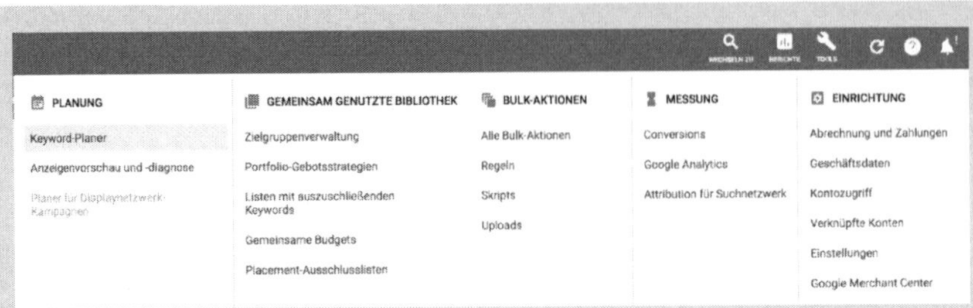


***Abb. 49*** *Google Keyword-Planer im Google-Ads-Konto öffnen*

2 Wählen Sie die Option *Neue Keywords ermitteln.*

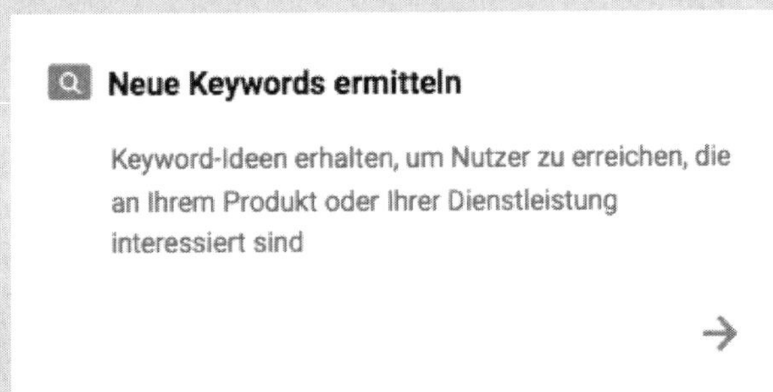


3 Geben Sie als Suchbegriff *Urlaub* ein und klicken Sie auf die Schaltfläche *Starten.*

4 Nun wird die Seite *Keyword-Ideen* angezeigt.

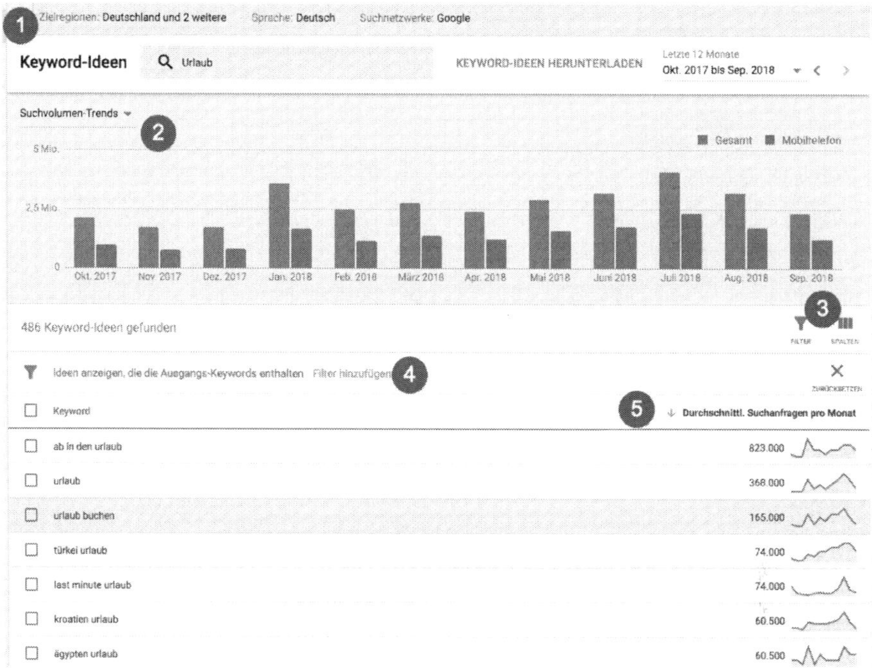


Mit den runden Zahlensymbolen 1-5 habe ich fünf Bereiche hervorgehoben, die für unsere Anlyse wichtig sind:

1. Zielregionen: Hier legen Sie fest, welche geografischen Regionen und Sprachen bei der Analyse berücksichtigt werden. Stellen Sie hier ein, was Ihrem tatsächlichen Markt entspricht, d.h. welche Sprache(n) Ihre Kunden sprechen und wo sich diese aufhalten.
2. Suchvolumen-Trends: Hier wird die Entwicklung des monatlichen Suchvolumens über die letzten 12 Monate angezeigt. Beachten Sie, dass das monatliche Suchvolumen (je nach Suchbegriff) im Jahresverlauf stark schwanken kann.
3. Spalten: Hier können Sie einstellen, welche Ergebnisspalten eingeblendet werden sollen. Für unseren Zweck ist das nur die Spalte *Durchschnittl. Suchanfragen pro Monat*.
4. Filter: Hier können Sie das Suchergebnis nach verschiedenen Kriterien filtern, z.B. nur Suchanfragen anzeigen, die ein bestimmtes Keyword enthalten.
5. Keywordtabelle mit den durchschnittliche Suchanfragen pro Monat: Hier werden Suchbegriffe angezeigt, die Ihr Keyword enthalten. Google bezeichnet diese als Keyword-Ideen. Die Keyword-Ideen bestehen aus Ihrem Keyword plus Begriffen, die von Suchenden häufig damit kombiniert eingegeben werden. Zu jeder Begriffskombination wird wiederum das Suchvolumen (durchschnittliche Suchanfragen pro Monat) angezeigt.

5 Schränken Sie Ihre Analyse auf die für Sie relevanten Zielregionen und die Sprache Ihre Zielgruppe ein. In unserem Beispiel habe ich die Zielregionen Deutschland, Österreich und Schweiz sowie als Sprache Deutsch ausgewählt (1).

6 Wählen Sie für die Ergebnistabelle nur die Spalte *Durchschnittl. Suchanfragen pro Monat* aus (3). Alle weiteren Spalten sind für unseren Zweck irrelevant oder gar irreführend.

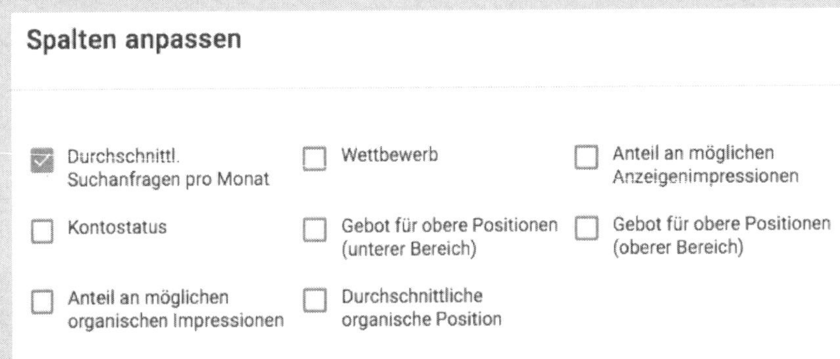


7 Stellen Sie den Filter auf *Ideen anzeigen, die die Ausgangs-Keywords enthalten* (4).

8 Sortieren Sie die Tabelle absteigend nach den durchschnittlichen Suchanfragen pro Monat, indem Sie auf den entsprechenden Spaltentitel klicken, bis ein kleiner nach unten zeigender Pfeil angezeigt wird (5).

Insbesondere die Spalte *Wettbewerb* ist für uns **nicht** relevant. Unter *Wettbewerb* versteht Google, wie viele Google-Ads-Kunden für die jeweiligen Keywords bieten, was den Preis für die Anzeigenschaltung beeinflusst, da die Anzeigenplätze bei Google Ads versteigert und an den Meistbietenden verkauft werden.

Ein starker Wettbewerb bedeutet, dass viele Anzeigenkunden für ein Keyword (bzw. für eine Keyword-Kombination) bieten und die Anzeigenpreise entsprechend hoch sind. **Diese Angabe hat nichts mit der Zahl der Treffer zu einem bestimmten Keyword auf der Suchergebnisseite zu tun.**

9 Schauen Sie sich die Ergebnisliste genau an und versäumen Sie auch nicht, die weiteren Seiten der Ergebnisliste aufzurufen. Interessant sind letztlich alle Wortkombinationen, für die es ein signifikantes monatliches Suchvolumen gibt.

Der Keyword-Planer eignet sich nicht nur dafür, das Suchvolumen der Keyword-Kandidaten und die mit diesen Kandidaten am häufigsten kombinierten Keywords zu ermitteln, sondern auch dafür, noch weitere, ganz neue Keyword-Kandidaten zu ermitteln. Stellen Sie dazu den Filter auf die Einstellung »Alle weitgehend passenden Ideen anzeigen«. Jetzt werden auch Suchbegriffe angezeigt, die das Keyword nicht direkt enthalten, aber semantisch in irgendeiner Weise verwandt sind mit dem Keyword. Auf diese Weise lassen sich z. B. für das Keyword *Urlaub* als weitere Keyword-Kandidaten die Suchbegriffe *last minute* und *Pauschalreisen* ermitteln. Praktischerweise lassen sich die neuen Kandidaten auch gleich nach Suchvolumen sortieren (Abb. 50).

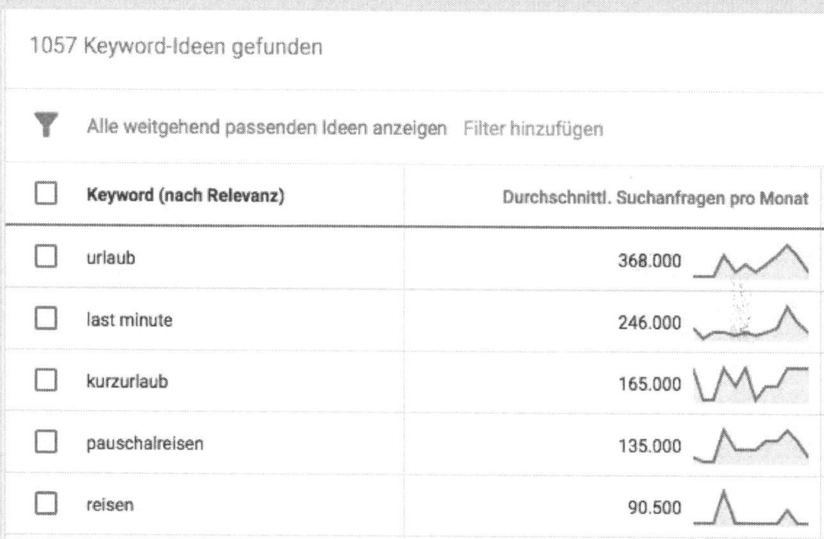

1057 Keyword-Ideen gefunden

Alle weitgehend passenden Ideen anzeigen Filter hinzufügen

| Keyword (nach Relevanz) | Durchschnittl. Suchanfragen pro Monat |
|---|---|
| urlaub | 368.000 |
| last minute | 246.000 |
| kurzurlaub | 165.000 |
| pauschalreisen | 135.000 |
| reisen | 90.500 |

***Abb. 50*** *Semantische Keyword-Analyse mit dem Google Keyword-Planer*

# 7.7 Alternativen zu Googles Keyword-Planer

## 7.7.1 Kostenlose Alternativen

Die wenigen kostenlosen Keyword-Tools, die das exakte Suchvolumen anzeigen, können vom Funktionsumfang her nicht mit dem Google Keyword-Planer oder kostenpflichtigen Tools mithalten, sind zum Ausprobieren oder für »Gelegenheits-SEO« aber durchaus eine Alternative. Auch kann ich nicht garantieren, dass die vorgestellten Tools verlässlich funktionieren oder kostenlos bleiben.

### Ubersuggest

*Ubersuggest*[107] (ehemals Uebersuggest) ist ein in SEO-Kreisen schon lange bekanntes, kostenloses Tool, das die Vorschläge von Google Suggest auswertet und in alphabetischer Reihenfolge sortiert ausgibt.

Im Frühjahr 2018 hat einer der weltweit bekanntesten Online-Marketing-Experten Neil Patel (ein Portrait zu seiner Person finden Sie z.B. auf t3n: *Marketing-Experte Neil Patel: Der Mann mit der Eigenmarke*[108]) das Tool gekauft und verfolgt damit eine besondere Strategie: Laut eigenen Angaben möchte Patel SEO-relevante Daten, für die andere Tool-Anbieter durch teure Monats-Abos viel Geld verlangen, völlig kostenfrei zur Verfügung stellen. Diese Robin-Hood-Strategie kommt bei den kommerziellen SEO-Tool-Anbietern natürlich nicht besonders gut an, und es wird *wild spekuliert*[109], warum Patel das tut und wie lange er durchhält.

Aktuell jedoch (Stand: Oktober 2019) bietet das freie Tool einige sehr interessante Daten: Neben dem Suchvolumen werden weiterhin die Daten aus Google Suggest ausgewertet (Ausgabe in der Spalte *Related*) und lassen sich sogar sortieren und nach einigen Kriterien filtern. Das Tool reicht zwar an den Funktionsumfang der kommerziellen Anbieter nicht heran, liefert jedoch tatsächlich Daten, die man sonst kostenfrei nicht bekommt. Ich bin sehr gespannt, wie sich diese Geschichte weiterentwickeln wird.

107. *https://neilpatel.com/ubersuggest/*
108. *https://t3n.de/magazin/marketing-experte-neil-patel-mann-eigenmarke-241925/*
109. *https://www.authorityhacker.com/ubersuggest-upgrade/*

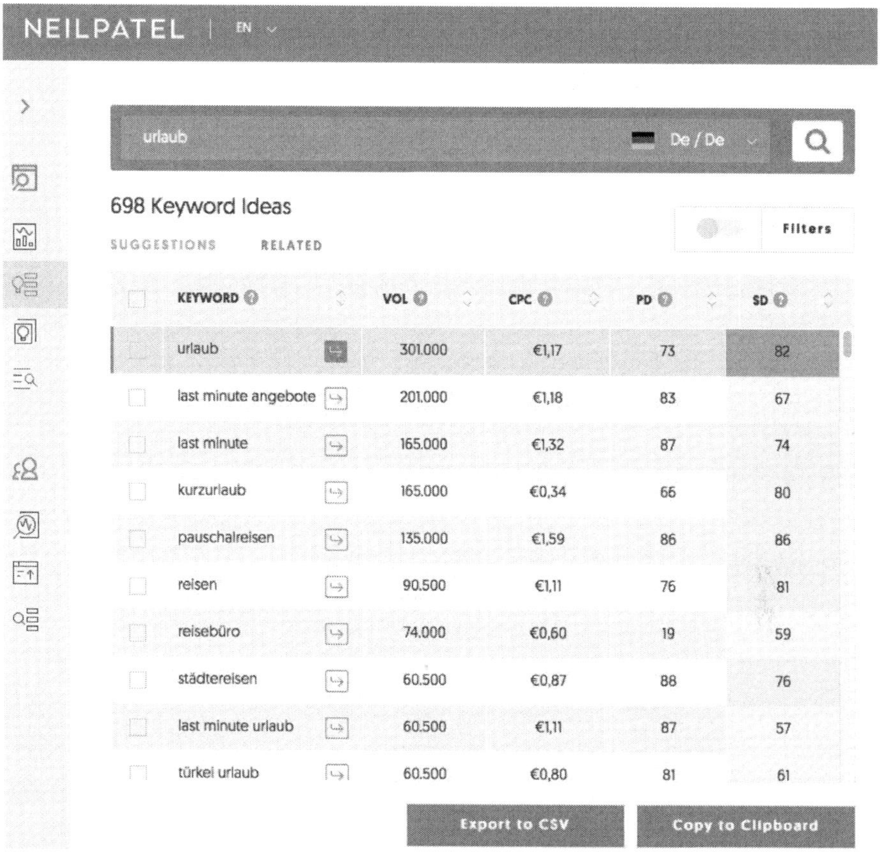


***Abb. 51*** *Neil Patel, der Betreiber von Ubersuggest, bietet ein kostenlose SEO-Tool, das u. a. exakte Suchvolumina anzeigt.*

### SearchVolume.io

Unter der Adresse *https://searchvolume.io/* können Sie das Suchvolumen für Keywords/Keyword-Kandidaten kostenlos ermitteln. Sie können mehre Keywords gleichzeitig analysieren, müssen jedoch eine spezifische Länder- bzw. Domain-Auswahl für die Recherche treffen.

### Karma Keyword Tool

Sehr ähnlich funktioniert das *Karma Keyword Tool*[110] von Moritz Bauer, der im Web als *Der Digitale Unternehmer* auftritt. Das kleine Tool zeigt zusätzlich zum durch-

110. *http://derdigitaleunternehmer.de/karma-keyword-tool/*

schnittlichen monatlichen Suchvolumen auch die Zahl der Suchergebnisse an. Die Daten stammen laut Moritz Bauer von *SEMrush*[111].

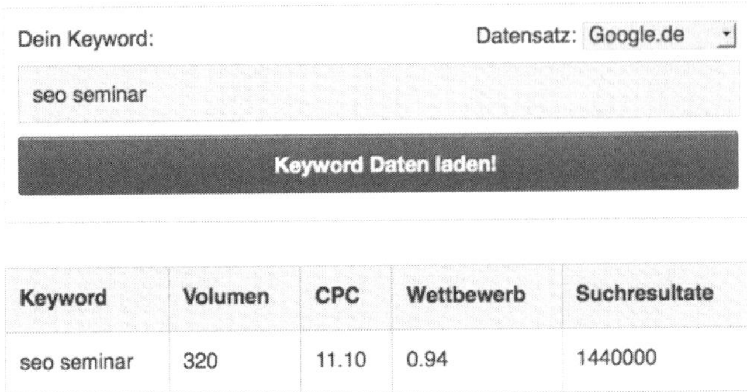


***Abb. 52** Das Karma Keyword Tool von Moritz Bauer*

## SEMRush

Das 2008 in St. Petersburg gegründete Unternehmen *SEMRush*[112] bietet eine webbasierte Software für Wettbewerbsanalysen und Business Intelligence. SEMRush ist international aufgestellt und hat Büros in Russland, den USA, der Tschechischen Republik und auf Zypern.

***Abb. 53** Keyword Analytics im Tool von SEMrush*[113]

111. *https://www.semrush.com/*
112. *https://www.semrush.com/*
113. *https://www.semrush.com/*

Das Keyword-Tool (»Keyword Analytics«) von SEMrush greift offensichtlich auch auf die Keyword-Daten von Google zu. Mit der kostenlosen Registrierung erhalten Sie exakte Suchvolumina zum Keyword und 10 Keyword-Vorschläge, die das Keyword enthalten. Pro Tag sind zehn Abfragen möglich. Weitere Vorschläge und mehr Analysen pro Tag gibt es nur mit einem kostenpflichtigen Abonnement.

Sehr praktisch ist, dass die Zahl der Suchergebnisse für die einzelnen Keywords gleich mit angezeigt wird. Mit der Metrik KD (Keyword Difficulty) bietet SEMrush Nutzern einen Messwert, eine Schätzung, wie schwierig es wäre, für das jeweilige Keyword ein Top Ranking in den organischen Suchergebnissen zu erreichen. Die Gültigkeit bzw. Qualität dieser Metrik kann ich allerdings nicht beurteilen. Vermutlich beruht die KD auf einer ähnlichen Berechnung wie der Keyword Effectiveness Index (siehe Abschnitt 7.8).

## 7.7.2 Kostenpflichtige Alternativen

Es gibt einige kostenpflichtige Alternativen zum Keyword-Planer von Google. Seitdem Googles Keyword-Planer quasi kostenpflichtig geworden ist, ist Bewegung in die Branche der Keyword-Tools gekommen.

Mein Favorit unter den kostenpflichtigen Tools ist aktuell der Keywords Explorer 2.0 von *Ahrefs*[114], der einige sehr interessante Funktionen bietet, die man anderswo nicht findet. In einem *Blogbeitrag*[115] werden diese ausführlich erläutert.

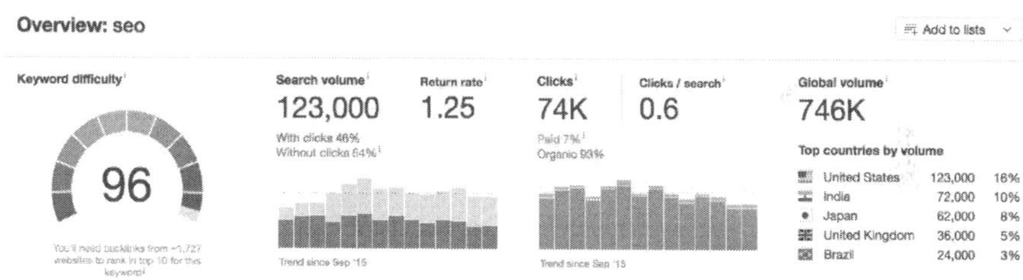


***Abb. 54*** *Der Keywords Explorer 2.0 von Ahrefs (ahrefs.com).*

Weitere Keyword-Tools, die es sich anzuschauen lohnt:

- *Keywordtool.io*[116]
- *KWFinder.com*[117]

114. *https://ahrefs.com*
115. *https://ahrefs.com/blog/keyword-generator/*
116. *http://keywordtool.io/*
117. *https://kwfinder.com/*

- *Wordtracker*[118]

Auch viele der einschlägig bekannten, großen SEO-Tool-Anbieter wie *MOZ*[119], *XOVI*[120], *Sistrix*[121] und *Searchmetrics*[122] bieten Keyword-Tools an.

## 7.8 Für welche Keywords sich zu optimieren lohnt: der Keyword Effectiveness Index (KEI)

Was lernen wir nun aus dem Ergebnis der Suchvolumen-Analyse? Ich gehe immer so vor, dass ich mir im Keyword-Planer die **gesamte** Ergebnisliste anschaue, die Google ausgibt, und diejenigen Wortkombinationen in ein Spreadsheet eintrage, für die ich das Potenzial sehe, dafür optimierte Seiten zu erstellen.

Es ist aber in den meisten Fällen unmöglich, eine Website für alle gefundenen relevanten Keyword-Paare zu optimieren. In der Regel muss eine Auswahl getroffen werden.

Schön wäre es, wenn man irgendwie ermitteln könnte, für welche Keywords zu optimieren sich wirklich lohnt, d.h., bei welchen Keywords Optimierungsaufwand und Nutzen in einem guten Verhältnis stehen.

Prinzipiell sollte dies dann gegeben sein, wenn ein Keyword auf der einen Seite ein hohes Suchvolumen aufweist, es auf der anderen Seite jedoch nur verhältnismäßig wenige Webseiten gibt, die für dieses Keyword relevant sind und in Suchmaschinen gefunden werden. Dann sollte es recht einfach sein, eine Webseite durch SEO-Maßnahmen auf einen vorderen Platz der Trefferliste zu hieven, und es würde sich lohnen, weil ja viele Nutzer danach suchen! Keywords, die diese Bedingungen erfüllen, für die zu optimieren sich richtig lohnen kann, werden in der SEO-Gemeinde auch als ***Money Keywords*** bezeichnet.

Je höher das Suchvolumen ist, desto lohnender ist die Optimierung. Auf der anderen Seite gilt jedoch: Je größer die Konkurrenz (Anzahl der Suchtreffer) ist, desto höher ist der Optimierungsaufwand. Daraus folgt, dass der Quotient aus Suchvolumen und Suchtreffer etwas darüber aussagen müsste, für welche Keywords sich zu optimieren wirklich lohnt!

---

118. *https://app.wordtracker.com/*
119. *https://moz.com/*
120. *http://www.xovi.de/*
121. *https://www.sistrix.de/*
122. *http://www.searchmetrics.com/*

Der SEO-Spezialist Sumantra Roy hat sich schon vor vielen Jahren genau zu dieser Frage Gedanken gemacht und eine Formel entwickelt, mit der sich für jedes Keyword ein von ihm so genannter ***Keyword Effectiveness Index (KEI)***[123] berechnen lässt.[124] Je höher der KEI, desto besser ist das Aufwand-Nutzen-Verhältnis. Die Roy'sche KEI-Formel wird z.B. von dem bekannten Keyword-Tool *Wordtracker*[125] verwendet.

Die Formel zur Berechnung des KEI sieht folgendermaßen aus:

```
KEI = P/C * P * 1000
```

Oder anders geschrieben:

```
KEI = P²/C * 1000
```

Dabei gilt:

- P ist die Popularität des Keywords, hierfür lässt sich das im Keyword-Planer von Google ermittelte Suchvolumen (durchschnittliche Suchanfragen pro Monat) verwenden.
- C steht für die Konkurrenz (engl.: *Competition*), d.h. für die Zahl der Seiten, die eine Suchmaschine für das Keyword insgesamt findet. Die Zahl lässt sich ganz einfach mit einer Suchanfrage in Google ermitteln, da Google die Zahl der Suchtreffer auf der Suchergebnisseite anzeigt.

Dass das Verhältnis aus Suchvolumen (P) und Suchtreffer (C) Sinn macht, habe ich bereits erläutert. Warum aber quadriert Roy in seiner Formel das Suchvolumen und multipliziert das Ergebnis dann noch mal mit Tausend?

> Wenn Sie das genau wissen wollen, dann senden Sie eine leere E-Mail an die Adresse *kei@sendfree.com*. Sie erhalten dann umgehend eine ausführliche Erläuterung von Mr. Roy per E-Mail zurück!

Ich fasse Mr. Roy's Erläuterungen kurz zusammen:

Er schreibt, dass er sich bei der Entwicklung der KEI-Formel durch drei Axiome[126] hat leiten lassen:

123. Vielerorts auch als *Keyword Efficiency Index* bezeichnet
124. *http://www.1stsearchranking.net/keywords.htm*
125. *http://www.wordtracker.com*
126. zur Erläuterung des Begriffs *Axiom* siehe *http://de.wikipedia.org/wiki/Axiom*

1. Der KEI für ein Keyword soll steigen, wenn das Suchvolumen für das Keyword steigt.
2. Der KEI für ein Keyword soll kleiner werden, wenn die Konkurrenz (die Zahl der Suchtreffer für dieses Keyword) steigt.
3. Wenn das Suchvolumen für ein Keyword steigt und gleichzeitig die Zahl der konkurrierenden Seiten um den gleichen Wert steigt, dann soll der KEI größer werden.

Die ersten beiden Axiome bedürfen keiner weiteren Erläuterung, wir haben sie bereits besprochen. Um sie zu erfüllen, würde ein einfacher Quotient aus Suchvolumen und Anzahl der Suchtreffer ausreichen. Das dritte Axiom erläutert Mr. Roy anhand eines Beispiels:

Nehmen wir an, das Suchvolumen eines Keywords beträgt 4 und in der Trefferliste einer Suchmaschine finden sich 100 Suchtreffer, dann beträgt der Quotient aus Suchvolumen und Suchtreffer 4/100 = 0,04.

Nehmen wir dann an, dass sich das Suchvolumen auf 40 erhöht und die Suchtreffer auf 1.000, dann beträgt der Quotient immer noch 0,04 (40/1.000 = 0,04).

Es ist jedoch offensichtlich, dass eine Optimierung im ersten Fall, d.h. bei einem derart geringen Suchvolumen, keinen Sinn macht. Bei einem 10-fach höheren Suchvolumen ist eine Optimierung in jedem Fall lohnender, auch wenn der Aufwand dafür aufgrund der stärkeren Konkurrenz höher ist.

Um diesen Zusammenhang zu berücksichtigen, hat Roy in seiner Formel die Quadratur von P eingeführt. So ist dann auch das dritte Axiom erfüllt.

Die Multiplikation mit dem Faktor 1.000, die an einer KEI-Rangliste untersuchter Keywords nichts ändert, hat Roy nur deshalb gewählt, weil sonst die errechneten Werte oft sehr viel kleiner als 1 und damit beim Vergleichen verschiedener Keywords nicht sehr gut lesbar waren. Es ist also völlig unkritisch, bei eigenen Berechnungen des KEI den Faktor beliebig zu verändern, sofern Sie natürlich bei einer vergleichenden Analyse verschiedener Keywords immer denselben Faktor verwenden.

Roy hat bei der Entwicklung seiner Formel vor mehr als einer Dekade mit dem Tool *Wordtracker* für die Ermittlung des Suchvolumens und mit der Suchmaschine Altavista für die Ermittlung der Konkurrenz gearbeitet. Mit diesen Werkzeugen und in der damaligen Zeit war die Zahl der Konkurrenzseiten in der Regel sehr viel größer als das Suchvolumen, sodass er die Ergebnisse mit dem Faktor 1.000 multiplizierte, um gut lesbare Resultate zu erhalten. Mit Google als Werkzeug und in der heutigen Zeit stellt sich die Situation anders dar. Ich multipliziere das Ergebnis in der Regel mit dem Faktor 0,1 und erhalte damit gut lesbare Werte.

Auch zum Exponenten 2 hat Mr. Roy eine Erläuterung gegeben. Er erklärt, dass der Exponent nicht zwangsläufig 2 betragen muss, um das dritte Axiom zu erfüllen. Ein höherer Wert als 2 stärkt den Einfluss des Suchvolumens auf den KEI, während ein kleinerer Wert als 2 den Einfluss verringert. Roy empfiehlt, dass erfahrene SEO-Experten, die sich auch bei großem Wettbewerb eine Optimierung auf Top-Positionen zutrauen, den Wert erhöhen können, während Anfänger den Wert eher reduzieren sollten (jedoch sollte der Exponent größer als 1 sein). Im Zweifelsfall solle man mit dem Wert 2 arbeiten.

### Den Wert für C (Konkurrenz) ermitteln

Zur Ermittlung des Werts für C (Konkurrenz) geben Sie die Keywords am besten als Phrasensuche, also in Anführungszeichen eingeschlossen, in Google ein und notieren die Zahl der Treffer, die Google liefert. Diese Zahl zeigt Google direkt über der Ergebnisliste an. Beispiel: *Ungefähr 37.900.000 Ergebnisse (0,16 Sekunden)*. Ich verwende dafür die Phrasensuche, da meines Erachtens nur die dann noch gefundenen Seiten eine ernst zu nehmende Konkurrenz sind. Außerdem schwankt die Zahl der »ungefähren Ergebnisse« viel stärker, wenn man keine Anführungszeichen verwendet, wodurch die Analyse wenig reproduzierbar wird.

Lassen Sie uns das doch gleich einmal ausprobieren: Tabelle 7.3 zeigt einen Ausschnitt der Analyse für unser Beispiel »*urlaub*«. Bei der KEI-Berechnung habe ich den Exponenten 2 verwendet, die Werte dann jedoch nicht mit 1.000, sondern mit 0,1 multipliziert, um gut lesbare Ergebnisse zu erhalten. Wie Sie bereits gelernt haben, ist diese Modifikation problemlos möglich. Den höchsten KEI hat die Keyword-Kombination »urlaub buchen«. Von den betrachteten Keywords würde sich somit eine Optimierung für diese Wortkombination am ehesten lohnen. Das schlechteste Aufwand-Nutzen-Verhältnis hätte das Keyword »last minute urlaub«; für dieses Keyword ist das Suchvolumen relativ gering, die Konkurrenz jedoch vergleichsweise hoch.

| **Keywords** | **Popularity (P)** | **Competition (C)** | **KEI** |
|---|---|---|---|
| urlaub | 301.000 | 114.000.000 | 79 |
| urlaub buchen | 74.000 | 958.000 | 572 |
| urlaub mit hund | 49.500 | 1.210.000 | 203 |
| billig urlaub | 27.100 | 184.000 | 399 |
| kroatien urlaub | 27.100 | 422.000 | 174 |

***Tabelle 7.3*** *Suchwort-Kombinationen und Suchvolumen. Der Keyword Effectiveness Index (KEI) gibt einen Anhaltspunkt zum Kosten-Nutzen-Verhältnis der Optimierungsarbeit. Der KEI wurde hier mit der Formel KEI =* $P^2/C * 0{,}1$ *berechnet. P = Durchschnittliche Suchanfragen in Google pro Monat; C = Suchtreffer in Google*

| Keywords | Popularity (P) | Competition (C) | KEI |
|---|---|---|---|
| last minute urlaub | 14.800 | 893.000 | 25 |
| seychellen urlaub | 6.600 | 24.100 | 181 |
| urlaub im kloster | 2.900 | 22.800 | 37 |
| azoren urlaub | 2.400 | 6.060 | 95 |

***Tabelle 7.3*** *Suchwort-Kombinationen und Suchvolumen. Der Keyword Effectiveness Index (KEI) gibt einen Anhaltspunkt zum Kosten-Nutzen-Verhältnis der Optimierungsarbeit. Der KEI wurde hier mit der Formel KEI =* $P^2/C * 0{,}1$ *berechnet. P = Durchschnittliche Suchanfragen in Google pro Monat; C = Suchtreffer in Google*

Bei der Interpretation dieser Werte ist aber in jedem Fall Vorsicht geboten. Der KEI ist kein wissenschaftlich gesicherter Wert für das Kosten-Nutzen-Verhältnis. Ein Erfolg ist nicht garantiert, er hängt von einer Vielzahl weiterer Faktoren ab. Der KEI kann aber eine wertvolle Entscheidungshilfe bei der Auswahl der Keywords sein.

Bedenken Sie bitte:

- Es gibt keinen Schwellenwert, ab dem man sagen könnte, dass ein Keyword Erfolg versprechend ist. Der KEI liefert lediglich eine relative Aussage darüber, welche Keywords für die Optimierung ein günstiges Kosten-Nutzen-Verhältnis haben. Die absoluten KEI-Werte schwanken je nach betrachteten Keywords sehr stark.
- Bei einer sehr hohen Konkurrenz (mehrere Millionen) steigt der Aufwand, Seiten auf die erste Ergebnisseite zu bringen, u. U. so stark an, dass trotz eines günstigen KEI-Werts das Kosten-Nutzen-Verhältnis schlecht ist oder das Ziel, unter die Top 10 zu kommen, schlicht gar nicht erreicht werden kann.
- Es gilt also, den vermutlichen Aufwand bzw. die Chancen für die Optimierung realistisch einzuschätzen und bei der Entscheidung zu berücksichtigen. Hat die zu optimierende Webseite z. B. einen hohen PageRank (LRT Power von 3 oder höher) und möglicherweise auch noch das Keyword im Domainnamen in der URL, dann stehen die Chancen gar nicht so schlecht, auch bei vielen Millionen konkurrierenden Seiten unter die Top 10 zu kommen.
- Bei einem sehr niedrigen Suchvolumen ist der Nutzen u. U. gering, da einfach zu wenig Traffic generiert werden kann, um die gewünschte Umsatzsteigerung zu erzielen. Wo genau die Grenze liegt, hängt dabei sehr stark vom betrachteten Keyword, der Branche und den Produkten/Dienstleistungen ab, die auf der Zielseite verkauft werden sollen.
- Der KEI sagt nichts über die semantische Qualität der Keywords aus, d. h., ob ein Keyword auch zu dem Angebotsspektrum der zu optimierenden Website passt. Ein etwas übertriebenes Beispiel soll das verdeutlichen: Wenn Sie Luxusautos verkaufen, für die Wortkombination »*Autos günstig*« einen hohen KEI

ermitteln und dann Ihre Website auf »*günstige Autos*« optimieren, leiten Sie höchstwahrscheinlich die falsche Zielgruppe auf Ihre Website.

### Marktnischen finden mit der KEI-Methode

Der Online-Marketing-Spezialist Adam Short (*Niche Profit Classroom*) berät Kunden, die Marktnischen suchen und diese mit zielgerichteten Websites und Onlineshops bedienen möchten. Mit seinem *Moneyword Matrix Chart* lässt sich das Potenzial von Keywords ablesen, solche Nischen zu besetzen (Abb. 55). Lesen Sie auf der Y-Achse das monatliche Suchvolumen ab, auf der X-Achse die Zahl der konkurrierenden Webseiten. Der Chart verrät Ihnen dann, wie hoch das Potenzial des Keywords ist, ein Money Keyword zu werden. Auch wenn die verwendeten Zahlen nicht mehr ganz zeitgemäß sind, illustriert das Diagramm sehr schön den grundlegenden Zusammenhang, dem im Wesentlichen der KEI-Ansatz zugrunde liegt.

| Moneyword Matrix Chart* | | Competing Web Sites | | | | |
|---|---|---|---|---|---|---|
| | | 0 to 9,999 | 10,000 to 19,999 | 20,000 to 29,999 | 30,000 to 49,999 | 50,000 or more |
| Searches Per Month | 0 to 499 | Fair | Poor | Poor | Poor | Poor |
| | 500 to 999 | Good | Fair | Poor | Poor | Poor |
| | 1000 to 4,999 | Excellent | Good | Fair | Poor | Poor |
| | 5,000 or more | Jackpot | Excellent | Good | Fair | Poor |

* Copyright Niche Profit Classroom

***Abb. 55*** *Der »Moneyword Matrix Chart« von Adam Short. http://www.nicheprofitclassroom.com/*

> Im Begleitmaterial finden Sie ein Excel-Spreadsheet, mit dem Sie den KEI mit der hier geschilderten Methode berechnen können.

## 7.9 Was das Suchvolumen wirklich bedeutet

Die Bedeutung des Suchvolumens ist nicht zu unterschätzen.

> Optimieren Sie niemals eine Webseite für bestimmte Keywords, ohne das Suchvolumen zu kennen! Sie laufen sonst Gefahr, dass sich der Optimierungsaufwand nicht lohnt.

Anhand einer kleinen Anekdote aus meinem Leben möchte ich Ihre Sensibilität für die Wichtigkeit des Suchvolumens schärfen:

Seit Jahren ist eine »Spielwiese« von mir die Optimierung einer Webseite für die Keyword-Phrase »*SEO Seminar*«.

Als ich mich vor mehr als zehn Jahren das erste Mal damit beschäftigte, optimierte ich die Seite, bis sie bei Google auf Position 1 stand. Innerhalb weniger Wochen hatte ich dieses Ziel erreicht und erwartete dann voller Vorfreude die zahlreichen Buchungen meines Seminars. Ich wartete vergeblich. Die Zahl der Anfragen und Buchungen erreichte bei Weitem nicht das erhoffte Niveau. Als ich dann einige Jahre später anfing, systematisch für alle Keywords das Suchvolumen zu analysieren, traute ich meinen Augen kaum: Das durchschnittliche monatliche Suchvolumen im deutschsprachigen Raum des Internets für das Keyword »*SEO Seminar*« lag gerade einmal bei 210!

Jetzt fing ich an zu überlegen: Was genau bedeutet die Zahl 210? Ich fragte bei Google nach: Laut telefonischer Auskunft des Google-Ads-Supports erhöht sich das Suchvolumen jedesmal um 1, wenn der Suchbegriff in Google eingegeben wird. Ich frage nach: »Wenn eine einzige Person einen Suchbegriff in einem Monat 100-mal eingibt, beträgt das Suchvolumen dann 100?« Antwort: »Ja.« Frage an Google: »Warum gibt Google nicht an, wie viele Personen den Begriff in die Suche eingegeben haben, die Daten dürfte Google doch zumindest annähernd kennen?« Antwort: »Wir veröffentlichen diese Daten nicht.« Frage: »Ist Ihnen eine Studie oder Statistik bekannt, wie die Zahl der Suchanfragen zu einem Keyword mit der Zahl der individuellen Suchenden zusammenhängt?« Antwort: »Nein, ist uns nicht bekannt.«

O.K., halten wir also fest: Das Suchvolumen, das Google angibt, steht tatsächlich für die Zahl der Suchanfragen, unabhängig davon, wie viele Personen diese Anfragen abgesetzt haben.

Für uns interessant wäre aber tatsächlich die Zahl der individuellen Personen, die für diese Suchanfragen verantwortlich sind, da diese letztlich die Größe unseres Zielmarkts darstellen. Dann könnten wir eher entscheiden, wie viele potenzielle Kunden wir über Google erreichen können. Hierzu gibt es aber offenbar keine belastbaren Daten, also müssen wir dazu selbst ein paar Überlegungen anstellen:

1. Mit Sicherheit ist die Zahl der individuellen Suchenden deutlich niedriger als das von Google angegebene Suchvolumen, da die meisten Suchenden den Suchbegriff nicht nur einmal in Google eingeben werden. Geben die Suchenden z. B. den Suchbegriff durchschnittlich zweimal ein, dann wäre die Zahl der individuellen Suchenden nur halb so groß wie das angegebene Suchvolumen.
2. Um die Größe des Markts abzuschätzen, ist es in den meisten Fällen wahrscheinlich nicht sinnvoll, das monatliche Suchvolumen zu betrachten, sondern das jährliche Suchvolumen, da das Suchvolumen bei den meisten Keywords größeren saisonalen Schwankungen unterworfen ist und in einem

bestimmten Monat nur ein Teil der gesamten Zielgruppe eine Suche durchführt. Die meisten für Suchmaschinen optimierten Webseiten dürften jedoch Produkte oder Dienstleistungen anbieten, die nicht nur kurzfristig verfügbar sind.

3. Da viele Personen des Zielmarkts nicht nur in einem Monat suchen, ist die Marktgröße (individuelle Personen) bezogen auf das jährliche Suchvolumen sicherlich nochmals deutlich kleiner. Ich persönlich schätze, dass die Marktgröße nicht mehr als circa 10 % des jährlichen Suchvolumens beträgt.

Wir hätten damit also einen groben Anhaltspunkt über die ungefähre Marktgröße, die in Google nach unserem Keyword sucht. Aber wie viele davon können wir realistischerweise als Kunden gewinnen?

Gehen wir einmal davon aus, dass es uns gelingt, unsere Webseite für das Keyword unter die Top 5 der Ergebnisliste zu bringen und wir damit 80 % der Suchenden auf unsere Seite leiten können. Gehen wir ferner davon aus, dass unsere Seite nicht nur unter SEO-Aspekten, sondern auch in Bezug auf Usability optimiert ist und unser Produkt im Wettbewerbsvergleich sehr gut bestehen kann. Rechnen wir also mit einer sehr guten Konversionsrate von 5 %.

Für mein Beispiel »*SEO Seminar*« würde sich das dann wie folgt darstellen:

| **Jährliches Suchvolumen** | **Marktgröße (individuelle Suchende, 10% des Suchvolumens)** | **Besucher der optimierten Website (bei Click-Through-Rate von 80%)** | **Konversionen, z. B. Käufe (bei Conversion Rate von 5%)** |
|---|---|---|---|
| 2520 | 252 | 202 | 10 |

***Tabelle 7.4*** *Abschätzung der Marktchancen in Abhängigkeit vom Suchvolumen*

Mithilfe der Tabelle 7.4 können Sie auch selbst eine Einschätzung vornehmen, welches wirtschaftliche Potenzial die Optimierung für ein bestimmtes Keyword hat. Bedenken Sie bitte, dass dies nur eine sehr grobe Schätzung ist, und dass die angenommenen Werte für Marktgröße, Click-Through-Rate und Konversionsrate je nach Keyword, Produkt, Wettbewerb und optimierter Webseite variieren können.

Mir haben diese Überlegungen trotzdem sehr dabei geholfen, das Marktpotenzial für SEO-Seminare besser einzuschätzen. Mir ist klar geworden, dass ich bei einem durchschnittlichen monatlichen Suchvolumen von nur 210 nicht mit mehr als circa 10 Buchungen pro Jahr rechnen kann, zumindest, was den Marketingkanal der organischen Suche in Google anbelangt. Dazu müsste ich aber wohl mindestens jeden zweiten Monat ein Seminar anbieten, und diese würden sich mit durchschnittlich 1 bis 2 Teilnehmern nicht lohnen. Das bedeutet, dass der Google-Kanal alleine nicht ausreicht und ich meine potenziellen Kunden noch über weitere Kanäle erreichen muss, wie z. B. über diese Publikation. ;-)

Übrigens: Die Zahl der tatsächlichen Buchungen über diesen Kanal haben meine Überlegungen fast exakt bestätigt. Das zeigt, dass meine Annahmen zumindest für das zugrunde liegende Keyword *»SEO Seminar«* recht gut sein müssen.

> Mein Rat an Sie: Schätzen Sie für jedes Keyword, für das Sie eine Seite optimieren wollen, zunächst das Marktpotenzial ab und urteilen Sie dann, ob sich der Optimierungsaufwand lohnt. Gehen Sie für eine grobe Schätzung davon aus, dass Sie pro 250 Suchanfragen circa eine Konversion erzielen können.
>
> Im Begleitmaterial finden Sie ein Excel-Spreadsheet, mit dem Sie die Konversionen mit der hier geschilderten Methode berechnen können.

## 7.10 Google Trends

Beachten Sie unbedingt auch, dass das Suchvolumen für bestimmte Begriffe kein statischer Wert ist, sondern ein Wert, der sich sehr schnell verändern kann, wenn Bedürfnisse bzw. Interessen der Suchenden sich ändern!

Mit *Google Trends*[127] können Sie das Suchvolumen für verschiedene Keyword-Kandidaten miteinander vergleichen und dabei verschiedene Filter setzen, z. B. Länder/Regionen, Kategorien, Zeiträume und Webdienste. Damit können Sie z. B. auch ermitteln, wie sich das Suchvolumen für bestimmte Keywords über einen frei wählbaren Zeitraum hinweg verändert.

> Beachten Sie bitte unbedingt, dass Google Trends keine Suchvolumina in absoluten Zahlen anzeigt, sondern nur relative Volumina im Prozent, bezogen auf den Maximalwert des Betrachtungszeitraums, der auf 100 % gesetzt wird!

127. *https://www.google.de/trends/*

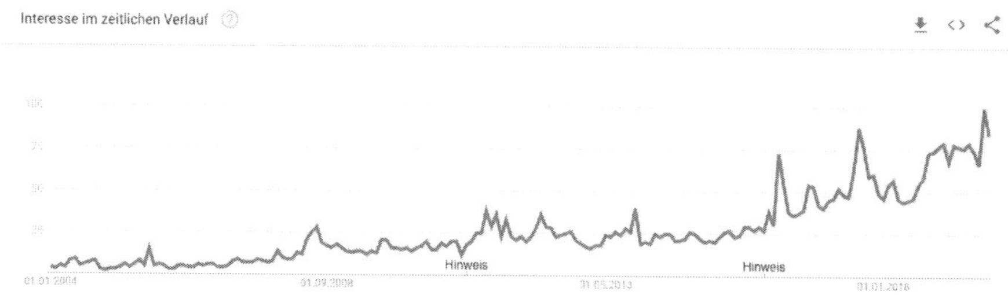


***Abb. 56*** *Entwicklung des Suchvolumens des Begriffs* Elektroauto *von 2004 bis 2019. Das höchste Suchvolumen im Betrachtungszeitraum wird von Google auf 100 % gesetzt (y-Achse), die restlichen Werte werden darauf bezogen. Die Grafik zeigt, dass das Suchvolumen für* Elektroauto *in den letzten Jahren stark zugenommen hat, insbesondere seit 2016 steigt das Sucholvumen stark an und ist im Oktober 2019 ca. dreimal so hoch wie 2016 (Google Trends[128]).*

> Überprüfen Sie mindestens einmal jährlich die Suchvolumina und die KEI-Werte Ihrer relevanten Keywords, für die Sie Seiten optimiert haben. Untersuchen Sie mithilfe von Google Trends auch, wie sich das Suchvolumen in den letzten Jahren entwickelt hat, um rechtzeitig auf Marktveränderungen reagieren zu können!

## 7.11 Ergebnis der Keyword-Analyse

Als Ergebnis der Keyword-Analyse und -Definition sollten Sie eine Tabelle vorliegen haben, in der alle Webseiten Ihrer Website, die Sie optimieren wollen, den von Ihnen ermittelten und festgelegten relevanten Keywords zugeordnet sind. Dieses Ergebnis ist dann zugleich die Basis für die nächsten Schritte im SEO-Prozess.

> Beschränken Sie sich bei deutschsprachigen Webseiten auf 1 bis 3 Keywords, je nach Begriff und Konkurrenzsituation. Ich trage gerne den Wert für die Konkurrenz, also, wie viele Seiten Google für die jeweiligen Keywords für relevant hält, in eine dritte Spalte ein, damit ich immer im Blick habe, gegen welche Konkurrenz ich optimieren muss.

128. *https://trends.google.de/trends/*

| URL | Keywords | Suchintention | Konkurrenz |
|---|---|---|---|
| /seo-seminar | seo seminar | Know, Do (commercial) | 1.620.000 |
| … | … | … | … |

*__Tabelle 7.5__ Ergebnis der Keyword-Analyse: eine Tabelle, die für jede zu optimierende Webseite die relevanten Keywords festlegt, für die die jeweilige Seite optimiert werden soll*

Wie eine optimale URL aufgebaut ist, lernen Sie in Abschnitt 10.1.

Experten-Tipp: Sie können die Tabelle um weitere Spalten erweitern, die Ihnen bei der SEO-Arbeit wertvolle Informationen anzeigen, beispielsweise das Suchvolumen, den KEI, die Marktchance (vgl. Tabelle 7.4), Metriken für PageRank und Trust usw. Einen interessanten Blogbeitrag zu diesem Thema hat Rand Fishkin, Gründer des SEO-Tool-Anbieters MOZ, veröffentlicht.

*__Abb. 57__ Rand Fishkin, Gründer des SEO-Tool-Anbieters MOZ, erklärt wie eine Content → Keyword Tabelle für SEOs aussehen kann. (How to Build a Killer Content → Keyword Map for SEO[129]. MOZ)*

## 7.12 Long-Tail-Keywords

Bisher haben wir uns bei der Betrachtung von Keywords auf einzelne Wörter oder Wortpaare aus einigen wenigen Wörtern beschränkt. Allerdings ist es so, dass u.a. durch *Google Suggest* und durch die immer häufiger genutzte Spracheingabe die Suchanfragen immer komplexer werden. Der Anteil an Suchanfragen mit mehr als zwei Keywords nimmt immer mehr zu, immer häufiger werden ganze Fragen ausformuliert.

129. *https://moz.com/blog/build-content-keyword-map-for-seo-whiteboard-friday*

Je mehr Wörter in einer Suchanfrage vorkommen, desto mehr Möglichkeiten gibt es, diese zu kombinieren. Wie viele Möglichkeiten es gibt, wird durch die mathematische Disziplin der *Kombinatorik*[130] beschrieben. Ein verblüffendes Phänomen ist dabei, dass sich schon wenige Objekte auf enorm viele Arten kombinieren lassen. So könnten beispielsweise *7 Wörter in 5040 verschiedenen Kombinationen angeordnet werden, bei 9 Wörtern sind es bereits unglaubliche 362.880 Kombinationen*[131]!

Auch wenn nicht jede Kombination in der Praxis vorkommen wird, ist das die mathematische Grundlage dafür, dass Google immer mehr Suchanfragen »sieht«, die zuvor noch nie eingegeben wurden (vergl. Abschnitt 4.8).

**Lassen sich solche Suchanfragen für SEO-Zwecke nutzen?**

Die Antwort lautet: Ja – und zwar aus folgendem Grund: Zwar ist das Suchvolumen für eine bestimmte komplexe Suchanfrage in der Regel gering (verglichen zu einfachen Suchanfragen aus einem oder wenigen Wörtern), jedoch ist die Suchintention viel klarer — die Qualität der Zielgruppe, gemessen an der Chance auf eine Konversion, ist deutlich größer. Ein anderer positiver Aspekt aus SEO-Sicht ist zudem, dass der Wettbewerb relevanter Webseiten in der Regel kleiner ist.

Durch diese Zusammenhänge ergibt sich der in Abb. 58 gezeigte Zusammenhang zwischen dem Suchvolumen und der Komplexität der Suchanfrage gemessen an der Zahl der Wörter in der Suche. Diese korrespondiert gleichzeitig mit der Qualität der Zielgruppen, gemessen an der Wahrscheinlichkeit, dass auf der Webseite eine Konversion ausgelöst wird, also z. B. ein Kauf oder eine Registrierung stattfindet.

130. *https://de.wikipedia.org/wiki/Abz%C3%A4hlende_Kombinatorik*
131. *http://users.telenet.be/vdmoortel/dirk/Maths/permutations.html*

***Abb. 58*** *Zusammenhang zwischen Suchvolumen, Komplexität der Suchanfrage und Zielgruppenqualität. Komplexe Suchanfragen (Longtail) machen aktuell ca. 70% alle Suchanfragen aus.*

Aktuell sind ca. schon 70% aller Suchanfragen dem sog. ***Long Tail*** (vergl. Abb. 58) zuzuordnen. Der Begriff *Long Tail* stammt von Chris Anderson, dem Autor des Buchs *The Long Tail*[132]. Darin beschreibt er, dass Unternehmen, die virtuelle Güter herstellen, nicht mehr mit einigen wenigen Bestsellern ihren Umsatz machen, sondern mit immer mehr Nischenprodukten, die dafür immer stärker für kleine Zielgruppen mit besonderen Wünschen optimiert sind.

Übertragen auf SEO bedeutet das, dass wir uns nicht nur auf Keywords aus 1-3 Wörtern, die ein hohes Suchvolumen besitzen, konzentrieren sollten, sondern auch auf den Long Tail, also komplexere Suchanfragen mit 3 und mehr Wörtern oder gar ganzen Sätzen. Jede dieser Suchanfragen hat zwar nur ein geringes Suchvolumen, aber dafür ist auch die Zahl der konkurrierenden Webseiten gering, die Optimierung also vergleichsweise einfach. Außerdem erreichen wir damit genau den Personenkreis, der sich auch wirklich für unsere Angebote interessiert: Die Chance auf eine Konversion ist dadurch höher. Dementsprechend kann es lohnend sein, eine Seite gezielt für Long-Tail-Keywords zu optimieren (Long-Tail-Optimierung, vergl. Abschnitt 8.3.3).

Wie findet man passende Long-Tail-Keywords? Es gibt zahlreiche Methoden und Tools, leider sind die meisten davon kostenpflichtig. Meine persönlichen Favoriten sind:

132. Anderson, Chris (2008) The Long Tail: Why the Future of Business Is Selling Less of More. Hachette Books; Auflage: Revised, Update. (8. Juli 2008)

### Google Suggest

Eine sehr simple, dafür aber kostenlose Möglichkeit ist, die Funktionalität von Google Suggest zu nutzen. Tippen Sie dazu einfach Ihre Haupt-Keywords in die Googlesuche ein und schauen sich die Vorschläge von Google zur Vervollständigung der Suche an. Die Vorschläge, die gut zum Angebot der zu optimierenden Webseite passen, nehmen Sie in die Liste Ihrer relevanten Keywords auf.

Dabei müssen Sie darauf vertrauen, dass Google Suchanfragen vorschlägt, die von anderen Nutzern vergleichsweise häufig eingegeben werden. Das Suchvolumen der einzelnen Vorschläge zeigt Google nicht an.

Variieren Sie Ihre Suchanfrage, indem Sie sie selbst immer weiter vervollständigen und dabei z. B. das Produkt oder die Dienstleistung auf der zu optimierenden Webseite immer näher characterisieren — die Vorschläge von Google ändern sich mit jedem Wort, das Sie eintippen und passen dabei automatisch immer besser zu Ihrem eigenen SEO-Projekt.

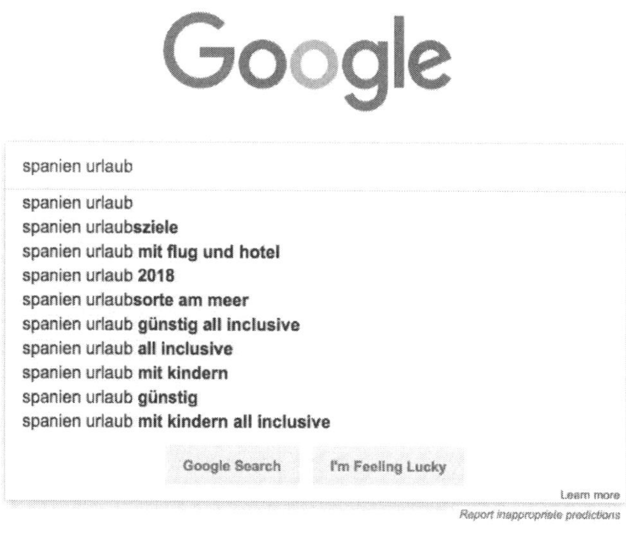


***Abb. 59*** *Google Suggest als Methode, um Long-Tail-Keywords zu finden*

> Nutzen Sie alternativ auch das kostenlose Tool *Ubersuggest*[133]. Dieses wertet ebenfalls Google Suggest aus und gibt die Ergebisse in alphabetischer Reihenfolge sortiert aus.

133. *https://neilpatel.com/ubersuggest/*

### keywordtool.io

*Keywordtool.io*[134] gilt in SEO-Kreisen als eines der besten Tools überhaupt für die Keywordrecherche und ist insbesondere für die Recherche nach Long-Tail-Keywords hervorragend geeignet.

> Sie können bereits ohne kostenpflichtige Registrierung eine Keywordrecherche durchführen, wobei es natürlich Einschränkungen gibt. So wird z. B. das Suchvolumen nicht angezeigt und nur etwa der Hälfte der Keywords ausgegeben. Außerdem sind die Sucheinstellungen und Filtermöglichkeiten beschränkt. Doch auch mit diesen Einschränkungen lassen sich oftmals schon viele interessante Erkenntnisse gewinnen.

Keywordtool.io teilt die Keywordvorschläge in drei Kategorien ein: *Keyword Suggestions, Related Keywords, Questions* und *Prepositions*.

Bereits in der Kategorie *Keyword Suggestions* lassen sich, vor allem im Suchvolumen-Bereich unterhalb von 50, interessante Long-Tail-Keywords finden.

Besonders interessant für die Recherche nach Long-Tail-Keywords sind aber die Kategorien *Questions* und *Prepositions*. In der Kategorie *Questions* werden komplette Fragen gelistet, die Suchende eingeben, in der Kategorie *Prepositions* werden Suchanfragen gelistet, die Präpositionen enthalten (z. B. von, ab, bis, an, auf, unter, ...), die für sich betrachtet keine Keywords sind. Die Daten gewinnt das Tool mithilfe von Google Suggest.

134. *https://keywordtool.io/*

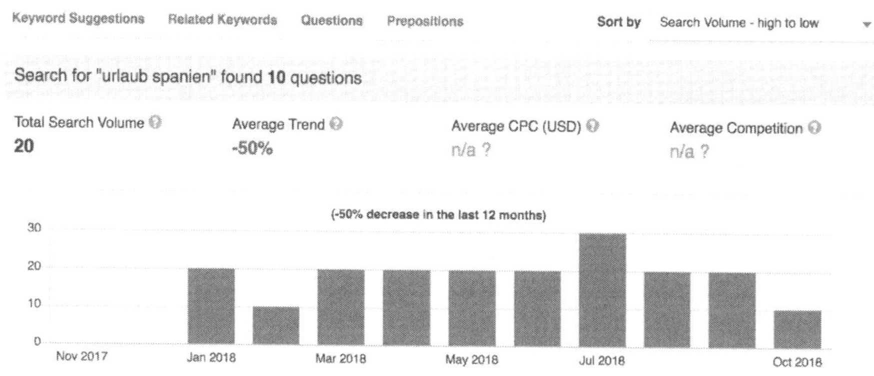


| Keywords | ▲ Search Volume | Trend | CPC (USD) | Competition |
|---|---|---|---|---|
| urlaub spanien **was beachten** | 10 | 0% | n/a ? | n/a ? |
| urlaub spanien **was mitnehmen** | 10 | -100% | n/a ? | n/a ? |
| **wo urlaub in spanien machen** | n/a ? | n/a ? | n/a ? | n/a ? |
| **wohin spanien urlaub** | n/a ? | n/a ? | n/a ? | n/a ? |
| **wohin nach spanien urlaub** | n/a ? | n/a ? | n/a ? | n/a ? |
| **wie viele deutsche machen urlaub in spanien** | n/a ? | n/a ? | n/a ? | n/a ? |
| **welche papiere für spanien urlaub** | n/a ? | n/a ? | n/a ? | n/a ? |
| **was kostet urlaub in spanien** | n/a ? | n/a ? | n/a ? | n/a ? |
| **warum spanien urlaub** | n/a ? | n/a ? | n/a ? | n/a ? |
| **wie viel kostet ein urlaub in spanien** | n/a ? | n/a ? | n/a ? | n/a ? |

***Abb. 60*** *Recherche nach Long-Tail-Keywords mit keywordtool.io (Darstellung zeigt das Ergebnis in einem kostenpflichtigen Abo).*

## AnswerThePublic

Einen ähnlichen Ansatz bietet das Tool *AnswerThePublic*[135]. Auch damit lassen sich kostenlos Long-Tail-Keywords recherchieren, die aus Fragen bestehen oder Präpositionen enthalten, und es gibt noch weitere Ergebnis-Kategorien.

Ein Nachteil ist, dass es keine Suchvolumina ausgegeben werden. Das Besondere ist, dass die Visualisierung der Ergebnisse in einer grafischen Form erfolgt, die an eine Mindmap erinnert.

135. *https://answerthepublic.com/*

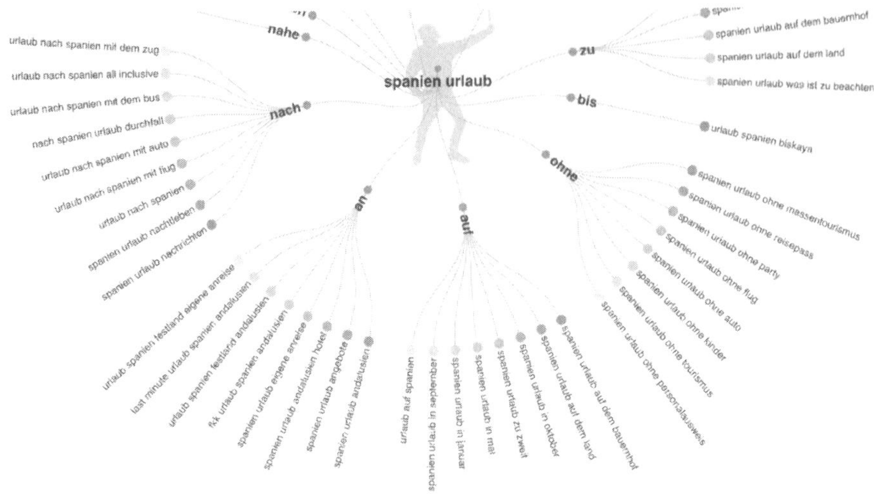


***Abb. 61*** *Ausschnitt aus einem Recherche-Ergebnis auf answerthepublic.com*

## 7.13 Teste Dein Wissen!

1. Sie möchten beim Arbeiten mit der Formel zur Berechnung des Keyword Effectiveness Index (KEI)

   ```
   KEI = P²/C * 1000
   ```

   gerne erreichen, dass das Suchvolumen in der KEI-Berechnung weniger stark gewichtet wird. Wie erreichen Sie das?

   *Bitte ankreuzen:*

   - ☐ durch einen kleineren Exponenten als 2 für P
   - ☐ durch einen größeren Exponenten als 2 für P
   - ☐ durch eine höhere Zahl als 1000 in der Formel
   - ☐ durch einen geringe Zahl als 1000 in der Formel

2. Was sollte das Endergebnis der Keyword-Analyse sein?

   *Bitte ankreuzen:*

   - ☐ eine Tabelle, die zu jedem Keyword die URL der zu optimierenden Webseite enthält
   - ☐ den HTML-Code einer für bestimmte Keywords optimierten Webseite
   - ☐ eine Tabelle mit den Keywordkandidaten und den relevanten Keywords
   - ☐ eine Tabelle mit den URLs der Wettbewerber und der jeweiligen Keyworddichte dieser Seiten

3. Welche Art von Suchintention würden Sie beim Suchbegriff *Hauptstadt Mali* ? am ehesten vermuten?

   *Bitte ankreuzen:*

   ☐ Know query

   ☐ Know simple query

   ☐ Do query

   ☐ Website query

   ☐ Visit-in-person query

4. Welche der folgenden Suchbegriffe sind im Sinne der Suchintention-Kategorie *Do query* **transactional** (transaktional)?

   *Bitte ankreuzen:*

   ☐ suchmaschinenoptimierung italienisch

   ☐ last minute flug thailand

   ☐ firefox download

   ☐ geschichte japans

   ☐ kinopalast reservierung

5. Die Spalte *Wettbewerb* (Competition) im Keyword-Planer von Google Ads ist ein Hinweis darauf,

   *Bitte ankreuzen:*

   ☐ wie viele Google-Ads-Kunden für die jeweiligen Keywords bieten.

   ☐ wie viele Webseiten für die jeweiligen Keywords in der Googlesuche gelistet sind.

   ☐ wie begehrt die jeweiligen Keywords bei bezahlten Google-Ads-Anzeigen sind.

   ☐ welche Keywords sich für die Suchmaschinenoptimierung besonders gut oder schlecht eignen.

6. Welche der folgenden Methoden haben sich für das Finden von Keyword-Kandidaten bewährt?

   *Bitte ankreuzen:*

   ☐ ein Brainstorming durchführen

   ☐ Kundenbefragungen durchführen

- ☐ eine semantische Analyse des Contents der zu optimierenden Seiten durchführen
- ☐ eine Berechnung des Keyword Effectiveness Index (KEI) durchführen

# Content

8

**In dieser Lektion lernen Sie**

- warum Sie sich auf die Erstellung guten und relevanten Contents konzentrieren sollten.
- wie Sie Texte schreiben, die maximale Relevanz-Signale senden und gleichzeitig gut lesbar sind.
- wie Bilder, Grafiken und Videos zur Content-Optimierung beitragen.
- wie Sie PDF-Dateien optimieren.
- warum Sie auf Flash verzichten sollten.

## 8.1 Content-Qualität und -Relevanz als Rankingfaktoren

Noch bis ins Jahr 2010 war es vergleichsweise einfach, den Inhalt einer Webseite für ein optimales Ranking in Suchmaschinen zu optimieren. Google wertete damals fast ausschließlich den Text-Content aus und verwendete vergleichsweise einfache Algorithmen für die Relevanzberechnung. Im Wesentlichen musste das Keyword geschickt innerhalb der HTML-Struktur der Website verteilt sein. Es musste im Seitentitel (<title>), der ersten Überschrift (<h1>) und im ersten Satz des ersten Absatzes vorkommen, dazu in einer ausreichend hohen Dichte im gesamten Text. Dazu noch ein paar gezielte Backlinks mit dem Keyword im Ankertext, und schon rankte die Seite weit oben in den Suchergebnissen.

Man kann sich leicht vorstellen, dass auf diese Weise sehr viele Seiten für die Auffindbarkeit in Suchmaschinen optimiert wurden, die nicht unbedingt den besten und relevantesten Inhalt aufwiesen und dass immer mehr dieser Seiten die obersten Ränge der Suchergebnisseite belegten. Ein Frontalangriff auf Google! Google musste auf diese Entwicklung reagieren, um nicht den kollektiven Unmut der Suchenden auf sich zu ziehen und die gute Reputation zu verlieren, die sich Google seit 1998 erarbeitet hatte.

Das Kernproblem bestand darin, dass die Rankingalgorithmen noch zu primitiv waren, um, ähnlich wie ein Mensch, die Qualität und Relevanz von Webseiten bzw. deren Inhalt zu erkennen. Mit dem genialen PageRank-Verfahren (vgl. Abschnitt 4.2) hatte Google aber einen Trick gefunden, um die Qualität und Relevanz auf eine indirekte Methode zu prüfen und die wirklich guten und sinnvollen Webseiten zu identifizieren. Das Problem war nur: Durch den massiven Backlink-

Aufbau, der zu dieser Zeit in Mode kam, wurde der Qualitätsfaktor *PageRank* massiv unterlaufen bzw. manipuliert.

Google hat auf diese Entwicklung spätestens seit dem Jahr 2011 mit neuen Ranking-Algorithmen umfassend reagiert. Das sog. ***Panda-Update*** des Jahres 2011 (vgl. Abschnitt 4.6.1) hatte das Ziel, qualitativ minderwertige Seiten bzw. Domains zu identifizieren und in den Suchergebnissen herunterzustufen. Mit dem ***Penguin-Update*** des Jahres 2012 (vgl. Abschnitt 4.6.2) wurde Webspam in den Suchergebnissen nochmals radikaler bekämpft, in dem nun auch Backlinks differenzierter bewertet wurden.

Der große Wurf gelang Google jedoch erst im Jahr 2013 mit dem ***Hummingbird-Update*** (vgl. Abschnitt 4.7). Seitdem ist Google in der Lage, den Inhalt einer Website zu »verstehen« und dessen Qualität zu bestimmen. Das geht inzwischen über den reinen Text-Content deutlich hinaus. Fortgeschrittene Algorithmen der Bilderkennung und Video-Analyse analysieren auch die Bilder und Videos der Webseite hinsichtlich technischer Qualität, thematischer Ausrichtung und somit Relevanz. Google erkennt außerdem, welche interaktiven Funktionen die Webseite bietet, um den Nutzwert zu erhöhen.

Google selbst hat seitdem immer wieder betont, dass die Qualität einer Webseite ein wichtiges Rankingsignal ist. Als Websitebetreiber solle man sich folgende Fragen stellen:

- Würden Sie den Informationen auf der Website vertrauen?
- Sind die Inhalte für die Leser interessant und nützlich oder zielen die Inhalte im Wesentlichen darauf ab, in Suchmaschinen gut zu ranken?
- Wird das Thema, um das es auf der Webseite geht, umfassend und fundiert behandelt?
- Bietet die Webseite Mehrwert im Vergleich mit anderen Webseiten, die im Suchergebnis auftauchen?
- Würden Sie sie bookmarken oder weiterempfehlen?

Gute Webseiten zeichnen sich dadurch aus, dass diese Fragen mit »ja« beantwortet werden.

Wie aber kann Google dies messen?

Neben diverser algorithmischer Ansätze (dazu im nächsten Abschnitt mehr) untersucht Google auch die Interaktion der Nutzer mit den gefundenen Webseiten, um über diesen indirekten Weg Rückschlüsse auf die Qualität bzw. den Nutzwert der Webseiten zu ziehen (vgl. Abschnitt 5.7). Dabei setzt Google vor allem auf KI-Systeme wie RankBrain (vgl. Abschnitt 4.8).

Aber damit nicht genug: Zu den Ansätzen von Google, die Qualität und vor allem den Nutzwert von Webseiten zu beurteilen, gehört zusätzlich auch noch der Einsatz menschlicher Qualitätsbewerter. Das sog. *Search Quality Team* von Google beurteilt Webseiten manuell auf der Basis der inzwischen offengelegten *Search Quality Rating Guidelines*[136] und kann Seiten auch manuell herabstufen oder hochstufen, wenn die Bewertung durch den Ranking-Algorithmus ein implausibles Ergebnis liefert. Wie häufig und in welchem Ausmaß das vorkommt, ist nicht bekannt. Jedenfalls ist es **nicht** so, dass die Suchergebnisliste ausschließlich das Ergebnis eines unbestechlichen Algorithmus wäre, wie die meisten glauben.

Mit diesem beeindruckenden Arsenal an Innovationen hat sich Google äußerst erfolgreich gegen die Angriffe der Web-Spammer gewehrt und eine neue Ära in der Websuche eingeläutet.

Qualität und Nutzwert des Contents stehen heute bei der Gewichtung der Rankingkriterien ganz oben, und diese Entwicklung wird in den nächsten Jahren so weitergehen.

Packen wir das Thema also an!

## 8.2 Welcher Content für welche Suchintention?

Es reicht nicht, Content in hoher Qualität zu erstellen, um gut zu ranken. Der Content muss auch relevant für die Zielgruppe sein, und das bedeutet im Wesentlichen, deren Fragen, Wünsche und Bedürfnisse zu beantworten bzw. zu erfüllen. Jeder Mensch, der eine Suchanfrage an Google sendet, verfolgt damit ein bestimmtes Ziel — der relevanteste Content ist der, der dem Suchenden dabei hilft, sein Ziel zu erreichen. Der Content muss optimal zur ***Suchintention*** passen (vgl. Abschnitt 7.2).

Die folgende Liste gibt Ihnen Ideen, welche Arten von Content besonders geeignet sind, um bestimmte Suchintentionen anzusprechen.

### Know

- ausführliche Produktbeschreibung
- redaktionelle Beiträge
- Blogbeiträge
- How-tos (genaue Anleitungen, wie etwas gemacht wird)

136. *http://www.google.com/insidesearch/howsearchworks/assets/searchqualityevaluatorguidelines.pdf*

- Whitepapers im PDF-Format
- Enzyklopädien
- Info-Grafiken
- Videos

**Know simple**

- Glossar
- Wiki-Seiten
- speziell hervorgehobene Definitionen oder Kurzerläuterungen

**Do (non-commercial)**

Der passende Content ist abhängig von der Art der Aktion. Auf der Landing Page muss die Aktion unmittelbar erreichbar und umsetzbar sein. Die Elemente der Webseite, die die Aktion ermöglich, sollten weit oben platziert und deutlich beschriftet werden, beispielsweise mit *Download Software XY*, *Play video*, *Versicherungen vergleichen*, *Zinsen berechnen*, *Am Gewinnspiel teilnehmen* usw.

**Do (commercial)**

Die Landing Page muss das unmittelbare Kaufinteresse deutlich sichtbar untersützen, z.B. durch Elemente wie Warenkorb, Bestell- oder Kauf-Buttons, Preisangabe, Angabe über Lieferkosten sowie Inhaltselemente, die in der finalen Phase eines Kaufentscheidungsprozesses für den Suchenden nützlich sind: Produktbilder, Produktbeschreibung, Sterne-Bewertungen, Rezensionen.

**Visit-in-Person**

Wird nach einem Ort gesucht, den der Suchende persönlich aufsuchen möchte, sind Elemente wie Adresse, Telefonnummer, Anfahrtsbeschreibung, Öffnungszeiten und Kundenbewertungen besonders wichtig.

**Website (navigational)**

Bei dieser Art der Suchanfragen geben Suchende meistens Domain-, Firmen- oder Markennamen ein. Eine spezielle Optimierung dafür ist in der Regel nicht notwendig, da diese Begriffe normalerweise geschützt sind und es dadurch keine ernsthaft konkurrierenden Webseiten mit diesen Begriffen gibt. Interessant ist jedoch die Frage, welche URLs der eigenen Website bei diesen Suchanfragen auf der Suchergebnisseite erscheinen. Meistens wird die Startseite der Domain angezeigt, manchmal jedoch auch Unterseiten, die sich als Landing Page nicht eignen. Mitunter kann es auch vorkommen, dass andere Websites über der eigenen Domain gelistet werden, z.B. Bewertungsportale oder journalistische Publikationen in bekannten Portalen. In diesem Fall sollte die Startseite oder eine geeignete Landing Page auf die eigenen Domain- und Markennamen optimiert werden.

Geben Sie doch mal Ihre wichtigsten Domain- und Markennamen in Google sein. Wird Ihre Website in allen Fällen ganz oben gelistet?

Berücksichtigen Sie die Suchintentionen unbedingt bei der Planung des Contents, mit dem Sie Top Rankings erzielen wollen. Die Keyword-Tabelle aus Lektion 7 hilft Ihnen dabei (vgl. Abschnitt 7.11).

## 8.3 Textoptimierung

Trotz aller Fortschritte bei Bilderkennung und Video-Analyse: Google ist immer noch vor allem eine text-basierte Suchmaschine. Die algorithmische Text-Analyse ist vergleichsweise einfach und viel weniger rechenintensiv als die Analyse anderer Medien. Umgekehrt ist auch für die Anbieter von Informationen die Erstellung von Texten in der Regel mit deutlich weniger Aufwand verbunden als die Erstellung anderer Medien. Texte lassen sich außerdem leicht bearbeiten (aktualisieren, kürzen, erweitern) und übersetzen, sie sind ein vergleichsweise günstiges Medium und erfreuen sich daher nach wie vor großer Beliebtheit, und daran wird sich auch in den kommenden Jahren wohl nichts ändern.

Was ist zu beachten, um Texte zu erstellen, die optimale Ranking-Signale senden?

### 8.3.1 Von der Keyworddichte zur Termgewichtung mit WDF*IDF

Eingangs hatte ich erwähnt, dass eine recht einfache Methode zur Feststellung, ob ein Dokument für einen bestimmten Suchbegriff relevant ist, darin besteht, zu ermitteln, ob und wie häufig der Begriff in dem Dokument vorkommt. Das ist im Prinzip logisch. Ein Aufsatz über Leben und Werk des Dichters Goethe wird die Begriffe »Dichter« und »Goethe« mindestens einige Male beinhalten, und daher ist das Dokument auch relevant für die Suchphrase »Dichter Goethe«. Ein von Suchmaschinen schon seit vielen Jahren verwendetes Rankingkriterium ist daher die Keyworddichte (KD). Die Keyworddichte beschreibt, wie häufig ein Term (Wort- oder Wortkombination) in einem Dokument bezogen auf die Gesamtzahl aller Terme vorkommt. Sie ist der Quotient aus der absoluten Anzahl des Vorkommens eines bestimmten Terms und der Anzahl aller Terme im Dokument.

Die Formel lautet entsprechend:

```
KD(i) = Freq(i,j) / L * 100
```

i = Wort
j = Dokument
L = Gesamtzahl der Wörter in Dokument j
Freq(i, j) = Häufigkeit des Worts i im Dokument j

Die so berechnete Keyworddichte kann zwischen 0 und 100 Prozent liegen. Es liegt auf der Hand, dass die Relevanz eines Dokuments für einen bestimmten Suchbegriff nicht unbedingt linear mit der Keyworddichte korreliert. Läge im vorliegenden Fall die Keyworddichte für den Term »Dichter Goethe« bei 100 %, weil das Dokument z. B. aus 500 Wiederholungen des Terms und sonst nichts besteht, wäre das Dokument trotz oder eher gerade wegen der hohen Keyworddichte kein besonders nützliches Dokument.

Wo aber liegt die Grenze? Welche Keyworddichte ist optimal? Wo beginnt die Überoptimierung, bei der mit einer Abstrafung wegen Keyword Stuffing zu rechnen ist? Und bringt die Betrachtung der Keyworddichte in Zeiten von Hummingbird und RankBrain überhaupt noch etwas?

Früher ging man davon aus, dass die ideale Keyworddichte für ein optimales Rankingsignal bei 2 bis 5 % liegt, bezogen auf den Body-Teil des HTML-Dokuments. Eine höhere Keyworddichte galt als gefährlich.

Damit ließ sich bei der Erstellung der Texte sehr einfach arbeiten: Der Autor achtete darauf, dass der Suchterm, für den die Webseite optimiert werden sollte, mit einer Häufigkeit von circa 2 bis 5 % im Fließtext vorkommt. Das wäre also circa zwei- bis fünfmal pro 100 Wörter.

Das ist zwar sehr einfach, nachvollziehbar und auch leicht umsetzbar, jedoch arbeiten moderne Suchmaschinen schlicht nicht mit dieser einfachen Formel für die Keyworddichte. In SEO-Kreisen ist die Keyworddichte aus diesem Grund inzwischen weitgehend verpönt. Angesagt ist gerade, stattdessen mit den Konzepten ***Within Document Frequency (WDF)*** und ***Inverse Document Frequency (IDF)*** zu arbeiten.

Wie schon erläutert, bringt die Keyworddichte das Problem mit sich, dass ihr Wert prinzipiell zwischen 0 und 1 (bzw. zwischen 0 und 100 %) liegen kann. Zudem hängt die Relevanz des Dokuments mit Sicherheit nicht linear vom Wert der Keyworddichte ab. In der Praxis dürfte es in der Regel so sein, dass relevante Dokumente den Suchterm mit einer bestimmten Häufigkeit enthalten. Eine weiter steigende Häufigkeit bedeutet jedoch nicht, dass ein Dokument noch relevanter ist. Das hat auch der Google-Mitarbeiter Matt Cutts, Leiter des Webspam-Teams, in einem Video so erläutert:[137] Die Keywords, mit denen ein Dokument gefunden werden soll, sollten natürlich in dem Dokument auch prominent und häufiger vorkommen, aber es bringt nichts, die Häufigkeit über ein natürliches Maß weiter zu erhöhen. Im Gegenteil: Eine gar zu häufige Wiederholung des Keywords wirkt sich negativ auf das Ranking aus.

Eine Formel, die diesen gewünschten Zusammenhang mathematisch besser beschreibt als die Formel für die Keyworddichte, ist die ***Within Document Frequency, WDF***:

```
WDF(i) = log2(Freq(i,j) +1) / log2(L)
```

i = Wort
j = Dokument
L = Gesamtzahl der Wörter in Dokument j
Freq(i, j) = Häufigkeit des Worts i im Dokument j

Formeln, die Logarithmen beinhalten, sehen ja für die meisten Nicht-Mathematiker immer ein wenig Furcht einflößend aus, aber keine Sorge, mithilfe des folgenden kleinen Exkurses werden Sie die WDF-Formel gleich verstehen:

Wie Sie sicherlich gleich gesehen haben, ist die Formel nur eine leichte Modifikation der Formel zur Berechnung der Keyworddichte: Im Zähler steht nach wie vor die Häufigkeit des betreffenden Terms im Dokument `Freq(i,j)` und im Nenner die Gesamtzahl der Wörter im Dokument `L`. Der große Unterschied besteht darin, dass von beiden Werten jeweils der Logarithmus zur Basis 2 gebildet wird. Im Zähler steht also übersetzt: »Zwei hoch wie viel ergibt die Häufigkeit des Terms?« Und im Nenner: »Zwei hoch wie viel ergibt die Gesamtzahl aller Terme im Dokument?«

Was genau bewirkt nun der Logarithmus? Durch den Logarithmus werden die Werte im Zähler und Nenner jeweils »gestaucht«. Das bedeutet: Je häufiger ein Term im Dokument vorkommt, desto geringer ist die Änderung des Werts im Zähler. Irgendwann ändert sich der Wert im Zähler kaum noch, auch wenn die Häufigkeit des Terms weiter zunimmt. Das Gleiche gilt für die Gesamtzahl der Wörter im Dokument. Die Addition der Zahl 1 im Zähler ist lediglich ein mathematischer Kunstgriff, der bewirkt, dass die WDF = 0 ist, wenn ein Term im Dokument gar nicht vorkommt, da gilt: $2^0 = 1$.

Übrigens: In manchen Publikationen wird in der Formel nicht der Logarithmus zur Basis 2, sondern zur Basis 10 verwendet. Das Ergebnis ist tatsächlich aber dasselbe, d.h., es ist egal, welcher Logarithmus verwendet wird!

137. *https://www.youtube.com/watch?v=Rk4qgQdp2UA*

Ist Ihnen das alles zu abstrakt? Vielleicht hilft ein kleines Zahlenbeispiel:

| Freq(i,j) | L | KD(i) [%] | WDF(i) (mit $\log_2$) | WDF(i) (mit $\log_{10}$) |
|---|---|---|---|---|
| 0 | 100 | 0 | 0 | 0 |
| 1 | 100 | 1 | 0,15 | 0,15 |
| 10 | 100 | 10 | 0,52 | 0,52 |
| 50 | 100 | 50 | 0,85 | 0,85 |
| 100 | 100 | 100 | 1,00 | 1,00 |
| 10 | 10.000 | 0,1 | 0,26 | 0,26 |

***Tabelle 8.1*** *Vergleich zwischen Keyworddichte und Within Document Frequency bei verschiedenen Häufigkeiten und Dokumentenlängen*

Was lernen wir aus ? Die Keyworddichte steigt wie erwartet linear mit der Häufigkeit des Terms im Dokument an. Wenn sich z.B. die Häufigkeit von 1 auf 10 verzehnfacht, ist auch die Keyworddichte zehnmal so hoch (10 statt 1 %), wenn sie sich dann von 10 auf 50 verfünffacht, steigt auch die Keyworddichte um den Faktor 5 auf 50 %. Ganz anders verhält sich der WDF-Wert: Wenn sich die Keyworddichte von 1 auf 10 verzehnfacht, steigt der WDF-Wert um den Faktor 3,5. Wenn sie sich dann von 10 auf 50 verfünffacht, steigt der WDF-Wert nur noch um den Faktor 1,6. Der WDF-Wert verändert sich also bei immer häufigerem Vorkommen des Terms immer weniger.

In der letzten Zeile der Tabelle sehen wir, dass die Dokumentenlänge einen starken Einfluss auf die Keyworddichte hat, der WDF-Wert sich jedoch viel »robuster« verhält: Steigt die Dokumentenlänge von 100 auf 10.000 Wörter an bei gleichbleibender Keyword-Häufigkeit, dann sinkt die Keyworddichte von 10 auf 0,1 – also einem Hundertstel des Werts! Der WDF-Wert sinkt jedoch nur auf die Hälfte seines ursprünglichen Werts, die starke Verlängerung des Dokuments hat also einen sehr viel geringeren Einfluss auf den WDF. Der WDF-Wert von 0,26 entspricht in etwa dem WDF-Wert, der sich bei einer Keyworddichte von 2,3 % ergibt, wenn die Dokumentenlänge 100 beträgt.

Das bedeutet: Aus Sicht einer Suchmaschine, die den WDF-Wert betrachtet, ist ein aus 100 Termen bestehendes Dokument mit einer Keyworddichte von 2,3 % genauso relevant für das Keyword wie ein aus 10.000 Termen bestehendes Dokument mit einer Keyworddichte von 0,1 %.

Daraus folgt:

> Bei kurzen Dokumenten muss die Keyworddichte höher sein als bei langen Dokumenten, um das gleiche Rankingsignal zu senden.

Ich hoffe, durch diesen kleinen Exkurs ist Ihnen die WDF-Formel verständlicher geworden. Selbstverständlich können Sie beim Schreiben Ihrer Texte nun auch mit WDF anstelle der Keyworddichte arbeiten. Leider gibt es keine Aussagen dazu, welche WDF-Werte ideal sind. Ich persönlich würde auf Werte zwischen 0,2 und 0,4 tippen. Selbstverständlich gilt auch dabei, dass zu hohe Werte schädlich sein können, weil Google dies dann als ***Keyword Stuffing***, also Webspam wertet!

> Im Begleitmaterial zu diesem Kurs finden Sie ein Excel-Spreadsheet, mit dem Sie Keyworddichte und WDF eines Dokuments berechnen können.

Jetzt halten Sie sich fest, denn es kommt noch ein weiteres Konzept dazu: die ***Inverse Document Frequency, IDF.***

Eine Frage, die Suchmaschinen brennend interessiert, lautet: »Worum geht es in einem Dokument, was ist dessen inhaltliche Ausrichtung?« Oder anders formuliert: Welche in einem Dokument enthaltenen Terme sind geeignet, das Dokument von anderen Dokumenten zu unterscheiden?

Die Berechnung der WDF-Werte aller im Dokument enthaltenen Terme hilft da nicht wirklich weiter. Es liegt auf der Hand, dass wahrscheinlich völlig belanglose Wörter wie *»und«*, *»oder«* oder *»ist«* die höchsten WDF-Werte haben!

Hier hilft das Konzept der Inverse Document Frequency (IDF) weiter. Die IDF beschreibt, wie häufig ein Term innerhalb einer Dokumenten*sammlung* vorkommt. Kommt ein Term in allen Dokumenten vor, so ist er nicht gut geeignet, den Inhalt eines bestimmten Dokuments von den anderen Dokumenten abzugrenzen. Kommt ein Term jedoch nur in einem oder wenigen Dokumenten der gesamten Dokumentensammlung vor, dann ist er höchstwahrscheinlich für diese Dokumente bedeutsam und geeignet, sie von den anderen Dokumenten zu unterscheiden.

Die Formel zur IDF-Berechnung sieht folgendermaßen aus:

```
IDF(i) = log N/n(i)
```

i = Wort
N = Dokumentensammlung (das sog. *Korpus*)
n(i) = Dokumente, die das Wort i enthalten
log = Logarithmus zur Basis 10

Daraus folgt, dass ein Term, der in allen Dokumenten vorkommt, einen IDF-Wert von 0 hat. Wenn der Term in gar keinem Dokument des Dokumentenkorpus vorkommt, dann erhalten wir mit der o.g. Formel eine Division durch 0, also einen ungültigen Wert. Je seltener, d.h. in je weniger Dokumenten der Dokumentensammlung der Term vorkommt, desto höher ist der errechnete IDF-Wert. Da in der Formel ebenfalls der Logarithmus verwendet wird, wird auch hier das Ergebnis »gestaucht«, d.h., der IDF-Wert steigt auch bei stark abnehmender Häufigkeit des Terms im Dokumentenkorpus nur langsam.

Auch bei dieser Formel hilft ein kleines Zahlenbeispiel, die Berechnung zu verstehen:

| **N** | **n(i)** | **IDF(i)** |
|---|---|---|
| 1 | 1 | 0 |
| 10 | 1 | 1 |
| 100 | 1 | 2 |
| 1.000 | 1 | 3 |
| 10.000 | 1 | 4 |
| 100.000 | 1 | 5 |
| 1.000.000 | 1 | 6 |

***Tabelle 8.2*** *Beispiel für die Berechnung der Inverse Document Frequency*

Wie Tabelle 8.2 zeigt, beträgt der Wert für IDF 0, wenn der Term in allen Dokumenten vorkommt. Je seltener ein Term im Dokumentenkorpus enthalten ist, desto höher wird der IDF. Verwendet man den Logarithmus zur Basis 10, dann erhöht sich der IDF um 1, wenn der Term 10-mal seltener im Dokumentenkorpus vorkommt.

Das bedeutet: Je höher der IDF-Wert für einen Term ist, desto bedeutsamer ist er für das einzelne Dokument, desto besser ist er geeignet, ein Dokument von anderen Dokumenten abzugrenzen und die spezifische inhaltliche Ausrichtung eines Dokuments zu beschreiben.

Multipliziert man nun den WDF-Wert mit dem IDF-Wert, dann erhält man für jeden untersuchten Term in einem Dokument eine Gewichtung, die etwas über die Relevanz des Dokuments für die einzelnen Terme, wenn sie als Suchbegriff verwendet werden, aussagt:

```
w(i,j) = WDF × IDF
```

w(i,j)=Termgewicht
WDF=Within Document Frequency
IDF=Inverse Document Frequency

Das höchste WDF*IDF-Termgewicht haben Terme, die in dem untersuchten Dokument häufig vorkommen und in anderen Dokumenten des Dokumentenkorpus (das wären im Falle des WWW alle Dokumente des Google-Index) nur selten. Wenn man sich nun die Terme des Dokuments mit den höchsten WDF*IDF-Termgewichten anschaut, dann erhält man einen sehr guten Eindruck, worum es in dem Dokument geht. Von manchen SEOs wird der Termgewichtungs-Chart eines Dokuments deshalb auch als *Content-DNA* bezeichnet.

Was fängt man nun als SEO-Experte damit an?

Im SEO-Prozess wendet man die WDF*IDF-Analyse auf eine Auswahl von Dokumenten an, die zu einem bestimmten Begriff gut ranken (z.B. die ersten 10 oder 20 Treffer auf der Google-Suchergebnisseite), und betrachtet die Durchschnitts- oder Maximalwerte der Termgewichte. Auf diese Weise erhält man einen guten Überblick, welche Terme mit hoher Termgewichtung in den gut rankenden Dokumenten vorkommen. Sie erhalten damit passend zu dem untersuchten Keyword eine Liste von Termen, die in gut rankenden Dokumenten außer dem untersuchten Keyword zusätzlich noch wichtig sind, um die inhaltliche Ausrichtung zu beschreiben und das Dokument von anderen Dokumenten zu differenzieren.

Spätestens seit dem Hummingbird-Update analysiert Google auf diese oder ähnliche Art und Weise den »semantischen Raum« der Dokumente im Index. Diese Analysen kann Google dazu verwenden, um eine Aussage über die inhaltliche Qualität eines Dokuments zu machen.

So kann Google z.B. sagen, dass ein inhaltlich hochwertiges Dokument, das sich mit dem Thema »Suchmaschinenoptimierung« beschäftigt, zusätzlich auch die Begriffe *Google, Onpage-Optimierung, Offpage-Optimierung, PageRank, Linkbuilding* usw. beinhaltet. Dagegen wäre ein Dokument, das ausschließlich für den Begriff *Suchmaschinenoptimierung* optimiert ist und die anderen semantisch verwandten Begriffe nicht enthält, mit großer Wahrscheinlichkeit von schlechter Qualität.

***Abb. 62*** *Eine qualitativ hochwertige Webseite über den Dichter Johann Wolfgang von Goethe enthält wichtige Begriffe aus dem Leben des Dichters. Bildnachweis: Joseph Karl Stieler [Public domain], via Wikimedia Commons*

Noch ein anderes Beispiel: In einem guten, d.h. umfassenden, fundierten und gut recherchierten Artikel über den Dichter Johann Wolfgang von Goethe werden Begriffe vorkommen, die mit dem Leben von Goethe in einem engen Zusammenhang stehen: sein Geburtsort und andere Städte, in denen er lebte, seine wichtigsten Werke, die Frauen in seinem Leben … Und ein Bild darf natürlich auch nicht fehlen, denn Google verfügt über eine leistungsfähige Bilderkennung und kann »sehen«, ob ein Bild von Goethe eingebunden ist.

Die WDF*IDF-Analyse hilft Ihnen also dabei, Terme zu finden, die in Ihrem Dokument fehlen oder häufiger vorkommen sollten, um an Google das Signal zu senden: »Ich bin ein qualitativ hochwertiges Dokument zum Thema XY.« Sie können Ihr Dokument dann entsprechend überarbeiten, um ein besseres Ranking zu erzielen.

Diese Art der Optimierung, gezielt Begriffe einzubauen, die semantisch zum Thema des Dokuments passen, wird übrigens auch als ***Theming*** bezeichnet.

## 8.3.2 WDF*IDF-Praxis

Schauen wir uns das Ganze einmal in der Praxis an:

Nehmen wir an, Sie möchten eine Webseite für die Suchphrase »Ferienhaus Korfu« optimieren und fragen sich, welche Begriffe in einem dafür optimierten Text außerdem noch vorkommen sollten.

Hier kann eine WDF*IDF-Analyse der für diese Suchphrase bereits gut rankenden Dokumente helfen.

Ich verwende in diesem Beispiel das WDF*IDF-Analysetool des SEO-Tool-Anbieters *Seobility*[138], das zu den besten Tools auf dem Markt zählt. Seobility bietet unter der URL *https://www.seobility.net/de/wdf-idf-tool/* eine kostenlose Möglichkeit an, das WDF*IDF-Tool auszuprobieren. Ohne Registrierung sind drei Analysen pro Tag möglich, mit dem kostenlosen Basiskonto fünf, und mit dem kostenpflichtigen Premiumkonto sind pro Tag 50 Analysen möglich.

Die Analyse selbst ist denkbar einfach: Sie geben in das Analysetool Ihren Suchbegriff »Ferienhaus Korfu« ein und starten die Analyse. Kurze Zeit später wird das Ergebnis angezeigt.

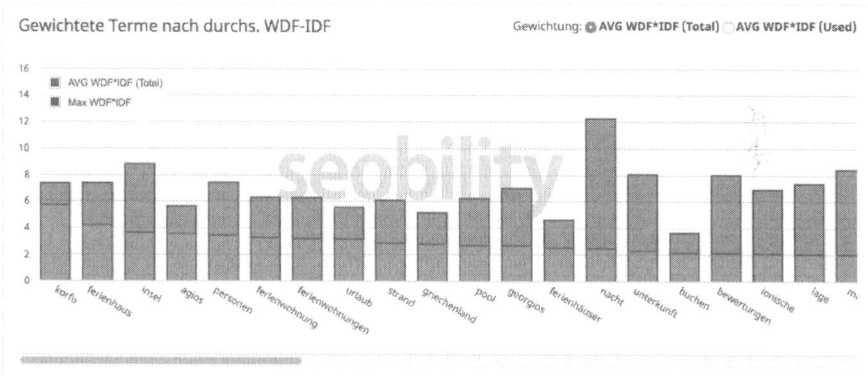


***Abb. 63*** *Ergebnis der WDF*IDF-Analyse für die Suchphrase »Ferienhaus Korfu« mit dem Analysetool von Seobility.*

Das Tool analysiert standardmäßig die Top 10 der Google-Trefferliste für den eingegebenen Suchbegriff und führt für alle Seiten eine Termgewichtungsanalyse für alle enthaltenen Terme durch. In Abb. 63 sehen Sie das Ergebnis als Chart. Die gefundenen Terme werden auf der X-Achse nach dem jeweils ermittelten höchsten Termgewicht (y-Achse) sortiert aufgelistet.

Die Sortierung erfolgt standardmäßig nach dem Wert *AVG WDF*IDF (Total)*, das ist der durchschnittliche WDF*IDF-Wert für das analysierte Keyword bezogen auf alle 10 untersuchten Webseiten. Dadurch sehen Sie, welche Begriffe von den meisten der untersuchten Webseiten verwendet werden und die damit auf der Seite, die Sie optimieren wollen, nicht fehlen sollten.

Zusätzlich wird für jeden Term der Wert *Max WDF*IDF* angezeigt. Das ist das höchste für den jeweiligen Term auf einer der untersuchten Webseiten errechnete

138. *https://www.seobility.net/*

Termgewicht. Die Begriffe mit den höchsten Termgewichten kommen auf einer oder wenigen Seiten häufig vor und auf den anderen Seiten gar nicht oder selten. Es handelt sich hierbei also um Terme, die bestimmte Seiten von anderen unterscheidbar machen, die eine Art Alleinstellungsmerkmal darstellen.

Die Ergebnisse werden unterhalb der Grafik auch als Tabelle ausgegeben. In der Registerkarte *Suchergebnisse* sehen Sie die analysierten Webseiten, sortiert nach ihrem organischen Google-Ranking. In der rechten Spalte sehen Sie die Keywords dieser Webseite, sortiert nach ihrem Termgewicht (WDF*IDF-Wert). TF (Term Frequency) zeigt an, wie häufig ein Term auf der Webseite vorkommt.

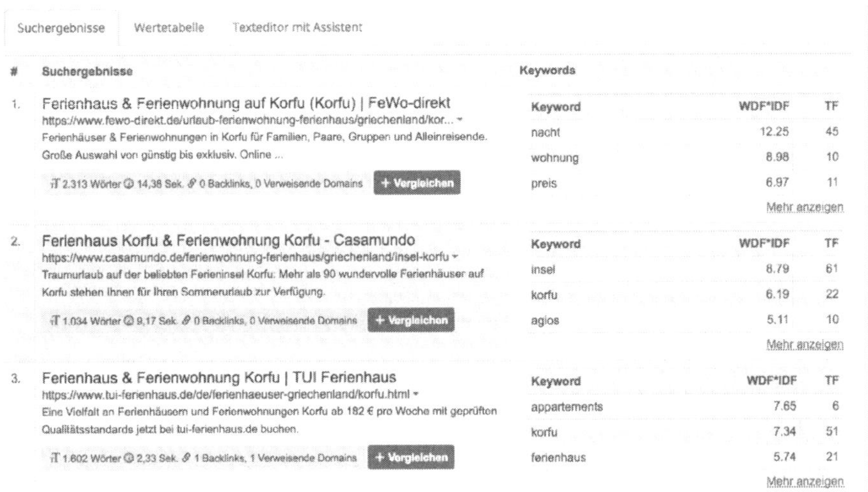


***Abb. 64*** *WDF*IDF-Analysewerte für jede einzelne der untersuchten Webseiten (Google Top 10 für den Suchbegriff »Ferienhaus Korfu«) im WDF*IDF-Tool von Seobility*

In der Registerkarte *Wertetabelle* können Sie die Keywords nach den verschiedenen WDF*IDF-Werten, nach dem WDF-Wert und nach der Häufigkeit (TF = auf wie vielen der untersuchten Seiten kommt ein Term vor) sortieren.

Suchergebnisse | Wertetabelle | Texteditor mit Assistent

| Keyword | Max WDF*IDF | Max WDF | AVG WDF*IDF (Used) | AVG WDF*IDF (Total) | TF |
|---|---|---|---|---|---|
| korfu | 7,34 | 0,54 | 6,33 | 5,70 | 10 / 10 (100%) |
| ferienhaus | 7,35 | 0,54 | 4,66 | 4,20 | 10 / 10 (100%) |
| insel | 8,79 | 0,59 | 4,55 | 3,64 | 9 / 10 (90%) |
| agios | 5,62 | 0,38 | 4,44 | 3,55 | 9 / 10 (90%) |
| personen | 7,40 | 0,54 | 3,80 | 3,42 | 10 / 10 (100%) |
| ferienwohnung | 6,29 | 0,43 | 4,07 | 3,25 | 9 / 10 (90%) |
| ferienwohnungen | 6,27 | 0,42 | 3,96 | 3,17 | 9 / 10 (90%) |
| urlaub | 5,55 | 0,38 | 3,94 | 3,15 | 9 / 10 (90%) |
| strand | 6,06 | 0,41 | 3,54 | 2,83 | 9 / 10 (90%) |
| griechenland | 5,15 | 0,38 | 3,08 | 2,77 | 10 / 10 (100%) |

***Abb. 65*** *Ergebnistabelle (erste zehn Werte) einer WDF*IDF-Analyse mit dem Tool Seobility.*

## Webseiten (URLs) mit dem WDF*IDF-Chart vergleichen

Wenn man nun die Termgewichte der Wörter einer einzelnen Webseite in das Diagramm (Abb. 63) einzeichnet, dann müsste sich die Linie einer WDF*IDF-optimierten Webseite gemäß der WDF*IDF-Theorie irgendwo im oberen Bereich der *AVG WDF*IDF (Total)*-Werte bewegen.

Mit dem Tool von Seobility können Sie eine beliebige URL (z.B. Ihre eigene bzw. die der Seite, die Sie optimieren wollen) mit den ermittelten Durchschnittswerten vergleichen und in das Diagramm einzeichnen lassen. Auf diese Weise können Sie visualisieren, welche Begriffe auf der Webseite noch fehlen oder häufiger vorkommen sollten, um nach der WDF*IDF-Theorie optimale Rankingsignale zu senden.

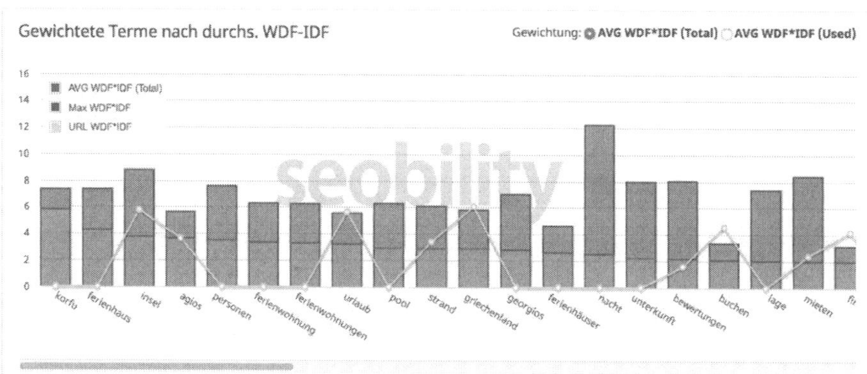


***Abb. 66*** *Analyse einer Webseite, die nicht für das Keyword »Ferienhaus Korfu« optimiert ist.*

Ein Beispiel einer solchen Analyse sehen Sie in Abb. 66. Die analysierte Webseite (gelbe Linie) ist offensichtlich nicht für das Keyword »Ferienhaus Korfu« optimiert. Beispielsweise fehlen auf der Webseite die beiden wichtigsten Keywords *Korfu* und *Ferienhaus*. Bei einer optimierten Webseite müsste die Linie für alle relevanten Keywords im oberen Bereich des unteren Säulenabschnitts (AVG WDF*IDF (Total)) verlaufen.

Wie Sie sehen, ist die Durchführung einer WDF*IDF-Analyse ganz einfach. Aber was fangen wir nun mit dem Ergebnis an? Rufen wir uns in Erinnerung: Die Analyse zeigt uns, welche Terme auf den Webseiten der ersten 10 Treffer der Google-Suchergebnisliste für unsere Suchphrase »Ferienhaus Korfu« vorkommen, und sortiert diese nach dem Termgewicht. Damit erhalten wir einen Überblick, welche Terme die gut rankenden Dokumente verwenden und welche davon starke dokumentenspezifische Rankingsignale senden. In unserem Beispiel sind das u.a. die Terme *korfu, ferienhaus, insel, agios, personen, ferienwohnung, ferienwohnungen, urlaub, pool, strand, griechenland, georgios, ferienhäuser, nach, unterkunft, bewertungen* und *buchen*.

Der nächste Schritt besteht darin, die gewonnene Liste dieser Terme durchzugehen und die Terme zu notieren, die in ihrem Text bzw. auf Ihrer Webseite noch fehlen. Das bedeutet jedoch nicht, dass Sie z.B. die ersten 20 Terme kritiklos in Ihren Text einbauen! Wie Sie unschwer erkennen, ergeben nicht alle Terme für Ihr Dokument auch Sinn!

Gehen Sie am besten folgendermaßen vor:

1. Überlegen Sie für jeden Term, ob dieser für Ihren Text bzw. Ihre Webseite sinnvoll ist oder eine sinnvolle Ergänzung darstellen könnte.
2. Streichen Sie nicht sinnvolle Terme weg.
3. Erweitern und ergänzen Sie Ihren Text bzw. Ihre Website um die Terme, die übrig geblieben sind.

Ich hoffe, Sie haben nun eine Idee davon bekommen, wie sich als SEO mit der WDF*IDF-Analyse arbeiten lässt.

Zuletzt dazu noch die Frage: Wie viel bringt das eigentlich?

Das lässt sich sicherlich nicht pauschal beantworten. Erwarten Sie von dieser Vorgehensweise bitte keine Wunder. Aus meiner eigenen Arbeit kann ich berichten, dass bereits gut rankende Webseiten mithilfe einer WDF*IDF-Optimierung um einige Plätze im Ranking gestiegen sind, in einem Fall z.B. von Position 8 auf Position 4. Für weniger gut rankende Webseiten kann der Effekt sogar noch wesentlich größer sein. Aus Position 40 in die Top 10 ist durchaus möglich. Das finde ich angesichts des relativ geringen Aufwands (mit ein wenig Übung ist die WDF*IDF-Optimierung einer bestehenden Seite innerhalb von einer Stunde erledigt) schon ganz beachtlich.

Mit Sicherheit hängt es u.a. auch vom Keyword selbst ab, wie viel eine Textoptimierung nach WDF*IDF bringt. Bei manchen Keywords spielt dieses Rankingsignal wahrscheinlich eine größere Rolle als bei anderen.

Daher eignen sich nicht alle Arten von Webseiten gleichermaßen für die WDF*IDF-Optimierung.

Besonders gut geeignet sind:

- Informationsseiten, die speziell auf die Suchintention »Informationen finden« (know query) abzielen
- Webseiten, die gezielt für *Long Tail Keywords* optimiert werden sollen
- Generell Webseiten, die vergleichsweise viel Text beinhalten

Weniger gut geeignet sind:

- Webseiten zu aktuellen Themen (»Query Deserves Freshness«)
- allgemeine Keywords mit sehr starker Konkurrenz

Bei solchen Seiten spielen andere Rankingfaktoren wie z.B. Aktualität, Backlinks, PageRank und Trust eine wichtigere Rolle.

Der WDF-IDF-Ansatz birgt auch Gefahren: So ist die Grundannahme, dass die Dokumente an der Spitze der Ergebnisliste deshalb gut ranken, weil sie bestimmte Terme mit hohen WDF*IDF-Werten verwenden, mit Vorsicht zu genießen. Schließlich gibt es noch viele andere Rankingfaktoren.

Setzen Sie die WDF*IDF-Optimierung daher mit Bedacht ein! Bauen Sie keine Terme in Ihre Texte ein, die für Ihren Text nicht relevant sind. Betrachten Sie das Ergebnis einer WDF*IDF-Wettbewerberanalyse lediglich als Anregung und Ideensammlung, die Sie kritisch hinterfragen müssen.

### *Übung 7: WDF*IDF-Textassistent*

Probieren Sie den *WDF*IDF-Textassistenten von Seobility*[139] aus. Der Assistent hilft Ihnen dabei, WDF*IDF-optimierte Texte zu erstellen.

139. *https://www.seobility.net/de/wdf-idf-tool/*

1. Wählen Sie ein Thema, das Sie interessiert und in dem Sie sich gut auskennen.
2. Geben Sie ein Keyword, das dieses Thema sehr gut beschreibt, in das Formular (Suchbegriff) ein, und klicken Sie auf den Button **Assistenz-Editor starten**.

Das Tool analysiert nun, welche Begriffe in den am besten rankenden Webseiten zum von Ihnen gewählten Keyword die höchsten Termgewichte haben und folglich in Ihrem Text vorkommen sollten.

3. Verfassen Sie einen kurzen Text zum Thema (ca. 100–200 Wörter) oder kopieren Sie einen Text zum Thema von einer Ihnen bekannten Webseite in das Eingabeformular des Texteditors.

Das Tool zeigt Ihnen an, welche Begriffe in Ihrem Text fehlen, welche häufiger und welche weniger häufig verwendet werden sollten und wie die optimale Textlänge ist.

### 8.3.3 Long-Tail-Optimierung

Gerade bei neuen Webseiten ist es nicht leicht, schnell Top-Rankings in Google zu erzielen, insbesondere, wenn die Haupt-Keywords sehr kompetitiv sind. Sie sollten dann in Erwägung ziehen, eine Seite gezielt auf die sog. Long-Tail-Keywords zu optimieren. Das Konzept des Long Tails habe ich in Abschnitt 7.12 bereits erläutert und Ihnen gezeigt, wie Sie die Long-Tail-Keywords finden. Da die Zahl der konkurrierenden Seiten für Long-Tail-Keywords typischerweise klein ist, ist es vergleichsweise einfach, schnell gute Rankings zu erreichen.

Wenn Sie bereits die WDF*IDF-Methode angewandt und mit Theming gearbeitet haben, ist der Schritt zur Long-Tail-Optimierung nicht mehr groß.

Führen Sie eine gezielte Long-Tail-Keyword-Recherche durch und bauen Sie die passenden Long-Tail-Keywords in den Text der zu optimierenden Webseite ein. Beantworten Sie auf der Webseite gezielt die Fragen, die Sie in der Long-Tail-Recherche identifiziert haben.

Achten Sie darauf, viele unterschiedliche Kombinationen der Suchbegriffe und Synonyme zu verwenden und das Thema der Webseite möglichst breit und umfassend zu beschreiben, um damit auch viele Long-Tail-Keywords abzudecken. Dass der Text dadurch länger wird, ist kein Nachteil: Es entstehen dadurch automatisch auch mehr Kombinationen und der Text passt zu noch mehr der komplexeren Suchanfragen des Long-Tails.

Bei regionalen Produkten oder Dienstleistungen finden sich in den Long-Tail-Keywords regelmäßig Ortsnamen. Long-Tail-Optimierung ist damit auch als Teil von Local SEO (vergl. Lektion 15) interessant.

Die Optimierung auf den Long Tail schließt übrigens die Optimierung auf kurze Keywords nicht aus. Sie können eine Seite zunächst die kurzen Haupt-Keywords optimieren, die über ein hohes Suchvolumen verfügen, und im zweiten Schritt dann auf derselben Seite noch eine Long-Tail-Optimierung durchführen. Es besteht heute nur noch eine geringe Gefahr, damit die Rankings für die Haupt-Keywords einzubüßen.

Alternativ ist es auch möglich, beispielsweise die Haupt-Landingpage auf kurze Keywords zu optimieren und einzelne Unterseiten für den Long Tail. Die Optimierung ist ja seitenspezifisch, daher können für verschiedene Webseiten auch unterschiedliche Strategien gewählt werden.

## 8.4 Bilder

Bilder und Grafiken können das Ranking einer Webseite positiv beinflussen, wenn sie relativ weit oben, d. h. in dem Bereich vorkommen, der für Nutzer auf den ersten Blick sichtbar ist, ohne dass sie scrollen müssen, und wenn sie thematisch zum Thema der Seite passen. Google setzt inzwischen sehr ausgereifte Methoden der Bildanalyse ein und ist in der Lage zu erkennen, was ein Bild darstellt.

### Dateigröße optimieren

Inzwischen hat es sich herumgesprochen: Die Ladezeit einer Webseite ist ein wichtiges Rankingkriterium. Google liebt schnell ladende Seiten!

Für Bilder gilt daher, was eigentlich schon immer gegolten hat: Sorgen Sie dafür, dass die Dateigröße der eingebundenen Bilder so klein wie möglich ist! Wählen Sie das jeweils am besten geeignete Dateiformat: Für Fotos wählen Sie JPEG (Kompression so hoch einstellen, dass Sie gerade eben keine Kompressionsartefakte sehen). Um PNG-Dateien zu verkleinern, versuchen Sie einmal den Dienst *https://tinypng.com*. Der Anbieter wirbt damit, dass sein kostenloser Dienst die Größe einer PNG-Grafikdatei um bis zu 70 % reduziert, ohne dass man den Unterschied optisch wahrnehmen kann. Transparenzen sollen dabei erhalten bleiben. Und seit Neuestem gibt es sogar ein Photoshop-Plug-in, denn das Adobe-Bildbearbeitungsprogramm beherrscht diese Zauberei bislang nicht.

Für Grafiken mit großen homogenen Farbflächen ist immer noch das GIF-Format am besten geeignet, um möglichst kleine Dateien zu bekommen. Und: Achten Sie auf jeden Fall darauf, dass Ihre Bilder nicht größer als nötig sind. Grafiken, die für den Printbereich vorgesehen sind, müssen unbedingt verkleinert werden, bevor sie in Webseiten eingebunden werden.

Aktuelle Webbrowser unterstützen nun auch das SVG-Vektorgrafikformat. Dies eignet sich z.B. hervorragend für Logos, Icons und Artwork. Das SVG-Format bringt eine ganze Menge Vorteile mit sich: Vektorgrafiken haben nicht nur eine sehr geringe Dateigröße, sondern sie lassen sich auch ohne Qualitätsverlust beliebig skalieren. Insbesondere für responsive Webseiten, die sich an die Größe des Ausgabegeräts anpassen, ist dies ein großer Vorteil. Setzen Sie daher, wo immer möglich, SVG statt Pixelgrafiken ein.

**Verwenden Sie Keywords im Dateinamen**

Verwenden Sie zum Bild passende Keywords im Dateinamen. Idealerweise haben Sie für jedes relevante Keyword der Webseite auch ein passendes Bild und damit die seitenrelevanten Keywords auch im Dateinamen der Bilder. Nennen Sie das Bild beispielsweise *dichter-goethe.jpg* und nicht *bild1.jpg*.

## 8.5 Videos

Google liebt Videos, weil die Internetnutzer Videos lieben! Statistiken zeigen, dass der tägliche Online-Videokonsum durchschnittlich bereits bei circa 50 Minuten liegt, Tendenz steigend. Wir können davon ausgehen, dass u.a. aufgrund der immer weiter steigenden Bandbreiten Videoinhalte im Internet in den kommenden Jahren immer wichtiger werden. Ganz allgemein geht man heute davon aus, dass Fernsehen und Internet immer weiter zusammenwachsen werden.

Das Vorhandensein eines Videos auf einer Webseite ist daher bereits heute ein Rankingsignal für Google, weil es den Nutzwert für die Besucher immens erhöht.

Sie sollten daher unbedingt in Betracht ziehen, ihre wichtigsten Contentseiten mit Video-Content aufzuwerten.

Beachten Sie bei der Produktion und Einbindung Ihrer Videos Folgendes:

1. Die Videos sollten eine Länge von mindestens circa 20 Sekunden haben.
2. Achten Sie auf inhaltliche und technische Qualität. Der Inhalt sollte für die Betrachter einen echten Mehrwert darstellen und selbstverständlich zum Inhalt der Webseite passen.
3. Speichern Sie die Videodateien nicht auf Ihrem eigenen Webserver, sondern nutzen Sie fremde Server-Ressourcen. Videos können Bandbreite und Rechenleistung Ihres Servers extrem beanspruchen, wenn sie häufig aufgerufen werden, und erfordern eine besondere Infrastruktur, die effektiv skaliert.

Besonders geeignet ist Youtube. Die dort in Ihrem eigenen Kanal liegenden Videos lassen sich auch sehr einfach in Ihre Webseiten einbetten.

4. Bei Youtube optimieren Sie Ihre Videos, wenn Sie die relevanten Keywords Ihrer Webseite, in die Sie ein Video einbetten, auch auf Youtube verwenden. Gestalten Sie Titel, Beschreibung und Tags des Videos entsprechend.
5. Bei der Einbindung des Videos in Ihre Webseite sollten Sie diese noch semantisch mit HTML5-Mikrodaten auszeichnen (siehe Abschnitt 13.3).

## 8.6 PDF-Dateien

Google kann PDF-Dateien mühelos indexieren, und PDF-Dateien tauchen auch sehr häufig auf den Suchergebnisseiten auf, auch ohne die Suche mit dem Suchoperator *filetype:pdf* auf PDF-Dateien zu beschränken. Es ist daher ein Fehler, PDF-Dateien nicht unter SEO-Gesichtspunkten zu betrachten!

Prinzipiell gelten für die Optimierung von PDF-Dateien sehr ähnliche Regeln wie für die Optimierung von HTML-Dateien. Genau wie für Webseiten im HTML-Format sollten für jede PDF-Datei die relevanten Keywords festgelegt und der Text-Content der PDF-Datei daraufhin optimiert werden. Lassen Sie sich dabei einfach von den bereits besprochenen Regeln der Onpage-Optimierung leiten. Achten Sie dabei besonders auf eine gute Struktur des Texts mit Überschriften, Fließtext-Absätzen, Listen, Tabellen usw.

Erzeugen Sie nach Möglichkeit ein ***tagged PDF***, um die Struktur des Dokuments mit Tags abzubilden und Google dabei zu helfen, die Struktur zu erkennen.

Zusätzlich können Sie Folgendes tun, um Ihre PDF-Dateien gut auffindbar zu machen:

1. Auch innerhalb von PDF-Dateien kann Google Text in Bildern nicht erkennen. Achten Sie darauf, dass alle Textinformationen auch als Text eingebunden sind.
2. Achten Sie beim Speichern der PDF-Dateien auf eine gute Kompression der Bilder bzw. auf eine webgerechte Bildauflösung, um die Dateigröße möglichst klein zu halten, damit die PDF-Dateien schnell laden.
3. Speichern Sie die PDF-Dateien mit RGB-, nicht mit CMYK-Farben, damit sie sich auf möglichst vielen (mobilen) Endgeräten anzeigen lassen.
4. Die Keywords sollten im Dateinamen der PDF-Datei vorkommen.
5. Geben Sie die Metadaten ein: Titel, Verfasser, Thema und Stichwörter. Das machen Sie am besten direkt in dem Programm, das die PDF-Datei erzeugt. Falls das nicht möglich sein sollte, erledigen Sie diesen Schritt nachträglich mit Adobe Acrobat (oder einem anderen PDF-Editor).

6. Sorgen Sie für interne und möglichst auch externe Links auf die PDF-Datei, deren Ankertexte wiederum die Keywords enthalten.

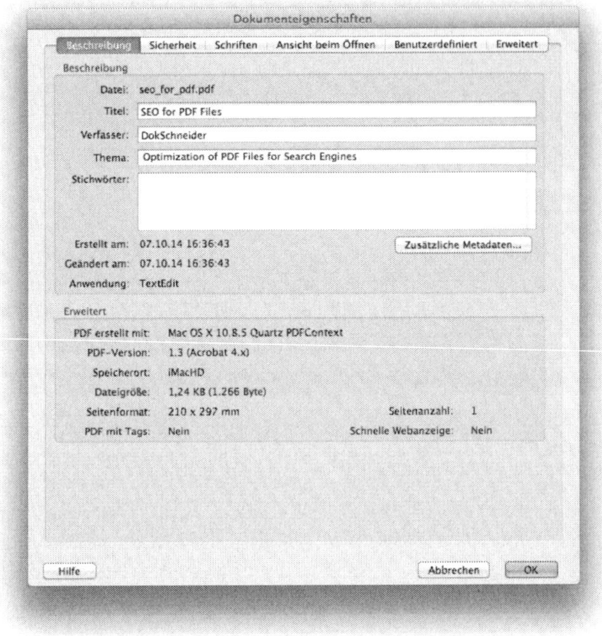


***Abb. 68*** *Die Metadaten eines PDF-Dokuments werden von Google berücksichtigt und sollten daher eingegeben werden.*

Der *Titel* des PDF-Dokuments sollte die relevanten Keywords enthalten. Er wird von Google gerne als Titel des Suchtreffers verwendet. Das geschieht optional, nicht zwingend. Nutzen Sie diese Möglichkeit!

Als *Thema* geben Sie eine kurze, zutreffende Inhaltsbeschreibung der PDF-Datei an. Google verwendet diese jedoch in der Regel nicht als Beschreibungstext für den Suchtreffer, sondern extrahiert meist ein eigenes Snippet aus dem Text der PDF-Datei.

Die Rubrik *Stichwörter* auszufüllen, kann nicht schaden. Als Rankingkriterium werden diese wohl eher nicht verwendet.

Passwortgeschützte oder verschlüsselte PDF-Dateien werden von Google übrigens nicht indexiert.

## 8.7 No Flash please!

Die Flash-Technologie wurde ursprünglich von der amerikanischen Firma Macromedia entwickelt, die 2005 vom Mitbewerber Adobe aufgekauft wurde. Flash ist ein Autorenwerkzeug, mit dem multimediale Webanwendungen erstellt werden. Diese können animiert und interaktiv sein, sowohl Audio- als auch Videodaten beinhalten und sich an die beim Betrachter eingestellte Bildschirmauflösung dynamisch anpassen, da Flash die Möglichkeit bietet, Vektorgrafiken zu verwenden. Bei vielen Webdesignern und Multimedia-Agenturen ist Flash sehr beliebt, auch wenn die Euphorie in den letzten Jahren deutlich nachgelassen hat (auch weil Flash-Inhalte auf Mobilgeräten von Apple wie iPhone und iPad nicht dargestellt werden).

Ein weiterer Grund dafür mag darin liegen, dass Suchmaschinen mit Flash-Dateien Probleme haben. Noch vor Kurzem konnten Robots den Inhalt von SWF-Dateien überhaupt nicht indexieren. Für eine Website, die im Internet gefunden werden soll, ist das natürlich eine Katastrophe.

Erst seit 2008 ist Google überhaupt in der Lage, Flash-Dateien zu indexieren. Sie glauben das nicht? Geben Sie einfach hinter dem Suchbegriff `filetype:swf` ein.

Allerdings sieht man diese auf den Ergebnisseiten zurzeit noch so gut wie nie. Offenbar haben es Flash-Dateien schwer, sich gegen die vielen optimierten HTML-Seiten durchzusetzen (auch oder gerade weil Flash keine Auszeichnung der Inhalte mittels Tags kennt). Über die Rankingkriterien ist auch bisher so gut wie nichts bekannt.

Folglich sollten Sie auf keinen Fall Ihre gesamte Website mit Flash realisieren, wenn Sie im Web gefunden werden möchten. Das heißt aber nicht, dass Sie ganz auf Flash verzichten müssen. Selbstverständlich können Sie Flash-Elemente in Ihre HTML-Seiten einbauen, wo das sinnvoll ist, z.B. für Produktpräsentationen.

Da Flash-Inhalte auf mobilen Geräten von Apple mit dem iOS-Betriebssystem nicht dargestellt werden, empfiehlt es sich dennoch, auf Flash zu verzichten und stattdessen auf Standard-Technologien (HTML5, CSS, JavaScript) auszuweichen.

## 8.8 Content-Optimierung unter Berücksichtigung von RankBrain

Konzentrieren Sie sich bei der Erstellung des Contents immer auf genau eine Zielgruppe und deren Bedürfnisse. Versuchen Sie nicht, ganz unterschiedliche Zielgruppen auf ein und derselben Webseite mit demselben Content zu erreichen.

Kümmern Sie sich um Themen, die Nutzwert für Ihre Kunden bieten. Vermeiden Sie eine kunterbunte Mischung aus Nachrichten wie z.B. Firmeninterna, die Ihre Kunden nicht interessieren. Verwenden Sie die Sprache Ihrer Kunden, benutzen Sie keine firmeninternen Begriffe, Bezeichnungen und Konzepte. Verständlichkeit ist oberstes Gebot.

Texte sollten nicht mehr zu eng auf die definierten Keywords optimiert sein, sondern alle sprachlichen Facetten und möglichen Suchvarianten abdecken.

Längere Texte (Faustregel: Texte mit 1.000 bis 2.000 Wörtern), vor allem Fachartikel mit inhaltlicher Tiefe, ranken in der Regel besser und nachhaltiger, oftmals über Jahre hinweg.

Publizieren Sie regelmäßig neuen Content und versuchen Sie dadurch, sich innerhalb Ihrer Marktnische bzw. Ihres Fachgebiets als eine Autorität zu etablieren.

Nützlicher Content zeichnet sich z. B. durch folgende Aspekte aus:

- Er hilft Ihren Kunden dabei, eine für sie gute Kaufentscheidung zu treffen.
- Er hilft Ihren Kunden dabei, das Produkt sinnvoll zu nutzen bzw. zu bedienen.
- Er hilft Ihren Kunden dabei, ihre Probleme mithilfe Ihres Produkts oder Ihrer Dienstleistung zu lösen.
- Er hilft Ihren Kunden dabei, Probleme zu lösen, die sich durch den Kauf bzw. den Gebrauch Ihres Produkts ergeben können.

## 8.9 Teste Dein Wissen!

1. Für welche Suchintention ist eine Anfahrtsbeschreibung besonders gut geeignet?

   *Bitte ankreuzen:*

   - ☐ Visit-in-Person
   - ☐ Know-simple
   - ☐ Website (navigational)
   - ☐ Do (non-commercial)

2. Was sagt ein hoher WDF*IDF-Wert für einen bestimmten Term (ein bestimmtes Wort) in einem Dokument in der Regel aus?

   *Bitte ankreuzen:*

   - ☐ Der Term kommt in dem betrachteten Dokument häufig vor, insgesamt jedoch nur in wenigen Dokumenten der betrachteten Dokumentensammlung.
   - ☐ Der Term kommt im dem betrachteten Dokument selten vor, jedoch in vielen Dokumenten der betrachteten Dokumentensammlung.

- ☐ Der Term kommt in dem betrachteten Dokument häufig vor und auch in vielen Dokumenten der betrachteten Dokumentensammlung.
- ☐ Der Term kommt in dem betrachteten Dokument selten vor und auch nur in wenigen Dokumenten der betrachteten Dokumentensammlung.

3. Welche Fragen sollte man als Websitebetreiber im Hinblick auf das wichtige Rankingsignal der *Qualität einer Webseite* mit »Ja« beantworten können?

   *Bitte ankreuzen:*

   - ☐ Wird das Thema, um das es auf der Webseite geht, umfassend und fundiert behandelt?
   - ☐ Vertraue ich den Informationen auf der Website?
   - ☐ Würde ich die Webseite bookmarken oder weiterempfehlen?
   - ☐ Bietet die Webseite im Vergleich mit anderen Webseiten, die im Suchergebnis auftauchen, Mehrwert?

4. Glossare eignen sich besonders für die Bedienung der Suchintention der Kategorie…

   *Bitte ankreuzen:*

   - ☐ Do (non-commercial)
   - ☐ Know simple
   - ☐ Know
   - ☐ Do (commercial)
   - ☐ Website (navigational)

5. Bilder und Grafiken können das Ranking einer Webseite positiv beinflussen, wenn …

   *Bitte ankreuzen:*

   - ☐ sie relativ weit oben »above the fold« sind.
   - ☐ sie besonders groß und auffällig sind.
   - ☐ sie sich direkt im Header der Seite z. B. als großes Hintergrundbild befinden.
   - ☐ ihre Dateigröße 1 Megabyte nicht überschreitet.
   - ☐ sie thematisch zur Seite passen.

6. Worauf sollten Sie als Websitebetreiber achten, wenn Sie PDF-Dateien in Ihre Site einbinden möchten?

*Bitte ankreuzen:*

☐ Der Titel des PDF-Dokuments sollte die relevanten Keywords enthalten.

☐ Textinformationen sollten im PDF-Dokument nicht in Bildern oder Grafiken stehen, sondern auch als reiner Text vorliegen.

☐ Die Metadaten-Felder für Titel, Verfasser, Thema und Stichwörter sollten ausgefüllt sein.

☐ Der Dateiname des PDF-Dokumentes sollte die relevanten Keywords enthalten.

☐ Die PDF-Datei sollte mit CMYK-Farben abgespeichert werden.

7. Welche der folgenden Maßnahmen zählen zu der sog. Long Tail Optimierung?

*Bitte ankreuzen:*

☐ Textoptimierung mit der WDF*IDF-Methode

☐ Einbau von konkreten Antworten auf häufige Fragestellungen von Suchenden

☐ Thema der Webseite möglichst breit und umfassend beschreiben

☐ Die drei Keywords mit dem höchsten Suchvolumen in Überschriften einbauen

☐ Gezielte Recherche nach Suchbegriffen mit geringem Suchvolumen und Aufnahme der relevanten Begriffe in den Text der Webseite

# *Webpage*



**In dieser Lektion lernen Sie**

- wie die optimale Struktur einer Webseite aussieht.
- wie Sie den HTML-Code Ihrer Webseiten optimieren.
- warum die Optimierung für mobile Endgeräte wichtig ist und wie Google das analysiert.
- welche Möglichkeiten es gibt, Webseiten für mobile Endgeräte zu optimieren.

Nachdem Sie im letzten Arbeitsschritt gelernt haben, wie der ideale Content für Ihre Webseiten aussehen könnte, geht es jetzt darum, aus diesem Content Webseiten zu machen, die optimale Webpage-Signale an Google senden.

Dabei beschäftigen wir uns mit folgenden Fragen:

- Struktur und Layout einer Webseite
- Qualität und Struktur des HTML-Codes
- Keyword-Verteilung und Auszeichnung mit HTML-Tags
- Meta-Tags
- Einbindung von Content wie z. B. Bildern, Videos, PDFs
- Einbindung von CSS- und JavaScript-Dateien
- Optimierung sog. »OnePager« (Single Page Layouts)
- Optimierung für mobile Endgeräte

## 9.1 Struktur und Layout

### Above the fold: Nützliche Inhalte sollten direkt sichtbar sein

Die meisten Webseiten sind so lang, dass ein Betrachter scrollen muss, um die Seite komplett zu betrachten. Der nach Laden der Seite direkt, d. h. ohne Scrollen, sichtbare Bereich wird als »above the fold« bezeichnet.

Wie groß dieser Bereich ist, hängt u. a. vom verwendeten Endgerät und dessen Bildschirmgröße und -auflösung ab, aber auch davon, wie die Website sich verhält, wenn sie mit verschiedenen Endgeräten betrachtet wird (vgl. Abschnitt 9.5).

Google analysiert, welche Inhalte sich im direkt sichtbaren Bereich befinden, und diese senden besonders starke Rankingsignale, da Besucher der Webseite diesen Elementen in der Regel die größte Aufmerksamkeit widmen.

Achten Sie also darauf, die für den Besucher wichtigen und wertvollen Elemente und Informationen möglichst im sichtbaren Bereich der Seite zu platzieren.

Negativ wird von Google bewertet, wenn sich »above the fold« zu viele Werbebanner befinden. Mehr als drei sollten es auf jeden Fall nicht sein.

## 9.2 HTML-Quellcode

### 9.2.1 Qualität des HTML-Codes

Die Robots der Suchmaschinen verhalten sich prinzipiell wie ein Webbrowser: Sie lesen den HTML-Quellcode der Webseiten ein und extrahieren daraus Informationen, z.B. wie häufig und an welchen Positionen des HTML-Dokuments einzelne Begriffe vorkommen.

Webbrowser, aber auch Suchmaschinen-Robots können Webseiten mit fehlerhaftem HTML-Code u.U. nicht korrekt parsen, was zu verlängerten Ladezeiten oder zu Problemen bei der Seitendarstellung führen und sich damit negativ auf das Ranking auswirken kann.

Schon aus diesem Grunde sollten Sie darauf achten, dass alle Webseiten möglichst fehlerfreien HTML-Code haben.

Ob die Qualität des HTML-Codes von Google auch als Qualitätsfaktor gewertet und als Rankingfaktor mit berücksichtigt wird, ist unter SEO-Experten umstritten.

Zwar hat Matt Cutts von Google in einem seiner Videoblogs angedeutet, dass die Validität des HTML-Codes kein Rankingkriterium ist,[140] aber das war im September 2009 und hat sich möglicherweise inzwischen geändert. Ich jedenfalls könnte mir gut vorstellen, dass die Qualität des HTML-Codes als ein – wenn auch schwaches – Signal in das Ranking einfließt, denn valides HTML lässt sich durchaus als Qualitätsfaktor werten. Modernes und fehlerfreies HTML (HTML5) deutet darauf hin, dass eine Website weiterentwickelt wird und dass dabei hohe Qualitätsstandards gelten. Es ist naheliegend, dass dies mit einer gewissen Wahrscheinlichkeit auch für den Inhalt gilt, was wiederum Grund genug sein könnte, um diesen Aspekt zu einem Rankingsignal zu machen.

---

140. *http://www.youtube.com/watch?v=FPBACTS-tyg*

Das Standardtool zur Überprüfung der Validität von HTML-Code ist der vom World Wide Web Consortium kostenlos zur Verfügung gestellte ***W3C-Validator***.

Diesen gibt es als webbasiertes Tool unter *https://validator.w3.org*[141] sowie als Software, die Webdesigner und Webentwickler auf einem eigenen Server innerhalb einer Testumgebung installieren können.[142]

Mithilfe des webbasierten W3C-Validators können Sie beliebige Webseiten überprüfen. Dazu geben Sie einfach die URL der Seite in das Eingabeformular des Validators ein.

Alternativ können Sie auch HTML-Dateien zur Prüfung auf den Server hochladen oder HTML-Code in das Eingabeformular (»Validate by direct input«) kopieren.

Als Webentwickler oder Webdesigner sollten Sie mithilfe des W3C-Validators Ihre HTML-Dateien und Templates überprüfen und alle Fehler beseitigen, die der W3C-Validator findet.

Als Projektleiter oder Auftraggeber sollten Sie mit der Webagentur vertraglich vereinbaren, dass alle HTML-Seiten der Webanwendung fehlerfrei sein müssen.

Sinnvollerweise sollten Sie neue Projekte mit HTML5 umsetzen. Sie zeigen Google damit, dass Sie moderne Standards beachten, was möglicherweise sogar als Qualitätsfaktor und damit als Signal für das Ranking gewertet wird.

Wenn Ihre Website auf HTML5 basiert, verwendet der W3C-Validator automatisch den sog. *Nu Html Checker*. Bei HTML5 gibt es keine formale Prüfung auf Gültigkeit (Validität), wie das bei XHTML der Fall war. Da HTML5 sich kontinuierlich weiterentwickelt, wollten die Programmierer des NU Html Checkers nicht so weit gehen.

Bei der Prüfung eines HTML5-Dokuments werden lediglich Fehler (Error) und Warnungen (Warning) angezeigt. Während Warnings sich nicht immer vermeiden lassen, sollte eine Webseite keine Fehler aufweisen (Abb. 69).

141. *https://validator.w3.org/*

142. siehe hierzu: *https://validator.w3.org/source/*

***Abb. 69*** *Überprüfung einer Webseite mit dem W3C-Validator*

## 9.2.2 HTML-Struktur

HTML dient bekanntermaßen dazu, den Inhalt einer Webseite semantisch sinnvoll zu strukturieren. Dazu gehört u.a. ein logischer Aufbau des Dokuments basierend auf Überschriften verschiedener Ordnung (`<h1>` bis `<h6>`), Fließtext in Absätzen (`<p>`), Listen, Tabellen usw. Achten Sie insbesondere darauf, dass die Struktur der Überschriften logisch ist und nicht z.B. zwischen zwei Überschriften der `<h3>`-Ebene eine `<h1>` kommt! Keywords in dieser Überschrift werden dann nämlich ignoriert, da die Gliederung nicht logisch ist.

### Nur eine h1-Überschrift pro Webseite: Mythos oder Wahrheit?

In SEO-Kreisen geistert die Behauptung durch die Lande, auf einer Webseite solle oder sogar dürfe es nur eine einzige Überschrift der h1-Ebene geben, sonst wäre das schlecht für das Ranking.

Was ist dran an dieser Behauptung?

Gleich vorweg: Diese Behauptung ist in dieser allgemeinen Form nicht zutreffend. Es ist vollkommen konform mit dem HTML-Standard, insbesondere mit HTML5, wenn ein Dokument mehrere Überschriften der obersten Ebene enthält. Es ist normal und logisch, ein Dokument so zu gliedern.

Auch Google hat damit überhaupt kein Problem, wenn ein Dokument mehrere oder gar viele h1-Überschriften beinhaltet.

Da die Begriffe in den h1-Überschriften ein besonders starkes Onpage-Rankingsignal senden, ist es aus SEO-Sicht sinnvoll, wenn die relevanten Keywords der Webseite in allen oder zumindest mehreren der h1-Überschriften vorkommen.

Da Google inzwischen sehr gut darin ist, Synonyme und semantisch verwandte Wörter zu identifizieren, ist aber nicht einmal das nötig. Sie können mehrere h1-Überschriften in einem Dokument sehr gut für das ***Theming*** verwenden, indem Sie gezielt die in der WDF*IDF-Termgewichtungsanalyse als wichtig identifizierten Begriffe in die Überschriften einbauen. Auf diese Weise werden die Onpage-Signale für die Relevanz des Dokuments zu einem bestimmten Thema mithilfe mehrerer h1-Überschriften noch verstärkt.

## 9.2.3 Keyword-Verteilung

Wie schon erwähnt, ist bei der Texterstellung eine Fokussierung auf einzelne Keywords heute nicht mehr zielführend. Stattdessen ist ein ganzheitlicher Ansatz nötig. Trotzdem schadet es nichts, bei der Verteilung der Keywords innerhalb der HTML-Struktur ein paar Dinge zu berücksichtigen. Dies kann immer noch dazu beitragen, für bestimmte Keywords ein gutes Ranking zu erzielen. Nach wie vor analysieren Suchmaschinen, auch Google, in welchen Abschnitten der Webseite das Keyword bzw. die Keyword-Kombination vorkommt. Besonders hoch gewichtet wird das Vorkommen:

- **im Seitentitel**, d.h. innerhalb der Tags `<title>...</title>` im Head-Bereich der Seite. Von allen Elementen der HTML-Seite hat das Vorkommen im Seitentitel mit Abstand das höchste Gewicht!
- **in den Überschriften.** Ihre Webseiten sollten daher unbedingt Überschriften enthalten, die mit den *h*-Tags als solche ausgewiesen sind. Das <h1>-Tag sollte die wichtigsten Keywords der Seite enthalten. Die Formatierung erledigen Sie mit CSS.
- Generell gilt: Je weiter oben (im HTML-Quellcode!) ein Keyword vorkommt, desto höher wird es gewichtet. Im Head-Bereich der Webseiten sollten sich daher keine großen JavaScripts oder CSS-Definitionen befinden. Lagern Sie diese konsequent in eigene Dateien aus.

Die einzelnen Bereiche werden aber nicht isoliert betrachtet, sondern miteinander in Bezug gesetzt. Die höchste Gewichtung erreicht ein Keyword, das sowohl im Seitentitel als auch möglichst weit oben auf der Seite in einer Überschrift und prominent im Fließtext vorkommt. Gleiches gilt selbstverständlich für Keyword-Kombinationen.

Als Grundregel gilt: Das Keyword, für das die Seite optimiert wird, muss im Seitentitel, in der ersten Überschrift und im ersten Satz des ersten Absatzes vorkommen. Die Kombination macht's!

### Der Seitentitel

Über die optimale Länge des Seitentitels streiten sich die Experten. Außerdem ändert Google immer mal wieder die Darstellung der Search Snippets auf der Suchergebnisseite und die Darstellung unterscheidet sich zudem auch noch auf großen Bildschirmen von der auf Smartphones.

Laut *seokratie.de*[143] gilt aktuell Folgendes:

*»Ein Title sollte maximal 569 Pixel lang sein. Das entspricht in etwa 65 Zeichen.«*

Laut *W3C*[144] soll der Seitentitel weniger als 64 Zeichen beinhalten. Da beim Setzen eines Lesezeichens bzw. Bookmarks der Inhalt des Title-Tags vom Webbrowser als Name für das Lesezeichen vorgeschlagen wird, sollte der Titel nicht zu lang sein. Der Firefox-Browser zeigt im Lesezeichen-Menü circa 40 Zeichen an, der Internet Explorer im Favoriten-Menü bis zu 64 Zeichen, danach folgen drei Pünktchen.

Google verwendet den Seitentitel eines HTML-Dokuments gerne als Titel des Suchtreffers auf der Suchergebnisseite. Dort zeigt Google maximal circa 55 Zeichen an. Ich rate daher dazu, den Seitentitel auf 45 bis 55 Zeichen anzupassen. Das ergibt für Google einen sehr schön darstellbaren Suchtreffer-Titel.

Bei der Relevanzberechnung wird aber nicht nur registriert, welche Wörter oder Wortkombinationen im Seitentitel vorkommen, sondern auch deren Anordnung bzw. Reihenfolge und Dichte. Je mehr Wörter im Titel stehen, desto geringer ist die Gewichtung für jedes einzelne Wort, da die Keyworddichte abnimmt.

Entgegen anderslautender Behauptungen ist eine Keyworddichte von 100 % im Titel nicht schädlich!

### Beispiel

Sie optimieren eine Seite auf die Keywords *Kreuzfahrt* und *Mittelmeer*. Der optimale Titel der Seite wäre dann `<title>Kreuzfahrt Mittelmeer</title>`.

---

143. *https://www.seokratie.de/title-description-laenge/*

144. *https://www.w3.org/Provider/Style/TITLE.html*

Sicherlich wenig schädlich dürfte das Hinzufügen eines kleinen Füllworts wie *im* sein: `<title>Kreuzfahrt im Mittelmeer</title>`.

### Metatags

Im Head-Bereich der HTML-Seite haben Sie die Möglichkeit, sogenannte Metainformationen (das sind Informationen über die Seite, die im Browserfenster nicht angezeigt werden) zu hinterlegen.

Der allgemeine Aufbau der Metatags sieht so aus:

```
<meta name="..." content="...">
```

Das Metatag hat also zwei Attribute *name* und *content*, die jeweils verschiedene Werte besitzen können.

### Die Meta-Description

Wirklich wichtig für die Suchmaschinenoptimierung ist nur ein einziges Metatag:

```
<meta name= "description" content="kurze Beschreibung der Seite">
```

Wie der Name *description* (Beschreibung) vermuten lässt, soll hier ein kurzer Text, der den Inhalt der Webseite beschreibt, hinterlegt werden. Für das Ranking spielt dieses Tag nur eine geringe direkte Rolle. Warum ist es dennoch wichtig? Einige Suchmaschinen, u.a. auch Google, listen den Inhalt dieses Tags als Beschreibungstext unter der URL auf der Ergebnisseite auf. Man kann davon ausgehen, dass dieser Text einen entscheidenden Einfluss darauf hat, ob der Suchende auf den dazugehörigen Link klickt oder nicht. Und damit beeinflusst der Inhalt dieses Metatags zumindest indirekt auch das Ranking, da höhere Durchklickraten ein positives Rankingsignal senden.

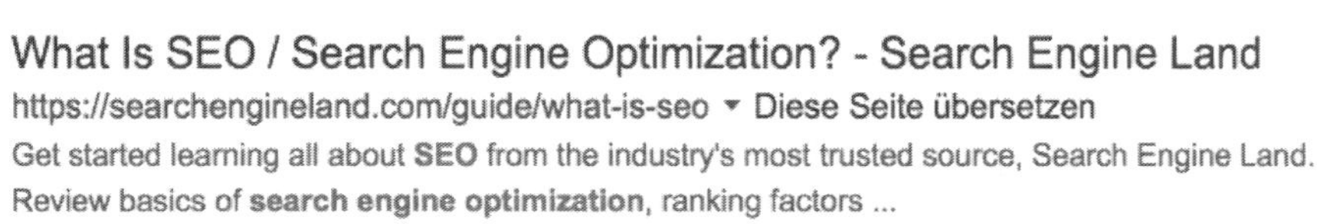


***Abb. 70*** *Suchtreffer bei der Suche nach »What is SEO«. Der im Treffer auf der Ergebnisseite von Google angezeigte Beschreibungstext stammt aus dem HTML-Tag* `<meta name="description">` *im* `<head>`*-Bereich der Trefferseite und ist 156 Zeichen (inkl. Leerzeichen) lang.*

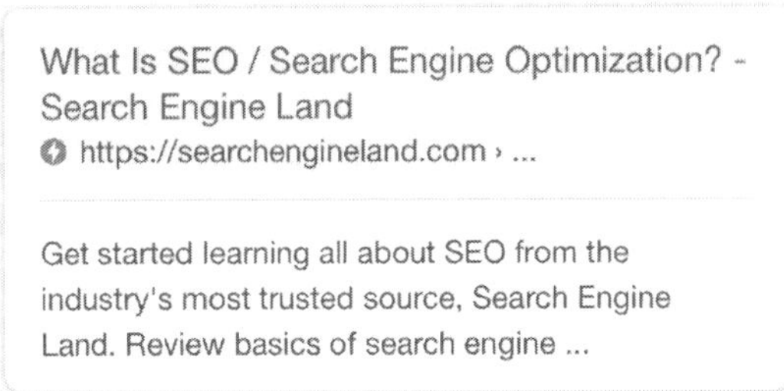


***Abb. 71*** *Derselbe Treffer auf einem Smartphone betrachtet. URL und Beschreibungstext sind kürzer als auf einem Desktop-Bildschirm dargestellt.*

Schreiben Sie also hier eine kurze, möglichst passende Beschreibung des Inhalts der Webseite hinein, die geeignet ist, den Suchenden dazu zu bewegen, Ihre Seite zu besuchen.

> Mein Tipp: Betrachten Sie die Meta-Description als Ihren Erstkontakt mit Ihrem potenziellen Kunden. Integrieren Sie nach Möglichkeit ein *Nutzenversprechen* und eine *Handlungsaufforderung.*

Laut *seokratie.de*[145] sollte eine Meta-Description mindestens ca. 100 Zeichen und maximal ca. 145 Zeichen lang sein. Mehr Zeichen (inklusive Leerzeichen) sollte die sog. ***Meta-Description*** nicht haben, da der Rest im Suchtreffer dann abgeschnitten wird.

Google verhält sich allerdings nicht ganz konsistent: Wenn die Meta-Description und der Body-Text offensichtlich nicht zusammenpassen, da sie nicht die gleichen Keywords enthalten, oder die vom Suchenden verwendeten Suchbegriffe in der Meta-Description nicht vorkommen, erzeugt Google eine eigene Beschreibung, die aus Textpassagen rund um das gesuchte Keyword im Body-Text besteht.

### Meta-Keywords

```
<meta name="keywords" content="keyword1, keyword2, keyword3, ...>
```

Dieses HTML-Tag wurde früher einmal von Suchmaschinen ausgewertet und beim Ranking berücksichtigt. Da man jedoch in dieses Tag praktisch alles hineinschreiben kann, was man will, ohne inhaltlichen Bezug zu der Webseite, wurde das Tag missbraucht, um für bestimmte Keywords ein gutes Ranking zu erreichen.

145. *https://www.seokratie.de/title-description-laenge/*

> Moderne Suchmaschinen beachten das Keyword-Metatag überhaupt nicht mehr!

Auf vielen Webseiten findet man dieses HTML-Tag dennoch weiterhin. Das kann recht praktisch sein, um herauszufinden, welche Keywords die Wettbewerber für relevant halten.

Sie können dieses HTML-Tag also getrost weglassen oder aus Ihren Seiten herauslöschen.

### Hervorhebungen im Text

Es ist eine sehr gute Idee, die Keywords im Fließtext der Webseite hervorzuheben, z. B. mit den HTML-Tags `<strong>` oder `<em>`. Das verbessert nicht nur die Lesbarkeit des Texts, sondern wird auch von den Suchmaschinen-Robots ausgewertet und erhöht das Ranking der Seite für die hervorgehobenen Begriffe, denn diese müssen ja offensichtlich besonders wichtig oder relevant sein, wenn der Autor sie so kennzeichnet …

Eine weitere Form der Hervorhebung sind Aufzählungen in Listenform (`<li>`-Tag), die sich sowohl auf die Lesbarkeit als auch auf das Ranking positiv auswirken.

Usability-Studien haben gezeigt, dass die meisten Menschen Webseiten nicht lesen, sondern lediglich überfliegen (»scannen«), um den Inhalt grob zu erfassen. Gelesen werden nur Webseiten, die wirklich relevante und für den Leser im Detail wichtige Informationen beinhalten. Und solche Texte werden häufig lieber ausgedruckt und erst dann gelesen.

Kommen Sie Ihren Besuchern also entgegen, indem Sie Ihre Texte

- kurz halten
- durch Überschriften und Absätze sinnvoll gliedern
- gestalten und wichtige Begriffe hervorheben
- gestalten und, wo immer sinnvoll, Listen und Aufzählungen verwenden.

### Weitere mögliche Stellen für Ihre Keywords

Manche Suchmaschinenoptimierer verteilen die Keywords noch an allen möglichen anderen Stellen des HTML-Dokuments. Diese seien nur der Vollständigkeit halber erwähnt, denn ein allzu großer Effekt auf das Ranking ist davon nicht zu erwarten.

*alt-Attribut:* Das *alt*-Attribut des *img*-Tags dient dazu, eine kurze Beschreibung des Bilds zu hinterlegen, z.B. für Besucher, die einen textbasierten Webbrowser verwenden und die Bilder nicht sehen können. Auch Sehbehinderte/Blinde verwenden in der Regel einen textbasierten Browser in Kombination mit einem Screenreader. Die *alt*-Attribute werden von Suchmaschinen durchaus beachtet und ausgewertet. Sie sollten also für alle eingebundenen Bilder auch Alt-Attribute setzen. Verwenden Sie aber nur sinnvolle Beschreibungen und hüten Sie sich auch hier vor Keyword Stuffing.

Es ist auch nicht unbedingt im Sinne der Barrierefreiheit, wenn Sie die *alt*-Attribute mit Keywords vollstopfen. Bedenken Sie, dass die Screenreader, die Sehbehinderte und Blinde einsetzen, die Alt-Attribute in der Regel vorlesen. Für diese Benutzer ist es dann nicht sehr angenehm, wenn statt einer kurzen Bildbeschreibung Dutzende Keywords vorgelesen werden!

*HTML-Kommentare:* Ob Suchmaschinen Keywords in HTML-Kommentaren überhaupt beachten, ist fraglich.

### 9.2.4 Meta-Tags

#### Einzelne Seiten von der Indexierung ausschließen

In vielen Websites gibt es Seiten, die nicht in Suchmaschinen gefunden werden sollen, z.B., weil sie sich nicht gut als Einstiegsseiten eignen. Fügen Sie in diese Seiten einfach folgendes Metatag ein:

```
<meta name="robots" content="noindex, nofollow">
```

Mit dem Wert *noindex* teilen Sie den Robots mit, dass diese Seite nicht indexiert werden darf. Alle großen Suchmaschinen halten sich an diese Anweisung. Wenn Sie auch nicht möchten, dass die Robots den Links in der Seite folgen, fügen Sie zusätzlich den Wert *nofollow* ein.

Es sind in diesem Tag auch die Werte *index* und *follow* erlaubt. Diese teilen den Robots mit, dass die Seite indexiert werden und der Robot den Links folgen darf. Das tun die Robots aber sowieso, wenn man es ihnen nicht ausdrücklich verbietet. Sie können also auf ein Metatag mit den Werten *index* und *follow* getrost verzichten.

#### Den Robots sagen, wann sie wiederkommen sollen?

Es existiert ein Metatag, mit dem Sie dem Robot Anweisungen geben können, in welchem Rhythmus er die Seite wieder besuchen soll.

```
<meta name="revisit-after" content="30 days">
```

Statt »30 days« können natürlich auch andere Werte gesetzt werden. Allerdings: Glauben Sie im Ernst, dass die Suchmaschinenbetreiber sich vorschreiben lassen, wie häufig die Robots Ihre Webseiten besuchen? Hier verlassen sich die Suchmaschinenbetreiber lieber auf ihre eigenen Analysen: Webseiten, die häufig und regelmäßig aktualisiert werden, werden häufiger besucht als solche, die selten aktualisiert werden. Das obige Metatag können Sie jedenfalls getrost weglassen.

## 9.3 Eingebundene Dateien optimieren

### 9.3.1 Bilder

#### Ladezeit optimieren

Von der wichtigen Bedeutung der Ladezeit als Rankingsignal haben Sie bereits erfahren (vgl. Abschnitt 5.3.7). Die eingebundenen Bilder bieten in aller Regel ein riesiges Potenzial dafür, die Ladezeit der Website zu verringern. Dies sollten Sie unbedingt nutzen. Der Schlüssel zur optimalen Reduzierung der Dateigröße liegt in folgenden drei Parametern:

- Reduzieren Sie Bilder auf die niedrigste sinnvolle Auflösung. Das ist die Auflösung, bei der die Bilder auf allen Endgeräten, die im Web verwendet werden, ohne verpixelt zu erscheinen sauber angezeigt werden. Es lässt sich heute keine pauschale Größe oder Auflösung angeben, da heute zu viele verschiedene Endgeräte verwendet werden. Besprechen Sie das Thema im Zweifelsfall mit Ihrem Grafiker/Webdesigner.
- Verwenden Sie ein jeweils für das Bild passendes Dateiformat (vgl. Abschnitt 8.4).
- Stellen Sie die Kompression auf den maximalen Wert ein, bei dem keine Kompressionsartefakte zu erkennen sind.

#### Setzen Sie Alt- und Title-Attribute

Auf die Möglichkeit, im *alt*-Attribut des *img*-Tags Keywords zu verwenden, habe ich bereits hingewiesen. Verwenden Sie an dieser Stelle jedoch nur Keywords, die auch zum Bild passen.

Das *title*-Attribut wird von den meisten Webbrowsern als sogenanntes »Tooltip« verwendet: Wenn man mit dem Mauszeiger über dem Bild stehen bleibt, so erscheint nach kurzer Zeit der Text aus dem *title*-Attribut in einer farblich hervorgehobenen kleinen Box. Das kann für den Betrachter durchaus hilfreich sein, vor allem, wenn es keine Bildunterschrift gibt. Das *title*-Attribut ersetzt quasi eine fehlende Bildunterschrift. Es ist kein Problem, wenn der Inhalt von *alt*- und *title*-Attribut identisch sind.

### Verwenden Sie Bildunterschriften

In HTML5 gibt es die Möglichkeit, zu einem Bild eine Bildunterschrift anzugeben. Machen Sie davon Gebrauch, vor allem bei den Bildern, die zu den Keywords der Seite passen! Die Bildunterschrift macht es für Google sehr leicht, zu erkennen, was das Thema des Bilds ist.

Ein komplettes Beispiel für ein optimal eingebundenes Bild sehen Sie im folgenden Listing (Keyword der Seite: »dichter goethe«):

```
<figure>
  <img src="dichter-goethe.jpg" width="600" height="800"
alt="Dichter Goethe" title="Portrait des Dichters Goethe" />
  <figcaption>Portrait des Dichters Goethe</figcaption>
</figure>
```

## 9.3.2 Videos

### Video-Sitemap

XML-Sitemaps stellen eine Möglichkeit dar, eine Suchmaschine darüber zu informieren, welche Seiten einer Website für die Indexierung zur Verfügung stehen. Die Suchmaschinenbetreiber Google, Yahoo und Microsoft haben sich zu diesem Zweck auf ein einheitliches Sitemap-Format geeinigt, das auch von anderen Suchmaschinen unterstützt wird. Die Spezifikation finden Sie unter *https://www.sitemaps.org/*.

Die Sitemap-Datei selbst können Sie von Hand in einem Texteditor oder mit einem der zahlreich vorhandenen Webtools erstellen. Bei umfangreichen Websites oder wenn sich Inhalte und Seiten oft ändern, ist es sinnvoll, den Prozess zu automatisieren. Eine Liste von Sitemap-Tools finden Sie *bei Google*[146].

Nach der Erstellung müssen Sie die Sitemap noch in Ihrem Google Search Console-Konto registrieren.

146. *https://code.google.com/p/sitemap-generators/wiki/SitemapGenerators*

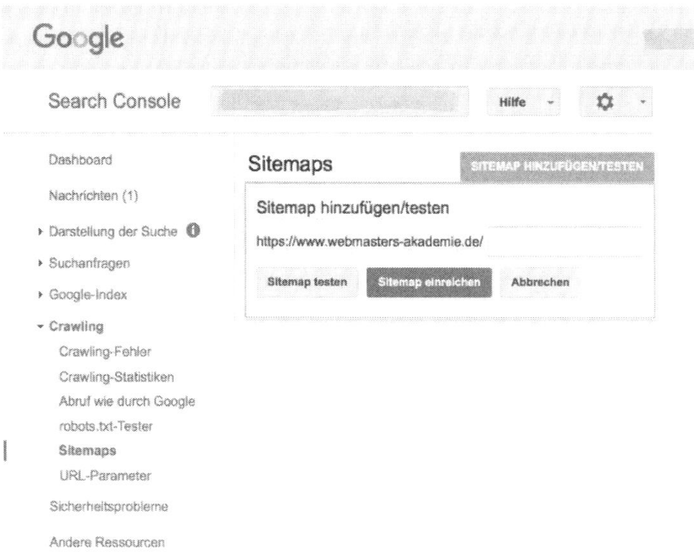


***Abb. 72*** *Registrieren einer Sitemap-Datei in der Google Search Console*

Während ich eine XML-Sitemap für eine Website, die lediglich »normale« Webseiten mit Text und Bildern enthält, für nicht unbedingt erforderlich halte, sieht der Fall anders aus, wenn Videos eingebunden sind.

Mithilfe der Video-Erweiterung von Google können Sie Informationen über Videoinhalte auf Ihrer Website bereitstellen und Google so dabei helfen, Ihre Videos zu finden und zu indexieren. Sie können in der Video-Sitemap Metainformationen über die Videos hinterlegen und Google damit Informationen liefern, die Google nicht aus der Website oder den Videodateien selbst gewinnen kann.

Orientieren Sie sich bei der Erstellung einer Video-Sitemap an folgendem Beispiel:

```
<urlset xmlns="http://www.sitemaps.org/schemas/sitemap/0.9"
xmlns:video="http://www.google.com/schemas/sitemap-video/1.1">
  <url>
    <loc>http://www.example.org/
seo-lernen-mit-dokschneider.html</loc>
    <video:video>
      <video:thumbnail_loc>http://www.example.org/videos/
thumbnail123.jpg</video:thumbnail_loc>
      <video:title>SEO lernen mit DokSchneider</video:title>
      <video:description>DokSchneider erklärt
Video-SEO</video:description>
      <video:content_loc>http://www.example.org/videos/
video-seo.mpeg</video:content_loc>
      <video:duration>720</video:duration>
      <video:publication_date>2014-10-07</video:publication_date>
```

```
        <video:uploader info="http://www.example.org/users/
dokschneider">DokSchneider</video:uploader>
      </video:video>
   </url>
</urlset>
```

***Codebeispiel 1*** *Beispiel einer XML-Sitemap mit der Video-Erweiterung von Google*

Im gezeigten Beispiel sind nur die ersten sieben Tags (<url>, <loc>, <video:video>, <video:thumbnail_loc>, <video:title>, <video:description>) und <video:content_loc> (alternativ: <video:player_loc>) vorgeschrieben. Dies sind auch die wichtigsten. Die anderen sind optional. Es gibt noch mehr mögliche Tags. In einem *Leitfaden von Google*[147] finden Sie eine komplette Liste und weitere Informationen zur Implementierung.

### 9.3.3 CSS-Dateien und Skripte

Da Google CSS- und JavaScript-Dateien nur eingeschränkt auswertet, bezieht sich die Optimierung im Wesentlichen auf die Optimierung der Ladezeit. Dazu gibt es eine ganze Reihe von Techniken, auf die ich hier jedoch nicht im Detail eingehen kann, da sie teilweise sehr komplex sind. Ein paar allgemeine Tipps:

1. Verwenden Sie nicht mehrere CSS-Dateien, sondern am besten nur eine, da jede CSS-Datei einzeln vom Server angefordert werden muss und jeder zusätzliche HTTP-Request die Ladezeit erhöht.
2. Komprimieren Sie CSS- und JavaScript-Dateien serverseitig mit GZIP. Dies ist mittlerweile Standard und wird von allen halbwegs aktuellen Webservern und Browsern unterstützt.
3. Wenn Sie in Ihre Webseite viele Hintergrundbilder (z. B. für Buttons oder Icons) eingebunden haben, erwägen Sie die Verwendung sogenannter *CSS Sprites*, um die Ladezeit zu verkürzen. Dabei werden alle Grafiken zu einer Grafik zusammengefasst, und mithilfe von CSS wird nur der jeweilige Bereich der »Collage« angezeigt, der das gewünschte Bild enthält. Eine detaillierte Einführung zum Thema finden Sie z. B. unter *https://css-tricks.com/css-sprites/*.

147. *https://support.google.com/webmasters/answer/80471?hl=de*

```
.facebook-icon {
  width: 100px;
  height: 100px;
  background-image: url(sprite.svg);
  background-repeat: no-repeat;
  background-position: -100px 20px;
}
```

***Abb. 73*** *Beispiel eines CSS-Sprites. Mehrere Grafiken befinden sich in einer Bilddatei; mithilfe von CSS wird der gewünschte Ausschnitt an der entsprechenden Stelle des Dokuments angezeigt. Bildnachweis: Icons made by Freepik (www.freepik.com) from www.flaticon.com*

## 9.4 Optimierung von »OnePagern«

Sog. *OnePager*, auch *Onepage Webbsites* oder *Single Page Layout* genannt, sind Websites, die nur aus einer einzigen Webseite bestehen, auf der alle Informationen und Funktionen untergebracht sind und die nur über eine einzige URL aufgerufen werden. Die verschiedenen Informationsbereiche werden per Sprungmarke angesteuert oder dynamisch per JavaScript nachgeladen, ohne dass neue URLs aufgerufen und vom Server heruntergeladen werden müssen. Die Bedienung erfolgt durch Scrollen statt Klicken und wird dadurch flüssiger — Look and Feel dieser Seiten ist oft angelehnt an die Bedienung von Apps auf mobilen Endgeräten.

Der Haken an diesem Ansatz ist, dass sich OnePager nur schwer für Suchmaschinen optimieren lassen. Der Ansatz, unterschiedliche Informationen auf einer einzigen Webseite bzw. URL unterzubringen, verstößt im Grunde gegen das Prinzip von Suchmaschinen, die davon ausgehen, dass Informationseinheiten jeweils einer individuellen URL zugeordnet sind. Das gesamte Prinzip eines Suchmaschinen-Index basiert auf dieser Annahme.

Unter SEO-Gesichtspunkten ist von der Erstellung von OnePagern daher abzuraten: Wenn die Auffindbarkeit in Suchmaschinen für Ihre Website wichtiger ist als das Look and Feel eines OnePagers, bleiben Sie lieber bei dem klassischen Ansatz einer Website, die aus vielen einzelnen Seiten besteht.

Falls Sie aus guten Gründen dennoch einen OnePager erstellen möchten, machen Sie sich vorher einige Gedanken zum Thema SEO:

### Informationsseite mit einem zentralen Thema

Wenn der OnePager **ein zentrales Thema** hat, das mit wenigen, semantisch verwandten Keywords beschrieben werden kann, ist eine Optimierung heute durchaus möglich, da Google diese Seite als eine ausführliche und nützliche Seite zum Thema identifizieren kann. Wichtig ist dann ein ausführlicher, idealerweise WDF*IDF-optimierter, gut gegliederter Text, der das Thema ausführlich beschreibt. Die Optimierung unterscheidet sich dann im Grunde nicht von der Optimierung einer einzelnen Webseite zu einem bestimmten Thema, die Teil einer größeren Website-Struktur ist.

Ein Beispiel dafür findet sich auf der Website *risikolebensversicherungen.com*[148]. Diese Seite behandelt das Thema *Risikolebensversicherung* ausführlich auf einer einzigen Seite und beleuchtet dabei unterschiedlichste Aspeke des Themas. Unterschiedliche Aspekte des Themas werden in getrennten Abschnitten der Seite behandelt. Jeder Bereich ist in einem **Inhaltsverzeichnis** oben auf der Seite gelistet und mit einer Sprungmarke verlinkt. So findet auch Googlebot jeden einzelnen Bereich, und jeder Bereich kann sogar auch von außen gezielt aufgerufen werden: der Abschnitt *Welche Vorteile hat eine Risikolebensversicherung?* z.B. mit der URL *https://www.risikolebensversicherungen.com/#vorteile-risikoversicherung*.

- Was ist eine Risikolebensversicherung?
- Welche Vorteile hat eine Risikolebensversicherung?
- Welche Nachteile hat eine Risikolebensversicherung?
- Weshalb ist eine Risikolebensversicherung so wichtig?
- Für wen lohnt sich eine Risikolebensversicherung? Und für wen lohnt es sich nicht?
- Wann benötigst Du eigentlich eine Risikolebensversicherung?
- Wie hoch sollte Deine Versicherungssumme sein?
- Muss Dich ein Arzt untersuchen? Was wird dann untersucht?
- Kannst Du eine Risikolebensversicherung kündigen?
- Kannst Du die Beiträge für Deine Risikolebensversicherung nachträglich erhöhen oder senken?
- Gibt es bei der Risikolebensversicherung eine Beitragsrückerstattung?
- Macht die Kombination mit einer Unfallzusatzversicherung Sinn?
- Lässt sich die Berufsunfähigkeitsversicherung mit einer Risikolebensversicherung kombinieren?
- Müssen Deine Hinterbliebenen auf die Auszahlung der Risikolebensversicherung Erbschaftssteuern bezahlen?
- Warum werden Raucher anders eingestuft als Nichtraucher?
- Eignet sich die Risikolebensversicherung als Absicherung für die Baufinanzierung?
- Was ist eine verbundene Risikolebensversicherung?
- An wen zahlt die Risikolebensversicherung?
- Worauf musst Du beim Online-Abschluss achten?

***Abb. 74*** *Inhaltsverzeichnis des OnePagers* https://www.risikolebensversicherungen.com/

Um die einzelnen Abschnitte im Inhaltsverzeichnis zu verlinken, nutzt man interne Verweise. Die einzelnen Abschnitte werden mit einer Sprungmarke (Anker) markiert, im Inhaltsverzeichnis setzt man Hyperlinks auf die jeweiligen Anker.

148. *https://www.risikolebensversicherungen.com/*

```
<ul>
  <li><a href="#was-ist-eine-risikolebensversicherung">Was ist
eine Risikolebensversicherung?</a></li>
  <li>…</li>
</ul>
…
<h2 id="was-ist-eine-risikolebensversicherung">Was ist eine
Risikolebensversicherung?</h2>
```

***Codebeispiel 2*** *HTML-Code (Beispiel) für ein Inhaltsverzeichnis mit internen Verweisen*

### Unterschiedliche URLs für einzelne Bereiche des OnePagers

Problematisch ist es, wenn Sie unter einer einzigen OnePager-URL ganz unterschiedliche Inhalte darstellen wollen, die jeweils andere Keywords haben. Eine einzige URL lässt sich kaum für ganz unterschiedliche Keywords optimieren. Es gibt jedoch einen technischen Trick: Mithilfe von JavaScript können Sie je nach Informationsbereich, der eingeblendet wird, die URL, die im Browser angezeigt wird, dynamisch umschreiben. Der Vorteil, dass keine neue Seite vom Server geladen werden muss, bleibt damit bestehen. Da die Google-Bots heute relativ viel JavaScript »verstehen«, kann Google verschiedene Informationsbereiche des OnePagers im Suchindex jeweils dazu passenden individuellen URLs zuordnen. Sie werden also von der Suchmaschine so behandelt, als wären es unterschiedliche Webseiten mit jeweils eigener URL.

Hierfür eignet sich die *JavaScript-Methode history.pushState()*[149]. Sie fügt einen neuen Eintrag in die Browser-Chronik ein und ändert die URL in der Addresszeile des Browsers, ohne dass der Browser versucht, die neue URL zu laden. Die URL sollte jedoch unbedingt auch »von außen« aufrufbar sein und der passende Informationsbereich angezeigt werden.

Syntax:

```
var newState = history.pushState(state, title, URL);
```

Die Methode verwendet drei Parameter:

- state = ein Objekt, das später mit *history.state* aufgerufen werden kann
- title = wird aktuell ignoriert
- URL = neue URL der Seite. Diese muss sich in derselben Domain befinden wie die aktuelle URL der Seite.

149. *https://developer.mozilla.org/en-US/docs/Web/API/History_API#The_pushState()_method*

Beispiele für den Einsatz dieser Methode finden Sie im Web, z.B. unter *https://www.plasticsunlimited.com/* (aufgerufen am 14.01.2018).

# 9.5 Optimierung für Mobilgeräte

## 9.5.1 Nutzung mobiler Endgeräte

Die Nutzung mobiler Endgeräte für den Internet-Zugriff hat seit 2013 stark zugenommen und die Nutzung von Desktop-Rechnern für diesen Zweck 2017 sogar überholt. Global entfielen im September 2019 51,78 % aller Zugriffe auf Smartphones, 44,57 % auf Desktop-Rechner und 3,65 % auf Tablets. Diese Verteilung scheint sich inzwischen stabilisiert zu haben, denn sie hat sich seit zwei Jahren nicht mehr wesentlich verändert (Abb. 75).

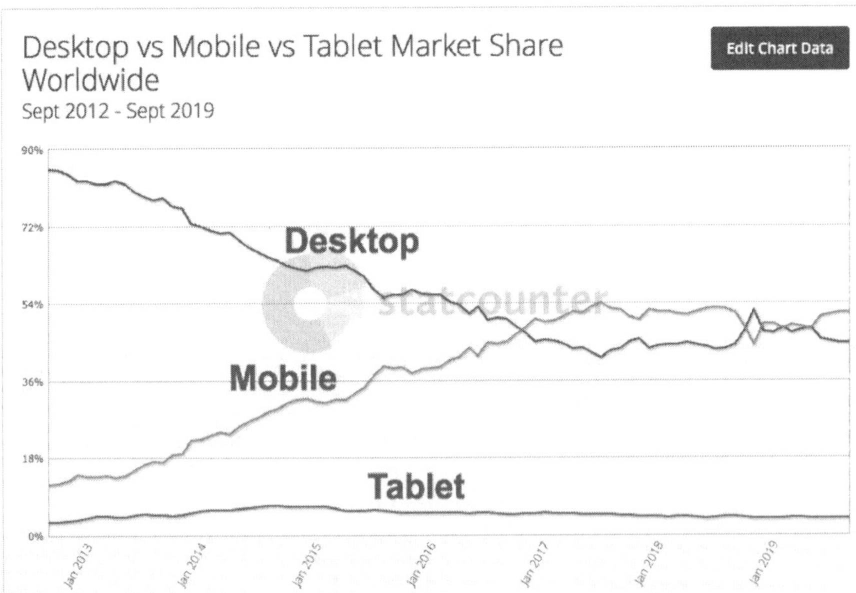


***Abb. 75*** *Die Nutzung mobiler Endgeräte für den Zugriff auf das Internet hat seit 2013 stark zugenommen und übersteigt inzwischen die Nutzung von Desktop-Rechnern, während die Nutzung von Tablets seit 2013 nahezu unverändert ist. https://gs.statcounter.com/platform-market-share/desktop-mobile-tablet/worldwide/*[150]

In Deutschland ist der Anteil der mobilen Nutzung mit knapp 41 % gegenüber 54 % Desktop-Nutzung etwas geringer.[151]

150. *https://www.plasticsunlimited.com/*
151. http://gs.statcounter.com/platform-market-share/desktop-mobile-tablet/germany

Der Anteil der Suchanfragen, die von Smartphones aus durchgeführt werden, macht laut Google inzwischen mehr als 50 % aus, eine Studie von Hitwise kommt für den US-Markt auf 58 %. Der Anteil der mobilen Suche variiert laut dieser Studie jedoch von Branche zu Branche. Der höchste Anteil findet sich mit 72 % in der Kategorie Nahrungsmittel und Getränke, der niedrigste Anteil mit 39 % für das Online-Banking[152]

Es ist daher nur logisch, dass Google analysiert, wie gut eine Website auf einem Smartphone funktioniert. Seit April 2015 gilt die Mobilfreundlichkeit einer Website bei Google als ein weiterer Rankingfaktor.

Webseiten, die nicht für die Darstellung auf Mobiltelefonen optimiert sind, fallen bei der Suche mit einem Mobiltelefon (»mobile search«) im Ranking ab.

### 9.5.2 Was sind für Google mobile Endgeräte?

Unter mobilen Endgeräten versteht Google vor allem Mobiltelefone, also Geräte mit einer Bildschirmgröße bis zu circa sechs Zoll.

Tablet-PCs (ab circa sechs Zoll Bildschirmgröße) behandelt Google eher wie Desktop-Rechner.

### 9.5.3 Wie beurteilt Google, ob eine Website »mobile-friendly« ist?

Google testet jede einzelne Webseite darauf, wie gut sie auf mobilen Endgeräten funktioniert. Vor allem die folgenden Kriterien sind entscheidend:

- Die Darstellungsgröße der Webseite passt sich so an den Bildschirm und die Auflösung des Bildschirms an, dass die Betrachter nicht zoomen oder horizontal scrollen müssen.
- Der Text lässt sich ohne Zoomen lesen.
- Der Abstand zwischen Hyperlinks ist so groß, dass die Betrachter problemlos auf einen einzelnen Link tippen können.
- Adobe Flash wird vermieden (Flash-Animationen im SWF-Format werden auf iOS-Geräten nicht angezeigt).
- Ladezeiten der einzelnen Webseiten: Kurze Ladezeiten sind insbesondere für Webseiten, die auf Mobilgeräten betrachtet werden, ein sehr wichtiges Rankingkriterium. Mobiler Traffic ist immer noch vergleichsweise teuer, und die

152. http://searchengineland.com/report-nearly-60-percent-searches-now-mobile-devices-255025

Hardware-Ressourcen der mobilen Endgeräte sind begrenzt. Google hat sogar ein eigenes Framework mit dem Namen ***Accelerated Mobile Pages (AMP)*** entwickelt, mit dem mobile Webseiten entwickelt werden können, die extrem schnell laden (siehe Abschnitt 9.5.6).

### 9.5.4 Was ist zu tun?

Falls Sie Ihre Website noch nicht für Mobilgeräte optimiert haben, sollten Sie das unbedingt so bald wie möglich nachholen.

Google empfiehlt dabei das sog. ***responsive Design***, also Webseiten, die sich automatisch an die Auflösung des Endgeräts anpassen können. Responsive Design ist technisch mit den Webstandards HTML5, CSS und JavaScript realisierbar. Außerdem gibt es zahlreiche Frameworks, mit denen sich responsive Webseiten schnell und einfach erstellen lassen. Hier ein paar Beispiele:

- *Bootstrap*[153]
- *Foundation*[154]
- *UIkit*[155]

Eine umfangreiche Liste moderner Frameworks finden Sie z.B. auf *http://webdesignlike.com/2016/best-free-responsive-html5-frameworks/*.

Das responsive Design alleine reicht aber noch nicht:

- Achten Sie darauf, keine Dateiformate zu verwenden, die auf Mobilgeräten Probleme machen können, wie z.B. Flash.
- Optimieren Sie die Ladezeiten Ihrer Webseiten. Führen Sie dazu sowohl Onpage-Maßnahmen, z.B. Optimierung der Bildgrößen und der eingebundenen CSS- und JavaScript-Dateien, als auch geeignete Offpage-Maßnahmen (Abschnitt 10.4) durch.

Wie Tabelle 9.1 und Tabelle 9.2 zeigen, werden von verschiedenen Endgeräten Bildschirme mit den unterschiedlichsten Eigenschaften (Auflösung, Seitenverhältnis) verwendet. Webseiten sollten sich daher automatisch an die Eigenschaften der verschiedenen Endgeräte anpassen.

153. *http://getbootstrap.com/*
154. *http://foundation.zurb.com/*
155. *http://getuikit.com/*

| Bildschirm-Seitenverhältnis | Marktanteil |
|---|---|
| 16:9 | 45,5 % |
| 16:10 | 23,0 % |
| 4:3 | 5,7 % |

***Tabelle 9.1*** *Marktanteil von Bildschirm-Seitenverhältnissen (Webtrekk Digital Intelligence Stats Germany Q2 2015)*

| Desktop | Mobiltelefone | Tablets |
|---|---|---|
| 1366x768 | 640x360 | 1024x768 |
| 1920x1080 | 568x320 | 1280x800 |
| 1280x1024 | 800x480 | 1024x600 |

***Tabelle 9.2*** *Die häufigsten Bildschirmauflösungen (in Pixeln) von Desktop-PCs, Mobiltelefonen und Tablets (Webtrekk Digital Intelligence Stats Germany Q2 2015)*

### Machen Sie auch die Bilder responsive

Während sich Vektorgrafiken problemlos auf Bildschirmen unterschiedlichster Größe skalieren lassen, müssen Pixelbilder in unterschiedlichen Größen, Auflösungen und Formaten für verschiedene Endgeräte bereitgestellt werden. Mithilfe des Attributs *srcset* erweitern Sie das img-Tag so, dass Sie verschiedene Bilddateien mit unterschiedlichen Eigenschaften für die verschiedenen Endgeräte einbinden können. Eine genaue Anleitung dazu finden Sie im *Web Fundamentals Guide*[156] von Google.

## 9.5.5 Der Google-Test auf Optimierung für Mobilgeräte

Google bietet ein *webbasiertes Test-Tool*[157] an, mit dem Sie einzelne URLs auf ihre Tauglichkeit für Mobilgeräte (aus Googles Sicht) testen können.

> Google bietet auch einen ***Leitfaden für Mobilgeräte***[158] an. Darin erfahren Sie, wie Sie Ihre Webseiten für Mobilgeräte optimieren. Außerdem gibt es einige Informationen über SEO für Mobilgeräte.

156. *https://developers.google.com/web/fundamentals/design-and-ux/responsive/images*
157. *https://search.google.com/test/mobile-friendly*

Abb. 76 zeigt das Ergebnis eines Tests auf Optimierung für Mobilgeräte. Das Test-Tool gibt Empfehlungen, welche Probleme behoben werden sollten.

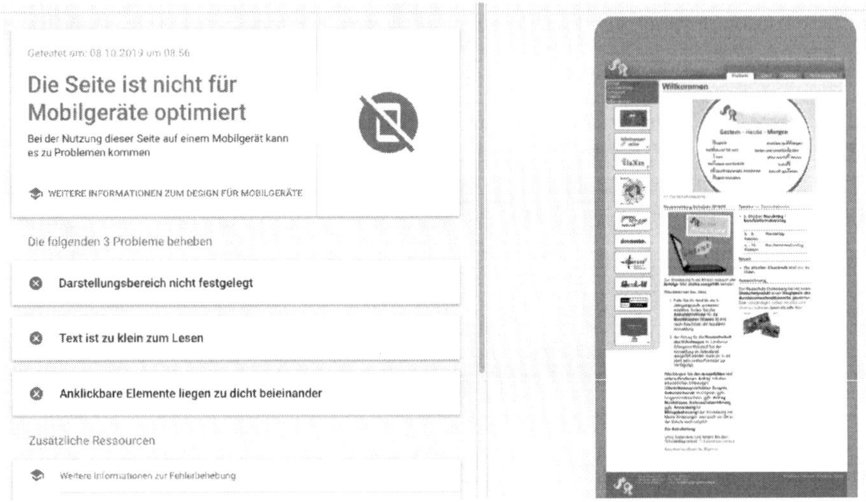


***Abb. 76*** *Google-Test auf Optimierung für Mobilgeräte*

**Schritt für Schritt 2:**

1. Rufen Sie die URL *https://search.google.com/search-console/mobile-friendly*[159] auf.
2. Testen Sie Ihre Websites auf die Optimierung für Mobilgeräte.

### 9.5.6 Accelerated Mobile Pages (AMP)

*AMP*[160] wurde 2016 unter Federführung von Google als quelloffenes, plattformübergreifendes Framework für die Erstellung von extrem schnell ladenden, für Mobilgeräte optimierten Webseiten und als Antwort auf Facebooks *Instant Articles*[161] veröffentlicht. Google stellt als Vorlage für AMP-Seiten folgendes Grundgerüst zur Verfügung:

158. *https://developers.google.com/webmasters/mobile-sites/*
159. *https://search.google.com/test/mobile-friendly*
160. *https://amp.dev/*
161. *https://instantarticles.fb.com/*

```
<!doctype html>
<html amp lang="en">
  <head>
    <meta charset="utf-8">
    <script async src="https://cdn.ampproject.org/
v0.js"></script>
    <title>Hello, AMPs</title>
    <link rel="canonical" href="http://example.ampproject.org/
article-metadata.html">
    <meta name="viewport"
content="width=device-width,minimum-scale=1,initial-scale=1">
    <script type="application/ld+json">
      {
        "@context": "http://schema.org",
        "@type": "NewsArticle",
        "headline": "Open-source framework for publishing
content",
        "datePublished": "2015-10-07T12:02:41Z",
        "image": [
          "logo.jpg"
        ]
      }
    </script>
    <style amp-boilerplate>body{-webkit-animation:-amp-start 8s
...
    </style></noscript>
  </head>
  <body>
    <h1>Welcome to the mobile web</h1>
  </body>
</html>
```

***Codebeispiel 3*** *Grundgerüst von AMP-Seiten (gekürzt). https://www.ampproject.org/docs/tutorials/create/basic_markup*

Neben einem eigenen HTML-Derivat (»AMP HTML«) gehörten zum AMP-Framework auch noch eine spezielle JavaScript-Bibliothek (»AMP JS«) und der sog. *Google AMP Cache*[162]. AMP HTML erlaubt nur einen Teil der bekannten HTML5-Tags, definiert dafür jedoch eigene Tags, die in HTML5 nicht vorkommen. CSS darf bei AMP nur inline und bis zu einer Maximalgröße von 50 Kilobyte verwendet werden. AMP JS ist für Ladezeitoptimierung auf mobilen Endgeräten ausgelegt und lädt z. B. alle Ressourcen asynchron. Der *Google AMP Cache* ist eine Art *Content Delivery Network*, das AMP-Seiten speichert und für eine schnelle, weltweite Auslieferung sorgt. Bilder werden bei AMP serverseitig auf die für das Endgerät passende Größe skaliert.

162. *https://developers.google.com/amp/cache/*

> **Wenn Sie AMP-Seiten entwickelt haben, können Sie diese mit dem Google-Tool *AMP-Test*[163] überprüfen.**

In der Summe führen diese Ansätze zu einer starken Verkürzung der Ladezeit der entsprechend konstruierten Webseiten — diese laden durchschnittlich in weniger als einer Sekunde.

Trotz weit verbreiteter Kritik an dem AMP-Framework (u.a. weil die AMP-Seiten von Google gespeichert und ausgeliefert werden) hat die Nutzung von AMP seit Einführung im Jahr 2016 bereits stark zugenommen: Laut *SearchEngine Journal*[164] gab es Mitte 2017 bereits mehr als zwei Milliarden AMP-Seiten, und über 900.000 Domains lieferten AMP-Seiten aus. Vor allem große Publisher wie Washington Post und Spiegel Online (SPON) setzen auf AMP, aber auch beispielsweise Ebay und WordPress.

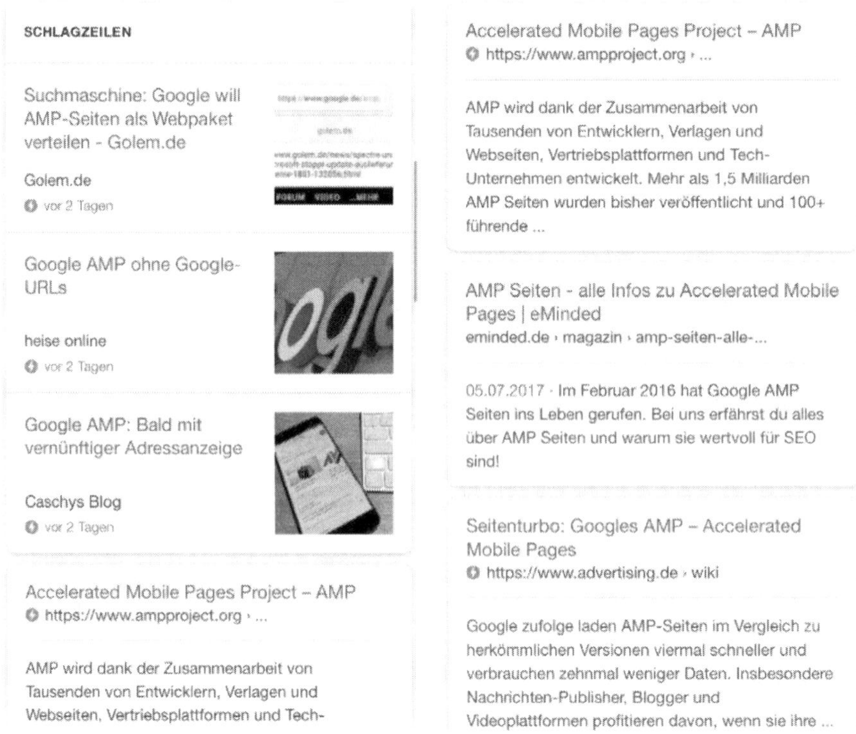


***Abb. 77*** *AMP-Seiten werden auf der Suchergebnisseite auf einem mobilen Endgerät mit einem Blitz-Symbol hervorgeboben.*

163. *https://search.google.com/test/amp*
164. *https://www.searchenginejournal.com/google-amp-review-seo/209324/*

AMP-Seiten werden von Google besonders behandelt: Auf der Suchergebnisseite werden AMP-Seiten mit einem Blitz-Symbol hervorgehoben. Bei Suchergebnissen aus Google-News haben AMP-Seiten in der mobilen Suche bereits einen spürbaren Rankingvorteil (Abb. 77, linkes Bild).

**Wie wichtig ist AMP für SEO?**

»Alles schön und gut« werden Sie sagen. Aber was bedeutet AMP nun für die Suchmaschinenoptimierung? Meine persönliche Einschätzung dazu ist folgende: Nachdem zu Beginn die allgemeine Skepsis groß war, und es vor allem von Seiten der Web-Entwicklern viel Kritik gab, scheint sich AMP immer mehr durchzusetzen. Google hat die Marktmacht, AMP als Standard zu etablieren. AMP ist vor allem für Content-Anbieter interessant, deren Seiteninhalte im Wesentlichen aus Text und Bildern bestehen. Für diesen Anwendungsbereich kann AMP bereits heute als der Goldstandard gelten. Für komplexe, interaktive Anwendungen ist AMP nicht gedacht. Immer mehr Publisher und Content-Anbieter springen auf den AMP-Zug auf, und Google bevorzugt AMP-Seiten schon jetzt in mobilen Suchergebnissen.

Insbesondere, wenn Sie Nachrichten- oder News-Seiten, aber auch Blog-Artikel oder ähnliches ausliefern, sollten Sie den Einsatz von AMP in Erwägung ziehen. Aber auch für Onlineshops ist AMP ein Thema: Kategorien-, Content- wie z.B. Ratgeber-Seiten und Produktseiten lassen sich gut mit AMP gestalten, Seiten mit komplexen JavaScript-Funktionen wie z.B. Warenkorbseiten sind eher problematisch und müssen auf traditionelle Weise optimiert werden. Beim mobilen Shopping werden AMP-Seiten wahrscheinlich bevorzugt werden, da sie auf mobilen Endgeräten schneller laden und sich einfacher bedienen lassen.

Selbstverständlich ist es auch möglich, AMP auch nur in ausgewählten Bereichen einer Website oder Webanwendung zu verwenden. Somit ist AMP für nahezu jeden Website-Betreiber eine Option.

## 9.5.7 Gibt es Alternativen zu AMP?

Ob alleine die Verwendung von AMP ein Ranking-Signal ist oder werden wird, ist umstritten. Höchstwahrscheinlich bleibt das wesentliche Ranking-Signal die Ladezeit. In jedem Fall ist es sinnvoll, die Ladezeit schon auf traditionelle Art und Weise für Ihre responsiven Webseiten auf ein Minimum zu reduzieren. Damit können Sie möglicherweise gegenüber schlecht optimierten AMP-Seiten bestehen. An die Ladezeit von sauber gestalteten AMP-Seiten dürften Sie damit jedoch kaum herankommen, alleine schon weil die AMP-Seiten im Google AMP Cache vorgehalten werden und Google diese bereits im Hintergrund laden kann, während sich der Suchende die Suchergebnisseite betrachtet.

### 9.5.8 Progressive Web Apps (PWA)

Ein relativ neuer Ansatz, um responsive Web-Anwendungen und echte mobile Apps zusammenzuführen, sind die sog. ***Progressive Web Apps (PWA)***. Diese gehen auf eine Initiative von Google zurück.

Progressive Web Apps werden, wie normale responsive Webseiten, mit HTML5, CSS3 und JavaScript realisiert. Mithilfe sog. *Service Worker* stellen PWAs ihre Funktionalität offline zur Verfügung. Sie lassen sich wie eine normale Webseite via URL aufrufen, aber auch wie eine App dem Homescreen hinzufügen, jedoch ohne sie wie eine native App installieren zu müssen. Sie sollen einen fließenden Übergang zwischen Web-Anwendung und App ermöglichen und in vielen Fällen die Entwicklung nativer Apps überflüssig machen.

Aktuell ist ein vollständiger Support von PWAs durch die Webbrowser und mobilen Betriebssysteme noch nicht gegeben. Das dürfte sich jedoch bald ändern. Google informiert auf den *Google Developer Seiten*[165] bereits ausführlich über das Thema, und der Google-Chrome-Browser unterstützt diesen neuen Standard bereits umfassend. PWA könnten in Zukunft eine wichtige Rolle bei der Optimierung für mobile Endgeräte spielen. Behalten Sie das Thema im Auge!

## 9.6 Teste Dein Wissen!

1. Welcher Bereich einer Webseite ist für das Ranking besonders wichtig?

   *Bitte ankreuzen:*

   ☐ der direkt sichtbare Bereich (above the fold)

   ☐ der Kopfbereich (Header)

   ☐ die linke Seitenleiste

   ☐ der Fußbereich (Footer)

   ☐ alle Bereiche sind gleich wichtig

2. Warum ist valider HTML-Code wichtig?

   *Bitte ankreuzen:*

   ☐ Valider HTML-Code ist ein Qualitätskriterium und daher möglicherweise auch ein Rankingsignal, wenn auch ein schwaches.

   ☐ Suchmaschinen-Robots und Webbrowser können fehlerhaften HTML-Code möglicherweise nicht korrekt parsen.

165. *https://developers.google.com/web/progressive-web-apps/*

- [ ] Die Validität des HTML-Codes ist ein von Google offiziell bestätigtes positives Rankingsignal.
- [ ] Nicht valider HTML-Code ist ein von Google offiziell bestätigtes negatives Rankingsignal.

3. In welchem Abschnitt oder welchen Abschnitten des HTML-Dokuments sollten die relevanten Keywords vorkommen, um starke Rankingsignale für diese Keywords zu senden?

   *Bitte ankreuzen:*

   - [ ] im Title-Tag
   - [ ] in der sog. Meta-Description
   - [ ] in der ersten h1-Überschrift
   - [ ] im ersten Absatz des Fließtexts

4. Welche Inhaltstypen bewertet Google negativ, wenn sich davon zu viel im Bereich »above the fold« einer Webseite befindet?

   *Bitte ankreuzen:*

   - [ ] Bilder
   - [ ] Texte
   - [ ] Aufzählungen
   - [ ] Grafiken
   - [ ] Werbebanner

5. Wie können Sie Suchmaschinen-Robots im HTML-Quellcode einer Webseite mitteilen, dass sie sie indexieren aber den Verlinkungen **nicht** folgen sollen?

   *Bitte ankreuzen:*

   - ☐ Ich integriere in den <head>-Bereich der Webseite das Metatag <meta name="robots" content="index, nofollow">.
   - ☐ Ich integriere in den <head>-Bereich der Webseite das Metatag <meta name="robots" content="index">.
   - ☐ Ich füge je URL der aus der Seite verlinkten Webseiten ein »Disallow:« in die *robots.txt* der Website ein.
   - ☐ Ich integriere in den <head>-Bereich der Webseite das Metatag <meta name="robots" content="noindex, nofollow">.
   - ☐ Ich richte für die Seiten, die in der Website verlinkt sind, einen Passwortschutz auf dem Server ein.

6. Welche wichtige (vorgeschriebene) Angabe fehlt in dieser *Video-Sitemap*-XML-Datei?

```
<urlset xmlns="http://www.sitemaps.org/schemas/sitemap/0.9"
xmlns:video="http://www.google.com/schemas/sitemap-video/1.1">
  <url>
    <loc>http://www.example.org/
urlaubsvideo-thailand.html</loc>
    <video:video><video:thumbnail_loc>http://www.example.org/
videos/thumbnail5.jpg</video:thumbnail_loc>
    <video:title>Mein schönstes Video vom Urlaub in
Thailand</video:title>
    <video:description>Phantastische Aufnahmen aus dem
Landesinneren und vom Strand.</video:description>
    <video:duration>1200</video:duration>
    <video:publication_date>2018-07-07</video:publication_date>
    <video:uploader info="http://www.example.org/users/
mrthailand">Mr. Thailand</video:uploader>
    </video:video>
  </url>
</urlset>
```

   *Bitte ankreuzen:*

   - ☐ Es fehlt die Angabe der URL des Videos per XML-Tag <video:content_loc>.
   - ☐ Es fehlt die Angabe des Autors des Videos per XML-Tag <video:author>.

- ☐ Es fehlt die Angabe des Ortes, an dem das Video aufgenommen wurde, per XML-Tag <video:location>.
- ☐ Es fehlt die Angabe der Keywords per XML-Tag <video:keywords>, zu denen das Video gefunden werden soll.

# 10 Site, Server & Domain

**In dieser Lektion lernen Sie**

- was bei der Wahl eines Domainnamens zu berücksichtigen ist.
- wie suchmaschinenfreundliche URLs aufgebaut sind.
- welchen Einfluss die Informationsarchitektur auf das Ranking hat.
- wie Sie mit »Duplicate Content« (Dubletten) umgehen.
- wie Sie die Ladezeiten Ihrer Webseiten prüfen und optimieren können.
- warum Sie (falls noch nicht geschehen) auf HTTPS umstellen sollten, und was es mit HTTP/2 auf sich hat.
- was Sie bei der Wahl des Providers und der Server-Architektur beachten sollten.
- wozu die Steuerdatei *robots.txt* dient und wie sie aufgebaut ist.

Die Website als Summe aller Webseiten einer Internetpräsenz, der Domain-Name und die technische Infrastruktur (Server, Rechenzentrum, Webanwendung etc.) senden ebenfalls eine Reihe von Rankingsignalen, die optimiert werden können.

## 10.1 Domainname und URL

Webseiten haben im Internet eine weltweit eindeutige Adresse, mit der sie aufgerufen werden können. Diese bezeichnet man als ***Uniform Ressource Locator***, abgekürzt ***URL***.

Anhand eines Beispiels lässt sich der Aufbau einer URL am besten erklären:

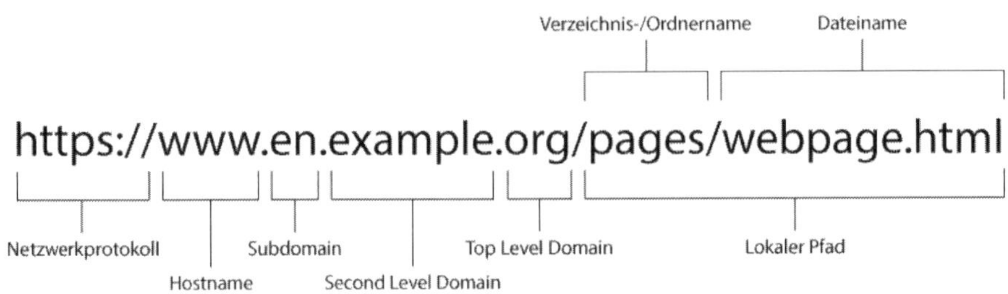


***Abb. 78*** *Aufbau einer URL*

Folgendes ist dabei zu beachten:

- Die Top-Level-Domains (TLD) werden von der *ICANN*[166] (Internet Corporation for Assigned Names and Numbers) festgelegt. Unternehmen und andere Organisationen können seit 2012 eigene Top-Level-Domains beantragen, was allerdings mit sehr hohen Kosten verbunden ist und für die wenigsten Unternehmen infrage kommt.
- Die Second-Level-Domain muss bei einem Network Information Center (in Deutschland z.B. der *DENIC*[167] (Deutsches Network Information Center) beantragt werden und kostet eine jährliche Gebühr.
- Subdomains können von dem Inhaber einer Second-Level-Domain nach Belieben eingerichtet werden. Dazu ist weder ein Antrag noch eine Genehmigung nötig, sondern lediglich ein Eintrag in der sog. *Zonendatei* des Nameservers, der für die Second-Level-Domain zuständig ist. In der Regel handelt es sich dabei um einen Nameserver Ihres Internet Service Providers (dt.: Internetdienstleister).
- Hostnamen können, genau wie Subdomains, nach Belieben vergeben werden. Für Webserver hat sich das Kürzel *www* eingebürgert, es sind aber prinzipiell beliebige Namen möglich.
- Der lokale Pfad auf dem Server ergab sich früher, d.h. bei rein statischen Webseiten, aus der Verzeichnisstruktur der Website auf dem Server. Bei modernen Webanwendungen wie Content-Management-Systemen (CMS) oder Onlineshops ist dieser Teil der URL in aller Regel frei gestaltbar.

Wie sollte eine solche URL idealerweise aufgebaut sein, um für ein bestimmtes Keyword maximale Rankingsignale zu senden?

Wenn der Domainname (Second-Level-Domain) ein Keyword enthält (sog. ***Keyword-Domain***), kann sich das auch heute noch positiv auf das Ranking auswirken, zumindest wenn die dazugehörigen Webseiten auch für dasselbe Keyword optimiert sind. Keywords im Domainnamen sind immer noch ein vergleichsweise starkes Rankingsignal.

Der eigene Domainname enthält jedoch häufig kein Keyword, sondern beispielsweise den Firmennamen, der in der Regel kein Keyword ist. Es stellt sich nun die Frage, ob Sie eine oder mehrere Domains registrieren sollten, die für Sie relevante Keywords beinhalten. Schließlich kosten Domains heute fast nichts mehr. Man könnte beispielsweise viele Domains mit passenden Keywords registrieren und alle auf eine Website leiten (Domain-Aliasse), oder man könnte Kopien der Website unter verschiedenen Domainnamen betreiben.

166. *https://www.icann.org/*
167. *https://www.denic.de/*

Leider (oder zum Glück?) führen beide Ansätze heute nicht mehr zum Erfolg. Die serverseitige Umleitung einer Domain auf eine andere mithilfe eines HTTP-Redirects wird von den Robots erkannt. Indexiert wird dann nur die Ziel-Domain. Mehrere Kopien einer Website unter verschiedenen Domainnamen zu betreiben, ist ebenfalls keine gute Idee. Die großen Suchmaschinen führen nämlich bei den Dokumenten im Suchindex eine Dublettenprüfung durch. Erkennen sie, dass dasselbe Dokument unter verschiedenen URLs im Index existiert, werden alle Dubletten entfernt. Übrig bleibt nur eine Kopie, und Sie haben keinen direkten Einfluss darauf, welche (vgl. Abschnitt 10.3.3).

Insgesamt lässt sich festhalten: Die Einrichtung von Keyword-Domains macht nur dann Sinn, wenn diesen Domains jeweils eine einzigartige Website zugeordnet ist. Wenn Sie z. B. für jedes Ihrer Produkte oder für jede Ihrer Marken eine eigene Website betreiben, ist das eine gute Idee.

### Einrichtung von Subdomains oder Hostnamen

Jeder Inhaber einer Second-Level-Domain kann Subdomains und Hostnamen nach Belieben einrichten, ohne sich dabei an eine offizielle Stelle wenden zu müssen. Es ist also naheliegend, Subdomains und/oder Hostnamen einzurichten, die relevante Keywords beinhalten. Dies wurde früher in großem Umfang gemacht und blieb auch Google nicht verborgen. Die Relevanz von Keywords in Subdomains oder Hostnamen hat in den letzten Jahren immer weiter abgenommen. Die Probleme mit HTTP-Weiterleitungen und Dubletten sind die gleichen wie bei den Domainnamen. Für die Einrichtung von Keyword-Subdomains oder Hosts gilt daher die gleiche Regel wie bei den Second-Level-Keyword-Domains: Es lohnt sich nur, wenn Sie eine einzigartige Website unter der Subdomain bzw. dem Hostnamen betreiben.

### Lokaler Pfad

Der lokale Pfad sollte idealerweise nur aus den relevanten Keywords der Zielseite bestehen. Da bei modernen Webanwendungen der lokale Pfad in der Regel frei definierbar ist (er muss innerhalb der Domain nur eindeutig sein), lässt sich das technisch leicht bewerkstelligen.

Schauen wir uns als Beispiel die folgende URL an, die bei einer Google-Suche nach »Senseo Kaffeemaschine« auf Position 1 rankt:

```
https://www.amazon.de/senseo-kaffeemaschine/
s?ie=UTF8&page=1&rh=i%3Aaps%2Ck%3Asenseo%20kaffeemaschine
```

Die Produktseiten von Amazon werden nicht ohne Grund in Google so gut gefunden. Amazon investiert schon seit vielen Jahren massiv in SEO. Die URLs der Artikelseiten sind selbstverständlich auch entsprechend optimiert.

Die Optimierung besteht darin, dass die relevanten Keywords (Philips, Kaffeepadmaschine, Senseo, schwarz) direkt nach dem »/« in der URL kommen, also zu Beginn des lokalen Pfads. Was danach kommt, z. B. die Artikelnummer oder irgendwelche Parameter, ist für die Optimierung irrelevant.

Es gibt also eine ganz einfache Empfehlung für eine suchmaschinenoptimierte URL, und dann sind Sie fertig mit dem Thema:

Sorgen Sie dafür, dass direkt nach dem Zeichen »/«, also zu Beginn des lokalen Pfads, die relevanten Keywords der Webseite kommen. Diese trennen Sie mit dem Minuszeichen. Was dahinter noch steht, ist nicht relevant.

Selbst mehrere Parameter dürfen in der URL vorkommen, Google stört das nicht!

Davor sollte jedoch nichts stehen. **Vermeiden** Sie URLs, die nach Verzeichnisstrukturen aussehen und z. B. Kategorienbezeichnungen beinhalten, die keine relevanten Keywords sind wie */elektro/kuechengeraete/Kaffeemaschinen/Kaffeepadmaschinen/Philips/Senseo*.

## 10.2 Struktur der Website

Die Verlinkungsstruktur einer Website hat einen vergleichsweise großen Einfluss auf die Visibility einzelner Seiten in Google. Webseiten, die von der Startseite aus mit nur ein bis zwei Klicks erreichbar sind, werden in der Regel in Suchmaschinen besser gefunden als Webseiten, die sehr tief in der Verschachtelungsstruktur liegen und nur mit mehr als drei Klicks von der Startseite aus erreichbar sind.

Das hängt im Wesentlichen mit der PageRank-Verteilung innerhalb einer Website zusammen.

> Bedenken Sie, dass der PageRank auch innerhalb einer Website vererbt wird, da der PageRank-Algorithmus (siehe Abschnitt 4.2) auch hier gilt.

Bei den meisten Websites zeigt die Mehrheit der eingehenden Links (Backlinks) auf die Startseite, daher hat die Startseite in der Regel den höchsten PageRank-Wert.

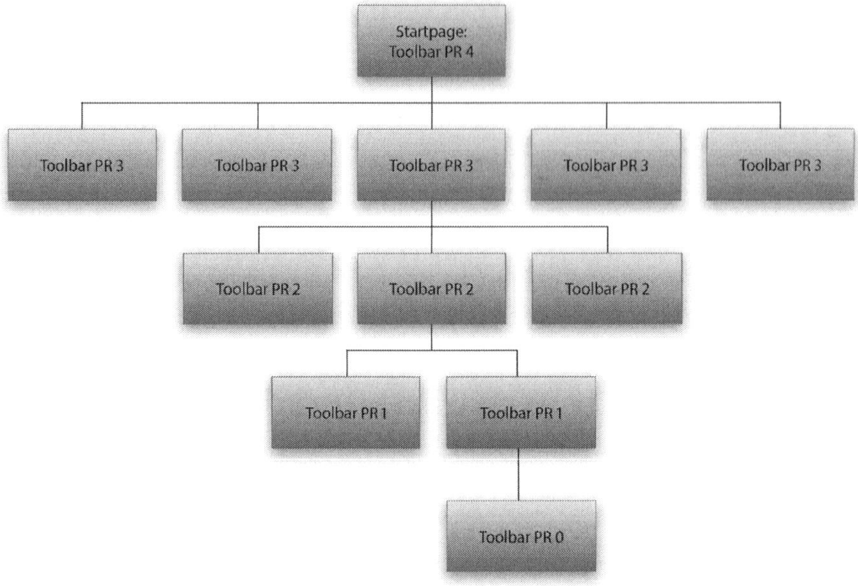


***Abb. 79*** *Typische Verteilung des sog. Toolbar-PageRanks innerhalb einer Website*

Von der Startseite aus wird der PageRank über die Links der Haupt- und Subnavigation auf die Unterseiten vererbt. Wenn man sich die Verteilung des sog. Toolbar-PageRanks (vgl. Abschnitt 4.2.4) innerhalb einer Website anschaut, dann beobachtet man in der Regel, dass der Toolbar-PageRank von der Startseite ausgehend auf jeder Unterebene jeweils um 1 abnimmt (ich nenne dies gerne die n-1-Regel), wie in Abb. 79 dargestellt[168].

Natürlich gibt es von dieser Regel Ausnahmen:

- Befindet sich die Startseite z. B. am unteren Ende eines Toolbar-PageRank-Werts, so ist es möglich, dass die Seiten der ersten Unterebene bereits einen um 2 niedrigeren Toolbar-PageRank besitzen.
- Befindet sie sich dagegen am oberen Ende eines Toolbar-PageRank-Werts, dann haben die Webseiten der ersten Unterebene manchmal denselben Toolbar-PageRank-Wert wie die Startseite.
- Gibt es auf der Startseite viele ausgehende Links, möglicherweise sogar zu externen Websites, dann bricht der PageRank schon auf der ersten Unterebene ein.

168. Seit Google die Veröffentlichung der Toolbar-PageRank-Werte Mitte 2016 eingestellt hat, müssen Sie hierfür mit den PageRank-Alternativen, z. B. LRT Power, arbeiten.

Die ersten beiden Effekte hängen damit zusammen, dass der Toolbar-PageRank ein logarithmischer Wert ist. Je höher der Wert, desto größer ist der Wertebereich des tatsächlichen PageRanks (vgl. Abschnitt 4.2.4).

Der dritte Punkt liegt ganz einfach daran, dass in der PageRank-Formel die Zahl der ausgehenden Links jeweils im Nenner steht. Das hatten wir ja ausführlich besprochen. Je mehr ausgehende Links eine Webseite trägt, desto weniger PageRank wird an jede verlinkte Seite vererbt.

Prinzipiell gilt: Je tiefer eine Webseite innerhalb der Informationsarchitektur einer Website liegt, d.h. je mehr Klicks von der Startseite aus man benötigt, um diese Seite zu erreichen, desto weniger PageRank kommt auf dieser Seite an.

Und da der PageRank immer noch ein wichtiger Rankingfaktor ist, werden solche Seiten entsprechend schlecht gefunden.

Hieraus lassen sich folgende Empfehlungen ableiten:

- Für jede Website ist es von Vorteil, wenn die Startseite einen möglichst hohen PageRank besitzt, da diese ihren PageRank auf die Unterseiten vererbt.
- Vermeiden Sie auf der Startseite ausgehende Links auf fremde Websites, da Ihre gesamte Website damit PageRank verliert!
- Flache Strukturen sind besser als stark hierarchische Strukturen. Je weniger Klicks Sie brauchen, um von der Startseite aus auf die Unterseiten zu gelangen, die Sie in Suchmaschinen auffindbar machen möchten, desto besser.
- Ein effektives Mittel, um gezielt einzelne Seiten zu optimieren, sind direkte Backlinks von fremden Websites auf diese Seiten. (Natürlich nur wertvolle Links von thematisch verwandten Seiten, die selbst einen guten PageRank aufweisen.) Diese erhöhen nicht nur den PageRank der Unterseite, sondern, da diese ja in der Regel wiederum auf die Startseite der Website zurückverlinkt, letztlich den PageRank aller Seiten innerhalb Ihrer Website.
- Wenn Sie eine tief in der Hierarchie liegende Webseite besser ranken lassen wollen, dann kann es helfen, von der Startseite aus einen direkten Link auf diese Seite zu platzieren.

Was lernen wir daraus? Ein sehr häufiger Grund dafür, dass onpage-optimierte Webseiten nicht gut ranken, ist, dass sie einen unterirdischen PageRank haben. Mit einem Toolbar-PageRank von unter 2 können Sie nicht erwarten, dass eine Seite gut gefunden wird, wenn es konkurrierende Seiten mit höheren PageRank-Werten gibt!

Was Sie dagegen tun können, wissen Sie inzwischen. Vergessen Sie dabei nicht, dass Sie den tatsächlichen PageRank-Wert einer Webseite nicht ermitteln können und dass Google den Toolbar-PageRank nicht mehr veröffentlicht, sodass Sie auf alternative Metriken wie z.B. LRT Power zurückgreifen müssen (vgl. Abschnitt 4.4)!

## 10.3 Umgang mit »Duplicate Content«

Duplicate Content (»duplizierter Inhalt«) bedeutet, dass ein (nahezu) identischer Text unter verschiedenen URLs erreichbar ist. Diese URLs werden als ***Dubletten*** bezeichnet.

Duplicate Content ist in der SEO-Gemeinde ein großes Thema. Seit Langem schon kursiert das Gerücht, Google würde Webseiten abstrafen, wenn deren Inhalt auf anderen Seiten ebenfalls vorkommt.

Google-Mitarbeiterin Susan Moskwa (ihre Jobbezeichnung lautet »Webmaster Trends Analyst«) hat in einem Beitrag im offiziellen Google Webmaster Central Blog aber klargestellt:[169]

> *Es gibt keine »Duplicate Content-Penalty«! Duplizierter Content auf einer Website ist kein Grund für Maßnahmen gegen diese Website, außer es scheint, dass mit diesem duplizierten Content Nutzer getäuscht bzw. Suchmaschinenergebnisse manipuliert werden sollen. Falls Ihre Website duplizierten Content enthält (...), tun wir unser Bestes, eine Version des Contents in unseren Suchergebnissen anzuzeigen.*

Was ist also dran an der Sache?

### 10.3.1 Ursachen von Duplicate Content

Duplicate Content ist ein im Web sehr häufig anzutreffendes Phänomen und kann unterschiedliche Ursachen haben:

- eine Website wird auf einen anderen Server und eine andere Domain umgezogen, die alte Website und Domain jedoch nicht gelöscht.
- Es werden Domain-Aliasse eingerichtet, also unterschiedliche Domainnamen, die jedoch auf den gleichen Webserver verweisen. Die meisten Unternehmen besitzen neben ihrer Hauptdomain noch ähnliche Domainnamen oder Domains mit alternativen Schreibweisen, damit diese nicht durch Dritte konnektiert werden. Ein Beispiel dafür: XYConsulting.com und XY-Consulting.com. Dieselbe Website ist dann unter Umständen (abhängig von der Konfiguration des Webservers) unter beiden Domains erreichbar.
- Viele Websites kaufen Content von sog. *Content-Brokern* ein, sodass dieselben oder sehr ähnliche Texte u. U. auf vielen Webseiten erscheinen.
- Texte werden (erlaubter- oder illegalerweise) oftmals einfach kopiert und erscheinen so auf ganz unterschiedlichen Websites. Ein besonders beliebtes

169. *http://googlewebmastercentral-de.blogspot.com/2008/09/die-duplicate-content-penalty.html* (deutsche Übersetzung des englischsprachigen Original-Posts)

Opfer dafür ist Wikipedia. Texte aus Wikipedia findet man oftmals auf einer ganzen Reihe unterschiedlicher Websites wieder. Besonders Websites, die wirklich nützliche Inhalte bieten, müssen fürchten, dass ihre Texte ungefragt auf anderen Websites publiziert werden.

- Texte werden auf anderen Websites oder unter anderen Domainnamen dupliziert, um insgesamt eine größere Visibility in Suchmaschinen zu erreichen. Das ist ein klarer Manipulationsversuch und wird von Google bestraft, sofern Google dies erkennt oder dies an Google gemeldet wird.

### 10.3.2 Auswirkungen von Duplicate Content

Die Gründe für Duplicate Content sind also vielfältig, und nur in den seltensten Fällen handelt es sich dabei um einen Manipulationsversuch, um das Ranking in Suchmaschinen zu beeinflussen.

Das weiß auch Google. Daher stellt Duplicate Content nicht per se ein Problem dar, und es gibt, wie bereits betont, keine automatische Bestrafung für Websites, deren Content teilweise unter anderen URLs mehrfach im Web zu finden ist.

Richtig ist jedoch, dass Google Duplicate Content besondere Aufmerksamkeit schenkt und recht ausgefeilte Algorithmen hat, um Duplicate Content zu erkennen. Google möchte nämlich auf den Suchergebnisseiten nicht verschiedene Treffer auflisten, die dann doch nur zu Seiten gleichen Inhalts führen, was auch nicht im Sinne der Suchenden wäre.

Erkennt Google, dass Dokumente, die über unterschiedliche URLs zu erreichen sind, völlig identisch oder inhaltlich identisch sind (Abweichungen im HTML-Quellcode können Google dabei nicht täuschen), so wird Google in der Regel nur eine einzige der URLs anzeigen und dabei wahrscheinlich die mit dem höchsten PageRank- oder TrustRank-Wert wählen, da Google nicht unterscheiden kann, welches das Original und welches die Kopie ist!

Das betrifft insbesondere Domain-Aliasse, bei der 100 % identische HTML-Seiten unter verschiedenen Domainnamen/URLs angesprochen werden können. Google zeigt dann nur eine Domain auf den Suchergebnisseiten an.

Völlig unproblematisch ist es, wenn einzelne Textpassagen auf anderen Webseiten auftauchen. Auf das Ranking hat das keinerlei negative Auswirkungen, da Inhalte zu zitieren ja eine weitverbreitete und völlig legitime und legale Vorgehensweise ist. Insbesondere Blogs machen intensiv davon Gebrauch, und gerade diese haben oftmals besonders gute Rankings in Google.

Es ist daher auch nicht möglich, dass ein Angreifer das Google-Ranking einer Website negativ dadurch manipuliert, indem er Textpassagen kopiert und unter einer anderen URL im Web veröffentlicht.

Gefährlich wird es nur bei gezielten Manipulationsversuchen, z. B. wenn versucht wird, über duplizierten Content auf Unmengen von Seiten eine höhere Visibility zu erreichen.

Werden solche Betrugsversuche an Google gemeldet oder von Googles eigenem Anti-Spam-Team erkannt, so können solche Domains aus dem Index verbannt werden.

### 10.3.3 Was tun bei Duplicate Content?

Auch wenn sich die meisten Websitebetreiber über Duplicate Content keine Sorgen machen müssen, ist es gut, einige Vorkehrungen zu treffen, um potenzielle Probleme damit zu vermeiden.

#### Konfiguration des Webservers bei Alias-Domains

Hat ein Websitebetreiber eine Reihe von Alias-Domains, die alle auf dieselbe Website verweisen sollen, so sollten die Inhalte nur unter einem einzigen, festgelegten Domainnamen ausgeliefert werden. Alle anderen Domainnamen sollten über einen HTTP-Redirect mit Statuscode 301 (»Moved Permanently«) auf die Hauptdomain umgeleitet werden. Diese Einstellung lässt sich leicht in der Webserver-Konfiguration festlegen.

Die meisten Websites können unter ihrem »Fully Qualified Domain Name« (z. B. www.example.org) ebenso angesprochen werden wie nur mit dem Domainnamen (z. B. example.org).

Technisch ist das nicht ganz sauber, aus Marketinggründen jedoch in der Regel so gewünscht. Um das zu erreichen, muss auf dem für die Domain zuständigen Nameserver ein spezieller Eintrag in der Zonendatei vorgenommen und auch der Webserver entsprechend konfiguriert werden.

Das führt aber dazu, dass sich derselbe Content mit verschiedenen URLs aufrufen lässt. Die einfachste Lösung ist auch hier eine 301-Weiterleitung, entweder von example.org auf www.example.org oder umgekehrt.

#### Einstellung in der Google Search Console

Alternativ dazu können Sie Google in der Search Console mitteilen, welches die bevorzugte Domain ist, die Google auf der Suchergebnisseite verwenden soll. Sie finden diese Einstellmöglichkeit unter dem Zahnrad-Symbol im Menüpunkt **Website-Einstellungen** in der alten Interface-Version der Google Search Console.

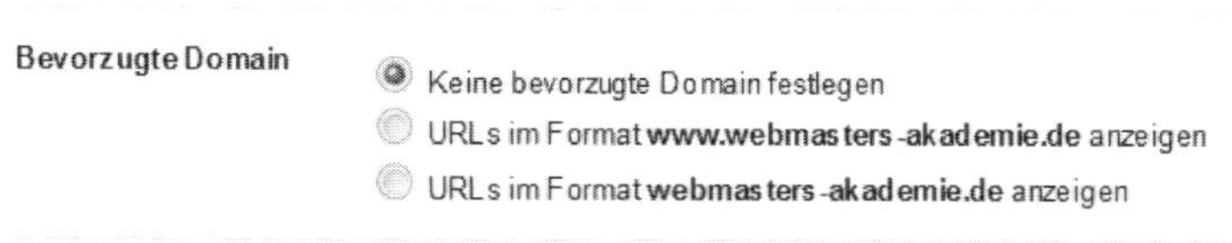


***Abb. 80*** *In der Google Search Console können Sie die »bevorzugte Domain« festlegen.*

### Autorisierte Seiten: Verwendung von <link rel="canonical">

Falls Sie Duplicate Content auf der eigenen Website oder auf anderen Websites haben, der sich nicht vermeiden lässt, gibt es die Möglichkeit, Google mitzuteilen, welche Seite das Original ist und welche entsprechende URL in Suchergebnissen bevorzugt angezeigt werden soll. Google wird dann nicht selbst entscheiden, welche URL auf der Ergebnisseite gelistet wird, sondern sich (in der Regel) an Ihre Vorgabe halten.

Google bezeichnet das als »autorisierte Seiten« und definiert:

> *Eine autorisierte Seite ist die bevorzugte Version mehrerer Seiten mit ähnlichen Inhalten.*

Um festzulegen, welche die bevorzugte Version einer Seite ist, fügen Sie im <head>-Bereich **aller anderen (Dubletten)-Seiten** folgendes HTML-Tag ein (Beispiel):

```
<link rel="canonical" href="http://www.example.org/
the-original-page.html" />
```

Der Link kann absolut oder, wenn sich die autorisierte Seite innerhalb derselben Website befindet, auch relativ angegeben werden, wobei Google generell die absolute Adressierung (also beginnend mit http:// bzw. https://) empfiehlt.

Außerdem rät Google, das *link*-Tag **möglichst weit oben** im `<head>`-Bereich der Seite zu platzieren, damit es von Google zuverlässig erkannt wird. Im `<body>`-Bereich ist das Tag nicht zulässig.

Weitergehende Informationen zum Thema »autorisierte Seiten« finden Sie in der *Search Console-Hilfe*[170].

## 10.4 Schnelligkeit und Verfügbarkeit der Website

Google weiß ganz genau: Nichts hassen Internetnutzer mehr, als auf die Antwort des Webservers zu warten! Langsam ladende Webseiten sind ein Ärgernis und eine

170. *http://support.google.com/webmasters/bin/answer.py?hl=de&answer=139394*

Spaßbremse für den Nutzer. Google möchte den Nutzern solche Seiten gar nicht erst zumuten. Die Ladezeiten sind daher ein wichtiges Rankingkriterium.

Google misst die Performance, d.h. die Ladezeiten, und die Verfügbarkeit/Erreichbarkeit sehr genau und führt darüber eine Statistik. Schnelle Ladezeiten und hohe Verfügbarkeit werden mit besseren Rankings belohnt, und dieser Effekt scheint in den letzten Jahren immer mehr an Bedeutung zugenommen zu haben.

Google geht davon aus, dass Websitebetreiber, die ein ernsthaftes Interesse am E-Business haben, in ihre Serversysteme und die technische Optimierung ihrer Webanwendungen investieren, um sie schnell und ausfallsicher zu machen, und ihre Websites nicht als billigen Webspace bei einem Massenhoster betreiben.

### 10.4.1 Ladezeiten prüfen mit PageSpeed Insights

Google bietet mit *PageSpeed Insights*[171] ein Werkzeug an, mit dem Sie die Ladezeiten von Webseiten prüfen können. Das Tool analysiert den Inhalt einer Webseite unter »Laborbedingungen«, d.h. mithilfe einer Simulation bestimmter Rahmenbedingungen, für mobile Endgeräte und Desktop-Geräte und erstellt Vorschläge zur Verbesserung der Ladegeschwindigkeit dieser Seite.

> Das Wort »Labdaten«, das Google in der deutschsprachigen Hilfe von PageSpeed Insights verwendet, ist ein Übersetzungsfehler des englischen Begriffs »lab data« (laboratory data) auf Deutsch etwa »Labordaten« oder genauer: »unter Laborbedingungen ermittelte Messwerte«.

Die Umsetzung der Empfehlungen ist nicht unbedingt trivial und muss in der Regel von technischen Experten (Webdesigner, Webentwickler, Administratoren) realisiert werden.

Die technische Optimierung von Webseiten und Webanwendungen für schnelles Laden im Browser bezeichnet man übrigens als ***Web Performance Optimization (WPO)***. Aufgrund der enormen Wichtigkeit kurzer Ladezeiten nicht nur als Rankingfaktor für Google, sondern auch für eine gute Usability und hohe Konversionsraten gibt es heute Spezialisten und auf WPO spezialisierte Unternehmen, die Ihre Diensleistungen für die Optimierung von Webseiten anbieten.

171. *https://developers.google.com/speed/pagespeed/insights/*

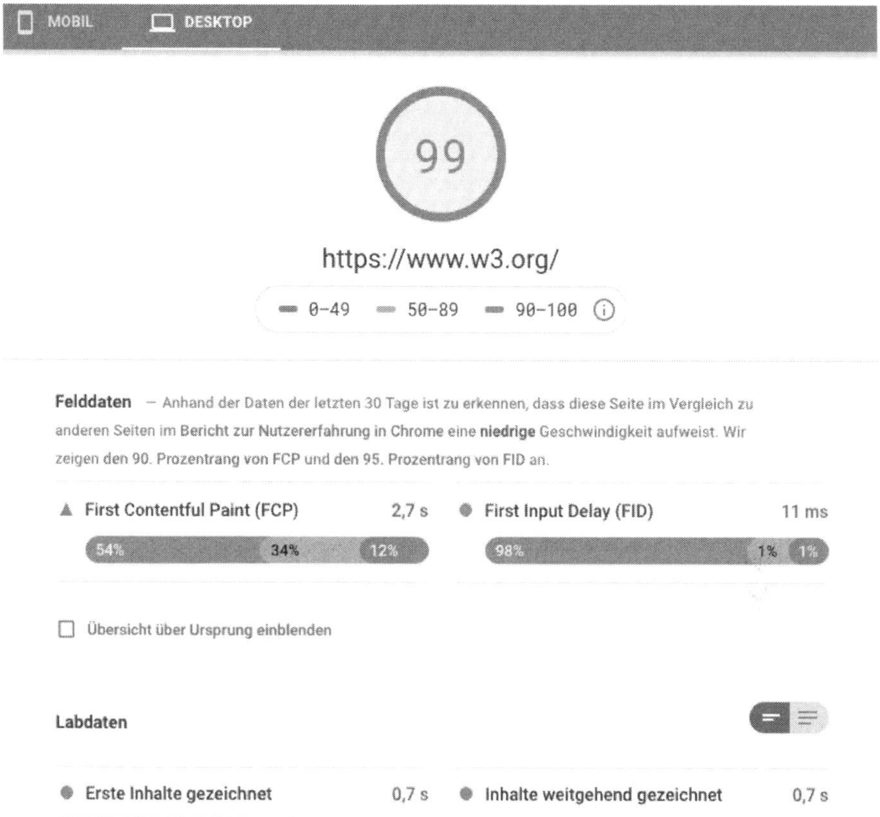


***Abb. 81*** *Die Website des World Wide Web Consortiums (W3C) schneidet beim PageSpeed-Test zumindest unter »Laborbedingungen« recht gut ab.*

Ich empfehle, in beiden Tests (Mobil und Desktop) jeweils einen Score von mindestens 90/100 anzustreben.

> Beachten Sie dabei, dass unterschiedliche Seiten einer Website u. U. ganz verschiedene Performance-Probleme haben. Es empfiehlt sich daher, alle besonders wichtigen Webseiten einzeln zu testen.

### Felddaten

Was sind die *Felddaten*? Die sog. *Felddaten* gewinnt Google mithilfe des eigenen Webbrowser Google Chrome. Sofern ein Nutzer zugestimmt hat, misst der Chrome-Browser u.a. die tatsächlichen Ladezeiten unter realen Bedingen, den »Feldbedingungen« des Nutzers. Diese werden im sog. CrUX-Datensatz gespeichert und zur Auswertung an Google übertragen. Die daraus gewonnene Statistik wird im *Chrome User Experience Report*[172] veröffentlicht

Falls es zu einer Webseite genügend aktuelle Daten im CrUX-Datensatz gibt, stellt PageSpeed Insights die Messwerte *First Contentful Paint (FCP)* und *First Input Delay (FID)* für diese Seite in Form eines Verteilungsbalkens dar. Falls es für die untersuchte URL nicht genügend Daten gibt, zeigt Google eine Übersicht über die für die gesamte Domain (»Ursprung«) an.

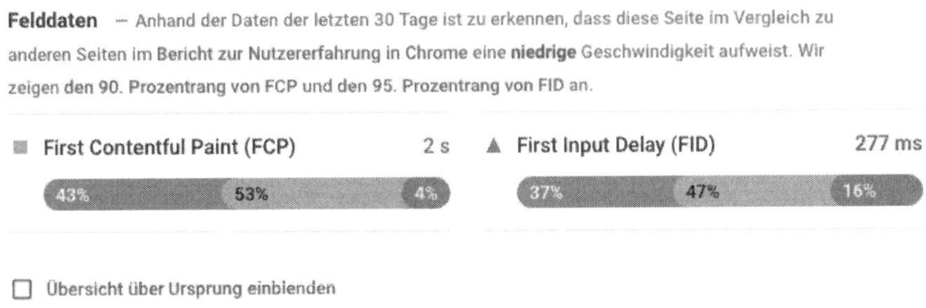


***Abb. 82*** *Anzeige der »Felddaten« in Google PageSpeed Insights*

## Die Messwerte FCP und FID

*First Contentful Paint (FCP)* bedeutet übersetzt in etwa »erste Anzeige von Inhalt« und ist der Zeitraum vom Aufruf der URL im Browser bis zur ersten Anzeige sichtbarer Elemente (z.B. Teile der Navigation oder des Seiteninhalts (Text, Bilder). Dieser Zeitpunkt ist laut Google »ein Meilenstein für den Benutzer, da es Feedback gibt, dass die Seite tatsächlich geladen wird«.

*First Input Delay (FID)* bedeutet übersetzt in etwa »Verzögerung bei der ersten Eingabe«. Gemessen wird der Zeitraum von der ersten Interaktion eines Besuchers mit einem Element der Webseite (z.B. Klicken auf einen Link oder Tippen mit dem Finger auf einen Button) bis zur Reaktion des Browsers. Der Wert sagt etwas darüber aus, wie schnell eine Webseite nach dem Laden bzw. während des Ladevorgangs in der Lage ist, mit dem Benutzer zu interagieren und auf dessen Eingaben zu reagieren. Müssen z.B. beim Ladevorgang erst noch große JavaScript-Dateien nachgeladen werden, bevor der Browser auf die Eingabe des Nutzers reagieren kann, resultiert das in einer schlechteren Nutzererfahrung und schlägt sich in einem größeren FID-Wert nieder.

Über den Verteilungsbalken werden von PageSpeed Insight der 90. Prozentrang von FCP und der 95. Prozentrang von FID in Sekunden bzw. Millisekunden angezeigt.

172. *https://developers.google.com/web/tools/chrome-user-experience-report*

*Prozentrang* (engl. *percentile rank*) ist ein Fachbegriff aus der Statistik. Die Angabe 2 s (2 Sekunden) über dem Verteilungsbalken des Feld-Wertes FCP in Abb. 82 bedeutet, dass bei 90% aller Ladevorgänge dieser Seite, die mithilfe von Google Chrome im »Feldversuch« analysiert wurden, der FCP-Wert bei höchstens 2 Sekunden gelegen hat. Beim FID-Wert wird der 95. Prozentrang angegeben, d.h. hier hatten 95% der beobachteten Ladevorgänge einen FID-Wert von 277 ms oder weniger.

Anhand einer Verteilungskurve lässt sich das leichter verstehen:

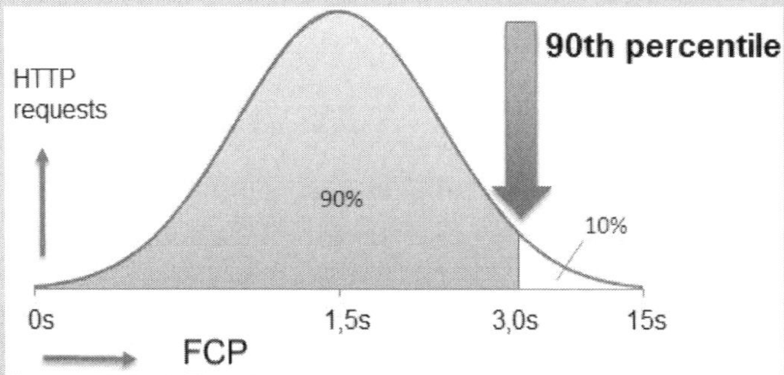


***Abb. 83*** *Grafische Darstellung des 90. Prozentrangs in einer Verteilungskurve. Der 90. Prozentrang ist der Wert auf der x-Achse, bei dem genau 90% der betrachteten Datensätze gleich oder kleiner sind. Diese Werte würde hier bei 3,0 s liegen. Die gezeigte Kurve ist nur ein Beispiel zur Illustration und keine tatsächliche Messung.*

Mithilfe der Verteilungsbalken (Abb. 82) stellt PageSpeed Insights dar, wie viel Prozent der analysierten Ladevorgänge einen schnellen (grün), durchschnittlichen (orange) oder langsamen (rot) FCP- bzw. FID-Wert hatten.

Dabei interpretiert Google die Werte wie folgt:

| | **Schnell** | **Durchschnittlich** | **Langsam** |
|---|---|---|---|
| FCP | [0–1.000 ms] | [1.000–2.500 ms] | über 2.500 ms |
| FID | [0–50 ms] | [50–250 ms] | über 250 ms |

***Tabelle 10.1*** *Klassifizierung der Ladezeit-Parameter FCP und FID durch Google (Quelle: Informationen zur PageSpeed Insights API*[173] *abgerufen am 9.10.2019)*

Googles Gesamtbewertung im Text über den Verteilungsbalken ergibt sich wie folgt:

173. *https://developers.google.com/speed/docs/insights/v5/about*

- Schnell: wenn sowohl FCP als auch FID schnell sind
- Langsam: wenn entweder FCP oder FID langsam ist
- Durchschnittlich: alle anderen Fälle

**Übersicht über Ursprung einblenden** (engl. Origin Summary): Diese Analyse zeigt eine Gesamtübersicht über alle Seiten der Domain (z.B. example.com), zu der die analysierte Webseite gehört. So sehen Sie z.B., ob bei Ladezeitproblemen nur die Seite betroffen ist, die Sie gerade untersuchen, oder viele Seiten der Domain/ Website.

***Übung 8: Ladezeiten prüfen und das Ergebnis interpretieren***

1. Rufen Sie die URL *https://developers.google.com/speed/pagespeed/insights* auf.
2. Testen Sie verschiedene Webseiten damit; falls Sie eigene Webseiten online haben, natürlich vor allem Ihre eigenen.
3. Testen Sie nicht nur die Startseite, sondern auch wichtige Unterseiten, z.B. die Produktseiten oder Kategorienseiten eines Online-Shops.
4. Interpretieren Sie das Ergebnis.

## 10.4.2 Ihre To-dos

- Achten Sie also darauf, dass Ihre Websites auf schnellen und hochverfügbaren Servern liegen. Investieren Sie in einen dedizierten Server bei einem seriösen Hosting-Provider, der mehrfach redundant ans Internet angebunden ist.
- Sorgen Sie für eine hohe Verfügbarkeit durch Investition in redundant ausgelegte Qualitäts-Hardware oder Hosting in der Cloud oder einem Content Delivery Network[174].
- Optimieren Sie die Performance Ihrer Webanwendung und die Ladezeit jeder einzelnen Seite, z.B. durch Optimierung und Kompression der Grafiken (vgl. Abschnitt 8.4), Optimierung der Webanwendung, der Datenbankzugriffe, des Webservers usw.

174. Zur Erläuterung: *http://de.wikipedia.org/wiki/Content_Delivery_Network*

## 10.5 IP-Adresse des Webservers

Die meisten Hosting-Provider bieten für wenig Geld sog. *Webspace* zur Miete an. Das Problem ist, dass dabei auf einer einzigen offiziellen IP-Adresse eines Servers viele, manchmal mehrere Tausend verschiedene Websites betrieben werden (sog. *name based virtual hosts*). Technisch ist das kein Problem, aber es kann negative Auswirkungen auf das Ranking haben, z.B. weil solche Server oftmals nicht die beste Performance haben, da sich viele Websites die Ressourcen des Servers teilen müssen.

Sie können übrigens mithilfe verschiedener Tools überprüfen, welche Domains zusätzlich auf der von Ihrer Website benutzten IP-Adresse liegen.

### *Schritt für Schritt 3: Lernen Sie Ihre Nachbarn auf Ihrem Webserver kennen*

1 Ermitteln Sie die IP-Adresse Ihres Webservers: Öffnen Sie dazu (auf einem PC mit dem Windows-Betriebssystem) die *Eingabeaufforderung* (zu finden unter *Start > Programme > Zubehör*) bzw. auf einem Apple Macintosh mit MacOS X das Dienstprogramm *Terminal* und geben Sie ein:

```
nslookup Servername
```

Ersetzen Sie dabei *Servername* durch den voll qualifizierten Hostnamen Ihres Webservers, also z.B. *www.example.org*, und drücken Sie auf ENTER.
Als Ausgabe des nslookup-Befehls erhalten Sie zuerst die Information, welcher Nameserver für die Abfrage verwendet wurde. (Die Adresse dieses Servers steht in der TCP/IP-Konfiguration Ihres Rechners.) Anschließend wird die durch Abfrage des Domain Name Systems ermittelte Antwort ausgegeben.

Beispiel:

```
nslookup www.w3.org
```

ENTER

```
Name: www.w3.org Address: 128.30.52.100
```

2 Verwenden Sie einen sog. *Same IP Checker* um herauszufinden, welche Domains alle auf der IP-Adresse konfiguriert sind, d.h. auf demselben Server als virtueller Webserver eingerichtet sind. Einen aktuell gut funktionierender Same IP Checker finden Sie unter *https://www.backlinktest.com/ip_checker.php*

## 10.6 HTTPS

Google hat im August 2014 angekündigt, in Zukunft Webseiten, die standardmäßig HTTPS anstelle des HTTP-Protokolls verwenden, einen Rankingvorteil zu gewähren. HTTPS wurde ursprünglich vom Unternehmen Netscape entwickelt, um einen Sicherheitsmechanismus im Web zu implementieren, den die Standardprotokolle nicht vorsahen. Dazu führte Netscape die sog. ***Secure Socket Layers (SSL)*** als weitere Sicherheitsschicht in die Netzwerk-Kommunikation ein. Eine heute verwendete Weiterentwicklung wird als ***Transport Layer Security (TLS)*** bezeichnet. Als Protokoll-Präfix wird https:// anstelle von http:// verwendet.

Der HTTPS-Technologie liegt eine hochkomplexe Verschlüsselungs- und Authentifizierungstechnologie zugrunde, die mit öffentlichen und privaten Schlüsseln sowie mit starker Kryptografie arbeitet. Die Details dieser Technologie zu erklären, würde hier zu weit führen. Wichtig ist, dass durch die Verwendung von https anstelle von http im Wesentlichen zwei Dinge sichergestellt werden:

1. **Echtheit des Kommunikationspartners**: Der Internetnutzer kann sicher sein, dass der Server, dessen Adresse in der Adresszeile des Webbrowsers angezeigt wird, auch tatsächlich der richtige Server ist und nicht z.B. der Server eines Angreifers, der es geschafft hat, einen Internetnutzer auf seinen Server umzuleiten. Solche Angriffe sind z.B. durch Manipulation des lokalen Rechners (Hosts-Datei) oder des Domain Name Systems (DNS-Spoofing) möglich. Verwendet der Server jedoch HTTPS, so wird beim ersten HTTP-Request des Webbrowsers mithilfe digitaler Zertifikate sichergestellt, dass es sich tatsächlich um den entsprechenden Server handelt. Der Betreiber des Servers muss zu diesem Zweck ein Serverzertifikat von einer sog. ***Certificate Authority*** erwerben. Diese stellt die Identität des Serverbetreibers sicher.
2. **Datenverschlüsselung:** Zweitens werden die zwischen Webbrowser und Webserver übertragenen Daten (z.B. Formulardaten) von aktuellen Webbrowsern auch stark verschlüsselt, sodass sie von Angreifern, die z.B. Datenpakete abfangen, nicht erbeutet werden können.

Früher hat man in der Regel nur Formularseiten verschlüsselt, die sicherheitsrelevante Daten wie Kreditkartennummern enthalten konnten, weil die Verschlüsselung rechenintensiv war und den Server belastete. Heute spielt das keine wichtige

Rolle mehr, da die Prozessorleistung so stark zugenommen hat, dass dieser Aspekt vernachlässigt werden kann.

Es ist daher problemlos möglich, für eine Website anstelle des unsicheren HTTP-Protokolls prinzipiell das sichere HTTPS-Protokoll zu verwenden.

Google selbst hat dazu Folgendes mitgeteilt:[175]

> *Immer mehr Webmaster implementieren HTTPS (auch HTTP über TLS oder Transport Layer Security genannt) auf ihren Websites. Diese Entwicklung ist sehr erfreulich. Aus diesen Gründen haben wir in den letzten Monaten Tests durchgeführt, bei denen in unseren Rankingalgorithmen berücksichtigt wurde, ob Websites sichere, verschlüsselte Verbindungen verwenden. Da die Ergebnisse sehr positiv waren, haben wir HTTPS als Rankingsignal hinzugefügt. Bisher ist es nur ein minimales Signal, das weniger als 1% der weltweiten Suchanfragen betrifft und einen geringeren Stellenwert als andere Signale wie etwa qualitativ hochwertige Inhalte hat, da wir Webmastern ausreichend Zeit geben möchten, um zu HTTPS zu wechseln. Im Laufe der Zeit werden wir es möglicherweise höher bewerten, um Website-Inhaber zum Wechseln von HTTP zu HTTPS anzuregen und dadurch die Sicherheit im Web zu erhöhen.*

Seit der Ankündigung von Google sind einige Jahre vergangen, und die Anzeichen mehren sich, dass Google jetzt ernst macht. So werden z. B. ab der Google Chrome Version 62 Nutzer auch außerhalb des Incognito-Modus' auf unverschlüsselten Seiten gewarnt, sobald sie irgendwelche Daten eingeben.

> Nutzen Sie die Zertifizierungsstelle *Let's Encrypt*[176], die Ende 2015 in Betrieb gegangen ist und kostenlose TLS-Zertifikate anbietet. Bei Let's Encrypt ersetzt ein automatisierter Prozess die bisher üblichen händischen Prozesse bei der Vergabe und Erneuerung von TLS-Zertifikaten. Let's Encrypt wird von der Internet Security Research Group (ISRG) betrieben und von vielen namhaften IT-Unternehmen unterstützt.

## 10.7 HTTP/2

Die HTTP/1.1-Version, die es bereits seit 1999 gibt, gilt mittlerweile als veraltet, da sie den heutigen Anforderungen an Schnelligkeit, Zuverlässigkeit und Sicherheit nicht mehr gerecht wird. Bereits seit einigen Jahren gibt es mit HTTP/2 einen Nachfolger, der auf dem von Google entwickelten SPDY (Speedy)-Protokoll basiert. Der HTTP/2-Standard wurde von der *Internet Engineering Taskforce (IETF)*[177] im Mai

175. *https://webmaster-de.googleblog.com/2014/08/https-als-ranking-signal.html*
176. *https://letsencrypt.org/*
177. *https://ietf.org/*

2015 *verabschiedet*[178]. Der Standard ist in *RFC 7540*[179] und *RFC 7541*[180] beschrieben. HTTP/2 bringt gegenüber HTTP/1.1 eine ganze Reihe von Vorteilen mit sich, u. a:

- Mehrere Dateien können parallel über eine einzige TCP-Verbindung übertragen werden, im Gegensatz zu HTTP/1.1., wo für jede einzelne Datei einer Webseite ein neue Verbindung aufgebaut werden muss. Dadurch wird die Dateiübertragung wesentlich beschleunigt.
- Dateien werden standardmäßig komprimiert übertragen, was die Ladezeiten zusätzlich verkürzt.
- Datenpakete können priorisiert und nach Wichtigkeit sortiert werden, um den Seitenaufbau im Browser zu beschleunigen.
- Mithilfe einer Push-Option können bestimmte Dateiformate (JS, CSS) ohne vorherige Anfrage (Request) des Clients übertragen werden.

Insgesamt führt HTTP/2 vor allem zu einer starken Beschleunigung der Kommunkation zwischen Webbrowser und Webserver und zur Verkürzung der Ladezeiten, was — wie wir wissen — ein wichtiges Rankingsignal ist.

Bisher bestand das Problem jedoch darin, dass HTTP/2 sowohl auf Webserverseite als auch in gängigen Webbrowsern nicht vollständig implementiert war. Die neueste Generation der Webbrowser unterstützt HTTP/2 jedoch inzwischen, und es gibt einen Fallback: Wenn der Browser HTTP/2 nicht unterstützt, schaltet der Webserver auf das ältere HTTP/1.1-Protokoll um.

Auch die aktuellen Linux-Distributionen und Webserver-Anwendungen (Apache, nginx) bringen inzwischen die Voraussetzungen für HTTP/2 mit. Sie sollten also mit Ihrer IT-Abteilung bzw. dem Administrator/der Administratorin Ihres Vertrauens darüber sprechen, ob eine Umstellung auf HTTP/2 bereits erfolgt oder möglich ist.

Mit dem *HTTP/2-Test-Tool von KeyCDN*[181] können Sie testen, ob ein Server bereits HTTP/2 unterstützt.

178. *https://ietf.org/blog/http2-approved/*
179. *https://tools.ietf.org/html/rfc7540*
180. *https://tools.ietf.org/html/rfc7541*
181. *https://tools.keycdn.com/http2-test*

## 10.8 Webanwendungen

Die meisten Webseiten sind heute nicht mehr statische HTML-Dokumente, sondern werden erst zum Zeitpunkt des Aufrufs durch einen Webbrowser dynamisch (»on the fly«) generiert. Dabei werden auf dem Webserver Skripte oder Programme ausgeführt, die z.B. auf Benutzereingaben reagieren oder Informationen aus Datenbanken holen und in die Webseiten einfügen. Ob Redaktionssysteme (Content-Management-Systeme, CMS), Onlineshops oder Online-Communities, praktisch alle modernen Webanwendungen sind ohne serverseitige Skriptsprachen und Datenbanken nicht denkbar.

Prinzipiell haben moderne Suchmaschinen wie Google kein Problem damit, Webseiten zu indexieren, die dynamisch durch serverseitige Skripte erzeugt werden. Letztlich schickt der Webserver dem Browser (oder Robot) immer nur HTML-Code zu, der dann entsprechend ausgewertet werden kann.

Schwieriger wird es jedoch, wenn die dynamischen Seiten mit Parametern arbeiten. Typischerweise kann eine dynamische Website ganz verschiedene Informationen beinhalten, je nachdem, welche Inhalte aus der Datenbank abgerufen wurden. Programmiertechnisch wird das mit Parametern gelöst, die dem serverseitigen Skript, das die Seite generiert, übergeben werden.

**Beispiel**

*http://www.example.org/main.php?page=home/bookdetails&ProductID=6246&lang=de*

In diesem Beispiel gibt es eine PHP-Seite mit dem Dateinamen *main.php*. Diese Seite kann aber offensichtlich je nach Parameter ganz unterschiedliche Informationen beinhalten. Insgesamt gibt es hier drei Parameter (page, ProductID, lang). Je nachdem, wie viele Werte es für jeden Parameter gibt, gibt es sehr viele Ausprägungen dieser Seite. Gäbe es für den ersten Parameter 5, den zweiten 50 und den dritten 3 gültige Werte, ergäben sich daraus bereits 750 mögliche Varianten der Seite (5 x 50 x 3).

Prinzipiell hat Google kein Problem damit, URLs zu indexieren, die Parameter beinhalten. Allerdings sollten es nicht zu viele sein: Mehr als 2 bis 3 sind nicht zu empfehlen. Außerdem ist es natürlich problematisch, wenn in solchen URLs die relevanten Keywords nicht vorkommen.

> Vermeiden Sie Parameter in den URLs, wenn möglich. Falls sie aus technischen Gründen notwendig sind, versuchen Sie, die Anzahl der Parameter zu begrenzen. Sorgen Sie unbedingt dafür, dass die URLs direkt nach dem Domainnamen die relevanten Keywords der dazugehörigen Seite beinhalten (vgl. Abschnitt 10.1).

### Session Numbers

Manche Webanwendungen arbeiten mit Session-IDs (Session Numbers), die mit HTTP-Get-Requests übertragen werden. Diese Session-IDs sind dazu da, den Besucher (genauer: den PC des Besuchers) eindeutig zu identifizieren, was natürlich für viele Anwendungen wie Onlineshops zwingend nötig ist. Webanwendungen müssen eine Sessionverwaltung implementieren, da HTTP ein zustandsloses Protokoll ist, das von sich aus also keine Sessions kennt.

Das führt jedoch zu äußerst unschönen URLs, wie sie z.B. im Onlineshop des ehemaligen Versandhauses Quelle existierten:

*http://www.quelle.de/is-bin/INTERSHOP.enfinity/eCS/Store/de/-/EUR/
Q_DisplayProductInformationStart;sid=PZ0qVbllYL-
cqW_xtlhaGQdotT9-UghBHxVhE=?Category-
Name=231174-&AAID=2000001-03843&ProductSKU=a2000001-03843&Product-
RefID=eCS@Store@a20000010-3843&PromoShopID=Quelle-Root&Linktype=M*

Was passiert nun, wenn ein Robot beim Versuch, die Website zu indexieren, auf eine solche URL trifft? Entweder er weigert sich, die Seite zu indexieren, oder die Seite wird mit dieser unschönen URL zusammen im Suchindex abgespeichert.

> Dies führt dann u.U. zu sehr vielen Dubletten und einem Duplicate Content Problem.

Moderne Webtechnologien verzichten daher auf Session-IDs in dieser Form und arbeiten z.B. stattdessen mit Cookies.

Um dynamische Seiten suchmaschinentauglich zu machen, gehen Sie folgendermaßen vor:

- Sorgen Sie dafür, dass Ihre Webanwendung keine Session-IDs via HTTP-Request weiterreicht, diese also nicht in der Adresszeile des Browsers auftauchen.
- Versuchen Sie, die Anzahl der Parameter auf so wenige wie möglich zu begrenzen.

- Ist dies nicht möglich, gibt es trotzdem Abhilfe. Die Lösung besteht darin, die unschönen URLs mit den Parametern auf dem Webserver so »umzuschreiben«, dass sie sich von außen über suchmaschinenfreundliche URLs aufrufen lassen (URL-Rewriting).

### URL-Rewriting

Dazu gibt es z. B. auf dem Apache-Webserver ein Modul namens *mod_rewrite*. Mithilfe dieses Webserver-Moduls können URLs, die dynamische Webseiten mit Parametern beinhalten, über URLs ohne Parameter aufgerufen werden.

Nachdem das Modul auf dem Webserver aktiviert wurde, müssen entsprechende Regeln entwickelt und in die Webserver-Konfigurationsdatei eingetragen werden. Das Modul verwendet sog. ***reguläre Ausdrücke***[182], um Zeichenketten in einer URL zu identifizieren und nach festgelegten Regeln zu verändern.

### Beispiel

Eine Webseite wird mit folgender URL aufgerufen:

*http://www.example.com/seite.php?id=123*

Suchmaschinenfreundlicher wäre jedoch, wenn diese Seite z. B. mit der URL

*http://www.example.com/seite_123.html*

aufrufbar wäre und *seite.php?id=199* folglich mit

*http://www.example.com/seite_199.html.*

Genau dies lässt sich mit mod_rewrite erreichen. Dazu wird folgende Regel definiert:

```
RewriteEngine on
RewriteRule ^seite_([0-9]+).html$ seite.php?id=$1
```

Sieht irgendwie kryptisch aus, ist aber gar nicht so kompliziert. In dieser Regel steht:

- ^ für den Anfang der Zeichenkette
- $ für das Ende der Zeichenkette

182. Zur Erläuterung: *http://de.wikipedia.org/wiki/Regul%C3%A4re_Ausdr%C3%BCcke*

- $1 für den Inhalt der ersten Klammer (...)

Jetzt passiert Folgendes:

Enthält die Browser-Anfrage *seite_ZAHL.html,* so wird die gefundene ZAHL in der Variablen $ gespeichert und die Anfrage intern auf *seite.php?id=ZAHL* weitergeleitet. Die URL in der Adressleiste des Browsers bleibt dabei unverändert. Sie können jetzt auf Ihren Webseiten munter suchmaschinenfreundliche Links setzen, und die Robots werden ihre dynamischen Seiten dankbar indexieren.

Sie sollten immer versuchen, so viele Seiten Ihrer Website wie möglich in den Google-Index hineinzubekommen. Je mehr Seiten dort erfasst sind, desto höher ist die Wahrscheinlichkeit, dass Ihre Website gefunden wird.

## 10.9 Die Steuerdatei robots.txt

Das *Robots-Exklusion-Standard-Protokoll (REP)* ist seit den Anfängen des WWW der De-facto-Standard, um den Robots von Suchmaschinen vorzugeben, welche Bereiche einer Website sie durchsuchen und indexieren sollen und welche nicht.

Gemäß einer *W3C-Empfehlung*[183] sollen Suchmaschinen-Robots beim Besuch einer Website zunächst nach einer Datei *robots.txt* schauen und die dort enthaltenen Anweisungen befolgen. Durch entsprechende Einträge in dieser Datei können z.B. bestimmte Robots daran gehindert werden, die ganze Site oder bestimmte Verzeichnisse der Website zu crawlen.

Der Aufbau der Datei *robots.txt* lässt sich am besten an einem Beispiel erklären:

```
# /robots.txt file for http://webcrawler.com/
# mail webmaster@webcrawler.com for constructive criticism

User-agent: webcrawler
Disallow:

User-agent: architext
Disallow: /

User-agent: *
Disallow: /tmp
Disallow: /logs
```

183. *https://www.w3.org/TR/html4/appendix/notes.html#h-B.4.1.1*

Die ersten zwei Zeilen, die mit einem »#« beginnen, stellen einen Kommentar dar und werden dadurch ignoriert.

Der erste Absatz legt fest, dass dem Robot mit dem Namen (User-Agent) »webcrawler« nichts verboten ist, er darf also vom Root-Verzeichnis des Webservers ausgehend in alle Verzeichnisse schauen und die Seiten indexieren.

Der zweite Abschnitt besagt, dass der Crawler mit dem Namen »architext« keinen Hyperlinks, die mit »/« beginnen, auf der Website folgen darf. Da alle URLs innerhalb der Site mit »/« beginnen (*http://www.xyz.de/...*), ist somit die gesamte Website für diesen Robot gesperrt.

Der dritte Absatz legt fest, dass alle anderen Robots keine URLs auf der Site besuchen dürfen, die mit »/tmp« oder »/log« beginnen. Tabu wäre also z.B. *http://www.xyz.de/tmp*.

Eine umfangreiche, durchsuchbare Liste von User-Agents (Suchmaschinen-Robots und Webbrowser) finden Sie unter *http://www.user-agents.org/*.

Weitere Informationen zur *robots.txt* finden Sie u.a. auf folgenden Websites:

- *http://www.robotstxt.org*
- *https://en.wikipedia.org/wiki/Robots.txt*

Im Juli 2019 hat Google *angekündigt*[184], das *Robots-Exklusion-Standard-Protokoll (REP)* zu einem echten Internet-Standard machen zu wollen. Gleichzeitig hat Google den Quellcode seines robots.txt-Parsers offengelegt.

Ab 1. September 2019 beachtet der Google-Bot laut Mitteilung die Anweisungen *Noindex, Nofollow* und *Crawl-delay* in der robots.txt nicht mehr, weil sie angeblich im Internet kaum verwendet werden (von nur 0,001% aller robots.txt-Dateien). Diese Anweisungen wurden von Google allerdings auch nie offiziell dokumentiert.

> Die *robots.txt* ist **nicht** dazu geeignet, die Indexierung von Webseiten sicher zu verhindern, *wie Google auf einer Supportseite erläutert*[185]. Gibt es z.B. direkte Backlinks auf eine Webseite, so kann Google diese Seite auch dann in den Index aufnehmen, wenn die Seite laut *robots.txt* eigentlich nicht gecrawlt werden darf. Verwenden Sie das in Abschnitt 9.2.4 beschriebene Meta-Tag, wenn Sie sicher verhindern wollen, dass eine Seite im Google-Index landet.

184. *https://webmasters.googleblog.com/2019/07/repp-oss.html*
185. *https://support.google.com/webmasters/answer/6062608*

## 10.10 Teste Dein Wissen!

1. Was sind mögliche Ursachen für *Duplicate Content*?

   *Bitte ankreuzen:*

   - ☐ Dieselbe Website ist unter unterschiedlichen Domains oder Domain-Aliassen erreichbar.
   - ☐ Texte auf einzelnen Seiten einer Website wurden von Dritten auf andere Websites kopiert.
   - ☐ Die URL einer Landingpage wurde gelöscht, der Inhalt jedoch unter einer neuen URL wieder publiziert.
   - ☐ Dieselbe Landingpage einer Website ist unter unterschiedlichen URLs erreichbar.
   - ☐ Eine Website wurde auf eine andere Domain umgezogen, die alte Website und Domain jedoch nicht gelöscht.

2. Mit welchen Maßnahmen können Sie die Ladezeit einer Website optimieren?

   *Bitte ankreuzen:*

   - ☐ das Protokoll der Website von HTTP auf HTTPS umstellen
   - ☐ die Bilder und Grafiken der Website stärker komprimieren
   - ☐ die Verfügbarkeit und Antwortzeiten des Servers z. B. durch den Einsatz eines Content Delivery Networks verbesseren
   - ☐ bei der Domainregistrierung einen möglichst kurzen Domainnamen wählen

3. Wie ist bei der Ladezeiten-Analyse mit Googles PageSpeed Insights der Messwert *First Contentful Paint (FCP)* definiert?

   *Bitte ankreuzen:*

   - ☐ Zeitraum vom Aufruf der URL im Browser bis der komplette Quellcode der Seite geladen ist
   - ☐ Zeitraum vom Aufruf der URL im Browser bis zur ersten Anzeige sichtbarer Elemente
   - ☐ Zeitraum von der ersten Interaktion eines Besuchers mit einem Element der Webseite bis zur Reaktion des Browsers
   - ☐ Zeitraum vom Aufruf der URL im Browser bis zur Reaktion des Webservers auf den HTTP-Request

4. Welche Vorteile bringt das HTTP/2-Protokoll im Vergleich zum älteren HTTP 1.1-Protokoll mit sich?

*Bitte ankreuzen:*

- ☐ Über das HTTP/2-Protokoll können über eine einzige TCP-Verbindung mehrere Dateien parallel übertragen werden.
- ☐ Dateien werden automatisch nach Wichtigkeit sortiert und priorisiert übertragen.
- ☐ Dateien werden standardmäßig komprimiert übertragen.
- ☐ Dateien werden standardmäßig verschlüsselt übertragen.
- ☐ Datenpakete können nach Wichtigkeit sortiert und priorisiert werden.

5. Sie betreiben einen Online-Shop, der auf der Skriptsprache PHP und einer MySQL-Datenbank basiert. Die URL einer Produktseite, auf der ein Buch zum Thema SEO verkauft wird (Keyword: »SEO Buch«), sieht folgendermaßen aus:

   https://www.example.org/products/product.php?id=334&cat=44&lang=de&detail=true

   Die URL dieser Seite soll optimiert werden. Welche der folgenden URLs gilt seo-technisch als am besten?

   *Bitte ankreuzen:*

   - ☐ https://www.example.org/buecher/marketing/suchmaschinen/seo
   - ☐ https://www.example.org/seo-buch/s?ie=UTF8&page=2
   - ☐ https://www.example.org/products/product.php?id=seo-buch
   - ☐ https://seo.example.org/products/buecher?id=seo-buch

# 11 Backlinks

**In dieser Lektion lernen Sie**

- welche Rolle Backlinks heute noch spielen und was ein professionelles Backlink-Management beinhaltet.
- wie man eine Backlink-Analyse durchführt und wozu das gut ist.
- welche Strategien für den Linkaufbau zu empfehlen sind und welche Rolle die Ankertexte in Backlinks spielen.
- wie Sie mithilfe von Backlinks den Trust Ihrer Website erhöhen können.
- wie Sie schädliche Backlinks erkennen und beseitigen.

## 11.1 Wie wichtig sind Backlinks heute noch?

Eine aktuelle Studie von MOZ *Links as a Google Ranking Factor: A 2019 Study*[186] kommt zu dem Ergebnis, dass qualitativ hochwertige Backlinks weiterhin ein bedeutender Rankingfaktor sind.

Google selbst hat wiederholt »zugegeben«, dass Backlinks auch heute noch, im Zeitalter von Hummingbird und RankBrain, essenziell für Top Rankings sind.

Ich kann das auf Basis meiner Erfahrungen nur unterstreichen. Es gibt sicherlich Umstände, unter denen Webseiten auch ohne gute oder sehr viele Backlinks gut ranken, z.B. in Fällen, wo Aktualität ein extrem wichtiges Rankingsignal ist. Den entsprechenden Rankingalgorithmus nennt Google übrigens »Query Deserves Freshness«. In den allermeisten Fällen jedoch ist es schwierig bis unmöglich, ohne ausreichend PageRank und Trust — beides wird durch wertige Backlinks gesteigert — sehr gute Rankingpositionen zu bekommen.

Mein Kollege Christoph C. Cemper, Gründer und Chef von Link Research Tools aus Wien, sagt zu dem Thema: »Natürlich testen alle Suchmaschinen viele Möglichkeiten und Gewichtungen von Rankingfaktoren aus ... Aber das Web ist das Web wegen der Links ... Gerade im deutschen Sprachraum ist Mitte 2015 für manche Unternehmen die falsche Entscheidung getroffen worden. „Wir machen nichts mit Links, und schauen die deshalb auch nicht an." Das ist ... gefährlich, weil sich dadurch nicht nur Wettbewerbsnachteile ergeben, sondern eben jene

186. *https://moz.com/blog/2019-study-on-link-ranking*

Unternehmen besonders anfällig für negatives SEO werden ... Kein billiges Linkbuilding mehr zu machen, ist eine Empfehlung, die ich schon 2005 ausgesprochen habe, und die gilt bis heute. Sein Linkprofil verwahrlosen ... und von Konkurrenten zuspammen zu lassen, ist gefährlich ... Erst im März 2016 hab ich in einem Test mit nur einem Link eine Domain für ein Keyword auf Platz eins gebracht — und das in sechs Stunden ... Google bestätigt auch immer wieder deutlich ... , dass Links der wichtigste Rankingfaktor sind und bleiben.«[187]

## 11.2 Die Link-Attribute rel="nofollow", rel="ugc" und rel="sponsored"

Im Jahr 2005 führte Google für Backlinks ein Attribut mit der Bezeichnung `rel="nofollow"` ein. Webseitenbetreiber sollten jeden ausgehenden Hyperlink auf eine Website/Domain mit diesem Attribut kennzeichnen, wenn sie für das Setzen des Hyperlinks eine wirtschaftliche Gegenleistung (z. B. Bezahlung oder Anzeigenschaltung) bekommen haben.

Google hat nach eigenen Angaben die so ausgezeichneten Backlinks dann nicht für die PageRank-Berechnung herangezogen. Damit wollte Google verhindern, dass das PageRank-System durch gekaufte Backlinks an Nutzwert verliert. Auch in Foren- und Blogkommentaren sollte das nofollow-Attribut bei ausgehenden Links automatisch gesetzt werden, um dem Linkspam in von Nutzern generierten Inhalten (User Generated Content) entgegenzuwirken.

Im Laufe der Jahre wurde Google immer besser darin, Verstöße gegen diese Vorschriften aufzudecken und manche Website wurden deswegen mit einer Penalty belegt.

Allerdings zeigte sich auch, dass manche Webseitenbetreiber aus Unwissenheit oder Angst vor Bestrafungen durch Google über das Ziel hinausschossen. Manche Websites gingen sogar dazu über, ausgehende Links generell mit dem `rel="nofollow"`-Attribut zu versehen, z. B. die Wikipedia.

Viele SEOs hegten daher schon lange den Verdacht, dass Google gar nicht pauschal alle Backlinks mit dem `rel="nofollow"`-Attribut überhaupt nicht beachtet, sondern stattdessen jeden einzelnen Link genau analysiert, und dass die Verteilung von follow- und nofollow-Links sogar ein wichtiges Kriterium für ein natürliches Linkprofil (vergl. Abschnitt 11.4.2) ist, was sich wiederum auf das Ranking auswirken kann.

187. *Google Rankingfaktoren 2016 (http://www.seo2b.de/google-rankingfaktoren.html)* Metastudie von seo2b.

Im September 2019 hat Google nun folgende *Änderung bekannt gegeben*[188]:

- Das Link-Attribut `rel="nofollow"` wird um zwei weitere Attribute, `rel="sponsored"` und `rel="ugc"` ergänzt.
- Die Link-Attribute werden von Google nur noch als »Hinweis« auf die Art des Links und die Intention der Verlinkung gewertet. Google behält sich vor, den Link nach eigener Analyse anders zu bewerten.

Googles Empfehlung für den Umgang mit diesen drei Link-Attributen ist in Tabelle 11.1 zusammengefasst.

| **Wert** | **Beschreibung/Verwendung** |
|---|---|
| `rel="sponsored"` | Markieren Sie Links, die Werbung oder bezahlte Platzierungen (allgemein als bezahlte Links bezeichnet) sind, als *gesponsert*.<br>HINWEIS: Das Attribut *nofollow* wurde zuvor für diese Art von Links empfohlen und ist immer noch eine akzeptable Möglichkeit, sie zu markieren, obwohl gesponsert bevorzugt wird. |
| `rel="ugc"` | Wir empfehlen, User Generated Content (UGC)-Links, wie Kommentare und Forenbeiträge, als *ugc* zu kennzeichnen. Wenn Sie vertrauenswürdige Mitwirkende anerkennen und belohnen möchten, können Sie dieses Attribut von Links entfernen, die von Mitgliedern oder Benutzern gepostet wurden, die im Laufe der Zeit stets qualitativ hochwertige Beiträge geleistet haben. |
| `rel="nofollow"` | Verwenden Sie den Wert *nofollow*, wenn weder *sponsored* noch *ugc* zutreffen und Sie möchten, dass Google Ihre Website nicht mit der verlinkten Website in Verbindung bringt oder die verlinkte Seite von Ihrer Website aus durchsucht.<br>(Für Links innerhalb Ihrer eigenen Website verwenden Sie dafür die Datei robots.txt) |

***Tabelle 11.1*** *Empfehlung von Google für den Umgang mit den Link-Attributen sponsored, ugc und nofollow (Quelle: https://support.google.com/webmasters/answer/96569 abgerufen am 10.10.2019)*

Ich empfehle Ihnen, diese neue Empfehlung von Google für alle neuen Links, die Sie setzen, zu beachten. Große Auswirkungen auf das aktuelle Ranking sind meines Erachtens nicht zu erwarten, da Google offenbar schon lange nofollow-Links differenziert beurteilt.

> Wenn Sie bisher mit rel="nofollow" für bezahlte Links gearbeitet haben, besteht kein Grund zum sofortigen Handeln, wie Google betont hat, da rel="nofollow" für diesen Zweck auch weiterhin akzeptabel sei.

188. *https://webmasters.googleblog.com/2019/09/evolving-nofollow-new-ways-to-identify.html*

> Der Googlebot folgt beim Indexieren von Webseiten Hyperlinks, die eines der rel-Attribute aufweisen, prinzipiell nicht. Das könnte die Indexierung der verlinkten Webseite verhinden, wenn es auch sonst keine Hyperlinks ohne rel-Attribut zu dieser gibt. Generell sollten Sie die rel-Attribute in ausgehenden Links nur verwenden, wenn die von Google genannten Bedingungen auch tatsächlich zutreffen.
>
> Andererseits ist es überflüssig und völlig sinnlos, Attribute wie `rel="follow"` oder `rel="do-follow"` zu setzen, was man in einigen Webseiten sieht. Diese Attribute existieren schlicht nicht! Google folgt allen Hyperlinks, die keines der genannten rel-Attribute haben, sofern dem Robot das Folgen von Hyperlinks nicht durch Meta-Tags in der Seite prinzipiell »verboten« wird (vergl. Abschnitt 9.2.4).

## 11.3 Was bedeutet Backlink-Management?

Vorbei sind definitiv die Zeiten, in denen viele minderwertige Backlinks eine Domain nach vorne gebracht haben. Wie Sie in Abschnitt 4.6.2 bereits gehört haben, können Backlinks sogar schaden. Ein Backlink-Management beschäftigt sich daher umfassend mit den Backlinks, die auf eine Website zeigen, und verfolgt folgende Ziele:

1. Backlink-Analyse: Mithilfe einer regelmäßig durchgeführten Backlink-Analyse wird das Linkprofil der eigenen Website und die der wichtigsten Wettbewerber ermittelt und bewertet. Daraus werden Maßnahmen zur Optimierung abgeleitet.
2. Backlink-Aufbau: Es wird eine nachhaltige Strategie verfolgt, um hochwertige Backlinks zu bekommen. Damit werden PageRank und Trust gesteigert.
3. Backlink-Entfernung: Minderwertige Backlinks werden identifiziert und Maßnahmen getroffen, um diese zu entfernen bzw. sich von diesen zu distanzieren.
4. Optimierung von Ankertexten: Die Ankertexte der bestehenden Backlinks werden ausgewertet und Maßnahmen eingeleitet, um die Ankertexte zu optimieren.

## 11.4 Backlink-Analyse

Die Voraussetzung für ein Backlink-Management ist immer eine Backlink-Analyse. Informationen über die Verlinkungsstruktur des World Wide Web haben alle großen Suchmaschinen (Google, Bing/Yahoo, Yandex), denn alle verwenden diese Informationen in ihren Rankingalgorithmen. Leider bietet keine der bekannten

Suchmaschinen einen wirklich nutzbaren Zugang zu dieser Datenbasis. Mit dem *Yahoo Site Explorer* stand eine umfangreiche Backlink-Datenbank zur Verfügung. Er wurde im November 2011 jedoch endgültig abgeschaltet. Seitdem ist es schwierig geworden, kostenlos an gute bzw. umfassende Backlink-Daten heranzukommen.

Was muss ein guter Backlink-Checker eigentlich leisten? Es ist keinesfalls ausreichend, einfach nur eine Liste der Backlinks zu bekommen. Das alleine bringt wenig. Aus meiner Sicht sind folgende Features unerlässlich:

- Gruppierung der Backlinks nach Domain. Hat eine Website von einzelnen Domains sehr viele Backlinks, wird es sonst sehr schnell unübersichtlich.
- Sortierung der Backlinks nach einer Metrik, mit der PageRank und/oder Trust der verlinkenden Website gemessen wird. So lassen sich die wertvollen Backlinks leicht erkennen und von weniger wertvollen unterscheiden.
- Angabe der Anzahl der externen Links auf der verlinkenden Website. Dies ist wichtig, da mit jedem zusätzlichen Link auf der Webseite weniger PageRank vererbt wird (vgl. Abschnitt 4.2).
- Angabe, um welche Art von Link es sich handelt (Textlink, Bildlink).
- Bei Textlinks Angabe des Ankertexts und idealerweise zusätzlich Einblendung des den Link umgebenden Texts.
- Angabe, ob es sich um einen Follow- oder Nofollow-Link handelt.
- Such-, Filter- und Sortierfunktionen.

Wichtig ist natürlich auch, dass die Daten vollständig und aktuell sind.

Im folgenden Abschnitt gebe ich Ihnen einen kurzen Überblick über einige kostenlose und kostenpflichtige Alternativen. Leider gibt es nur wenige kostenlose Backlink-Checker, die wirklich brauchbar sind.

## 11.4.1 Backlink-Checker

### Google Search Console (ehemals Google Webmaster Tools)

Die *Google Search Console*[189] ist eine kostenlos nutzbare Webanwendung, die Ihnen jede Menge Informationen darüber liefert, wie Ihre eigene Website in der Suche abschneidet. Z. B.:

189. *https://www.google.com/webmasters/*

- **Suchanfragen:** Eine Statistik darüber, bei welchen Suchanfragen an Google Seiten Ihrer Website in den Trefferlisten angezeigt wurden und wie häufig die Suchenden darauf geklickt haben *(Click Through Rate)*.
- **Crawling-Fehler:** Fehler, die der Google-Bot beim Crawlen der Site gefunden hat, z.B. HTTP-Fehler, nicht gefundene Seiten, Time-outs usw.
- **Links zu Ihrer Website:** Umfangreiche Liste der Backlinks Ihrer Website. Sie können auch gezielt nach den Backlinks zu einzelnen Seiten suchen.
- **Interne Links:** Darstellung der internen Verlinkung Ihrer Website
- **Verschiedene Einstellmöglichkeiten:** Es gibt verschiedene Möglichkeiten, das Crawling zu beeinflussen, neue Seiten in den Suchindex aufnehmen zu lassen, URLs aus dem Index zu entfernen, die Linkstruktur der Site zu beeinflussen und vieles mehr.

Um eine bestimmte Website mit der Search Console zu analysieren, müssen Sie diese hinzufügen (Button: WEBSITE HINZUFÜGEN (*Property hinzufügen* im neuen Interface)) und anschließend verifizieren, dass Sie Inhaber/Eigentümer oder Verwalter/Webmaster dieser Site sind. Dazu bietet Google verschiedene Optionen der Verifizierung an.

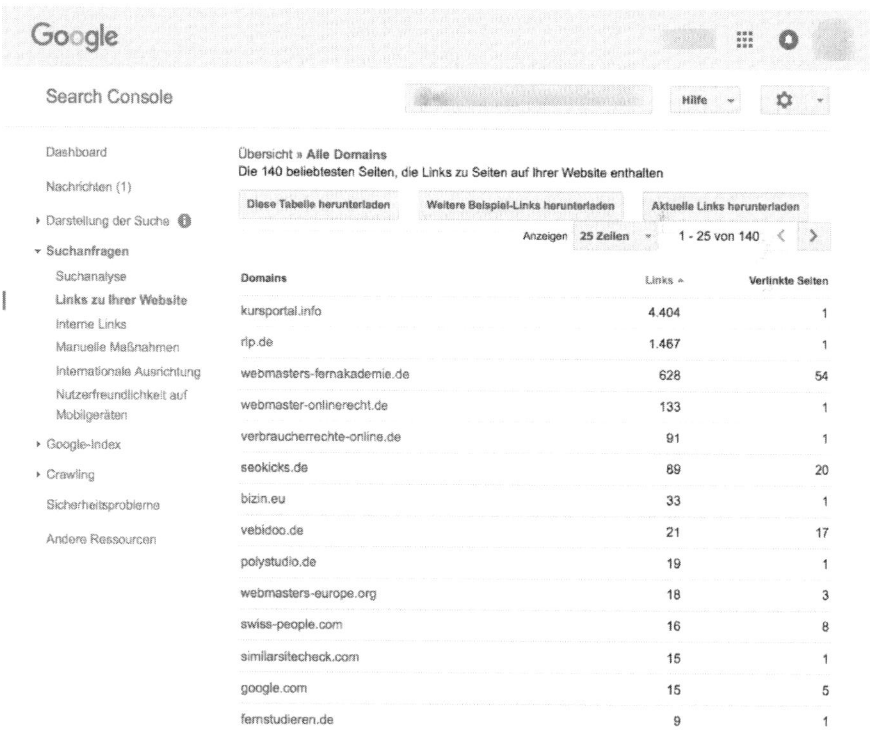


***Abb. 84** Backlink-Analyse mit der Google Search Console (altes Interface)*

Leider taugt die Google Search Console nur sehr bedingt als Tool für die Backlink-Analyse und zwar aus folgenden Gründen:

- Sie können nur die Backlinks zu denjenigen Websites ermitteln, die Sie selbst kontrollieren. Die wichtige Möglichkeit der Wettbewerber-Analyse fehlt damit komplett.
- Die Ankertexte (Linktexte) werden nicht angezeigt.
- Es werden keine Metriken angezeigt, die etwas darüber aussagen, wie wertvoll ein Backlink ist.
- Es wird nicht angezeigt, ob ein Backlink das Attribut *nofollow* hat oder nicht. Hyperlinks mit dem Attribut `rel="nofollow"` werden von Google für die PageRank-Berechnung nicht gewertet. Dieses Attribut muss nach den Webmaster-Richtlinien von Google z. B. immer dann gesetzt werden, wenn es sich um einen Hyperlink handelt, für den direkt oder indirekt Geld bezahlt wurde.

Falls Sie übrigens auf die Idee kommen, es stattdessen mit den *Bing Webmaster Tools* zu versuchen, seien Sie vorgewarnt: Diese haben dieselben Einschränkungen bei der Backlink-Analyse wie die Google Search Console. Bis auf eine Ausnahme: Die Ankertexte der Backlinks werden angezeigt.

Fazit: Die Google Search Console hat sicherlich einige nützliche Funktionen. Die Backlink-Analyse ist jedoch nur bedingt brauchbar.

## Backlink-Tool.org

*Backlink-Tool.org*[190] ist eines der wenigen kostenlosen Tools, das sich sogar ohne Registrierung nutzen lässt. Die Daten dieses Checkers sind eher unvollständig und auch nicht besonders aktuell. Außerdem fehlen wichtige Funktionen. Trotzdem ist das Tool nicht schlecht, wenn Sie schnell, einfach und kostenlos einen ersten Blick auf die Backlinks einer Domain werfen möchten. Auch eine recht interessante Statistik wird angezeigt (Abb. 85).

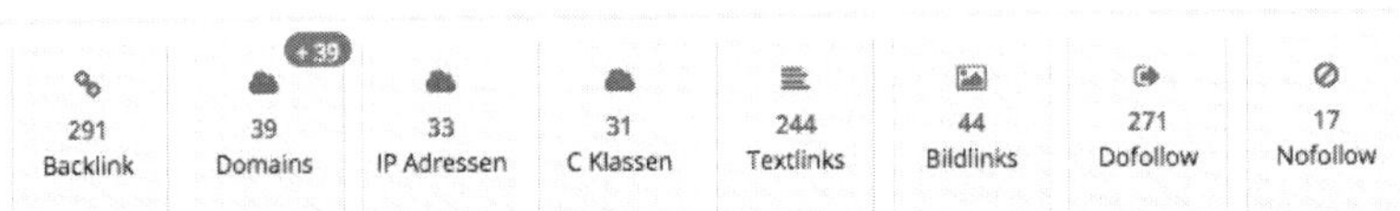


***Abb. 85*** *Backlink-tool.org kann einen ersten Überblick über das Linkprofil einer Website geben.*

190. *http://www.backlink-tool.org/*

## OpenLinkprofiler

Das Tool *OpenLinkprofiler*[191] ist ein kostenlos nutzbarer Backlink-Checker der Axandra GmbH, die mit dem *SEOprofiler*[192] ein umfangreiches SEO-Tool anbietet. Der Checker zeigt alle wichtigen Daten/Metriken und hat umfangreiche Sortieroptionen und Filter. Nach der ersten Abfrage ist eine Registrierung nötig. Mit dem kostenlosen Konto lassen sich beliebig viele Backlink-Analysen durchführen. Die Ergebnisse lassen sich sortieren, aber nicht filtern. Insgesamt jedoch eine der besten Optionen, kostenlos Backlink-Analysen durchzuführen. Mit einem kostenpflichten Abo stehen dann umfangreiche Analysetools zur Verfügung, nicht nur für die Backlink-Analyse.

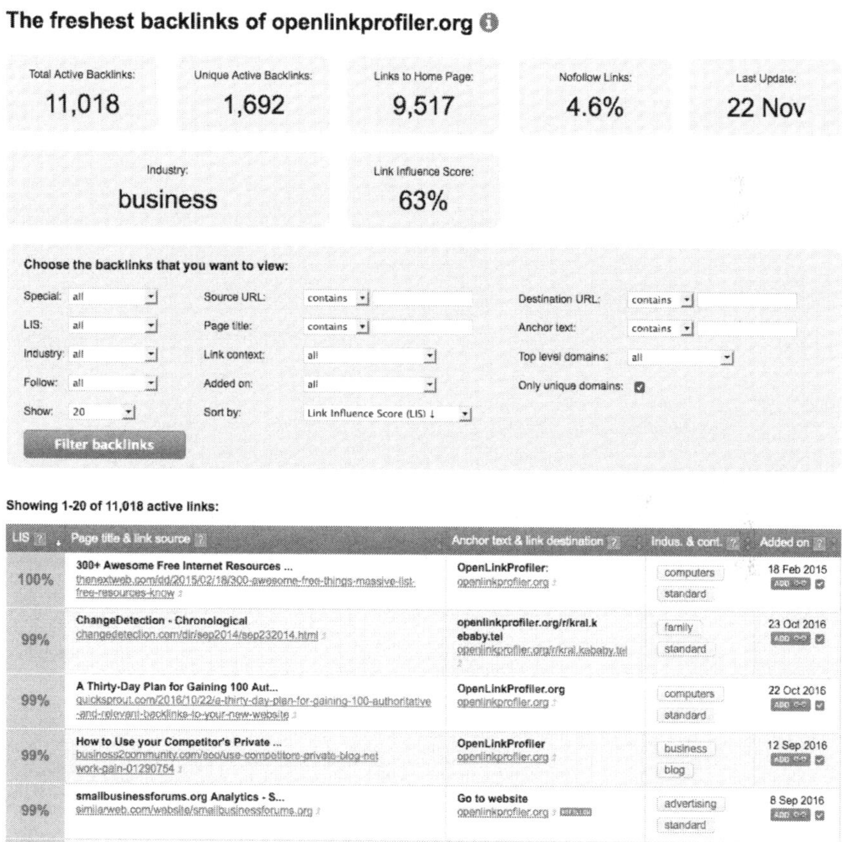


***Abb. 86*** *Der OpenLinkprofiler ist ein guter Backlink-Checker mit guten Metriken, Sortiermöglichkeiten und Filtern.*

191. *http://openlinkprofiler.org/*
192. *https://www.seoprofiler.com/*

### Mozscape Index und Link Explorer

Das Unternehmen *MOZ*[193] haben Sie ja schon kennengelernt. MOZ verfügt über einen eigenen Backlink-Index, der nach eigenen Angaben 641 Milliarden Links von 134 Milliarden URLs aus 166 Millionen Root Domains umfasst.

Mit dem *Link Explorer*[194] bietet MOZ eine kostenlose Möglichkeit zur Backlink-Analyse an. Leider werden in der frei zugänglichen Version des Tools gerade einmal zehn Backlinks angezeigt und Sie können kostenfrei pro Monat nur zehn Analysen durchführen.

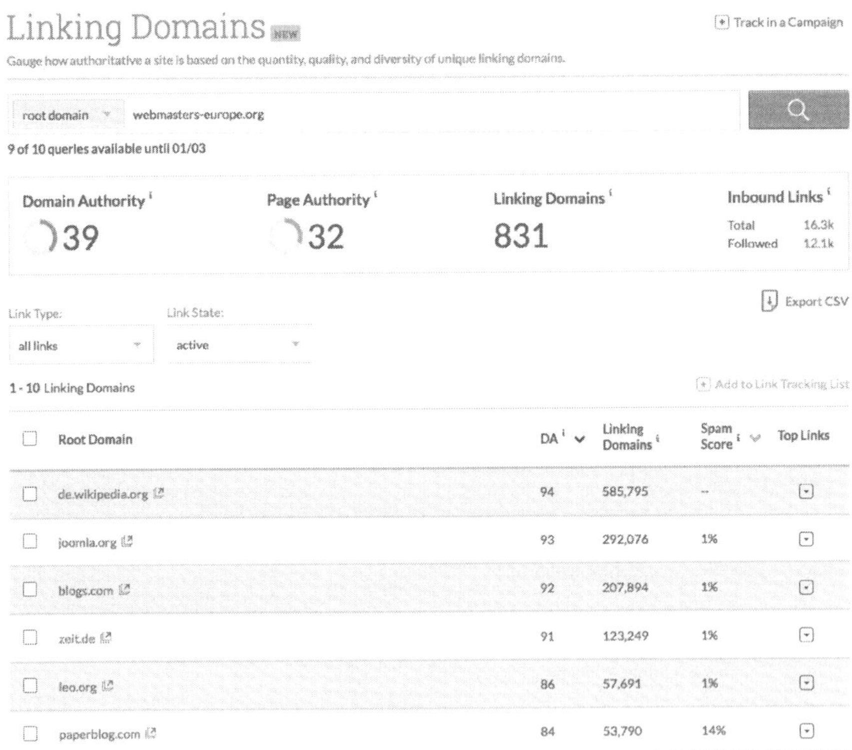


***Abb. 87** Der MOZ Link Explorer zeigt viele interessante Informationen zu Webseiten und deren Backlinks an.*

Der Link Explorer bietet eine ganze Reihe sehr nützlicher Metriken, u. a.:

- Page Authority (PA): Ein Wert, der etwas darüber aussagen soll, wie groß die Chance einer Webseite ist, gute Rankings in Suchmaschinen zu bekommen. In die Berechnung fließen u. a. Page MozRank und Page MozTrust ein. Das sind an

193. *https://moz.com/*
194. *https://moz.com/researchtools/ose/*

PageRank und TrustRank angelehnte Algorithmen. Die Metrik verwendet eine Skala von 0 bis 100.

- Domain Authority (DA): Ähnlich zur Page Authority, aber für das Rankingpotenzial der gesamten Domain.
- Total Links: Absolute Zahl aller eingehenden Links (Backlinks).
- Root Domains: Zahl unterschiedlicher Top-Level-Domains, von denen die Backlinks stammen.
- Title and URL of Linking Page: Titel und URL der verlinkenden Seiten.
- Link Anchor Text: Ankertext (Linktext), d. h. der Text, der von dem Hyperlink umschlossen wird.

Es gibt verschiedene Möglichkeiten, die Daten zu filtern und zu sortieren. Bei einer absteigenden Sortierung nach Page Authority (PA) lassen sich z. B. die wichtigsten Linkgeber identifizieren, also die, von denen man hohe PageRank und Trust-Werte »erbt«.

### Ahrefs.com

Das Unternehmen *Ahrefs Pte Ltd.* mit ukrainischen Wurzeln und Hauptsitz in Singapur bietet unter der Adresse *https://ahrefs.com* einen umfangreichen und aktuellen Backlink-Index an, den das Unternehmen mit eigenen Crawlern selbst erstellt. Die eingehenden Links lassen sich nach verweisender Domain bündeln und sortieren, die Ankertexte werden angezeigt. Ahrefs verwendet eine eigene Metrik, um die Wichtigkeit einer verlinkenden Domain bzw. einzelner URLs zu ermitteln: *Domain Rating (DR)* und *URL Rating (UR)*. Beide Metriken nutzen einen Wertebereich zwischen 0 und 100. Kostenpflichtige Abos gibt es ab 99 $ pro Monat.

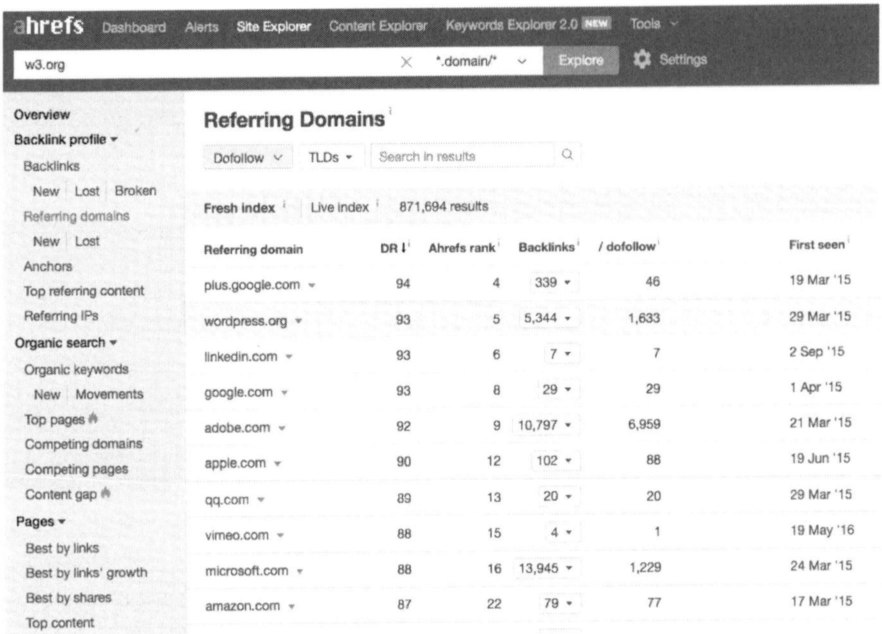


***Abb. 88*** *Ahrefs.com verfügt über einen umfassenden und aktuellen Backlink-Index mit zahlreichen Metriken, Sortier- und Filtermöglichkeiten. Da mit einer kostenlosen Registrierung nur wenige Abfragen pro Tag möglich sind und nur 20 Datensätze angezeigt werden, wird das Tool jedoch erst mit einem kostenpflichtigen Abo wirklich nützlich.*

## Majestic SEO

Eine Alternative zu MOZ ist der Hyperlink-Index der britischen Firma Majestic-12 Ltd, der unter dem Namen ***Majestic SEO*** vermarktet wird.[195] Majestic besitzt nach eigenen Angaben den größten und aktuellsten Hyperlink-Index des WWW, der öffentlich zugänglich ist. Mit einer kostenlosen Registrierung erhält man relativ umfangreiche Informationen zu seinen eigenen Websites. Zum Beweis, dass man eine bestimmte Domain besitzt, muss eine Datei mit einem vorgegebenen Dateinamen auf den Webserver geladen werden. Natürlich bietet auch Majestic kostenpflichtige Abos an, um Daten zu beliebigen Domains abfragen zu können.

195. *https://www.majesticseo.com/*

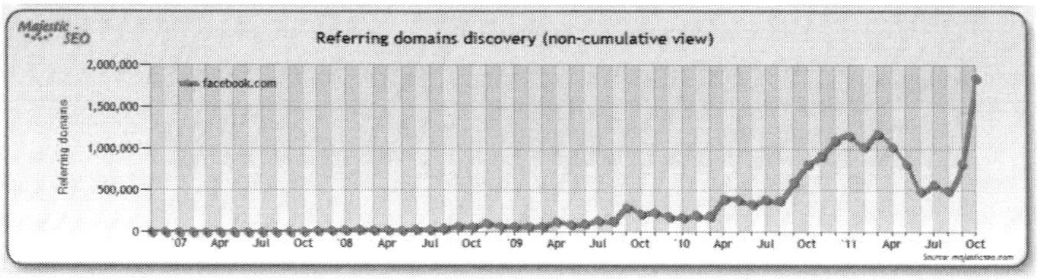


***Abb. 89*** *Majestic SEO bietet einige sehr interessante Analysen an, wie z. B. die Zahl der neu gefundenen Backlinks bzw. verlinkenden Domains über einen bestimmten Zeitraum hinweg. Im obigen Beispiel sieht man, wie sich die Zahl der Domains mit Backlinks auf facebook.com zwischen 2006 und 2011 entwickelt hat. Angezeigt werden die pro Monat neu gefundenen Domains mit Backlink auf facebook.com. Die Daten werden nicht aufaddiert. Die Zahl der pro Monat neu entdeckten Domains mit Backlinks auf Facebook stieg im Jahr 2011 steil an.*

#### LinkResearchTools (LRT)

Die bereits erwähnte, in Österreich ansässige Firma *LinkResearchTools*[196] (LRT) verfügt über eine umfangreiche Backlink-Datenbank und greift dazu auf viele verschiedene Backlink-Quellen zu. LRT bietet die wohl umfassendsten Analysen und leistungsfähigsten Tools rund um das Thema Backlinks an. Zugang erhält man jedoch nur mit einem kostenpflichten Abo (ab 148 € pro Monat).

### 11.4.2 Das »natürliche Linkprofil«

Seit dem Penguin-Update untersucht Google die Linkprofile von Websites auf Anzeichen dafür, dass massiv mit Linkbuilding gearbeitet wurde, um das Ranking zu verbessern. Websites, bei denen massiv Linkbuilding betrieben wurde, erkennt man in der Regel an ihrem unnatürlichen Linkprofil. Solche Websites werden möglicherweise durch Penguin abgestraft und verlieren an Sichtbarkeit.

Ein natürliches Linkprofil zeichnet sich durch Vielfalt aus: eine dem Durchschnitt weitgehend entsprechende Verteilung von Follow- und Nofollow-Links sowie von Links auf die Startseite und von Links zu Unterseiten (Deep Links). Ein Beispiel dazu findet sich in einem Tutorial auf der Website des SEO-Tool-Anbieters SISTRIX (Abb. 90). Wichtig ist, dass es sicherlich keine harten Grenzen gibt, welche Verhältnisse noch natürlich aussehen und welche nicht. Dies hängt hauptsächlich von der Branche und den Vergleichswerten der Wettbewerber ab.

196. *http://www.linkresearchtools.com*

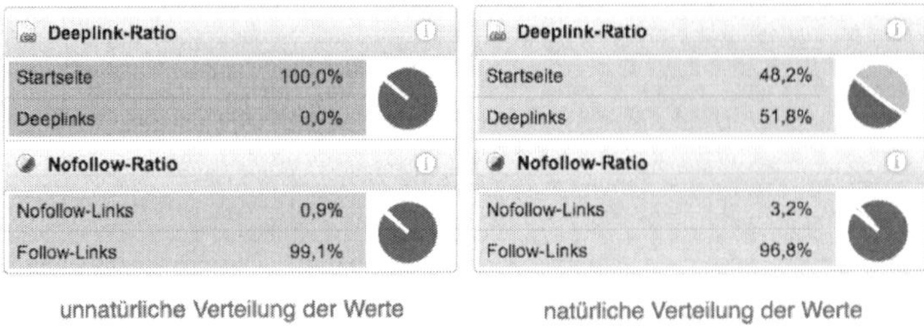


***Abb. 90*** *Beispiele für unnatürliche und natürliche Verteilung von Links zur Startseite versus Deep Links sowie von Follow-Links versus Nofollow-Links (Tipps zur Erkennung eines natürlichen Linkprofils*[197] *SISTRIX GmbH)*

## Ankertext-Verteilung

Nach Jayson DeMers vom *SearchEngine Journal* ist der wichtigste Aspekt für Google jedoch die Verteilung der Linktexte (Ankertexte).[198]

Penguin untersucht die Ankertexte der Backlinks auf Anzeichen für eine »unnatürliche Aktivität«. Im Wesentlichen ist damit das gezielte Setzen von Backlinks mit Keywords im Ankertext gemeint.

Vor dem Penguin-Update hat genau das besonders gut funktioniert: Mit Keywords in Ankertexten konnten Webseiten im Google-Ranking für genau diese Keywords enorm nach oben getrieben werden.

Tatsächlich konnte man dieses Verhalten von Google bis Januar 2007 sogar ausnutzen, um Webseiten mit beliebigen Begriffen zu assoziieren. Verabredeten sich viele Webmaster dazu, auf eine bestimmte Webseite mit einem bestimmten Begriff zu verlinken, dann wurde diese Seite für diesen Begriff in der Trefferliste von Google ganz weit oben gelistet, auch wenn der Begriff auf der verlinkten Seite selbst kein einziges Mal vorkam.

Dieses Phänomen bzw. diese Vorgehensweise wurde als ***Google Bombing*** bezeichnet.

Die bekannteste Google-Bombe ist sicherlich die Verknüpfung der Homepage des ehemaligen amerikanischen Präsidenten Georg W. Bush mit dem Begriff »miserable failure« (»jämmerlicher Versager«). Gab man diese Begriffskombination in Google ein, so wurde die offizielle Homepage von Georg W. Bush auf der Website *www.whitehouse.gov* an erster Stelle gelistet.

---

197. *https://www.sistrix.de/tutorials/tipps-zur-erkennung-eines-natuerlichen-linkprofils/*

198. *A Complete Guide to the Google Penguin Algorithm Update (https://www.searchenginejournal.com/google-algorithm-history/penguin-update/)*

Google hat mehrere Jahre lang nichts daran geändert. Erst im Januar 2007 entschärfte Google die Algorithmen, sodass Google Bombing in der oben beschriebenen Art und Weise seitdem nicht mehr möglich ist.

Zurück zu Penguin: Der Penguin-Algorithmus untersucht die Ankertexte der Backlinks und berechnet das Verhältnis der verschiedenen Ankertext-Typen untereinander.

Natürlicherweise vorkommende Ankertexte lassen sich in vier Typen unterteilen:

- **URLs:** Oftmals wird auf Webseiten die URL der verlinkten Seite oder die URL der Homepage dargestellt und verlinkt. Beispiel: `<a href="https://www.example.org/example.html">www.example.org</a>`. URL-Ankertexte sind für Google ein Indiz für natürliche Links, da dies unter Webmastern, Webdesignern und Webautoren eine verbreitete Methode der Verlinkung ist.

  **Markenbegriffe:** Markenbegriffe wie der Name der Website/Domain, der Firmenname des Website-Inhabers, Produkt- und sonstige Markenbegriffe können in Ankertexten vorkommen. Auch Namen von Personen zählen zu den Markenbegriffen. In einem natürlichen Linkprofil werden diese jedoch nicht die Mehrheit stellen. Beim Linkbuilding sollten Sie mit Markenbegriffen vorsichtig sein und es damit nicht übertreiben.

  **Kombinationen aus Markenbegriffen und Keywords**: In Ankertexten können Markenbegriffe mit Keywords kombiniert sein. Beispiel: »AEG Spülmaschine« oder »SEO-Buch von Thorsten Schneider«. Solche Kombinationen wurden in der Vergangenheit häufig beim Linkbuilding verwendet und sind, wenn sie zu häufig vorkommen, ein Indiz für ein unnatürliches Linkprofil.

  **Sonstige Begriffe:** Sehr weit verbreitet ist die Verlinkung von unspezifischen Begriffen, die mit dem Inhalt der verlinkten Webseite nichts zu tun haben, wie z.B. (Klicken Sie) »hier«, (finden Sie auf) »dieser Website« usw. Auch diese Art von Ankertexten sind völlig natürlich und werden von Google als Indiz für ein natürliches Linkprofil gewertet.

Bei einer natürlichen Ankertextverteilung bilden diese vier Typen in der Regel mehr als 50 % aller Ankertexte. Der restliche Anteil teilt sich auf sehr viele unterschiedliche Ankertexte auf.

Besonders unnatürlich sehen Ankertextverteilungen aus, bei denen einige wenige Ankertexte die Mehrheit aller vorkommenden Ankertexte bilden. Wenn z.B. fünf verschiedene Ankertexte, die dann auch noch aus harten Keywords bestehen, mehr als 2/3 der Backlinks ausmachen, dann sieht das aus Sicht von Google sehr unnatürlich aus. Das Abstrafungsrisiko ist entsprechend.

Es gibt einen fünften Typ von Keywords, die natürlicherweise eher selten vorkommen:

**Keywords:** Harte Keywords in Ankertexten (Beispiele: »SEO Seminar«, »günstiger Kredit«, »iPhone kaufen«), d. h. exakt das Keyword, für das die Zielsseite gut ranken soll, waren vor Penguin eine SEO-Wunderwaffe, mit der sich erstaunliche Rankingsteigerungen erzielen ließen. Solche Backlinks können auch heute noch einen positiven Rankingeffekt haben, **aber nur dann**, wenn sie in der Verteilung der Ankertexte nur einen kleinen Anteil haben. (Ich würde auf keinen Fall über 30 % gehen.) Achten Sie darauf, dass es in Ihrem Linkprofil nicht zu viele derartige Backlinks gibt.

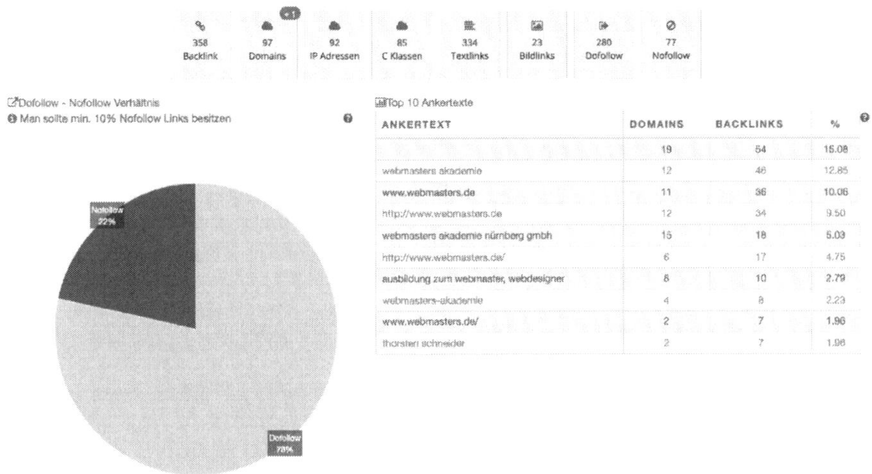


| ANKERTEXT | DOMAINS | BACKLINKS | % |
|---|---|---|---|
| | 19 | 54 | 15.08 |
| webmasters akademie | 12 | 46 | 12.85 |
| www.webmasters.de | 11 | 36 | 10.06 |
| http://www.webmasters.de | 12 | 34 | 9.50 |
| webmasters akademie nürnberg gmbh | 15 | 18 | 5.03 |
| http://www.webmasters.de/ | 6 | 17 | 4.75 |
| ausbildung zum webmaster, webdesigner | 8 | 10 | 2.79 |
| webmasters-akademie | 4 | 8 | 2.23 |
| www.webmasters.de/ | 2 | 7 | 1.96 |
| thorsten schneider | 2 | 7 | 1.96 |

***Abb. 91*** *Beispiel eines natürlich aussehenden Linkprofils. Links ohne Ankertext sind z. B. verlinkte Bilder. Benutztes Tool: http://www.backlink-tool.org/ankertext-checker/*

### Diversität der verlinkenden Websites

Wichtig für ein natürliches Linkprofil ist auch, dass Backlinks von unterschiedlichen Website-Typen vorhanden sind wie u. a.:

- Links von Authority Websites
- Links von thematisch verwandten Websites
- Links aus Webverzeichnissen
- Nofollow-Links aus Foren und Blogs
- hochwertiger Linktausch
- Links aus sozialen Netzwerken

Eine optimale prozentuale Verteilung für diese Backlink-Kategorien gibt es nicht, da dies sehr von der Branche, in der sich eine Website bewegt, abhängig ist.

#### Linkwachstum

Ein kontinuierliches Linkwachstum spricht für ein anhaltendes Interesse an einer Website, während eine Verlangsamung des Linkwachstums oder ein Rückgang der Backlinks dafür sprechen können, dass die Inhalte einer Website weniger relevant, weniger beliebt oder nicht mehr aktuell sind.

Google analysiert das Linkwachstum jedoch auch kritisch: Bekommt eine Website z.B. innerhalb sehr kurzer Zeit sehr viele Backlinks und danach abrupt keine mehr, liegt ein *unnatürliches*, man könnte auch sagen *künstliches* Linkwachstum vor – ein Indiz für unlautere Methoden. Generell werden plötzlich auftretende, drastische Änderungen beim Linkwachstum von Google kritisch beäugt. Ein zu schwaches Linkwachstum oder gar ein Linkverlust beeinflussen das Ranking ebenfalls negativ.

Welches Linkwachstum Google als »natürlich« bewertet und das beste positive Rankingsignal sendet, lässt sich allerdings nicht pauschal sagen, da dies von der Branche, dem Land bzw. der Sprache und den Keywords abhängt[199].

> Das einzige mir bekannte SEO-Werkzeug, mit dem Sie Linkwachstum und Linkprofil umfassend und bezogen auf bestimmte Marktsegmente und im Vergleich zum Wettbewerb untersuchen können, ist das Software-Tool *LinkResearchTools*[200].

#### Was ist zu tun?

Überwachen Sie Ihr Linkprofil und achten Sie darauf, dass es natürlich aussieht und dass das so bleibt. Berücksichtigen Sie dies beim Linkbuilding, insbesondere, was die Verteilung der Ankertexte betrifft.

## 11.5 Linkbuilding-Strategien

### 11.5.1 Prinzipielle Erwägungen

Wie sieht eine gute Linkbuilding-Strategie in Zeiten von Penguin, Hummingbird und RankBrain aus? Behalten Sie die folgenden Überlegungen im Hinterkopf, wenn Sie Linkbuilding betreiben:

---

199. *http://www.linkresearchtools.com/technology/link-velocity/*
200. *http://www.linkresearchtools.com/*

### PageRank

> Wie ich in Abschnitt 4.2 erläutert habe, publiziert Google keine PageRank-Metrik mehr. Verwenden Sie daher eine der in Abschnitt 4.4 besprochenen Alternativen bei der Arbeit mit diesem Rankingfaktor.

Wie schon eingehend erläutert, hat der Google PageRank auch heute noch einen nicht zu vernachlässigenden Einfluss auf das Ranking Ihrer Seiten. Ihr Ziel muss daher sein, bis hin zu den einzelnen Content- oder Artikelseiten möglichst hohe PageRank-Werte zu erreichen.

Das geht nur über Backlinks. Dabei zählt aber nicht jeder Link gleich. Links von bedeutenden Webseiten mit hohem PageRank zählen ungleich mehr als Links von unbedeutenden Webseiten mit niedrigem PageRank.

Außerdem gilt: Je weniger ausgehende Links auf einer Seite stehen, desto mehr PageRank wird vererbt, da die Zahl der ausgehenden Links in der PageRank-Formel im Nenner steht.

Außerdem dürfen die Links keines der rel-Attribute (rel="nofollow", rel="ugc" oder rel="sponsored") haben, da Google diese dann für die PageRank-Berechnung nicht berücksichtigt (vergl. Abschnitt 11.2).

### Trust

Trust ist ein eigenes Rankingsignal, das ebenfalls nur über Backlinks erworben werden kann. Der zugrundeliegende Algorithmus wertet vor allem die Nähe zu sog. ***Authority Domains*** aus (vgl. Abschnitt 4.3). Welche Domains dazu zählen, lässt sich nur vermuten. Zu solchen Domains gehören u.a. Websites von Universitäten, bekannten Organisationen (z.B. Berufsverbände, Branchenverbände), seriösen Publikationsorganen und vermutlich auch Wikipedia. Achten Sie beim Linkbuilding darauf, Links von solchen Domains zu bekommen, um den Trust Ihrer Website zu steigern. Verwenden Sie eine Trust-Metrik (z.B. LRT Trust), um den Erfolg Ihrer Arbeit zu überprüfen.

### Thematische Nähe

Backlinks von Webseiten, die sich in derselben Branche befinden und sich mit ähnlichen Themen beschäftigen, bringen am meisten. Backlinks von anderen Websites sind nicht per se schädlich und können auch nützlich sein, sofern es sich um seriöse Websites handelt, die hohe PageRank- und Trust-Werte haben. Achten Sie jedoch beim Linkbuilding unbedingt darauf, dass Sie auch Links von thematisch verwandten Sites bekommen.

#### Platzierung der Backlinks

Backlinks aus dem Haupt-Inhaltsbereich (Textbereich) einer Webseite bringen mehr als Links aus Boilerplate-Elementen. Das sind Elemente, die sich auf vielen Seiten wiederholen. Diese können sogar schädlich sein und sollten daher vermieden werden.

#### Follow- versus Nofollow-Links

Ein gesundes Verhältnis von Follow- und Nofollow-Links gehört zu einem natürlichen Linkprofil. Nofollow-Links schaden nicht. Für die Vererbung von PageRank (und wahrscheinlich auch Trust) werden von Google jedoch nur die Follow-Links berücksichtigt.

### 11.5.2 Was Sie nicht tun sollten ...

Bevor ich Ihnen erläutere, was Sie tun sollten, erkläre ich Ihnen erst einmal, was Sie nicht tun sollten, weil es entweder nichts bringt oder gegen Googles *Richtlinien für Webmaster*[201] verstößt und damit gefährlich ist: Google könnte Ihre Seiten im Ranking herabstufen oder gar vollständig aus dem Index löschen.

#### Linktauschprogramme

Beteiligen Sie sich nicht an sog. Linktauschprogrammen! Erstens besteht die Gefahr, dass Sie selbst Links auf Spamseiten setzen und Ihre Website dadurch BadRank (vgl. Abschnitt 4.5) sammelt. Zweitens verliert Ihr Website-System durch viele ausgehende Links insgesamt PageRank, den Sie besser auf Ihre eigenen Unterseiten vererben sollten. Drittens erkennt Google natürlich, dass es sich bei den Backlinks, die Sie (eventuell) erhalten, nur um ein Tauschgeschäft handelt, und gewichtet diese nicht oder kaum oder straft Ihre Seiten sogar ab.

#### Linkkauf

Kaufen Sie keine Links, zumindest nicht mit dem Ziel, PageRank zu steigern! Erstens verstößt dies gegen Googles Richtlinien für Webmaster und wird, sofern Google dies erkennt, mit drakonischen Strafen belegt, wie z.B. der Löschung aus dem Suchindex. Googles Richtlinien besagen eindeutig, dass Links, für die Geld bezahlt wird, mit dem Nofollow-Attribut versehen werden müssen.

201. *https://support.google.com/webmasters/answer/35769*

Zweitens besteht die große Gefahr, dass Sie von dem Verkäufer betrogen werden und der Link, den Sie bekommen, nicht den versprochenen Wert hat. Beliebte Tricks der Linkverkäufer sind:

- Der Link wird mit einem Nofollow-Attribut versehen, sodass Google den Link nicht auswertet.
- Der Link wird mithilfe von JavaScript generiert, sodass er zwar in Webbrowsern funktioniert, der Googlebot ihn aber nicht erkennt.
- Die verlinkende Seite hat sehr viele ausgehende Links, sodass ein einzelner Link sehr wenig PageRank vererbt, also wenig ***Linkpower*** hat.

### Linkfarmen und sonstige unlautere Methoden

Es versteht sich eigentlich von selbst, dass Sie keine Linkfarmen aufbauen sollten und keine SEO-Agentur beauftragen sollten, die mit Linkfarmen arbeitet. Google hat inzwischen Technologien entwickelt, um solche Manipulationsversuche zu erkennen und zu ahnden.

### Eintrag in jedes noch so spamhaft aussehende Verzeichnis

Es gibt im Web unzählige »Verzeichnisse« (Branchenverzeichnisse, Dienstleisterverzeichnisse, Webseitenverzeichnisse etc.), in die man sich eintragen kann. Viele dieser Verzeichnisse wurden jedoch nur dafür erstellt, um mit Werbebannern auf ihren Seiten Geld zu verdienen. Inhalt, der nur darin besteht, dass andere ihre Website dort eintragen, ist kostenlos und nutzlos. Widerstehen Sie der Versuchung, Ihre Website in solche Verzeichnisse einzutragen. Gerade solche Backlinks gelten als schädlich und können zu einer Penguin-Abstrafung führen!

> Solche Verzeichnisse sind meist leicht zu erkennen: Über ein einfaches Formular kann sich jeder eintragen, eine Überpüfung des Eintrags oder eine Qualitätskontrolle findet in der Regel nicht statt. Die Werbebanner oder Affiliate-Links sind prominent und nicht zu übersehen. Layout und Technik der Site sind meistens unprofessionell und veraltet. (Konkrete Beispiele möchte ich nicht nennen, da ich das ungerne vor Gericht ausdiskutieren möchte, ob ich bei dem gezeigten Beispiel Recht habe mit meiner Analyse.)

## 11.6 Was Sie tun sollten: Sieben Linkbuilding-Methoden, die funktionieren

### 11.6.1 Selbst Backlinks setzen

Die meisten Websitebetreiber verfügen nicht nur über eine Website/Domain, sondern über mehrere.

Die erste und einfachste Methode des Linkaufbaus ist naheliegenderweise, auf anderen Websites, die Sie besitzen oder kontrollieren, Backlinks zu der Website, die Sie promoten wollen, zu platzieren. Sie können z.B. einen Bericht über die neue Website schreiben oder auf bestehenden Webseiten, die sich in thematischer Nähe zur neuen Site befinden, den einen oder anderen Link platzieren.

### 11.6.2 Verzeichnisse

Eine beliebte Methode, für eingehende Links zu sorgen, war und ist auch heute noch der Eintrag in Webverzeichnisse (Webkataloge). Webverzeichnisse sind Websites, die eine Sammlung von Website-Adressen veröffentlichen. Die Adressen werden in der Regel hierarchisch in Kategorien unterteilt. Zusätzlich zur Adresse der Website (URL) gibt es meistens noch einen Titel bzw. Namen und eine kurze Beschreibung der Website.

Die Grundidee der Webverzeichnisse besteht darin, durch eine menschliche Kontrolle nur qualitativ hochwertige Websites in das Verzeichnis aufzunehmen und den Nutzern dadurch einen Mehrwert und eine Alternative zu den Suchmaschinen zu bieten.

Webverzeichnisse sind daher wesentlich unvollständiger als die Datenbanken der bekannten Suchmaschinen. Es gibt Webverzeichnisse mit einer breiten Ausrichtung, die Websites aller Arten und Branchen aufnehmen, und Webverzeichnisse, die sich auf bestimmte Branchen oder Fachgebiete spezialisiert haben.

**Lohnt ein Eintrag in Webverzeichnisse heute noch?**

Inzwischen sind einige der weltbekannten Webverzeichnisse eingestellt worden. Das bekannte *Yahoo Directory* wurde bereits 2004 vom Netz genommen. Eines der ambitioniertesten und renommiertesten Projekte, das nach eigener Aussage »größte von Menschen geschaffene Verzeichnis des World Wide Web«, das Open Directory Project (Webadresse *dmoz.org*), wurde im März 2017 eingestellt.

Sicherlich hängt das damit zusammen, dass Suchmaschinen, allen voran Google, heute so gut darin sind, qualitativ hochwertige Websites zu finden und von minderwertigen abzugrenzen, sodass das Hauptargument für die Benutzung von Webverzeichnissen, die ordnende und qualitative Auswahl von Websites, heute nicht mehr zählt. Die Ära der Webverzeichnisse dürfte unwiderruflich vorbei sein.

Inzwischen wird das Open Directory Project unter dem Namen *Curlie*[202] weitergeführt. Das Open Directory wurde früher von Google »angezapft« und als *Google Directory* veröffentlicht. Ein Eintrag im Open Directory galt als positives Rankingsignal. Ob Google auf Curlie zugreift und ein Eintrag darin ein Rankingsignal ist, ist aktuell nicht bekannt. Schaden kann ein Eintrag darin jedoch sicherlich nicht. Mein Tipp: Wenn Ihre Website nicht im Verzeichnis Curlie steht, beantragen Sie die Aufnahme. Folgen Sie dazu *dieser Anleitung*[203]. Das Curlie-Verzeichnis wird von vielen freiwilligen Editoren gepflegt, die über die Aufnahme einer Website ins Verzeichnis entscheiden. Wenn Sie eine Website vorschlagen, kann es dauern, bis der Vorschlag bearbeitet wurde. Haben Sie Geduld. Wenn auch nach einigen Wochen keine Aufnahme erfolgte, versuchen Sie am besten in einer anderen Kategorie.

Übrig geblieben sind viele, viele Verzeichnisse von zweifelhafter Qualität, die wenig oder gar keinen Nutzwert bieten. In der Zeit des massiven Backlink-Buildings, als das vornehmliche SEO-Ziel die Steigerung von PageRank war, wurden viele Verzeichnisse für genau diesen Zweck erstellt: Durch das Verkaufen von Backlinks in Verzeichnissen ließ sich leichtes Geld verdienen, und da Google den Inhalt von Webverzeichnissen auch in den Suchergebnissen hoch rankte, konnten die Betreiber durch Werbebanner in ihren Webverzeichnissen noch mehr Geld machen.

Google beäugt Backlinks aus Verzeichnissen inzwischen jedoch äußerst skeptisch, und zu viele Backlinks aus Verzeichnissen zweifelhafter Qualität können negative Rankingsignale senden.

Woran erkennt man qualitativ minderwertige Webverzeichnisse?

Qualitativ minderwertige Verzeichnisse sind in der Regel einfach zu erkennen: Sie sehen meist aus wie uralte, nicht oder schlecht gepflegte Websites (unprofessionelles, nicht responsives Design, veralteter Content, gebrochene Links, technische Fehler) und sind oft übersät mit Werbebannern.

202. *https://curlie.org/*

203. *https://curlie.org/docs/de/add.html*

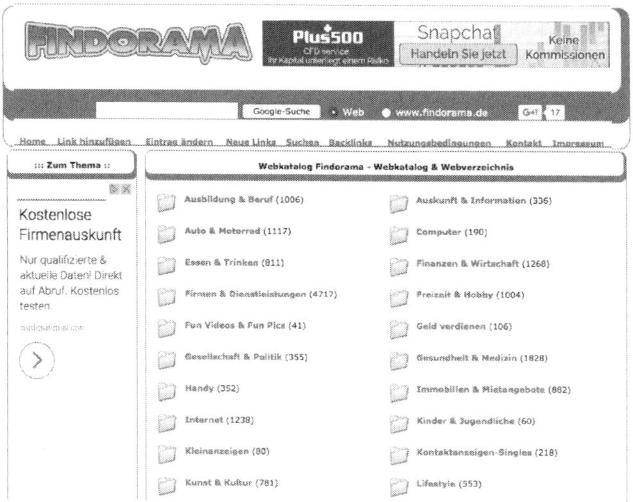


***Abb. 92*** *Eines von vielen Webverzeichnissen. Wie wird Google wohl einen Backlink aus diesem Verzeichnis bewerten?*

> Machen Sie einen großen Bogen um qualitativ minderwertige Verzeichnisse. Und bitte nutzen Sie **auf gar keinen Fall** einen »Eintragsservice«, der Ihre Website in Dutzende oder Hunderte Webverzeichnisse einträgt. Sie werden ansonsten sehr bald einen hohen Aufwand damit haben, diese schlechten Backlinks zu finden und wieder loszuwerden …

Bringen Einträge in Webverzeichnisse denn nun wirklich gar nichts mehr?

Pauschal würde ich das so nicht sagen: Einige Backlinks aus guten, d.h. seriösen, qualitativ hochwertigen und gepflegten Verzeichnissen können auch heute noch positive Rankingsignale senden und tragen zu einem natürlichen Linkprofil bei. Solche Verzeichnisse können z.B. Mitgliederlisten von Branchenverbänden oder nicht kommerzielle Linksammlungen zu speziellen Themen sein. Achten Sie darauf, dass die Linkliste aktiv gepflegt wird und keine gebrochenen Links oder Links zu unseriösen Websites enthält. Wählen Sie jedes Verzeichnis, in das Sie Ihre Website eintragen, mit Bedacht aus. Meiden Sie kostenpflichtige Verzeichnisse und solche, aus denen Sie sich selbst nicht mehr austragen können. Protokollieren Sie, in welche Verzeichnisse Sie welche Website eingetragen haben.

Achten Sie außerdem darauf, dass der Anteil an Backlinks aus Verzeichnissen nicht zu hoch wird: Mehr als 10 bis 15 % bezogen auf alle Backlinks sollte er nicht betragen.

### 11.6.3 Vitamin B nutzen

Sie können Websitebetreiber, vornehmlich solche, die Sie persönlich kennen bzw. mit denen Sie via Linkedin oder Xing Kontakt pflegen, um einen Backlink bitten. Selbst wenn Sie dafür im Gegenzug ebenfalls einen Link setzen müssen, macht das Sinn, weil eine gegenseitige Verlinkung hochwertiger Websites zu einem gesunden Linkverhältnis beiträgt.

Sinn macht ein solcher Linktausch vor allem unter folgenden Bedingungen:

- Die Website besitzt eine thematische Nähe zu Ihrer Website.
- Die Seite, die den Backlink zu Ihrer Website trägt, hat einen Toolbar-PageRank (z.B. gemessen mit LRT Power) von mindestens 1.
- Die Seite, die den Backlink zu Ihrer Website trägt, hat eine überschaubare Anzahl an externen Links (je weniger, desto besser).
- Idealerweise ist der Seitenbetreiber bereit, Ihren Vorschlag zum Ankertext (vgl. Abschnitt 11.8) umzusetzen.

Am besten ist es natürlich, wenn diese Webseiten einen Link setzen, ohne von Ihnen das Gleiche zu fordern. Falls Sie im Gegenzug auch einen Link setzen müssen, verwenden Sie dazu eine Unterseite, auf keinen Fall aber z.B. die Startseite Ihrer Website. Auf diese Weise behalten Sie trotz der ausgehenden Links den Großteil des PageRanks in Ihrem Website-System.

> Denken Sie daran, dass sich PageRank auch innerhalb eines Website-Systems von Seite zu Seite vererbt. Das Ausmaß der Vererbung hängt davon ab, wie viele Hyperlinks insgesamt auf der Seite stehen. Viele nach extern verweisende Hyperlinks auf der Startseite oder auf Seiten, die in der Navigationshierarchie weit oben angeordnet sind, führen dazu, dass die PageRank-Vererbung auf die Unterseiten regelrecht einbricht. Auf fremde Websites verweisende Links sollten Sie daher mit Bedacht setzen, vorzugsweise auf Seiten, die weiter unten in der Informationsarchitektur Ihrer Site angesiedelt sind.

### 11.6.4 Wettbewerber-Analyse

Von großem Interesse für Sie ist, welche Backlinks Ihre stärksten Wettbewerber haben. Vielleicht sind darunter auch potenzielle Linkgeber für Ihre Website? Um die wertvollsten Backlinks Ihrer direkten Wettbewerber zu finden, gehen Sie folgendermaßen vor:

### *Schritt für Schritt 4:*

1. Nehmen Sie sich eine zu optimierende Seite vor, für die Sie bereits die relevanten Keywords definiert haben, und geben Sie diese Keywords in der Google-Suche ein. Achten Sie dabei darauf, die Personalisierungseffekte von Google so gut wie möglich abzuschalten (siehe Abschnitt 16.1.1), oder verwenden Sie einen Anonymizer wie z.B. *Startpage.com*.

2. Betrachten Sie sich die Treffer, die über der URL Ihrer Seite stehen, die also besser ranken als Ihre Seite.

3. Kopieren Sie die jeweiligen URLs in ein Backlink-Analysetool Ihrer Wahl (siehe Abschnitt 11.4).

4. Schauen Sie sich sowohl die direkten Backlinks auf die betrachtete URL an als auch die Backlinks auf die Startseite der Domain Ihres Wettbewerbers.

5. Sortieren Sie das Ergebnis jeweils nach der Metrik, die etwas über die Qualität des Links aussagt (z.B. MOZ PA oder Ahrefs UR usw.).

6. Schauen Sie sich die verlinkenden Webseiten und Domains an. Welche davon könnten ggf. Interesse daran haben, auch auf Ihre Website/Webseite zu verlinken? Warum verlinkt die Website auf die Website Ihres Wettbewerbers? Was könnten Sie ggf. dafür bieten, was müssten Sie tun? Wie groß dürfte der Aufwand dafür sein?

7. Treffen Sie eine Entscheidung und werden Sie aktiv!

**Kalte Linkanfragen per E-Mail sind in der Regel rechtlich unzulässig und abmahnfähig!**

Nach der Ansicht von Rechtsanwalt Niklas Plutte, Fachanwalt für gewerblichen Rechtsschutz, sind »kalte Linkanfragen« per E-Mail, also Anfragen mit der Bitte, einen Backlink zu setzen, ohne dass eine ausdrückliche Einwilligung des Adressaten vorliegt, im geschäftlichen Bereich ausnahmslos rechtswidrig und abmahnfähig, da es sich dabei im rechtlichen Sinne um Werbemails handelt.

Etwas weniger kritisch bewertet er **Linkanfragen per Telefon**, die seiner Meinung nach im Einzelfall erlaubt sein können, »wenn aufgrund konkreter Umstände ein sachliches Interesse des Anzurufenden am Anruf vermutet werden kann», also »bei Vorliegen einer mutmaßlichen Einwilligung des Angerufenen«. Die Einzelfälle sind jedoch genau zu prüfen.

Rechtlich unbedenklich sind seiner Meinung nach nur »Linkanfragen im persönlichen Gespräch« sowie der »Versand von schriftlichen Anfragen per Briefpost«.

Quelle: *Kalte Linkanfragen per E-Mail / Telefon aus rechtlicher Sicht*[204] abgerufen am 23.10.2020

## 11.6.5 Gastartikel (»Guest Blogging«)

Wenn Sie selbst z.B. als Autor Zugang zu hochwertigen Websites mit Inhalten, die thematisch Ihrer eigenen Website nahe stehen, haben, dann sollten Sie versuchen, dort Content zu platzieren, der einen Backlink auf Ihre Website enthält. Solche Möglichkeiten sind z.B. Gastbeiträge in Expertenblogs, Artikel in Online-Publikationen oder Nachrichten auf den Websites von Fachverbänden.

Prinzipiell trifft das auch auf die Möglichkeit zu, in Forenbeiträgen, Blog-Kommentaren oder auf anderen Websites, die mit User Generated Content arbeiten, Inhalte mit Backlinks zu generieren. Dabei ist allerdings zu beachten, dass die meisten Foren und Blogs inzwischen automatisch das Nofollow-Attribut setzen, Google den Backlink also nicht zur Berechnung des PageRanks heranzieht.

Das heißt aber nicht, dass Google den Backlink nicht sieht und – z.B. bei der Analyse der Linkverteilung – berücksichtigt! Ein gewisser Anteil an »Nofollow-Back-

204. *https://www.ra-plutte.de/kalte-linkanfragen-per-e-mail-bzw-telefon-aus-rechtlicher-sicht/*

links« wirkt sich durchaus positiv aus, weil dies für ein natürliches Linkwachstum spricht.

Leider ist der Ansatz, sich mithilfe von Gastartikeln Backlinks zu »erkaufen« in den letzten Jahren eskaliert, sodass Google sich diese Links heute sehr genau »anschaut«.[205] Achten Sie daher, wenn Sie diesen Ansatz verfolgen, auf Folgendes:

- Wählen Sie die Portale/Blogs, auf denen Sie publizieren, mit Bedacht aus. Vermeiden Sie Sites, auf denen es vor Gastbeiträgen wimmelt, und solche, die sich gar Geld dafür bezahlen lassen, dass Sie dort publizieren.
- Veröffentlichen Sie nicht denselben Artikel auf mehreren Portalen.
- Übertreiben Sie nicht. Weniger ist hier eindeutig mehr.
- Vermeiden Sie Backlinks aus der Autorenbox heraus. Besser und unverfänglicher sind Links im Contentbereich.
- Google bestraft Sites, die durch eine massive Gastblogging-Aktivität versuchen, Backlinks zu bekommen.[206]

***Abb. 93*** *Beispiel für einen Gastartikel mit einem Backlink zur Website des Autors aus der »Autorenbox« heraus*

## 11.6.6 Verlinkenswerte Inhalte schaffen

Ihre Möglichkeiten, selbst Links zu setzen und andere Websitebetreiber gezielt um Backlinks zu bitten, sind vermutlich relativ schnell ausgeschöpft.

Sie merken dann:

205. *https://www.youtube.com/watch?v=qozPhALuQQw*
206. *https://www.youtube.com/watch?v=qpbCKWu0I0A*

Die einzige wirklich *nachhaltig* funktionierende Linkbuilding-Strategie besteht darin, Maßnahmen zu ergreifen, die dazu führen, dass andere Websitebetreiber freiwillig auf Ihre Webseiten verlinken.

Dieses Ziel erreichen Sie durch die folgenden beiden Schritte:

1. Verlinkenswerten Content schaffen.
2. Die Nachricht über diesen Content im Netz verbreiten.

Sie kennen die alte Web-Weisheit:

> *Content is King?*

Nützlicher Inhalt, der für die Besucher einen echten Mehrwert darstellt, war schon immer der Königsweg bei der Website-Entwicklung. Das alleine reicht aber nicht. Die Frage ist vielmehr: Was macht Webseiten eigentlich *verlinkenswert*?

Die Antwort auf diese Frage hat vor allem mit Psychologie zu tun. Wenn die Psychologie recht hat und die Befriedigung von Bedürfnissen die hauptsächliche Triebkraft für das ist, was Menschen tun, dann stellt sich die Frage so:

Was hat ein Websitebetreiber eigentlich davon, wenn er auf eine oder mehrere Ihrer Webseiten verlinkt? Welche seiner eigenen Bedürfnisse möchte er/sie damit befriedigen?

Oder anders ausgedrückt: Wer auf seiner Website einen Link zu einer anderen Website setzt, möchte davon auch etwas haben.

Ich habe hierzu etliche Websitebetreiber nach ihren Motiven befragt, freiwillig, d.h. ohne konkrete Gegenleistung wie Geld oder gegenseitige Verlinkung auf andere Webseiten zu verlinken. Interessanterweise scheinen sich alle Motive, einen Link zu setzen, auf nur vier grundlegende Motive zurückführen zu lassen. Davon ausgehend habe ich eine Art psychologisch motivierte Link-Taxonomie erstellt und die folgenden vier Linktypen benannt:

- Mehrwert-Links
- Ego-Links
- Referenz-Links
- Gefälligkeits-Links

Schauen wir uns diese Linktypen genauer an:

### Mehrwert-Links

Die Zielseite bietet den Besuchern der eigenen Seite einen **Mehrwert**, der Link ist ein **Service** für die eigenen Besucher. Der Nutzwert der eigenen Seite steigt dadurch.

### Ego-Links

> *Sage mir, was du liest und ich sage dir, was du bist.*[207]

Durch das Setzen des Links möchte der Seitenbetreiber demonstrieren, **dass er selbst über eine bestimmte Eigenschaft verfügt**, z. B., dass er up to date, cool, witzig oder originell ist, dass er über Insiderinformationen verfügt, dass er sich mit einem bestimmten Thema beschäftigt oder bestimmte Websites kennt und regelmäßig liest. Dazu zählen auch typisch menschliche Eigenschaften wie das Streben nach Aufmerksamkeit, Anerkennung, Gemeinschaft, Vergnügen, Spiel, Entspannung, Erheiterung, Anregung, Sensationslust, Schadenfreude, Gier oder Geiz, Lust an der Verbreitung von Klatsch und Tratsch oder von Gerüchten. Gemäß dem Motto: Die Seiten, auf die ich verlinke, sagen auch über mich selbst etwas aus!

### Referenz-Links

Durch das Setzen des Links möchte der Seitenbetreiber eine **Aussage oder Position untermauern oder beweisen**, die verlinkte Seite dient also als **Referenz** oder **Nachweis**. Er möchte vom **Expertenstatus** der verlinkten Webseite profitieren.

### Gefälligkeits-Links

Durch das Setzen des Links möchte der Seitenbetreiber dem Betreiber oder Autor der verlinkten Webseite einen **Gefallen** tun oder sich für etwas bedanken. Oder er tut es einfach nur, weil man sich kennt und weil es dem Networking dient.

Wie es aussieht, gibt es bestenfalls eine Handvoll Motive, warum ein Websitebetreiber auf eine andere Webseite verlinkt.[208]

Wenn wir die Verlinkungs-Psychologie verstehen, dann ist uns auch sofort klar, warum es für die meisten Websites so schwierig ist, Backlinks zu bekommen. Sie bieten einfach zu wenig Anreize dafür. Selbst bei einer in Bezug auf Design und

207. Pierre de La Gorçe, Rede à l'assemblée de la Société bibliographique, 7. Mai 1920

208. Wenn Ihnen noch etwas anderes einfällt, dann wäre ich daran sehr interessiert! Bitte kontaktieren Sie mich in diesem Fall, damit ich das Motiv hier aufnehmen kann.

Usability hervorragenden Website oder bei einem Onlineshop mit guten und preiswerten Produkten besteht in der Regel wenig Anlass, darauf zu verlinken!

Für den Linkaufbau muss also das oberste Ziel sein, diese Defizite mit entsprechendem Content zu beseitigen bzw. zu verringern. Nur damit können wir andere Websitebetreiber davon überzeugen, dass es sich für sie lohnt, unsere Webseiten nicht nur zu lesen, sondern auch darauf zu verlinken.

Bei dem verlinkenswerten Content muss es sich aber nicht unbedingt um elektronische Inhalte handeln. Es bieten sich auch gezielte Aktionen im »Real Life« an wie z. B. eine kostenlose Veranstaltung oder Party, zu der Kunden eingeladen werden oder das Verschenken von Produkten usw.

Wichtig ist hierbei der Aspekt **kostenlos**. Die Motivation, auf kostenpflichtige, kommerzielle Angebote zu verlinken, ist generell praktisch nicht existent! Sie müssen erst Dinge finden, die Sie verschenken können, um dann im zweiten oder dritten Schritt etwas zu verkaufen!

Die folgende Tabelle bietet Ihnen einige Ideen für verlinkenswerten Content:

| **Website-Content** | **bietet Anreize für Linktyp** |
|---|---|
| Sachliche Informationen wie z. B. Fachartikel, Beiträge in einem Experten-Blog, Whitepapers, E-Books, Infografiken, Statistiken, Checklisten, Cheat-Sheets, Tutorials/Video-Tutorials, Anleitungen, Fachforen (fachliche Diskussionsforen) | Mehrwert-Links<br>Ego-Links<br>Referenz-Links |
| Gewinnspiele, Wettbewerbe, Werbegeschenke | Mehrwert-Links<br>Ego-Links |
| Software zum Downloaden (Tools, Widgets, Plug-ins, ...) | Mehrwert-Links<br>Ego-Links |
| Umfragen, Interviews, Enthüllungsgeschichten | Ego-Links |
| Lustiges und Skurriles in Form von Bildern, Videos, Animationen, Texten | Ego-Links |
| Kostenlose Mehrwerte wie z. B. Informationen, die sonst Geld kosten, z. B. Bücher, E-Books, Ratgeber, Lernmaterialien, Videos; Veranstaltungen, die sonst Geld kosten, z. B. Seminare, Workshops, Vorführungen; Produkte, die sonst Geld kosten, z. B. Software oder Gegenständliches jeder Art; Entertainment, das sonst Geld kostet, z. B. Spiele | Mehrwert-Links<br>Ego-Links |

***Tabelle 11.2*** *Content und Aktionen, die Backlinks bringen können*

### 11.6.7 Unorthodoxe Methoden

Es gibt noch zahlreiche, eher »unorthodoxe« Methoden, mit denen einige SEOs arbeiten und Erfolge vermeldet haben. Diesbezüglich empfehle ich Ihnen die Lektüre des Blogbeitrags *16 nicht entdeckte Backlink Quellen*[209] auf backlink-tool.org.

> Mein genereller Rat für das Linkbuilding: Weniger ist mehr! Wenige Backlinks von Webseiten mit hohem PageRank und wenigen ausgehenden Links bringen viel mehr als viele Backlinks von minderwertigen Seiten, d. h. Webseiten mit niedrigem PageRank und/oder vielen ausgehenden Links.

## 11.7 Die Nachricht verbreiten

Den Content zu erstellen reicht aber noch nicht. Wir haben es hier mit dem klassischen Henne-Ei-Problem zu tun: Ohne Backlinks wird Ihr toller Content nicht gefunden, und ohne gefunden zu werden, bekommen Sie keine Backlinks!

Diesen Teufelskreis müssen Sie durchbrechen. Sie müssen die Welt wissen lassen, dass es bei Ihnen verlinkenswerten Content gibt. Das funktioniert im Internet am besten über soziale Netzwerke, E-Mail-Marketing und reichweitenstarke Websites. Im Folgenden ein paar Ideen, was Sie konkret tun könnten:

- Erarbeiten Sie eine Social-Media-Strategie und setzen Sie sie um: Über Social Media wie Xing, Facebook, Twitter & Co. können Sie mit etwas Geschick viele Menschen erreichen, die Ihre Nachrichten dann möglicherweise weiterverbreiten. Suchen Sie insbesondere nach Entscheidern, Experten und Personen, die ihrerseits viele Kontakte haben. Man hat herausgefunden, dass manche Personen in sozialen Netzwerken sehr viele Kontakte pflegen und so eine extrem hohe Reichweite haben. Solche Personen werden auch als ***Super Spreader*** oder ***Influencer*** bezeichnet und haben das Potenzial, eine Nachricht besonders effektiv zu verbreiten.
- Informieren Sie über Ihren Content in Newslettern. E-Mail-Marketing gehört immer noch zu den erfolgreichsten Online-Marketing-Instrumenten.
- Betreiben Sie einen Corporate Blog (dt.: Unternehmensblog): Die Blogbeiträge sind nicht nur »Futter für Google« und erhöhen so die Reichweite Ihrer Website, sondern sie sind auch attraktiv für Blogger, denn diese zitieren und verlinken sich gerne gegenseitig. Publizieren Sie eine Blogroll[210] und informieren Sie

209. *http://www.backlink-tool.org/backlink-quellen-unentdeckt/*
210. zur Definition siehe: http://weblogs.about.com/od/partsofablog/qt/WhatIsaBlogroll.htm

die Betreiber der von Ihnen verlinkten Blogs darüber, dass Sie sie verlinkt haben. Mit etwas Glück werden Sie mit Backlinks belohnt.

- Nutzen Sie auch die Möglichkeiten des Offline-Marketings, vor allem, wenn Ihr Unternehmen in diesem Bereich sowieso bereits aktiv ist. Sie könnten Ihren verlinkenswerten Content z. B. innerhalb einer Anzeigen- oder TV-Kampagne thematisieren, entsprechende Hinweise dazu im gedruckten Marketingmaterial unterbringen usw.

## 11.8 Optimale Linktexte

Sie sollten Keyword-Links mit Bedacht platzieren: Wenn gar zu viele Links mit den exakt gleichen Ankertexten, die ausschließlich Keywords enthalten, auf eine Seite verweisen, werden bei Google möglicherweise die Alarmsignale ausgelöst, die einen Manipulationsversuch signalisieren! Besonders vorsichtig sollten Sie mit Keywords sein, die für eine direkte kommerzielle Nutzung sprechen, z. B. Produktbezeichnungen wie »Senseo Kaffeemaschine« oder »iPhone kaufen«. Darauf reagiert Google besonders sensibel.

Berücksichtigen Sie daher bitte Folgendes:

- Achten Sie darauf, dass diese Backlinks von seriösen Webseiten kommen, deren Content eine thematische Nähe zu Ihren Seiten aufweist.
- Stellen Sie sicher, dass die Backlinks nicht alle denselben Keyword-Ankertext verwenden. Sorgen Sie dafür, dass es Variationen gibt.
- Achten Sie darauf, dass Keyword-Links insgesamt nicht mehr als maximal 30 % aller Backlinks ausmachen. Einer Beobachtung von MicrositeMasters zufolge werden nach dem sog. Penguin-Update von Google im Jahr 2012 vor allem Websites abgestraft, die mehr als 60 % Keyword-Links haben.[211]

> Ich persönlich würde aus Sicherheitsgründen unter 30 % bleiben.

## 11.9 Trust steigern durch Authority Links

Ein SEO-Ziel muss also sein, Backlinks von Seiten mit hohem Trust zu erhalten. Direkte Links sind natürlich am besten, aber da der Trust sich vermutlich – ähnlich wie der PageRank – auch über eine Kette von Links »vererbt«, profitiert eine Web-

211. *Penguin Analysis: SEO Isn't Dead, But You Need to Act Smarter (And 5 Easy Ways to Do So!) (https://kevinspapers.com/web-development/responsive-design/entry/responsive-design/penguin-analysis-seo-isn-t-dead-but-you-need-to-act-smarter-and-5-easy-ways-to-do-so)*

site auch dann, wenn sie Links von solchen Websites über mehrere Stufen erreichen.

SEO auf dieser Ebene ist aufwendig, aber notwendig, um bei stark kompetitiven Keywords gute Rankings zu erreichen.

Was konkret kann man nun tun, um solche »Authority Links« (direkt oder indirekt) zu bekommen? Ich habe einige konkrete Tipps für Sie zusammengestellt:

- Recherchieren Sie gezielt nach möglichen Authority Domains in Ihrem thematischen Umfeld. Das können z.B. Websites von Berufs- oder Fachverbänden, Weblogs der einschlägig bekannten Fachexperten, Wissensportale, E-Zines und Websites bekannter Publikationsorgane (Zeitungen, Zeitschriften, Fachzeitschriften) sein. Überlegen Sie, an welchem von Ihnen gelieferten Content diese Authority Sites jeweils Interesse haben könnten, und bieten Sie ihnen Ihren Content zur exklusiven Veröffentlichung an. Klären Sie zuvor, ob Sie in Ihrem Beitrag auch auf Ihre Website verlinken dürfen. In der Regel ist dies möglich, wenn auch nicht unbedingt im eigentlichen Contentbereich, sondern z.B. im Rahmen einer kurzen Autoreninformation.
- Arbeiten Sie an Wikipedia mit: Wikipedia-Seiten haben höchstwahrscheinlich einen sehr hohen TrustRank, wahrscheinlich gehört die Enzyklopädie, oder zumindest etliche Seiten daraus, zu den Seed-Seiten. Backlinks in Wikipedia zu platzieren, ist jedoch nicht einfach. Es macht wenig Sinn, einfach einen Backlink zu Ihrer Website im Abschnitt »Weblinks« unterzubringen. Der Link wird wahrscheinlich schneller wieder entfernt als Sie schauen können. Erfolg versprechender ist, wenn Sie einen Backlink auf einen Fachartikel, den Sie auf der Website Ihres Berufsverbands oder in Ihrem Blog publiziert haben, als Referenz (»Einzelnachweis«) einfügen. Referenzen, die bestimmte Aussagen eines Artikels belegen, sind bei Wikipedia sehr erwünscht, denn dies entspricht der wissenschaftlichen Methode.
- Publizieren Sie Fachartikel und Bücher: Ich vermute, dass Google in Zukunft (oder vielleicht sogar jetzt schon) Links auswertet, die in Büchern und wissenschaftlichen Veröffentlichungen publiziert werden. Auch interessant in diesem Zusammenhang: Amazon hat inzwischen ein eigenes Verlagsgeschäft, und die Amazon-Seite selbst weist Züge eines sozialen Netzwerks auf. Z.B. können sich auf der Amazon-Website Autoren umfassend vorstellen und mit ihren Lesern diskutieren.
- Suchen Sie die Nähe zu seriösen Medien: Bauen Sie einen eigenen Presseverteiler und persönliche Kontakte zu Journalisten auf, die sich für Ihre Branche interessieren. Schicken Sie Pressemitteilungen personalisiert an diesen handverlesenen Presseverteiler. Verbreiten Sie Pressemitteilungen online (z.B. über die Portale *pressebox.de* und *openpr.de*): Journalisten sind auf Pressemitteilungen angewiesen und mit etwas Glück bekommen Sie Veröffentlichungen auf

redaktionell betreuten Websites bekannter Publikationsorgane – und mit noch etwas mehr Glück auch einen Backlink.

Ich hoffe, ich habe Sie durch die obige Liste nicht demotiviert? Den Trust einer zu optimierenden Website zu erhöhen, ist sicherlich eine der schwierigsten SEO-Aufgaben überhaupt und lässt sich nur langfristig strategisch umsetzen.

Der Aufwand lohnt sich jedoch in jedem Fall, da sich die genannten Maßnahmen u.a über den reinen SEO-Effekt hinaus positiv auf die Bekanntheit Ihrer Marken und die Reichweite Ihrer Website auswirken.

## 11.10 Schlechte/schädliche Links entfernen

Aufgrund der massiven Linkbuilding-Aktivitäten der letzten Jahre schaut sich Google heute die Backlinks einer Website sehr genau an. Eine unnatürliche Linkverteilung oder sogenannte schlechte Links, d.h. solche, die gegen Googles Webmaster-Richtlinien verstoßen, können einer Website sogar schaden.

### Wie erkennt man, ob eine Website bereits von Google abgestraft wird?

Ob eine Website von Google bereits mit einer Penalty belegt, sprich heruntergerankt wird, können Sie in der Google Search Console erkennen (siehe Abb. 43).

### Wie findet man heraus, welche Links schädlich sind?

Leider benennt Google die schädlichen Links nicht. Wer selbst Linkaufbau mit unlauteren Methoden betrieben hat, kennt diese Backlinks aber in der Regel.

Es ist aber nicht ausgeschlossen, dass es aus anderen Gründen schädliche Backlinks gibt. So nehmen z.B. Betreiber von Verzeichnissen, die nur zu dem Zweck erstellt wurden, mit Werbebannern Geld zu verdienen, Websites oft ungefragt in ihre spamhaften Verzeichnisse auf. Denkbar sind grundsätzlich auch Sabotage-Aktionen, z.B. von Wettbewerbern, die auf dem gezielten Setzen schädlicher Backlinks beruhen (»negatives SEO«).

Diese Links finden Sie in der Regel relativ leicht mithilfe einer Backlink-Analyse. Schauen Sie sich die verdächtig aussehenden Links/Websites einfach mal näher an. Qualitativ minderwertige Spamseiten erkennen Sie sofort.

Falls Sie durch eine Backlink-Analyse nicht weiterkommen: Einige SEO-Tools können solche schlechten Links erkennen, z.B. das Tool *Link Detox*[212] von LinkResearchTools (LRT) (Abb. 94).

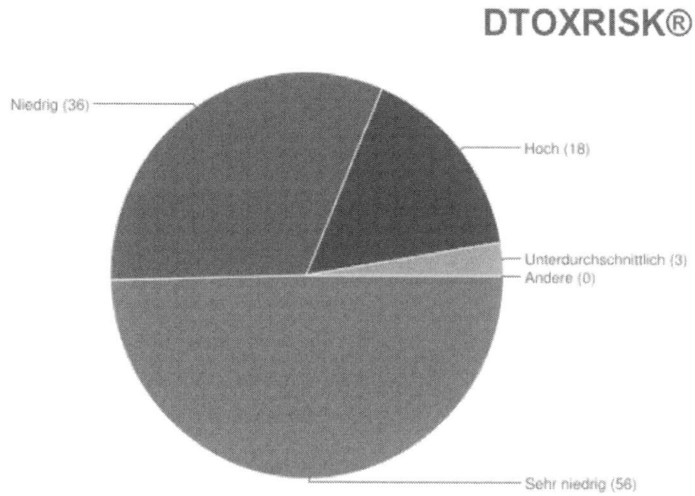


***Abb. 94*** *Link Detox von LRT ist eines der ausgereiftesten Tools zum Aufspüren schädlicher Backlinks. Im gezeigten Beispiel werden 18 Backlinks als besonders schädlich identifiziert. Diese Links werden von dem Tool natürlich auch aufgelistet.*

**Wie geht man vor, wenn eine Penalty wegen schädlicher Backlinks vorliegt?**

Fordern Sie in diesem Fall die Betreiber/Webmaster der Websites mit den schädlichen Links auf, diese zu entfernen.

Leider werden diese in vielen Fällen nicht reagieren. Für diesen Fall bietet Google das sog. ***Disavow Tool*** an (und nur in diesem Fall sollten Sie dieses Tool verwenden!). Mithilfe dieses Tools können Sie Google mitteilen, von welchen Backlinks Sie sich distanzieren, welche Google also nicht mehr auswerten soll.

Diese Backlinks müssen Sie in einer Textdatei zusammenstellen. Eine Anleitung dazu finden Sie in der Google Search Console Hilfe unter dem Suchbegriff »Backlinks für ungültig erklären«.

Die Datei müssen Sie dann über die Seite *https://www.google.com/webmasters/tools/disavow-links-main* bei Google einreichen.

212. *http://www.linkresearchtools.de/tools/dtox/*

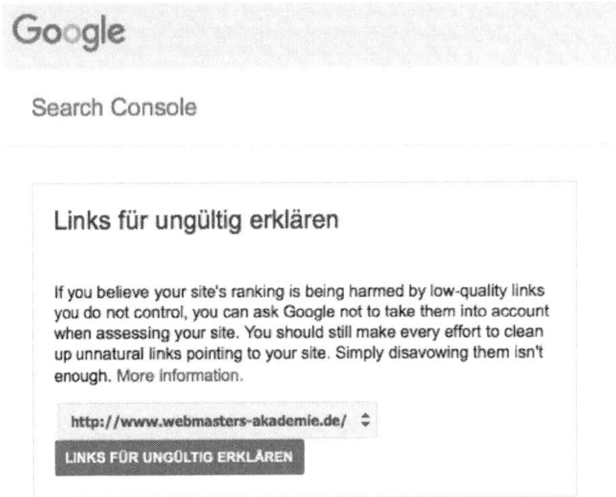


***Abb. 95*** *Das Google Disavow Tool: Backlinks für ungültig erklären*

Google fügt dann diesen Links ein unsichtbares nofollow-Attribut hinzu. Die Links werden in der Backlink-Analyse der Google Search Console jedoch weiterhin angezeigt.

Anschließend teilen Sie Google über die Search Console (»Überprüfung anfordern«) mit, dass Sie eine erneute Überprüfung Ihrer Website wünschen.[213]

### Für ungültig erklärte Backlinks wieder reaktivieren

Das Disavow-Tool ist mit Vorsicht zu genießen. Schnell kann es passieren, dass Sie gute, wertvolle Links fälschlich als schlecht bewertet und bei Google für ungültig erklärt haben.

Sie können das aber zum Glück rückgängig machen: Dazu löschen Sie die betroffenen Links aus der Disavow-Datei heraus und reichen diese neu ein. Google wird diese Links bei der nächsten Backlink-Analyse wieder berücksichtigen.

### Übung 9: Backlink-Analyse

1. Führen Sie für Ihre eigene Website (falls vorhanden) eine Backlink-Analyse mithilfe der folgenden Tools durch:
   - → Google Search Console
   - → Backlink-Tool.org

213. *https://support.google.com/webmasters/answer/35843?hl=de*

- → OpenLinkprofiler
- → Open Site Explorer (Vergessen Sie nicht, sich bei MOZ kostenlos zu registrieren, damit Sie mehr Daten einsehen können.)

2. Wie viele Backlinks von wie vielen verschiedenen Domains hat Ihre Website insgesamt, je nach verwendetem Tool?
3. Welche Ankertexte (Linktexte) werden in den Backlinks verwendet?
4. Welcher Backlink ist Ihrer Meinung nach der wertvollste? Warum?
5. Identifizieren Sie potenziell schädliche Backlinks!
6. Analysieren Sie das Ankertext-Profil: Sieht es »natürlich« oder »unnatürlich« aus?

## 11.11 Teste Dein Wissen!

1. Welches Link-Attribut empfiehlt Google für gekaufte Backlinks?

   *Bitte ankreuzen:*

   - ☐ `rel="sponsored"`
   - ☐ `rel="nofollow"`
   - ☐ `rel="ucg"`
   - ☐ `rel="commercial"`

2. Identifizieren Sie die aus SEO-Sicht zu empfehlenden Methoden, mehr eingehende Links (Backlinks) zu bekommen.

   *Bitte ankreuzen:*

   - ☐ verlinkenswerten Content bieten
   - ☐ Betreiber von thematisch passenden Websites gezielt um Backlinks bitten
   - ☐ selbst gezielt Backlinks setzen, z. B. in Blogs, Foren oder Artikeln, die Sie auf anderen Domains publizieren
   - ☐ Werbung auf Portalseiten schalten, die anbieten, dafür im Gegenzug Backlinks zu schalten

3. Warum ist es für eine Website wichtig, Backlinks von sog. »Authority Domains« zu bekommen?

   *Bitte ankreuzen:*

   - ☐ Durch die direkte Nähe zu Authority Domains steigt der Trust der Website, und dieser ist ein wichtiger Rankingfaktor

- ☐ Authority Domains haben in der Regel einen hohen PageRank-Wert, der durch einen Backlink auf meine Website »vererbt« wird und das Ranking dadurch positiv beeinflusst.
- ☐ Ein Backlink von einer Authority-Domain bringt oft mehr als dutzende Backlinks von eher unbedeutenden Websites.
- ☐ Durch Backlinks von Authority Domains steigt die Wahrscheinlichkeit, dass Google für meine Website Sternebewertungen in den Search Snippets anzeigt.

4. Wie finden Sie heraus, ob Google Ihre Website mit einer Penalty belegt hat?

   *Bitte ankreuzen:*

   - ☐ Dies wird in der Google Search Console angezeigt
   - ☐ Wenn die PageRank-Anzeige im Google Toolbar keinen Wert zeigt, ist die Site mit einer Penalty belegt.
   - ☐ Durch Eingabe des Befehls **site:** gefolgt von meinem Domainnamen in der Google-Suche
   - ☐ Wenn ein Keyword plötzlich mehr als 10 Rankingpositionen verliert, ist das ein sicherer Hinweis auf eine Google-Penalty.

5. Worauf achtet Googles Penguin-Algorithmus besonders, wenn es Linkprofile von Websites auf Anzeichen von Backlink-Spam untersucht?

   *Bitte ankreuzen:*

   - ☐ Absolute Zahl der eingehenden Links
   - ☐ Ankertext-Verteilung
   - ☐ Keywords in den Linktexten
   - ☐ Keywords im Content

6. Worauf sollten Sie beim Linkaufbau achten, damit ein natürliches Linkprofil entsteht und sich gleichzeitig die Rankings Ihrer Website verbessern?

   *Bitte ankreuzen:*

   ☐ Das Verhältnis von Follow- und Nofollow-Links sollte ausgewogen sein.

   ☐ Ich sollte versuchen, möglichst viele Follow-Links zu erhalten.

   ☐ Ich sollte darauf achten, auch Links von thematisch passenden Websites zu erhalten.

   ☐ Ich sollte darauf achten, auch Links von Website mit hohen Trust-Werten zu erhalten.

   ☐ Ich sollte auf ein besonders schnelles Linkwachstum achten.

7. Welche Arten von Links können für eine Website schädlich sein und u.U. zu einer Abstrafung (Penalty) seitens Google führen?

   *Bitte ankreuzen:*

   ☐ Gekaufte Links

   ☐ Links aus sozialen Netzwerken

   ☐ Gemietete Links

   ☐ Links aus Linkfarmen

   ☐ Nofollow-Links

# 12 Social SEO

**In dieser Lektion lernen Sie**

- welche Bedeutung soziale Signale im Google-Ranking heute haben.
- welche sozialen Signale Google vermutlich auswertet.
- wie Sie gezielt auf soziale Signale optimieren können.

## 12.1 Was ist Social SEO?

Seit dem großen Erfolg sozialer Netzwerke wie Facebook, Twitter, LinkedIn und Instagram stellt sich die Frage, ob Google Informationen und Aktivitäten auf Social-Media-Plattformen auswertet und daraus Rankingsignale ableitet.

Matt Cutts, ehemals Leiter des Webspam-Teams von Google, hat im Jahr 2012 in einem *Interview*[214] erklärt, dass Social-Media-Signale wie Twitter-Follower oder Facebook-Likes für Google noch keine große Rolle spielen, da Google Schwierigkeiten damit habe, diese Signale sinnvoll auszuwerten, dass sich das aber innerhalb der kommenden zehn Jahre ändern könnte. In demselben Interview betonte Matt Cutts auch, dass Backlinks als Signal noch wesentlich wichtiger seien als Social Signals.

Seitdem ist viel Zeit vergangen, und Google hat sich stark weiterentwickelt. Korrelationsstudien von *MOZ (2012)*[215] und *Searchmetrics (2013)*[216] zeigten bereits eine stark positive Korrelation zwischen sozialen Signalen wie Facebook-Shares und Google +1s. Google selbst hat sich in den letzten Jahren auffällig bedeckt mit Aussagen zum Thema Social Signals gehalten — klare Aussagen dazu gibt es wenige.

Meine Überlegungen zu dem Thema gehen in die folgende Richtung:

Googles wichtigstes Ziel ist, die für den Suchenden nützlichsten Webseiten auf der Suchergebnisseite am höchsten zu ranken. Schon mit dem PageRank-Algorithmus setzte Google dabei indirekt auf menschliche Qualitätsbewertungen. Dann begann die Erfolgsgeschichte der Social-Media-Plattformen und das Web wurde

214. *https://www.youtube.com/watch?v=mXJylyR2LcO*
215. *https://moz.com/search-ranking-factors/survey*
216. *https://www.searchmetrics.com/de/knowledge-base/ranking-faktoren-2013/#social*

zum Social Web. Gleichzeitig nahm durch den Linkspam die Verlässlichkeit von PageRank als Signal für nützliche Inhalte ab. Es ist mehr als naheliegend, dass Google jede erdenkliche Anstrengung unternommen hat, Informationen und Nutzer-Aktivitäten aus sozialen Netzwerken zu erfassen und auszuwerten, um daraus verlässliche Rankingsignale zu gewinnen.

Dafür spricht u.a. auch ein Deal zwischen Twitter und Google: Nachdem Twitter Google seit 2011 quasi ausgesperrt hatte und die Indexierung von Tweets durch Google blockierte, einigten sich Twitter und Google 2015 auf eine *neue Kooperation*[217]. Demnach werden Tweets von Twitter direkt nach dem Posten an Google ausgeliefert, sodass Google diese sofort in den Index aufnehmen kann, ohne die Twitter-Site zuvor crawlen zu müssen. Eine ähnliche Kooperation soll Google auch mit Facebook geschlossen haben.[218] Hiermit ist auch die Begründung von Matt Cutts in einem *Video von Anfang 2014*[219] hinfällig, warum Google Social Signals nicht direkt auswertet.

Technische Innovationen wie der Einsatz von KI-Algorithmen und eine deutliche Steigerung von Rechenleistung und Speicher-Kapazität für Inhalte, sowie der neue Index, der es erlaubt, neue Inhalte praktisch sofort aufzunehmen, machen es sehr wahrscheinlich, dass Google inzwischen die großen sozialen Netzwerke umfassend auswertet und daraus Rankingsignale ableitet. Außerdem ist wahrscheinlich, dass die Bedeutung (Gewichtung) dieser Signale in den kommenden Jahren weiter zunehmen wird.

Darüber hinaus haben soziale Signale jedoch auch indirekte Effekte: Wie in Abschnitt 5.8 erwähnt, sind Vetrauenswürdigkeit, Bekanntheit und Reputation eines Unternehmens bzw. einer Marke für Google wichtige Ranking-Kriterien. Signale aus sozialen Netzwerken und Bewertungsplattformen sind dafür eine wichtige Quelle.

Folglich ist es nun höchste Zeit, dem Thema Social SEO eine größere Bedeutung beizumessen und sich ausführlicher damit auseinanderzusetzen.

217. *https://www.bloomberg.com/news/articles/2015-02-05/twitter-said-to-reach-deal-for-tweets-in-google-search-results*

218. *Facebook und Google kooperieren – ein Geschäft über fünf Milliarden Dollar (https://www.deraktionaer.de/artikel/aktien/facebook-und-google-kooperieren-ein-geschaeft-ueber-fuenf-milliarden-dollar-194520.html)*

219. *https://www.youtube.com/watch?v=udqtSM-6QbQ*

## 12.2 Welche Social Signals wertet Google vermutlich aus?

Ich persönlich würde *Social Signals* nicht zu eng ausschließlich auf die einschlägigen sozialen Netzwerke wie Twitter, Facebook, Instagram, Pinterest usw. beziehen, sondern das Thema etwas umfassender betrachten und Social Signals wie folgt definieren:

> *Social Signals sind alle Informationen und Aktivitäten von Nutzern im Web, die einen Rückschluss über den Nutzwert einer Webseite oder den Bekanntheitsgrad einer Marke erlauben.*

Hierbei spielen natürlich Social-Media-Plattformen eine wichtige Rolle. Zu diesen würde ich übrigens auch Bewertungsportale zählen — diese spielen für Google sogar eine besonders wichtige Rolle.

Betrachten wir die verschiedenen, möglichen Signale im Detail, so ergibt sich für mich folgende Liste:

- vorhandene Social-Media-Präsenzen
- Aktivität auf den vorhandenen Social-Media-Präsenzen
- Facebook: Shares, Likes und Kommentare zu eigenen Postings
- Twitter: Retweets und Markierungen von Tweets als Favorit
- Bewertungsplattformen: Zahl der Bewertungen, Durchschnittswert der Bewertungen
- Mentions: Zahl und Frequenz der Erwähnungen der Marke innerhalb öffentlich zugänglicher Beiträge auf sozialen Netzwerken

> Prinzipiell kann Google natürlich nur öffentliche Informationen und Aktivitäten auswerten, die ohne Registrierung zugänglich sind. Die Googlebots registrieren sich niemals als Nutzer in irgendeiner Plattform.

## 12.3 Wie lassen sich Social Signals für SEO verwenden?

### 12.3.1 Einrichtung von Social-Media-Präsenzen

Das Vorhandensein von Social-Media-Präsenzen ist höchstwahrscheinlich ein Ranking-Signal.

1. Entwickeln Sie eine Social-Media-Strategie: Prüfen Sie, welche Social-Media-Plattformen für Ihr Unternehnen sinnvoll sind und welche Ressourcen Sie für die aktive Pflege dieser Plattformen bereitstellen können. Zu den Plattformen, die Sie in Erwägung ziehen sollten, gehören vor allem Facebook und Twitter. Aber auch LinkedIn, Instagram, Pinterest und Youtube sollten Sie in Erwägung ziehen. Welche Plattformen für Sie bzw. Ihr Unternehmen Sinn ergeben, hängt natürlich in erster Linie davon ab, auf welchen Plattformen Ihre Zielgruppe unterwegs ist.
2. Richten Sie die entsprechenden Präsenzen ein, für die Sie sich im Rahmen Ihrer Social-Media-Strategie entschieden haben.
3. Weisen Sie auf Ihrer Website auf die Präsenzen hin. Die meisten Social-Media-Plattformen bieten zu diesem Zweck entsprechende Buttons an. Auf diese Weise kann Google leicht erkennen, auf welchen Social-Media-Plattformen Sie vertreten sind.

**Google+ wurde geschlossen**

Was ist mit Google+, dem sozialen Netzwerk von Google? Im Oktober 2018 gab Google bekannt, dass es in Google+ eine gravierende Sicherheitslücke gab, die dazu führte, dass mehr als 500.000 Nutzerkonten von einem Datendiebstahl bedroht waren. Im Dezember war dann sogar von *mehr als 50 Millionen Konten die Rede*[220], auf die externe Entwickler hätten zugreifen können, obwohl die Daten nicht öffentlich waren. Google reagierte auf diese Datenschutzpannen mit der *Ankündigung*[221], Google+ 2019 für private Anwender zu schließen. Google+ war höchstens anfangs erfolgreich, in den letzten Jahren hat das Netzwerk die Erwartungen von Google nicht mehr erfüllt.

Am wichtigsten dürfte hierbei sein, auf Ihrer Website Links zu Ihren Social-Media-Präsenzen einzubinden, damit Google diese leicht findet und Ihrer Marke zuordnen kann. Die Art der Darstellung (Buttons, reine Textlinks) dürfte dabei nicht entscheidend sein.

220. *http://www.spiegel.de/netzwelt/web/google-plus-datenpanne-betrifft-52-millionen-konten-a-1243045.html*

221. *https://www.blog.google/technology/safety-security/project-strobe/*

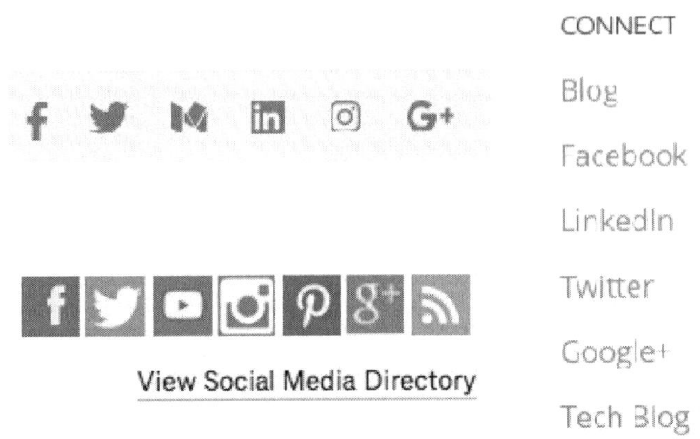


***Abb. 96*** *Drei verschiedene Arten, auf einer Webseite auf die verschiedenen Social-Media-Präsenzen zu verlinken (oben links: udacity.com unten links: dal.ca rechts: coursera.org)*

### 12.3.2 Aktivität und Reichweite auf Social Media-Plattformen

1. Posten Sie regelmäßig Content auf Ihren Social-Media-Präsenzen und interagieren Sie mit Ihren Nutzern.
2. Entwickeln Sie eine Strategie zur Steigerung der Reichweite innerhalb jeder Plattform und setzen Sie diese um.

Einige Social-Media-Plattformen bieten *Social Plugins* an, die auf verschiedene Weise eine Verknüpfung mit Ihrer Website erlauben. Facebook hält unter der Rubrik *facebook for developers umfassende Informationen über die verschiedenen Plugins*[222] bereit, ebenso *Twitter*[223].

222. *https://developers.facebook.com/docs/plugins*
223. *https://dev.twitter.com/web/overview*

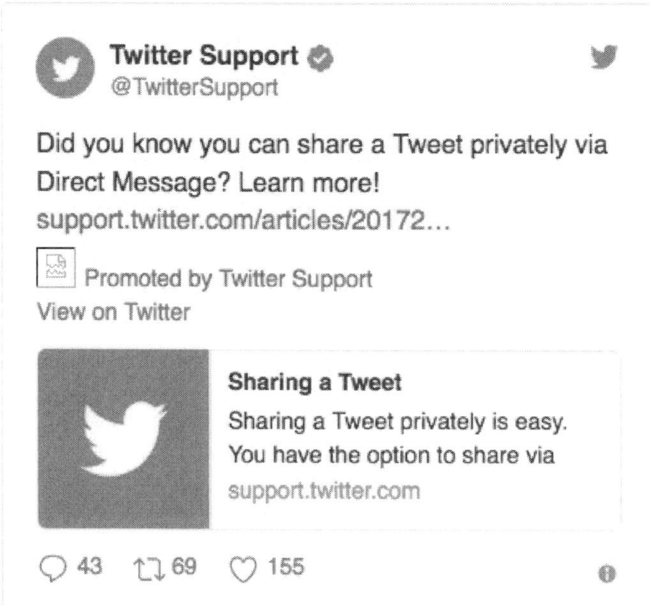


**Abb. 97** *Beispiel für die Einbindung eines Tweets auf einer Webseite (https://help.twitter.com/de/using-twitter/how-to-embed-a-tweet)*

Wenn Sie eigenen Content, z. B. in einem Blog, auf Ihrer Website anbieten, der sich für eine Verbreitung in Social Media eignet, bietet es sich an, mithilfe von Social Plugins die Verbreitung zu fördern (Abb. 98). Ein beliebtes Tool für diesen Zweck, das die Einbindung erleichtert, ist *AddThis*[224].

**Abb. 98** *Social-Share-Buttons unter einem Blog-Artikel (gesehen auf* seokratie.de*)*

Es gibt also vielfältige Möglichkeiten, Ihre Website mit Ihren Social Media-Präsenzen und den Social-Media-Kanälen Ihrer Besucher zu verknüpfen.

224. *http://www.addthis.com/*

Der Einsatz von Social Plugins verstößt in Deutschland und möglicherweise auch anderen Ländern u. U. gegen Datenschutz-Gesetze (z. B. die DSGVO).

In einem Urteil vom 9.3.2016 hat das Landgericht Düsseldorf festgestellt, dass Like-Buttons und Social Plugins, die benutzerbezogene Daten wie z. B. die IP-Adresse ohne Zustimmung des Nutzers an den Betreiber des Sozialen Netzwerks übertragen, rechtswidrig sind (LG Düsseldorf, Urt. v.09.03.2016, Az. 12 O 151/15).

Das betrifft natürlich nicht einfache Verlinkungen zu Ihren Social-Media-Präsenzen, da hierbei keine Daten übertragen werden.

Und bei der Einbindung von Share-Buttons gibt es alternative Möglichkeiten, die nicht den vom Betreiber der Sozialen Plattform zur Verfügung gestellten Code verwenden. Eine datenschutzkonforme Lösung hat z. B. der Heise-Verlag mit dem *Shariff-Plugin*[225] entwickelt.

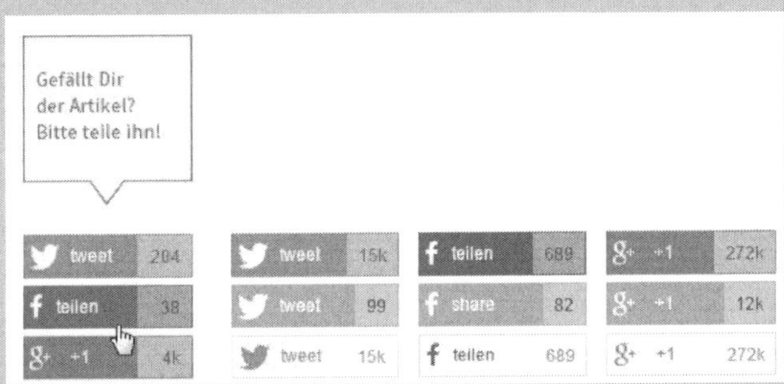


**Abb. 99** *Social Media Buttons, die mit dem Shariff-Plugin des Heise-Verlags erzeugt wurden.*

Es gibt jedoch nun noch ein weiteres wichtiges Urteil: Der Europäische Gerichtshof (EuGH) hat in einem *Urteil vom 29.7.2019*[226] die Nutzung von Social Plugins an weitere Auflagen geknüpft, die möglicherweise gar nicht erfüllt werden können. Dazu gehören u. a. ein Opt-In für Cookies und der Abschluss einer Vereinbarung mit dem Betreiber des Sozialen Netzwerks zum gemeinsamen Umgang mit personenbezogenen Daten. Der Jurist Dr. Ronald Kandelhard von easyRechtssicher.de vertritt daher die Ansicht: »*Streng genommen ist die Nutzung von Social Media für gewerbliche Zwecke damit immer unzulässig nach der DSGVO*[227].«

Da sich die Rechtslage jederzeit ändern kann: Lassen Sie sich auf jeden Fall über die aktuelle Rechtslage beraten, bevor Sie eine Einbindung solcher Social Plugins vornehmen.

Angesichts der bestehenden Rechtsunsicherheit: Überlegen Sie sich, ob nicht stattdessen eine einfache Verlinkung ausreichend ist.

### 12.3.3 Bewertungssysteme

Produktbewertungen von Kunden in Form von Rezensionen, Erfahrungsberichten und Sternebewertungen sind äußerst wichtige Social Signals für Google, deren Bedeutung für das Ranking kaum zu überschätzen ist.

Das zeigt sich schon alleine daran, dass Begriffe wie Test, Erfahrungen, Bewertungen, Meinungen etc. bei der Suche nach Produkten und Dienstleistungen regelmäßig in Google Suggest erscheinen — Google weiß, dass Suchende sehr häufig nach Produktbewertungen suchen und diese in Ihre Kaufentscheidung einfließen lassen. Produktbewertungen helfen Google also dabei, die besten und nützlichsten Produkte und Dienstleistungen zu erkennen, und es ist logisch, dass diese entsprechend gut ranken.

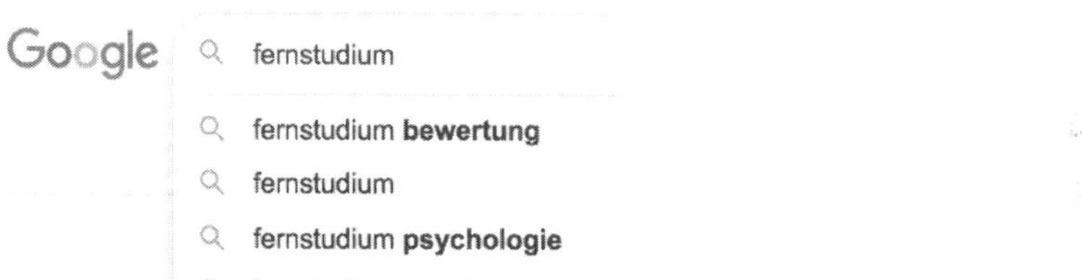


***Abb. 100*** *Nach Produktbewertungen (auch: Test, Erfahrungen, Meinungen usw.) mit einem Produkt oder einer Dienstleistung wird sehr häufig gesucht, daher taucht hier der Begriff »bewertung» als Vorschlag in Google Suggest auf.*

Auf der Suchergebnisseite gibt Google in Rich Results gerne auch Sternebewertungen aus. Studien haben gezeigt, dass innerhalb der ersten drei Suchergebnisse solche mit Sterne-Bewertungen doppelt so häufig angeklickt werden wie Snippets ohne Sternebewertungen, auf niedrigen Ergebnisplätzen sogar dreimal so häufig.

225. *https://www.heise.de/ct/ausgabe/2014-26-Social-Media-Buttons-datenschutzkonform-nutzen-2463330.html*
226. *http://curia.europa.eu/juris/document/document.jsf?text=&docid=216555&pageIndex=0&doclang=DE&mode=req&dir=&occ=first&part=1&cid=4667410*
227. *https://easyrechtssicher.de/eugh-like-button/*

***Abb. 101*** *Suchergebnisse mit Sterne-Bewertungen werden mindestens doppelt so oft angeklickt wie Suchergebnisse ohne Sternebewertungen.*

Ich rate daher dazu, ein Bewertungssystem für Ihre Produkte- und/oder Dienstleistungen aufzubauen und aktiv zu pflegen, wenn Sie eine kommerzielle Seite mit entsprechend geeigneten Angeboten betreiben. Bewertungen sind nicht nur per se ein Ranking-Signal, sondern erhöhen auch die Click-Through-Rates auf der Suchergebnisseite, was ein weiteres Ranking-Signal ist und zu noch besseren Rankings führt. Außerdem verbessern positive Bewertungen die Reputation einer Marke und führen häufigeren Erwähnungen (Mentions) auf Webseiten.

Für den Aufbau eines Bewertungssystems gibt es prinzipiell zwei Wege:

- ein eigenes, integriertes Bewertungssystem
- Einbindung einer geeigneten Bewertungsplattform

## Eigenes Bewertungssystem

Die einfachste Form eines Bewertungssystems besteht in einem Website-Plugin, das es den Besuchern erlaubt, eine Seite, einen Beitrag, ein Produkt oder eine Dienstleistung mit Sternen zu bewerten. Manche der Plugins erlauben es auch, Kommentare bzw. Rezensionen zu verfassen.

Für die meisten CMS- und Shop-Systeme gibt es Plugins, die Sie einfach nur einbinden müssen. Für das weit verbreitete WordPress-System gibt es *dutzende solcher Plugins*[228] (Abb. 102).

228. *https://wordpress.org/plugins/search/ratings/*

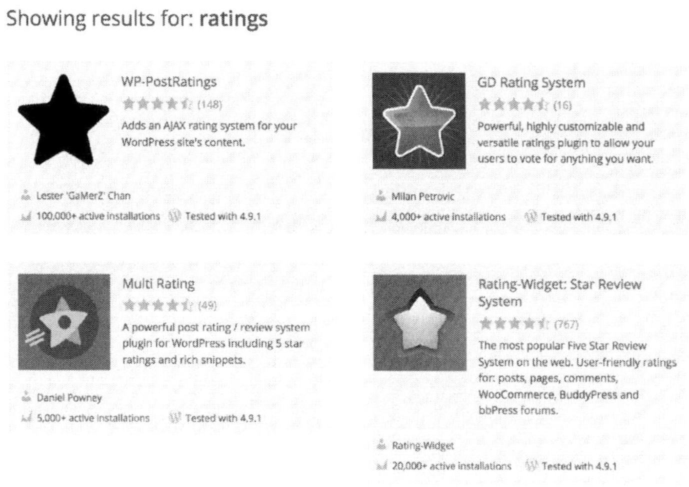


***Abb. 102*** *Ausschnitt des Suchergebnisses auf* wordpress.org *für die Suche nach Bewertungs-Plugins*

Für selbst entwickelte Web-Anwendungen lässt sich so etwas ohne großen Aufwand auch selbst programmieren. Eine Anleitung dazu finden Sie z.B. auf *cssscript.com*[229].

***Abb. 103*** *Sternebewertung, gesehen auf* https://hosting.1und1.de/digitalguide/

Wichtig ist außerdem, dass Sie die Bewertungen semantisch auszeichnen, damit Google diese auch für Rich Results auswerten kann. Wie dies geht, erfahren Sie in Lektion 13.

229. *https://www.cssscript.com/simple-5-star-rating-system-with-css-and-html-radios/*

> Im September 2019 hat Google eine *Änderung beim Umgang mit Sternebewertungen verkündet*[230]:
>
> Demnach werden Bewertungssterne in Rich Results nicht mehr angezeigt, wenn eine Organisation bewertet wird und diese die Bewertung auf ihrer eigenen Seite selbst oder auch mithilfe eines Gadgets eines Drittanbieters einbindet (sog. »self-serving reviews«).
>
> Offiziell betrifft dies nur die Typen *Organization* und *LocalBusiness* der schema.org-Semantik (vergl. Abschnitt 13.2).
>
> Generell scheint Google jedoch die Hürden für die Anzeige von Bewertungssternen in Rich Results höher gelegt zu haben, da diese seit September 2019 deutlich seltener zu sehen sind. Offenbar wurde u. a. die Mindestzahl an Bewertungen erhöht, die notwendig sind, um Bewertungssterne in Rich Results zu triggern.

#### Kooperation mit einer Bewertungsplattform

Es gibt im Web inzwischen unzählige neutrale Bewertungsplattformen wie z. B. *eKomi*[231], *Trusted Shops*[232], *Verified Reviews*[233], *Fernstudium Check*[234] — um nur ein paar zu nennen.

Die Zusammenarbeit mit einer zu Ihren Angeboten passenden Bewertungsplattform ist in jedem Fall zu empfehlen. Praktisch alle Anbieter bieten die Option, die Bewertungen über eine Schnittstelle auf Ihrer Website einzubinden, in der Regel bereits mit den passenden semantischen Auszeichnungen versehen, damit Google diese für die Rich Results auswerten kann.

230. *https://webmasters.googleblog.com/2019/09/making-review-rich-results-more-helpful.html*
231. *http://www.ekomi.com/*
232. *https://www.trustedshops.eu/*
233. *http://www.verified-reviews.com/*
234. *https://www.fernstudiumcheck.de/*

***Abb. 104*** *Einbindung einer unabhängigen Bewertungsplattform auf einer Webseite*

### Sternebewertungen in lokalen Suchergebnissen

Eine besonders wichtige Rolle spielen Bewertungen innerhalb von GooglePlus für lokale Suchergebnisse. Es ist bekannt, dass Anzahl und Durchschnittswert der Bewertungen ein wichtiges Rankingsignal sind. Dies besprechen wir im Detail in Lektion 15.

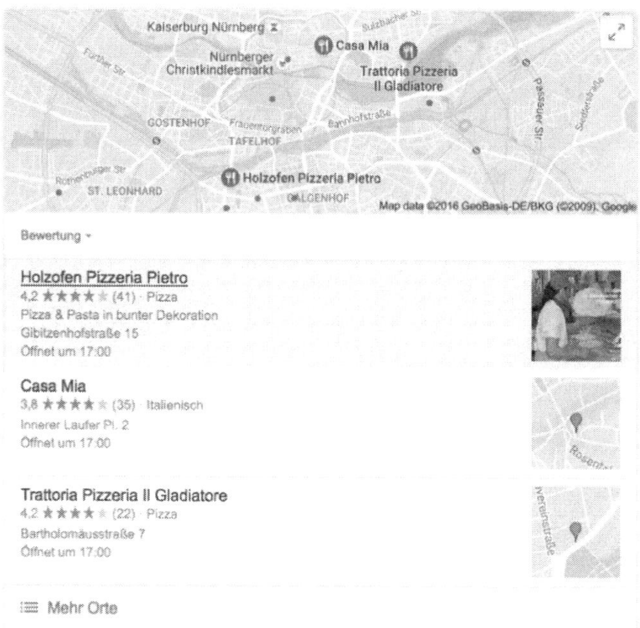


***Abb. 105*** *Sternebewertungen in einem lokalen Sucheergebnis (Suche nach* Pizzeria*)*

## 12.4 Teste Dein Wissen!

1. Welche der folgenden Signale können den Social Signals zugeordnet werden?

   *Bitte ankreuzen:*

   ☐ Aktivität eines Unternehmens/einer Marke auf eigenen Social-Media-Präsenzen

- ☐ Erwähnungen (Mentions) der Marke im Social Web
- ☐ Anzahl und Durchschnittswert von Bewertungen bzw. Rezensionen
- ☐ Anzahl der Kontaktanfragen an eine Website

2. Warum ist die Einführung eines Bewertungssystems aus SEO-Sicht zu empfehlen?

   *Bitte ankreuzen:*

   - ☐ Weil die Bewertungen direkte soziale Signale sind, und positive Bewertungen sich positiv aufs Ranking auswerten können.
   - ☐ Weil bei richtiger Einbindung eines Bewertungssystems Bewertungen in Form von Sternen in Rich Results angezeigt werden können. Dadurch steigt die Click-Through-Rate auf der Suchergebnisseite, was ein weiteres Rankingsignal ist.
   - ☐ Weil sich durch positiven Bewertungen die Reputation der Marke verbessert.
   - ☐ Weil positive Bewertungen zu mehr Erwähnungen des bewerteten Produkts (der Dienstleistung, der Marke, ...) führen können.

# User Signals

13

**In dieser Lektion lernen Sie**

- welche User Signals im Rahmen von SEO-Maßnahmen gezielt optimiert werden können.
- was das semantische Web ist und welche Ansätze für dessen Implementierung es gibt.
- wie Sie mit schema.org arbeiten.
- wie Sie semantische Informationen mithilfe von HTML-Microdaten und JSON-LD erstellen.
- wie Sie Ihre Webseiten semantisch auszeichnen, um Google die Erstellung von Rich Search Snippets zu ermöglichen.

Die Bedeutung der sog. *User Signals* als Rankingsignal hat in den letzten Jahren stetig zugenommen. Google bemüht sich immer stärker, die Interaktion der Suchenden mit den gefundenen Webseiten, aber auch mit der Suchergebnisseite zu untersuchen und daraus Schlüsse auf Qualität bzw. Nutzwert der einzelnen Suchtreffer zu ziehen. Zu den bekannten User Signals gehören:

- Durchklickrate (Click-Through-Rate) auf der Suchergebnisseite: Wie häufig wird ein bestimmtes SERP-Snippet angeklickt?
- SERP-Return-Rate: Wie schnell kommt ein Suchender nach Besuch einer gefundenen Webseite wieder zur Google-Suche zurück?
- Time-on-Site: Wie lange bleibt der Suchende auf der gefundenen Webseite?
- Nutzer-Interaktionen mit der Webseite: Wie intensiv interagiert der Nutzer mit der gefundenen Webseite, welche Funktionen nutzt er?

Näheres dazu haben wir bereits in Abschnitt 5.7 behandelt. Es liegt auf der Hand, dass eine inhaltlich und technisch optimale Webseite, die für die Suchenden einen maximalen Nutzwert bietet, auch dazu führt, dass starke User Signals gesendet werden.

Lässt sich darüber hinaus noch gezielt auf User Signals optimieren?

Die Antwort lautet: ja! Unser Ansatz in dieser Lektion ist dabei die Click-Through-Rate auf der Suchergebnisseite. Diese wird nicht nur von der Position des Suchergebnisses beeinflusst, sondern auch vom Aufbau und Aussehen des SERP-Snippets. Und genau dort können wir ansetzen!

Wie ein SERP-Snippet aufgebaut ist, haben wir bereits in Abschnitt 3.3 besprochen. Dort habe ich Ihnen auch Beispiele für sog. ***Rich Results*** gezeigt. Ein weiteres Beispiel zur Auffrischung Ihres Gedächtnisses sehen Sie in Abb. 106. Analysen zeigen, dass Suchende mit höherer Wahrscheinlichkeit auf Rich Results klicken. Mit Rich Results können Sie die Click-Through-Rate signifikant erhöhen.

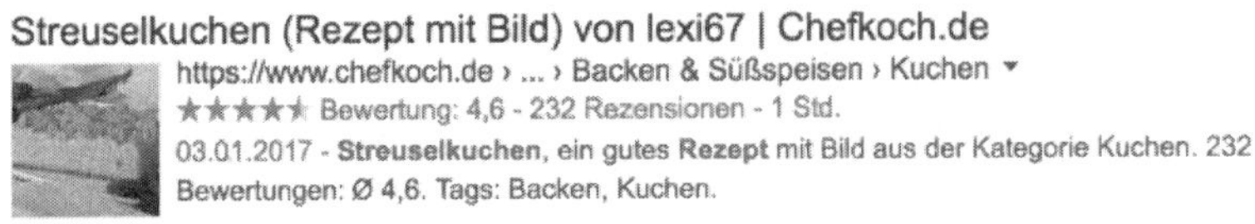


***Abb. 106*** *Rich Result auf der Suchergebnisseite für die Suche nach* Streuselkuchen

> Das User Signal *Click-Through-Rate* ist nicht zu unterschätzen: Eine höhere Click-Through-Rate führt nicht nur zu mehr Besuchern auf Ihrer Website, sondern auch zu einer Verbesserung des Rankings. Ihre Landing Page wandert auf der Suchergebnisseite nach oben, wodurch sich wiederum die Click-Through-Rate weiter verbessert. Ein regelrechter Aufwärts-Sog kommt in Gang!

Es lohnt sich also, sich mit dem Thema intensiver zu beschäftigen. In dieser Lektion erkläre ich Ihnen daher ausführlich, wie Sie Google bei der Erstellung wunderschöner Rich Results für Ihre Landing Pages unterstützen können.

Dazu muss ich zunächst ein wenig ausholen und Ihnen vom sog. ***semantischen Web*** erzählen.

## 13.1 Das semantische Web

Die Idee des semantischen Webs geht zurück auf eine Publikation von Tim Berners-Lee, dem Erfinder des World Wide Web, aus dem Jahr 2001. Berners-Lee und seine Co-Autoren erklären diese Idee darin so:

> *Das semantische Web ist eine Erweiterung des bestehenden Webs, in der Informationen eindeutige Bedeutungen zugewiesen werden, um damit eine bessere Zusammenarbeit zwischen Computern und Menschen zu ermöglichen.*[235]

Zur damaligen Zeit waren Computerprogramme zwar schon in der Lage, Texte zu analysieren, von einem echten Verständnis des Textes waren sie jedoch noch sehr

235. Berners-Lee T, Hendler J, Lassila O: The Semantic Web: A new form of Web content that is meaningful to computers will unleash a revolution of new possibilities. In: Scientific American, 284 (5), S. 34-43, 2001

weit entfernt. Menschen dagegen können die ***Bedeutung*** (Semantik) von Texten, Bildern und Videos, die sich auf Webseiten befinden, aufgrund ihres Vorwissens, ihrer Erfahrung und ihrer Intelligenz in den meisten Fällen sehr schnell erkennen, verstehen und einordnen.

Computerprogramme tun sich damit u. a. deshalb so schwer, weil die menschliche Sprache ungenau und oft mehrdeutig ist. So haben manche Begriffe mehrere, mitunter komplett unterschiedliche Bedeutungen, im Deutschen z. B. das Wort *Bank* (die, auf der man sitzen kann und die, die einem keinen Kredit gewähren will ;-) Welche Bedeutung gemeint ist, hängt dann u. a. vom Kontext ab. Um sinnvoll mit einem Menschen zu kommunizieren, muss ein Computer jedoch verstehen, was der Mensch von ihm will, also die Bedeutung (Semantik) eines Textes erfassen. Insbesondere für Suchmaschinen ist das ein wichtiges Thema.

Zur Lösung des Problems schlug Berners-Lee eine Methode vor, wie Computerprogramme die Bedeutung von Wörtern und Zusammenhängen leichter erfassen könnten. Der grundlegende Ansatz bestand darin, die Bedeutung von Begriffen in einem standardisierten Wörterbuch zu hinterlegen und die Texte im Web mit zusätzlichen semantischen Informationen zu versehen, sodass die korrekte Bedeutung im jeweiligen Dokument bzw. Kontext im Wörterbuch nachgeschlagen werden kann. Das semantische Web ist also eine Art technisches Hilfsmittel für Computer, um ihnen die semantische Analyse eines Textes zu ermöglichen bzw. zu erleichtern.

Es gibt zahlreiche praktische Ansätze für die Implementierung des semantischen Webs, u. a.:

- OWL (Web Ontology Language) (*https://www.w3.org/OWL/*)
- Microformats (*http://microformats.org/wiki/what-are-microformats*)
- RDFa (Resource Description Framework in Attributes) (*https://www.w3.org/TR/rdfa-syntax/*)
- HTML Microdata (*http://www.whatwg.org/specs/web-apps/current-work/multipage/microdata.html*)
- JSON-LD (*https://json-ld.org/*)

Alle Ansätze bedienen sich sogenannter ***Vocabularies*** (Vokabulare)[236]. Diese beschreiben und klassifizieren viele verschiedene Begriffe und geben ihnen damit im semantischen Sinne eine Bedeutung.

Die Suchmaschinen Google, Bing und Yahoo haben im Juni 2011 unter dem Namen und der Webadresse ***schema.org*** eine Initiative gestartet[237], um standar-

236. Ein Vokabular wird auch als *Schema* bezeichnet.

disierte Vokabulare für die Einbindung semantischer Informationen in Webseiten zur Verfügung zu stellen. Noch im gleichen Jahr ist die russische Suchmaschine Yandex der Initiative beigetreten. Aus diesem Grund ist es sinnvoll, die Vokabulare von *schema.org* für die semantische Auszeichnung von Webseiten zu benutzen.

Für die Anwendung von *schema.org* als Vokabular können RDFa, HTML Microdata und JSON-LD verwendet werden. Google unterstützt alle drei Technologien, empfiehlt jedoch aktuell den vergleichsweise neuen Ansatz JSON-LD[238].

Bei der Sprachanalyse haben Computerprogramme, allen voran Google, in den letzten Jahren zwar große Fortschritte erzielt, erreichen jedoch noch lange nicht das Niveau der menschlichen Intelligenz. Daher unterstützen insbesondere die Suchmaschinenbetreiber weiterhin das semantische Web, weil es ihnen dabei hilft, Inhalte schneller, einfacher und besser zu »verstehen« und dadurch letztlich auch relevantere Suchergebnisse anzuzeigen.

Alle großen Suchmaschinen werten semantische Informationen, die sie in Webseiten finden, aus. Google nutzt diese u.a. dazu, Suchergebnisse mit zusätzlichen Informationen anzureichern und prominenter darzustellen.

Dabei dürfen Sie auf keinen Fall fehlen, sonst überlassen Sie Ihren Wettbewerbern das Feld!

## 13.2 Schema.org

Die Website *schema.org* ist das zentrale Vokabular, auf das Suchmaschinen zugreifen, um die semantischen Informationen in Webseiten auszuwerten. Wenn Sie Ihre Webseiten mit semantischen Informationen auszeichnen möchten, müssen Sie *schema.org* verstehen und praktisch damit arbeiten.

### Schema.org ist eine Ontologie für die Strukturierung von semantischen Informationen auf Webseiten

Unter einer *Ontologie* versteht man in der Informatik die Beschreibung eines Wissensbereichs mithilfe von standardisierten Fachbegriffen und der Darstellung von Beziehungen zwischen diesen Begriffen. Die Summe der verwendeten Fachbegriffe bezeichnet man als *Vokabular*. Außerdem enthalten Ontologien Regeln für das Ziehen von Schlussfolgerungen und deren Gültigkeit.

237. *https://googlewebmastercentral.blogspot.de/2011/06/introducing-schemaorg-search-engines.html*
238. *https://developers.google.com/search/docs/guides/intro-structured-data*

Im Zusammenhang mit Ontologien spricht man auch von ***strukturierten Daten (structured data)***, da für die Daten, die die Ontologie beschreibt, eine genau definierte Anordnung bzw. Struktur vorgeschrieben ist.

Ontologien werden in der Informatik dazu verwendet, Wissen in einer Form darzustellen, dass Softwaresysteme damit arbeiten können. Dies bezieht sich z. B. auf den Datenaustausch (Kommunikation) zwischen verschiedenen Systemen, die Wiederverwendung des Wissens und die Möglichkeit zu logischen Schlussfolgerungen.

Ein einfaches Beispiel einer logischen Schlussfolgerung:

*Wenn Berlin in Deutschland liegt und Deutschland in Europa, dann muss (logischerweise) auch Berlin in Europa liegen.*

Die Möglichkeit solcher logischen Schlussfolgerungen und deren Überprüfung auf Gültigkeit hat den großen Vorteil, dass nicht alle Details des Wissensbereichs explizit kommuniziert werden müssen, was die Datenmenge immens aufblähen würde, sondern dass mithilfe logischer Schlussfolgerungen aus bestehenden Informationen zusätzliches Wissen abgeleitet werden kann.

Ontologien spielen in allen Bereichen der Informatik eine Rolle, in denen es um das Thema *Wissen* geht, z. B. im Bereich von Informationssystemen (dazu würde ich auch das WWW zählen), Datenbanken und insbesondere auch im Bereich der künstlichen Intelligenz. Da Menschen mithilfe von Sprachen Wissen dokumentieren, erwerben und kommunizieren, verwenden die meisten Ontologien auch sprachlich gefasste Darstellungen.

Schauen wir uns *schema.org* näher an:

**Schema.org besteht aus zwei unterschiedlichen Hierarchien: *Thing* und *Data Types*.**

Die Hierachie *Data Types* ist nur sehr klein und beschreibt die Datentypen, die von *schema.org* verwendet werden, in einer hierarchischen Anordnung:

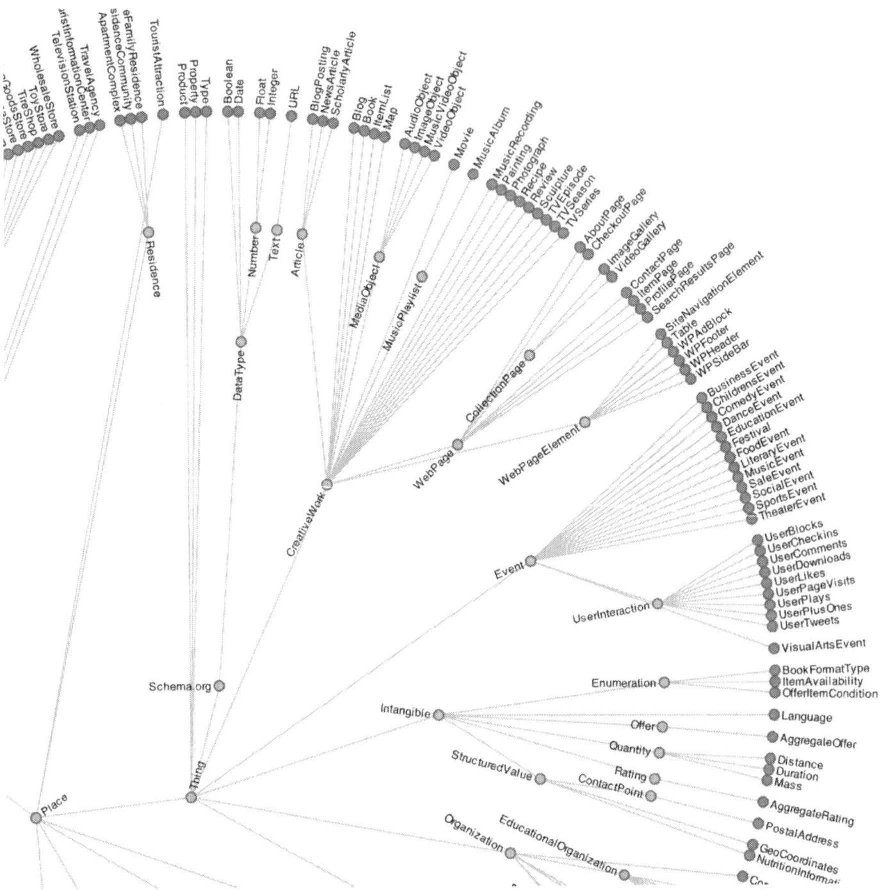


**Abb. 107** *Ausschnitt aus einer grafischen Darstellung der schema.org-Ontologie als zirkulärer Graph, der alle Objekttypen zusammen mit den bestehenden Verbindungen zwischen ihnen repräsentiert. Dan Brickley, Amsterdam, The Netherlands auf Flickr*[239]*, Lizenz: CC BY 2.0*[240]

239. *https://www.flickr.com/photos/danbri/5925660995/*
240. *https://creativecommons.org/licenses/by/2.0/*

**Data Types**

- DataType
  - Boolean
    - False
    - True
  - Date
  - DateTime
  - Number
    - Float
    - Integer
  - Text
    - URL
  - Time

***Abb. 108*** *Die Hierarchie* Data Types *von schema.org*

Die andere Hierarchie heißt *Thing*. Diese beschreibt viele unterschiedliche Dinge, die auf Webseiten oder in der realen Welt vorkommen und auf Webseiten beschrieben werden können. Die einzelnen Elemente innerhalb dieser Hierarchie werden als *Item Types* bezeichnet.

Die Item Types sind in einer *mehrfachen Vererbungshierarchie* angeordnet, wobei jedes Item Type ein Sub Type von mehreren übergeordneten Item Types sein kann.

Wenn Sie Erfahrung mit objektorientierter Programmierung haben: Ein *Item Type* (Beispiel: *schema.org/Person*) entspricht einer *Klasse* (auch *Objekttyp* genannt) im objektorientierten Modell und stellt eine Art Bauplan für die Abbildung von realen Objekten, die auf Webseiten vorkommen oder beschrieben werden, in Softwareobjekten dar. Die (Software)-Objekte, die von der Klasse instanziiert wurden, sind entsprechend die *Items*, beispielsweise wenn eine konkrete Person auf einer Webseite semantisch ausgezeichnet wird. Leider ist die Verwendung von *Item* und *Item Types* auf *schema.org* nicht einheitlich. Oftmals wird *Item* verwendet, wenn es eigentlich (strenggenommen) um einen *Item Type* geht. Oft verwendet schema.org aber auch stattdessen den Begriff *Type*. Lassen Sie sich dadurch nicht verwirren.

Ich habe darauf verzichtet, die Begriffe *Item Type*, *Item* und *Property* ins Deutsche zu übersetzen, sondern benutze die englischen Ausdrücke, die auf *schema.org* verwendet werden, als englischen Fachbegriff auch im Deutschen, da die Verwendung von deutschen Begriffen meiner Meinung nach nur noch mehr Verwirrung stiften würde. Ich verwende *Item Type*, wenn es um die »Klasse« auf *schema.org* geht und *Item*, wenn es um ein konkretes semantisch ausgezeichnetes Objekt auf einer Webseite geht.

Das Ordnungsprinzip innerhalb der Hierarchie ist *von allgemein nach speziell*.

Zum Beispiel ist *Place* ein spezifischerer Typ von *Thing*, *LocalBusiness* ein spezifischerer Typ von *Place*, *EmergencyService* ein spezifischerer Typ von *LocalBusiness* und *FireStation* ein spezifischerer Typ von *EmergencyService*. *FireStation* ist zusätzlich auch noch ein spezifischerer Typ von *CivicStructure*.

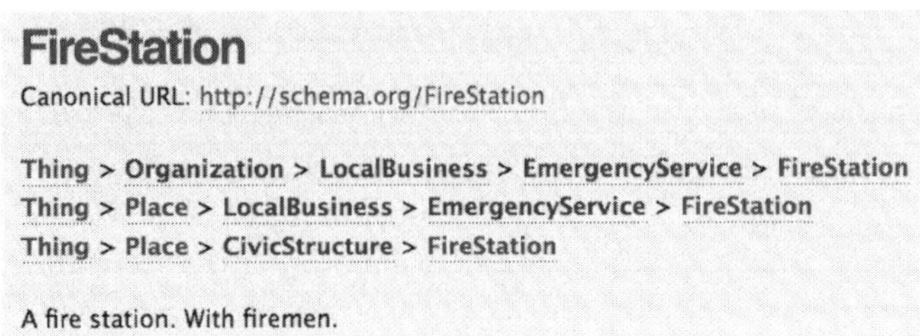
FireStation
Canonical URL: http://schema.org/FireStation

Thing > Organization > LocalBusiness > EmergencyService > FireStation
Thing > Place > LocalBusiness > EmergencyService > FireStation
Thing > Place > CivicStructure > FireStation

A fire station. With firemen.

***Abb. 109*** *Das Item Type* FireStation *auf* schema.org

Die komplette Thing-Hierarchie können Sie sich auf der Seite *http://schema.org/docs/full.html* als Baumstruktur anschauen. Die Darstellung ist vereinfacht: Obwohl ein Item Type mehr als einen Sub Type haben kann, wird hier jedes Item Type nur in einem Ast des Baums angezeigt. Die zirkuläre Darstellung in Abb. 107 ist diesbezüglich exakter.

Zu den besonders häufig verwendeten Item Types gehören:

- Book, Movie, MusicRecording, Recipe, TVSeries
- In Webseiten eingebettete Objekte: AudioObject, ImageObject, VideoObject
- Event
- Organization
- Person
- Place, LocalBusiness, Restaurant
- Product, Offer, AggregateOffer
- Review, AggregateRating

**Jedes Item Type kann verschiedene Properties (Eigenschaften) besitzen, die das Item Type näher beschreiben.**

Spezifischere Item Types erben die Eigenschaften ihrer übergeordneten Item Types. Jede Property hat einen Wert, sodass Properties im Grunde *Name-Wert-Paare* darstellen.

Beispiel:

Das Item Type *http://schema.org/CivicStructure* (öffentliche Einrichtung) hat selbst nur eine einzige Property: *openingHours* (Öffnungszeiten). Als Wert für diese Property werden die Öffnungszeiten angegeben, das Format für diese Angabe ist in der Spalte *Description* genau beschrieben.

*CivicStructure* erbt jedoch auch noch die Properties seiner direkt und indirekt übergeordneten Item Types *Place* und *Thing*.

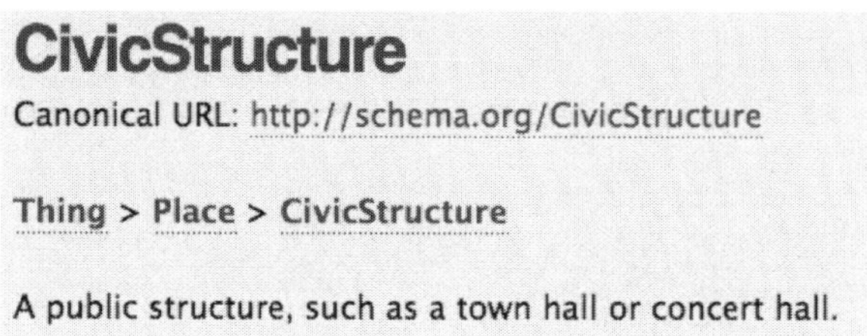


***Abb. 110** Das Item Type* CivicStructure *in der Hierarchie von* schema.org

Daher können alle Properties von *Place* und *Thing* auch für *CivicStructure* verwendet werden. Diese sind daher auf *http://schema.org/CivicStructure* auch alle nochmals explizit aufgelistet.

### Eingebettete bzw. verknüpfte Items

Der Wert einer Property kann auch ein Item Type sein, das wiederum über eigene Properties verfügt. Auf diese Weise lassen sich Items miteinander verknüpfen. Man spricht dann von eingebetteten Items (*embedded items* oder *nested items*).

Beispiel:

Ein Item vom Typ *http://schema.org/Person* hat die Property *address*. Wir möchten als Adresse der Person eine Postanschrift definieren. Dafür steht ein eigenes Item Type *http://schema.org/PostalAddress* zur Verfügung mit den Properties *streetAddress*, *addressLocality*, *postalCode* und *addressCountry*.

Wir können nun festlegen, dass der Wert der Property *address* ein Item vom Typ *http://schema.org/PostalAddress* ist. Dann legen wir die Properties von *PostalAddress* fest. Durch die Verknüpfung mit dem Item *Person* ist auch gleichzeitig semantisch-logisch festgelegt, dass es sich um die Postanschrift der spezifizierten Person handelt und nicht um die Postanschrift eines anderen Elements (z.B. einer anderen Person oder Organisation), das auf der Webseite erwähnt wird.

### Werte von Properties: erwartete Item Types (expected types)

Auf der Informationsseite eines Item Type, z.B. *http://schema.org/Person*, sind die möglichen Properties aufgelistet.

| Property | Expected Type | Description |
|---|---|---|
| Properties from Person | | |
| additionalName | Text | An additional name for a Person, can be used for a middle name. |
| address | PostalAddress or Text | Physical address of the item. |
| affiliation | Organization | An organization that this person is affiliated with. For example, a school/university, a club, or a team. |
| alumniOf | EducationalOrganization or Organization | An organization that the person is an alumni of. Inverse property: alumni. |
| award | Text | An award won by or for this item. Supersedes awards. |
| birthDate | Date | Date of birth. |
| birthPlace | Place | The place where the person was born. |
| brand | Brand or Organization | The brand(s) associated with a product or service, or the brand(s) maintained by an organization or business person. |
| children | Person | A child of the person. |
| colleague | Person or URL | A colleague of the person. Supersedes colleagues. |

***Abb. 111*** *Properties des Elements* http://schema.org/Person *(Ausschnitt)*

In der Spalte *Expected Type* finden Sie die Information, welche anderen Item Types als Wert für eine Property erlaubt sind bzw. eingebettet, d.h. mit dem Item verknüpft werden können.

Es ist allerdings nicht zwingend nötig, das angegebene Item Type zu verwenden. Wenn Sie es einfacher halten wollen, können Sie als Wert der Property auch einfach nur einen Text oder eine URL eintragen. Laut *schema.org* ist das so erlaubt.

Außerdem ist es auch möglich bzw. erlaubt, ein Item Type einzubetten, das ein Child Item Type des erwarteten Item Type (expected type) ist. Wird z. B. als Item Type *Organization* erwartet (expected type), können Sie z. B. auch *Airline* oder *Corporation* einbetten, da diese zu den Child Item Types von *Organization* gehören.

Die Child Item Types finden Sie immer unten auf der Beschreibungsseite eines Item Types unter der Überschrift *More specific Types*.

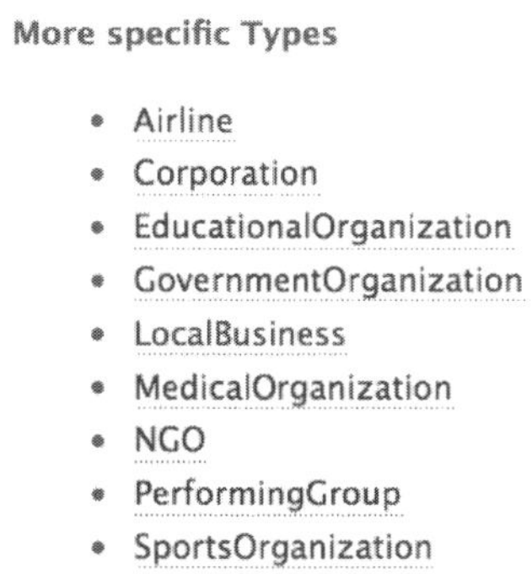


***Abb. 112*** *Die Child Item Types von* http://schema.org/Organization

### *Übung 10: Arbeiten mit schema.org*

Recherchieren Sie auf *schema.org* das Item Type *LocalBusiness* und beantworten Sie folgende Fragen:

1. Wie ist *LocalBusiness* in die Hierarchie von *Thing* eingebunden? Nennen Sie die übergeordneten Item Types (Parent Item Types) und die ersten drei (bei alphabetischer Sortierung) untergeordneten Item Types (Child Item Types).
2. Was ist der »Expected Type« der Property *currenciesAccepted*? Geben Sie einen Beispielwert für diese Property an, wenn sich das Unternehmen, um das es geht, in Peru befindet und nur die lokale Währung akzeptiert.

## 13.3 Optimierung für Rich Results

Schema.org ist riesig, aber Google wertet aktuell nur einen kleinen Teil der möglichen semantischen Informationen, die Sie mithilfe von schema.org in Ihre Webseiten einbauen könnten, aus. Wie Google mit semantisch ausgezeichneten Daten umgeht, ist aktuell auch stark im Umbruch, was offenbar mit der immer größer werdenden Bedeutung der mobilen Suche zu tun hat.

Wie sieht nun eine konkrete Optimierung für Rich Results aus?

Leider gibt es von Google keine wirklich vollständige und aktuelle Dokumentation darüber, wie Google semantische Daten auswertet und welche Art von Rich Results auf Desktop-Rechnern und auf mobilen Endgeräten angezeigt werden.

Was Google uns zu dem Thema verrät, finden Sie in der *Google Search Dokumentation für Entwickler*[241] im Bereich *Guides*[242] im Abschnitt *Structured data*. Im Abschnitt *Search Features*[243] finden Sie eine (jedoch nicht vollständige) Übersicht, wie Google Suchergebnisse mit speziellen Features und Funktionen »anreichert«.

Google teilt die *Search Features* in zwei Arten ein: *Content Type* und *Enhancements*:

- **Content Type:** Search Features vom Typ *Content Type* sind spezifisch für bestimmte Inhaltstypen. Sie dienen dazu, Suchergebnisse wie z. B. News-Artikel, Veranstaltungen, Koch-/Backrezepte, Bücher oder Videos um spezielle Informationen oder eine bestimmte Art der Darstellung anzureichern.
- **Enhancements**: *Enhancements* sind Search Features, die auf unterschiedliche Inhaltstypen angewandt werden können (z. B. Sternebewertungen) oder unabhängig von Inhaltstypen sind (z. B. *Breadcrumbs* oder eine *Sitelinks Searchbox*).

In der *Search Feature Gallery*[244] finden Sie zahlreiche Beispiele für *Rich Search Results*. Alle Beispiele zeigen, wie das *Rich Search Result* auf mobilen Endgeräten aussieht. Die Darstellung auf Desktop-Rechner ist natürlich anders. Manche Features gibt es auch nur für mobile Endgeräte.

Wie die einzelnen Features implementiert werden, erfahren Sie im *Feature Guide*[245].

Wenn Sie auf Nummer sicher gehen und sich unnötige Arbeit ersparen wollen, halten Sie sich bei der Umsetzung der semantischen Optimierung strikt an den *Feature Guide* und verwenden nur die darin beschriebenen Features. Darin können Sie

241. *https://developers.google.com/search/*
242. *https://developers.google.com/search/docs/guides/*
243. *https://developers.google.com/search/docs/guides/search-features*
244. *https://developers.google.com/search/docs/guides/search-gallery*
245. *https://developers.google.com/search/docs/data-types/breadcrumb*

auch nachlesen, welche Properties Sie zwingend definieren müssen, damit Google die semantischen Informationen für Rich Results verarbeiten kann.

Wie bereits erwähnt, stehen für die Implementierung der *schema.org*-Ontologie in Webseiten drei verschiedene Technologien zur Auswahl: RDFa, HTML Microdata und JSON-LD. Ich erkläre Ihnen in den nächsten beiden Abschnitten anhand von einigen Beispielen, wie Sie mit HTML Microdaten und JSON-LD arbeiten.

> Versäumen Sie nicht, sich den Feature Guide auch einmal selbst anzuschauen und eventuell auch ab und zu einmal zu prüfen, ob es neue Features gibt, die Sie nutzen könnten.

## 13.4 HTML Microdata

***HTML Microdata*** ist eine Spezifikation der *WHATWG (Web Hypertext Application Technology Working Group)*[246], in der die Einbindung maschinenlesbarer Informationen in HTML5-Dokumente definiert wird.[247] Damit lassen sich HTML5-Dokumente um semantische Informationen anreichern.

Google empfahl bis vor kurzem die Verwendung der HTML Microdata. In der Praxis sind die HTML Microdata jedoch recht umständlich und schwerfällig bzw. schwer wartbar, da sie den HTML-Code sehr aufblähen und unleserlicher machen können.

Google empfiehlt daher heute, stattdessen mit JSON-LD zu arbeiten. In meinem Unternehmen haben wir inzwischen auch von Microdata auf JSON-LD umgestellt. Da aber manche Unternehmen weiterhin mit Microdata arbeiten, und viele von Ihnen wahrscheinlich HTML zumindest grundlegend beherrschen, erkläre ich Ihnen zunächst in Kurzform diesen Ansatz.

> Die Suchmaschine *Bing* hat die Unterstützung für JSON-LD bisher nicht offiziell bestätigt. Wenn *Bing* für Sie wichtig ist, sollten Sie Ihre Webseiten sicherheitshalber mit HTML Microdata auszeichnen.

### 13.4.1 Struktur der Microdata an einem Beispiel

Um Webseiten mit Mikrodaten anzureichern, müssen dem existierenden HTML5-Code lediglich einige Attribute hinzugefügt werden.

246. *https://whatwg.org/*

247. *https://html.spec.whatwg.org/multipage/microdata.html*

**Beispiel**

Das Grundprinzip der Mikrodaten lässt sich am besten anhand eines Beispiels erklären.

Gegeben sei folgender Textabschnitt innerhalb eines »normalen«, d.h. nicht mit Mikrodaten versehenen HTML-Dokuments:

```
<p>Mein Name ist Thorsten Schneider. Im Web kennt man mich auch
als DokSchneider. Ich bin Geschäftsführer des Open Web Learning
Institute. Meine Homepage finden Sie unter <a
href="https://owl.institute/Dokschneider">owl.institute/
Dokschneider</a>.</p>
```

***Codebeispiel 4*** *HTML-Code ohne semantische Auszeichnungen*

Dieser Text enthält eine Reihe von Informationen zu einer Person, die jedoch mangels semantischer Auszeichnung von Softwaresystemen wie z. B. Suchmaschinen nur schwer zu »verstehen« sind.

Für die Beschreibung einer Person mithilfe der schema.org-Ontologie bietet sich das Item Type *schema.org/Person* an. Die semantische Information aus Codebeispiel 4 <p>Mein Name ist Thorsten Schneider. Im Web kennt man mich auch als DokSchneider. Ich bin Geschäftsführer des Open Web Learning Institute. Meine Homepage finden Sie unter <a href="https://owl.institute/Dokschneider">owl.institute/Dokschneider</a>.</p> lässt sich mithilfe der Properties von *schema.org/Person* folgendermaßen beschreiben:

```
1 Item
2 Type: http://schema.org/Person
3 name = Thorsten Schneider
4 additionalName = DokSchneider
5 jobTitle = Geschäftsführer
6 affiliation = Open Web Learning Institute
7 url = https://owl.institute/DokSchneider
```

***Codebeispiel 5*** *Die Semantik eines Textabschnitts in Form von Name-Wert-Paaren*

Insgesamt haben wir auf diese Weise eine Person (Item) mit fünf Eigenschaften (Properties) beschrieben. Jede Eigenschaft ist auf *schema.org/Person* semantisch durch ein Schlüsselwort definiert, das die Bedeutung der Eigenschaft festlegt, z.B. dass es sich bei *Thorsten Schneider* um den Namen handelt, und bei der Zeichenkette *Open Web Learning Institute* um den Namen der Einrichtung, in der die Person arbeitet.

In Zeile 1 (Codebeispiel 5) wird festgelegt, dass die folgenden Informationen zusammengehören, also ein zusammengehöriges ***Item*** bilden.

In der zweiten Zeile wird das verwendete Vokabular festgelegt. Es handelt sich um ein Vokabular, das die Eigenschaften einer *Person* näher beschreibt.

Wir haben also jetzt ein Item des Typs *Person* erzeugt.

In den Zeilen 3 bis 7 schließlich werden in Form von Name-Wert-Paaren die Eigenschaften (Properties) des Items beschrieben. Das betrachtete Item hat insgesamt fünf Properties.

Das Listing zeigt, wie der HTML-Parser einer Suchmaschine ein entsprechend semantisch mit Mikrodaten ausgezeichnetes Dokument »sehen« würde.

Schauen wir uns im nächsten Schritt den HTML-Code an.

### Globale Attribute der HTML-Mikrodaten

Die HTML-Mikrodaten-Spezifikation legt folgende globale Attribute fest:

| **Attribut** | **Bedeutung** | **Beispiel/Erläuterung** |
|---|---|---|
| itemscope | Das Attribut *itemscope* erzeugt das Item. Es steht alleine und erhält keinen Wert. | `<section itemscope> ... </section>`<br>Die untergeordneten Elemente (d. h. alle, die sich innerhalb des HTML-Containers mit dem itemscope-Attribut befinden) enthalten Informationen über das Item. |
| itemtype | Das Attribut *itemtype* erhält als Wert die gültige URL eines Vokabulars. | `<section itemscope itemtype="http://schema.org/Person"> ... </section>`<br>Das Vokabular befindet sich im Web unter der Adresse *http://schema.org/Person*.<br>Es enthält die Begriffe und deren Bedeutung, die als Property des Items verwendet werden können. |

***Tabelle 13.1*** *Die globalen Attribute der HTML-Mikrodaten-Spezifikation*

| Attribut | Bedeutung | Beispiel/Erläuterung |
|---|---|---|
| itemprop | Das Attribut *itemprop* erhält als Wert den Namen einer Eigenschaft (Property). Der Wert der Property ist entweder der Text, der von den HTML-Tags umschlossen wird, oder eine URL, die sich als Attribut innerhalb des HTML-Tags befindet (vgl. Tabelle 13.2). | `<section itemscope`<br>`itemtype="http://schema.org/`<br>`Person">`<br>`<p itemprop="name"> Thorsten`<br>`Schneider </p>`<br>`</section>`<br><br>Das Name-Wert-Paar der Property lautet hier:<br><br>name = Thorsten Schneider |
| itemref | Mithilfe des Attributs *itemref* können Properties, die sich außerhalb des HTML-Containers mit dem itemscope-Attribut befinden, mit dem Item assoziiert werden. Dem Attribut kann als Wert eine Liste von IDs zugeordnet werden, die der Parser dann berücksichtigen muss. | `<section itemscope itemref="a`<br>`b"`<br>`itemtype="http://schema.org/`<br>`Person">`<br>`<p itemprop="name">Thorsten`<br>`Schneider</p>`<br>`</section>`<br>`<p id ="a"`<br>`itemprop="additionalName">DokSchneider</p>`<br>`<p id="b"`<br>`itemprop="affiliation">Open`<br>`Web Learning Institute</p>`<br><br>Das Item hat drei Properties:<br><br>name = Thorsten Schneider<br><br>additionalName = DokSchneider<br><br>affiliation = Open Web Learning Institute<br><br>Die letzten beiden Properties sind außerhalb des HTML-Containers mit dem itemscope-Attribut, werden aber dem Item mithilfe des itemref-Attributs und der IDs zugewiesen. |
| itemid | Mit dem *itemid* -Attribut kann einem Item eine eindeutige ID zugewiesen werden. Der Wert des Attributs muss eine URL sein, deren exaktes Format im Vokabular definiert sein muss. | `<section itemscope`<br>`itemtype="http://vocabulary.example.org/`<br>`book"`<br>`itemid="urn:isbn:0-832-87334-4">`<br><br>In diesem Beispiel wird einem Buch-Item eine ID mit der ISBN als Wert zugeordnet. Das URL-Format ist im Vokabular definiert. |

***Tabelle 13.1*** *Die globalen Attribute der HTML-Mikrodaten-Spezifikation*

In der Praxis werden die meisten Webseiten-Autoren mit den ersten drei Attributen auskommen. Der mit Microdata angereicherte HTML-Code unseres Beispiels sieht dann so aus:

```
1 <section itemscope itemtype="http://schema.org/Person">
2   Mein Name ist <span itemprop="name">Thorsten Schneider</span>.
3   Im Web kennt man mich auch als
4   <span itemprop="additionalName">DokSchneider</span>.
5   Ich bin <span itemprop="jobTitle">Geschäftsführer</span>
6   des <span itemprop="affiliation">Open Web Learning Institute</span>.
7   Meine Homepage finden Sie unter <a itemprop="url" href="https://owl.institute/Dokschneider">owl.institute/Dokschneider</a>.
8 </section>
```

***Codebeispiel 6*** *Mit HTML5-Mikrodaten semantisch angereicherter Abschnitt einer Webseite*

Wie Sie Codebeispiel 6 entnehmen können, ist es sehr einfach, bestehenden HTML-Code mit Mikrodaten auszuzeichnen:

In Zeile 1 wird ein Item vom Typ *Person* definiert. Die Eigenschaften (Properties) des Items befinden sich innerhalb des durch Start- und End-Tag `<section >...</section>` begrenzten Bereichs. Um die Mikrodaten-Attribute an den entsprechenden Textstellen einzufügen, wird ein HTML-Tag benötigt. Man behilft sich in diesem Fall ganz einfach mit dem `<span>`-Tag, falls an der entsprechenden Stelle noch kein HTML-Tag verwendet wird.

## Items miteinander verknüpfen

Nehmen wir nun an, auf der Webseite wäre auch noch die Adresse der beschriebenen Person kommuniziert: Neumeyerstr. 24, 90411 Nürnberg, Germany. Das Vokabular für Adresse findet sich unter *http://schema.org/PostalAddress*. Nun könnte man das dem Quellcode aus Codebeispiel 6 einfach unten anfügen, dann gäbe es jedoch zwischen der Person und der Adresse keine semantische Beziehung! Die Adresse wäre zwar eine Adresse, aber eben nicht die Adresse der genannten Person.

Das Problem lässt sich einfach dadurch lösen, dass man das Adress-Item mit dem Person-Item verknüpft. Dazu wird als Wert der Property *address* das Item Type *http://schema.org/PostalAddress* definiert. Um die Verknüpfung herzustellen, nutzt man ein Standard-Feature von HTML, nämlich die Möglichkeit, »HTML-Container« (bestehend aus Start- und End-Tag und allem dazwischen) ineinander zu verschachteln.

Der Quellcode dazu sieht folgendermaßen aus:

```
<section itemscope itemtype="http://schema.org/Person">
  Mein Name ist <span itemprop="name">Thorsten Schneider</span>.
  Im Web kennt man mich auch als <span itemprop="additionalName">DokSchneider</span>.
  Ich bin <span itemprop="jobTitle">Geschäftsführer</span> des <span itemprop="affiliation">Open Web Learning Institute</span>.
  Meine Homepage finden Sie unter <a itemprop="url" href="https://owl.institute/Dokschneider">owl.institute/Dokschneider</a>.
  <section itemprop="address" itemscope itemtype="http://schema.org/PostalAddress">
    <span itemprop="streetAddress">Neumeyerstr. 24</span>
    <span itemprop="addressLocality">Nürnberg</span>
    <span itemprop="postalCode">90411</span>
    <span itemprop="addressCountry">Germany</span>
  </section>
</section>
```

***Codebeispiel 7*** *Durch Verschachtelung ist es möglich, das Adress-Item mit dem Person-Item zu verknüpfen.*

## 13.4.2 Den Quellcode mit Googles Test-Tool für strukturierte Daten prüfen

Google stellt ein *Online-Tool*[248] zur Verfügung, mit dem Webentwickler ihre mit semantischen Informationen ausgezeichneten Webseiten testen können. Das Test-Tool verarbeitet sowohl HTML Microdata als auch JSON-LD.

Sie können damit zum einen im Web bereits verfügbare Webseiten testen, indem Sie die URL dieser Seiten eingeben, zum anderen können Sie auch den HTML-Code in ein Formularfeld kopieren und vor der Veröffentlichung prüfen.

Abb. 113 zeigt sehr schön, welche semantischen Informationen der Parser unserem Beispiel (Codebeispiel 7) entnehmen kann. Wie Sie sehen, ist die Property *address* ein eingebettetes bzw. mit dem Item Person verknüpftes Item, das wiederum drei eigene Eigenschaften besitzt.

248. *https://search.google.com/structured-data/testing-tool*

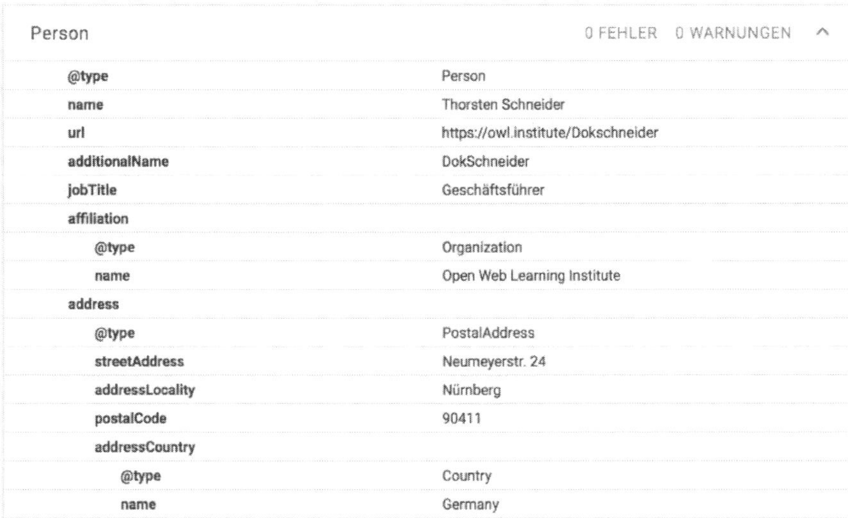

| Person | 0 FEHLER 0 WARNUNGEN |
|---|---|
| @type | Person |
| name | Thorsten Schneider |
| url | https://owl.institute/Dokschneider |
| additionalName | DokSchneider |
| jobTitle | Geschäftsführer |
| affiliation | |
| @type | Organization |
| name | Open Web Learning Institute |
| address | |
| @type | PostalAddress |
| streetAddress | Neumeyerstr. 24 |
| addressLocality | Nürnberg |
| postalCode | 90411 |
| addressCountry | |
| @type | Country |
| name | Germany |

***Abb. 113*** *Überprüfung des mit Mikrodaten angereicherten HTML-Quellcodes mithilfe von Googles Test-Tool für strukturierte Daten.* address *ist eine Eigenschaft des Elements vom Typ* Person *und gleichzeitig ein eigenes Element vom Typ* PostalAddress *(Postadresse).*

## 13.4.3 Woher kommen die Werte für die Microdata Properties?

Die Werte der Properties stammen in den meisten Fällen aus dem Text innerhalb des HTML-Containers. In Zeile 10 (Codebeispiel 7) ist der Wert der Property *addressCountry* dementsprechend *Germany*.

Das ist jedoch nicht für alle HTML-Tags der Fall und auch gar nicht möglich, da nicht alle Tags einen Text umschließen, oder der umschlossene Text nicht unbedingt die gewünschte Information enthält. So ist z.B. der Wert der Property *url* in Codebeispiel 7 das *href*-Attribut und nicht der verlinkte Text.

Die folgende Tabelle gibt einen Überblick, woher die Werte für die Properties bei verschiedenen HTML-Tags stammen.

| HTML-Tag | Wert |
|---|---|
| <a> <area> <link> | href-Attribut |
| <audio> <embed> <iframe> <img> <source> <video> | src-Attribut |
| <meta> | content-Attribut |

***Tabelle 13.2*** *Woher Properties ihre Werte beziehen*

| HTML-Tag | Wert |
|---|---|
| <object> | data-Attribut |
| <time> | datetime-Attribut |
| alle anderen Elemente | Textinhalt, der von dem Tag umschlossen wird. |

***Tabelle 13.2*** *Woher Properties ihre Werte beziehen*

## Übung 11: Semantische Auszeichnung von Musikveranstaltungen mithilfe von HTML Microdata

Für diese Übung nehmen wir an, Sie möchten Tickets für die Konzerte einer Band verkaufen. Wäre es da nicht praktisch, wenn im Suchergebnis die nächsten Konzerttermine bereits angezeigt werden?

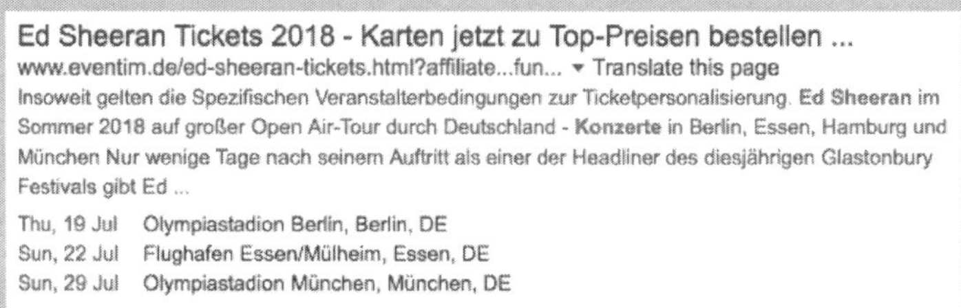


***Abb. 114*** *Informationen über eine Musikveranstaltung in einem Rich Result*

Wie könnte die semantische Auszeichnung für das Rich Result (Abb. 114) aussehen?

- Recherchieren Sie unter *Googles Dokumentation*[249], welche Properties von *http://schema.org/Event* Google zwingend haben möchte, um ein Rich Result zu generieren.
- Erarbeiten Sie ein Konzept für die semantische Auszeichnung der oben gezeigten Musikveranstaltung, indem Sie die Items und die Properties definieren.
- Erstellen Sie den Quellcode mit HTML-Mikrodaten.
- Prüfen Sie Ihren Quellcode mithilfe von *Googles Test-Tool für strukturierte Daten.*

249. *https://developers.google.com/search/docs/data-types/event*

# 13.5 JSON-LD

Eine Alternative und nach Meinung vieler Webentwickler elegantere Möglichkeit, Webseiten mit semantischen Informationen auf Basis von schema.org anzureichern, ist JSON-LD.

JSON-LD (Akronym für *JSON-based Serialization for Linked Data*) ist eine *Empfehlung des W3C*[250], verknüpfte Daten im JSON-Format einzubetten. JSON (Akronym für *JavaScript Object Notation*) wiederum ist ein kompaktes und für Menschen leicht lesbares Datenformat in einer einfachen Textform, das für den Zweck des Datenaustauschs zwischen Anwendungen entwickelt wurde und mittlerweile sehr weit verbreitet ist.

Um JSON-LD zu beherrschen, müssen Sie nicht programmieren lernen, auch wenn JSON bzw. JSON-LD mit der Sprachsyntax von JavaScript arbeitet. Die Anwendung von JSON-LD ist für unseren Zweck meiner Meinung nach sogar einfacher als das Arbeiten mit den HTML Microdata. JSON-LD enthält keinerlei Programmierlogik, sondern lediglich in strukturierter Form die semantischen Informationen auf Basis von schema.org.

In dem folgenden kleinen Tutorial werden Sie lernen, Webseiten mithilfe von JSON-LD und schema.org semantisch auszuzeichnen.

### Das JSON-LD-Grundgerüst

JSON-LD-Daten werden mithilfe des folgenden Grundgerüsts in HTML-Dokumente eingebunden:

```
<script type="application/ld+json">
{

}
</script>
```

***Codebeispiel 9*** *Das JSON-LD-Grundgerüst*

Mit dem script-Tag und dem Attribut *ld+json* legen Sie fest, dass Script-Code vom Typ JSON-LD eingebunden wird. Der JSON-LD-Code steht innerhalb der geschweiften Klammern.

250. *https://www.w3.org/2001/sw/wiki/JSON-LD*

Google empfiehlt, JSON-LD im <head>-Bereich eines HTML-Dokuments einzubinden. Eine Einbindung an beliebiger Stelle im <body>-Bereich ist jedoch ebenfalls möglich.

### Das Vokabular festlegen

Um festzulegen, dass Sie die schema.org-Ontologie verwenden wollen, fügen Sie innerhalb der geschweiften Klammer `"@context": "http://schema.org",` hinzu. Den Item Type legen Sie anschließend mit `"@type": "Item Type",` fest, wobei Sie `Item Type` durch den gewünschen Item Type ersetzen, z. B. `"@type": "Person",`.

Achten Sie auf das Komma am Ende der beiden eingefügten Zeilen. Das Komma zeigt dem Interpreter, dass die Anweisung noch nicht zuende ist und noch mehr folgt. Es ist zwingend nötig, sonst wird der Code ungültig.

```
<script type="application/ld+json">
{
 "@context": "http://schema.org",
 "@type": "Person",

}
</script>
```

***Codebeispiel 10*** *Das Vokabular festlegen in JSON-LD-Dateien*

### Properties festlegen

Jetzt haben wir festgelegt, dass wir mit dem Item Type *http://schema.org/Person* arbeiten wollen und können nun die Eigenschaften des Person-Items definieren. Wir schreiben sie als Name-Wert-Paare jeweils in eine Zeile. Vergessen Sie auch hier das Komma am Ende nicht, wenn in der nächsten Zeile eine weitere Eigenschaft definiert wird.

```
<script type="application/ld+json">
{
 "@context": "http://schema.org",
 "@type": "Person",
     "name": "Thorsten Schneider",
     "additionalName": "DokSchneider",
     "affiliation": "Open Web Learning Institute",

}
</script>
```

***Codebeispiel 11*** *Properties festlegen mit JSON-LD*

### Items miteinander verknüpfen (»embedded« oder »nested items«)

Um Items miteinander zu verknüpfen, definieren wir als Wert eines Items das Item, das wir verknüpfen wollen und legen gleichzeitig dessen Properties fest. Um z.B. für die Person aus unserem Beispiel noch eine Postanschrift zu definieren, verknüpfen wir ein Item vom Typ *http://schema.org/PostalAddress* mit dem Person-Item. Die Syntax dafür sieht folgendermaßen aus:

```
<script type="application/ld+json">
{
 "@context": "http://schema.org",
 "@type": "Person",
     "name": "Thorsten Schneider",
     "additionalName": "DokSchneider",
     "affiliation": "Open Web Learning Institute",
     "address": {
                "@type": "PostalAddress",
                "addressLocality": "Nürnberg",
                "postalCode":"90411",
                "streetAddress": "Neumeyerstr. 24"
                 }
}
</script>
```

***Codebeispiel 12*** *Items miteinander verknüpfen mit JSON-LD*

### Mehrere Werte für eine Property

Es kann vorkommen, dass eine Property mehrere Eigenschaften hat. Beispielsweise wird ein Item vom Typ *http://schema.org/sameAs* gerne dazu verwendet, mehrere URLs (Homepage, Social Media Profile) einer Person oder Organisation festzulegen. Um einer Property mehrere Werte zuzuweisen, verwendet man in JSON-LD die eckigen Klammern:

```
<script type="application/ld+json">
{
 "@context": "http://schema.org",
 "@type": "Person",
     "name": "Thorsten Schneider",
     "additionalName": ["DokSchneider","TheBoss"],
     "affiliation": "Open Web Learning Institute",
     "address": {
                "@type": "PostalAddress",
                "addressLocality": "Nürnberg",
                "postalCode":"90411",
                "streetAddress": "Neumeyerstr. 24"
                 },
     "sameAs": ["http://www.facebook.com/persons-profile",
```

```
        "http://www.twitter.com/persons-profile",
        "http://plus.google.com/persons-profile"]
}
</script>
```

***Codebeispiel 13*** *Eine Property mit mehreren Werten in JSON-LD definieren*

Die Werte werden jeweils in Anführungszeichen gesetzt und durch Komma von den anderen Werten getrennt.

### Praktische Tipps für die Erstellung von JSON-LD

Die Erstellung von JSON-LD-Daten ist, wie Sie gesehen haben, recht einfach. Gerade für Nicht-Programmierer, die normalerweise keinen Quellcode erstellen, gibt es jedoch ein paar Fallstricke, über die sie typischerweise oft stolpern. Um Probleme zu vermeiden, beachten Sie bitte Folgendes:

- Verwenden Sie einen Text-Editor oder noch besser eine Quellcode-Editor oder eine »richtige« IDE (integrierte Entwicklungsumgebung) mit Unterstützung für JavaScript. Diese verfügt über spezielle Funktionen wie Syntax Highlighting und zeigt Ihnen Syntaxfehler schon direkt bei der Eingabe an.
- Verwenden Sie **nicht** ein Textverarbeitungsprogramm wie z. B. MS Word oder OpenOffice. Diese sind für diesen Zweck ungeeignet, da sie z. B. gerade Anführungszeichen (") gerne in typografische Anführungszeichen („ “) ändern, die jedoch der JavaScript-Interpreter nicht akzeptiert. Auch geraten aus Textverarbeitungsprogrammen gerne unsichtbare Steuerzeichen in Ihren Quellcode, wenn Sie diesen über das Clipboard in den Quellcode von Webseiten einfügen. Das Gemeine an diesen Steuerzeichen ist, dass sie Probleme machen können, obwohl man sie nicht sieht. Darauf basierende Fehler sind nur schwer zu finden.
- Formatieren Sie Ihren JSON-LD-Quellcode konsistent und leserlich mithilfe von Leerzeichen. Rücken Sie verknüpfte Elemente ein.
- Testen Sie Ihre JSON-LD-Daten immer mit Googles *Test-Tool für strukturierte Daten*[251]. Damit sehen Sie nicht nur, ob Ihre Daten valide sind, sondern auch, ob Google die verwendeten Items und Properties auch auswertet und ob Sie alle von Google benötigten Properties definiert haben.

251. *https://search.google.com/structured-data/testing-tool*

```
1  <script type="application/ld+json">
2  {
3   "@context": "http://schema.org",
4   "@type": "Person",
5       "name": "Thorsten Schneider",
6       "additionalName": ["DokSchneider","TheBoss"],
7       "affiliation": "Open Web Learning Institute",
8       "address": {
9                   "@type": "PostalAddress",
10                  "addressLocality": "Nürnberg",
11                  "postalCode":"90411",
12                  "streetAddress": "Neumeyerstr. 24"
13             }
14      "sameAs": ["http://www.facebook.com/persons-profile",
15          "http://www.twitter.com/persons-profile",
16          "http://plus.google.com/persons-profile"]
17 }
18 </script>
```

***Abb. 115*** *Überprüfung von JSON-LD-Daten mit Googles Test-Tool für strukturierte Daten. Die Überprüfung ergab einen Fehler in Zeile 14. Finden Sie ihn?*

# 13.6 Anwendung von JSON-LD: zwei Beispiele

## 13.6.1 Breadcrumbs

Viele Websites verwenden heute als Navigationshilfe eine sogenannte ***Breadcrumb Navigation*** (zu deutsch: Brotkrümelnavigation). Dabei handelt es sich um eine Textzeile, die dem Besucher anzeigt, auf welcher Seite der Website er sich gerade befindet und in welchem Kontext diese zu anderen Seiten steht, indem sie den Pfad zur aktuellen Webseite anzeigt.

***Abb. 116*** *Zwei Beispiele für Breadcrumb-Navigationen, gesehen auf w3c.org (oben) bzw. chip.de (unten)*

Google kann solche Navigationspfade auch in den Suchtreffern anzeigen (Abb. 117). Diese stellen eine zusätzliche Information für die Suchenden dar und damit auch einen weiteren Anreiz, auf das Suchergebnis zu klicken.

**Wandern: Argentinien - Wanderurlaub/Wanderreisen in...**
www.wandern.de › Geführte Wanderungen › Amerika
**Wandern**.de macht's möglich: **Argentinien** zu Fuß erleben. Vertrauen Sie auf die Wanderprofis der cG Touristic – natürlich mit Top-Beratung!

***Abb. 117*** *Breadcrumb-Navigation in einem Google-Suchergebnis*

Laut *Googles Guidelines*[252] soll hierfür *http://schema.org/BreadcrumbList* verwendet werden, und Google wertet folgende Properties aus:

| Properties | |
|---|---|
| `image` | URL, **optional**<br>A URL to an image resource that represents the current crumb. |
| `item` | Thing, **required**<br>An individual crumb in the breadcrumb trail. It contains the `@id` (a unique URL) and the `name` property. |
| `name` | Text, **required**<br>The title of the breadcrumb displayed for the user. |
| `position` | Integer, **required**<br>The position of the breadcrumb in the breadcrumb trail. Position 1 signifies the beginning of the trail. |

***Abb. 118*** *Properties von* http://schema.org/BreadcrumbList, *die Google auswertet*

Dazu eine kurze Erläuterung:

Wenn Sie sich die Seite *http://schema.org/BreadcrumbList* anschauen, werden Sie feststellen, dass dieser Item Type gar keine eigenen Properties besitzt, sondern alle Properties von seinen Parents erbt.

- Die Property *image* ist im Item Type *http://schema.org/Thing* definiert, und Google erwartet als Wert der Property eine URL. Die Property *image* ist optional, muss also nicht angegeben werden. Mit ihr kann für jedes Element des Breadcrumb-Pfads eine Bilddatei angegeben werden. Ich habe das allerdings bisher noch nie auf einer Suchergebnisseite gesehen.
- Die Property *item* stammt ebenfalls aus *Thing* und ist vorgeschrieben. Sie steht für ein einzelnes Element innerhalb des Breadcrumb-Pfades. Zwei Properties sind vorgeschrieben: Die Property *name* enthält den Namen des Breadcrumb-Elements. *@id* ist eine Besonderheit: Diese Eigenschaft stammt nicht von schema.org, sondern wird in JSON-LD dazu verwendet, ein Element (*node*, in der Terminologie von JSON-LD) eindeutig zu identifizieren, um es von außen referenzieren zu können. Dies wird z.B. benötigt, wenn mehrere Anwendungen miteinander kommunizieren bzw. Daten austauschen. *@id* ist in JSON-LD,

252. *https://developers.google.com/search/docs/data-types/breadcrumb*

was in HTML Microdata das Attribut *itemid* ist. Als Wert für *@id* erwartet Google eine *URL*[253].

- Die Property *name* ist vorgeschrieben. Mit ihr wird der Text des Breadcrumb-Elements angegeben.
- Die Property *position* ist ebenfalls vorgeschrieben. Als Wert wird der Datentyp *Integer*, d.h. eine Ganzzahl erwartet. Diese steht für die Position des Breadcrumb-Elements innerhalb des Breadcrumb-Pfads.

Leider reicht das noch nicht aus, um den JSON-LD-Code zu schreiben. Sie müssen sich zuerst noch Gedanken über die Strukturierung machen und dazu am besten die Dokumentation auf *http://schema.org/BreadcrumbList* lesen. Dort finden Sie Hinweise und Beispiele dafür, wie Sie eine *BreadcrumbList* strukturieren. Sie sehen dort, dass *BreadcrumbList* die Property *ItemListElement* hat und diese Property den erwarteten Typ (Expected Type) *ListItem*. *http://schema.org/ListItem* wiederum hat die Property *Item*. Diese Elemente brauchen wir, um die *BreadcrumbList* zu definieren.

> Besonders hilfreich und einfach ist es, wenn Sie sich den JSON-LD-Beispielcode auf der Seite *http://schema.org/BreadcrumbList* anschauen und den Aufbau des Codes übernehmen.

Meine JSON-LD-Umsetzung sieht folgendermaßen aus:

```
<script type="application/ld+json">
{
  "@context": "http://schema.org",
  "@type": "BreadcrumbList",
  "itemListElement": [{
    "@type": "ListItem",
    "position": 1,
    "item": {
      "@id": "https://www.wandern.de/",
      "name": "www.wandern.de"
    }
  },{
    "@type": "ListItem",
    "position": 2,
    "item": {
      "@id": "https://www.wandern.de/gefuehrte-wanderungen",
      "name": "Geführte Wanderungen"
    }
  },{
```

253. *https://de.wikipedia.org/wiki/Uniform_Resource_Locator*

```
      "@type": "ListItem",
      "position": 3,
      "item": {
        "@id": "https://www.wandern.de/gefuehrte-wanderungen/amerika",
        "name": "Amerika"
      }
    }]
}
</script>
```

***Codebeispiel 14*** *JSON-LD-Code für eine Breadcrumb-Navigation*

Die Property *itemListElement* hat mehrere *ListItem* als Wert. Diese müssen daher gemeinsam in eckige Klammern gesetzt werden.

## 13.6.2 Produkte

Artikelseiten in einem Onlineshop lassen sich semantisch so auszeichnen, dass Google in den Suchergebnissen z.B. Informationen zum Preis und zur Verfügbarkeit anzeigt.

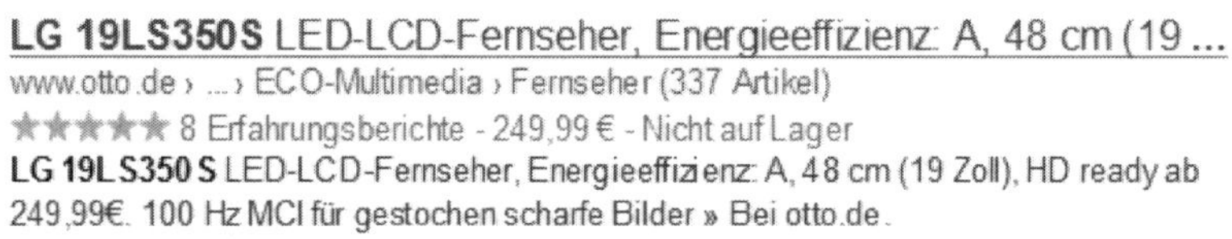


***Abb. 119*** *Produktinformationen in einem Google-Suchergebnis*

Der JSON-LD-Quellcode für die semantische Auszeichnung dieses Produkts auf einer Webseite könnte folgendermaßen aussehen:

```
<script type="application/ld+json">
{
  "@context": "http://schema.org/",
  "@type": "Product",
  "name": "LG 19LS350S LED-LCD-Fernseher",
  "description": "LG 19LS350S LED-LCD-Fernseher, Energieeffizienz: A, 48 cm (19 Zoll), HD ready ab 249,99 €. 100 Hz MCI für gestochen scharfe Bilder",
  "aggregateRating": {
    "@type": "AggregateRating",
    "ratingValue": "5",
    "reviewCount": "8"
  },
  "offers": {
    "@type": "Offer",
    "priceCurrency": "EUR",
    "price": "249.00",
```

```
    "availability": "http://schema.org/OutOfStock"
  }
}
</script>
```

***Codebeispiel 15*** *Semantisch ausgezeichnete Produktinformation*

Ich habe im Codebeispiel 15 gleich auch die Semantik für eine Produktbewertung eingetragen. Da der Quellcode damit schon etwas komplexer geworden ist, schauen wir uns auch gleich das Ergebnis in *Googles Test-Tool*[254] an:

Product | VORSCHAU | 0 FEHLER | 0 WARNUNGEN

| | |
|---|---|
| @type | Product |
| name | LG 19LS350S LED-LCD-Fernseher |
| description | LG 19LS350S LED-LCD-Fernseher, Energieeffizienz: A, 48 cm (19 Zoll), HD ready ab 249,99 €. 100 Hz MCI für gestochen scharfe Bilder |
| aggregateRating | |
| @type | AggregateRating |
| ratingValue | 5 |
| reviewCount | 8 |
| offers | |
| @type | Offer |
| priceCurrency | EUR |
| price | 249.00 |
| availability | http://schema.org/OutOfStock |

***Abb. 120*** *Die semantischen Informationen aus Codebeispiel 15, extrahiert mit Googles Test-Tool für strukturierte Daten, sowie eine Vorschau des Rich Results, das Google aus den Daten erstellen kann*

In diesem Fall bietet Google sogar eine Vorschau an (klicken Sie dazu auf den Button mit der Aufschrift *Vorschau*), die Ihnen einen Eindruck davon vermittelt, wie das Suchergebnis aussieht, wenn Google die semantischen Informationen auswertet (Abb. 121).

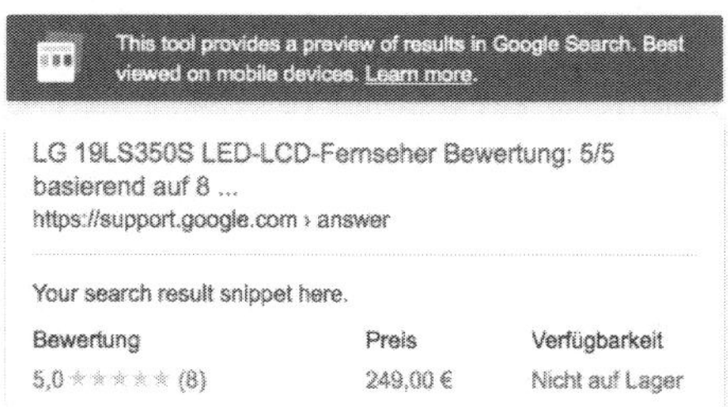


***Abb. 121*** *Vorschau auf das Suchergebnis bei semantischer Auszeichnung eines Produkts*

254. *https://search.google.com/structured-data/testing-tool*

Es würde den Rahmen sprengen, hier alle *Search Features* zu beschreiben, die Google nutzt. Sie sollten jedoch jetzt in der Lage sein, mithilfe der Google-Dokumentation beliebige Features in ihre Webseiten einzubauen, die für Ihre Seiten sinnvoll sind.

Bedenken Sie jedoch, dass dies keine Gewähr dafür ist, dass Google diese auch auswertet und Rich Search Snippets von Ihren Seiten erstellt. Um die Wahrscheinlichkeit dafür zu erhöhen, können Sie noch Folgendes tun:

- Kopieren Sie sich den Beispielcode von Google und modifizieren Sie diesen für Ihre Zwecke. Sie müssen nicht den Ehrgeiz haben, den JSON-LD-Code komplett neu zu erstellen.
- Achten Sie darauf, alle von Google vorgeschriebenen Eigenschaften zu definieren.
- Definieren Sie auch die Properties, die Google zwar nicht vorschreibt, aber empfiehlt. Es scheint einen Zusammenhang zu geben zwischen der Ausführlichkeit der semantischen Auszeichnung und der Wahrscheinlichkeit, dass Google ein Rich Result erstellt.
- Testen Sie Ihren Code **immer** mit Googles Test-Tool für strukturierte Daten.

Im September 2019 hat Google eine Änderung im Umgang mit der Darstellung von Bewertungssternen in Rich Results verkündert (vergl. auch Abschnitt 12.3.3). Demnach sollen Bewertungen in Rich Results nur noch für *bestimmte Schematypen*[255] (und deren jeweiligen Sub-Typen) getriggert werden, die Google für sinnvoll hält. Außerdem werden sog. »self-serving reviews« (Bewertungen, die jemand selbst oder via Gadget eines Drittanbieters auf der eigenen Seite eingebunden hat), zumindest für die Typen *Organization* und *LocalBusiness* nicht mehr unterstützt.

### Übung 12: Semantische Auszeichnung von Musikveranstaltungen mithilfe von JSON-LD

Lösen Sie die Aufgabe aus Übung 11 mithilfe von JSON-LD.

255. *https://webmasters.googleblog.com/2019/09/making-review-rich-results-more-helpful.html*

Und zum Schluss dieser Lektion noch drei Tipps:

1. Mithilfe der Webanwendung *Schema Markup Generator*[256] können Sie sich den Quellcode (JSON-LD und Microdaten) bequem erstellen lassen. Die Anwendung stellt für die beliebtesten Vokabulare Formularseiten zur Verfügung, in die Sie die jeweiligen Informationen eintragen. Den Quellcode erzeugt der *Schema Markup Generator* dann auf Knopfdruck.

2. Sicherlich werden immer mehr Content-Management- und Onlineshop-Systeme Werkzeuge zur Verfügung stellen, um semantischen Code automatisch zu erzeugen. So gibt es z. B. für das beliebte WordPress das Plug-in *Schema*[257] für die automatische Generierung von strukturierten Daten im JSON-LD-Format.

3. Mit dem *RDF Translator*[258] können Sie Datenformate umwandeln, z. B. JSON-LD in Mikrodaten und umgekehrt.

## 13.7 Teste Dein Wissen!

1. Welche Technologien eignen sich für die Implementierung der schema.org-Ontologie in Webseiten?

   *Bitte ankreuzen:*

   - ☐ Web Ontology Language (OWL)
   - ☐ RDFa
   - ☐ HTML Microdata
   - ☐ JSON-LD

2. Welche Definition des Attributs *itemprop* ist richtig?

   *Bitte ankreuzen:*

   - ☐ Das Attribut *itemprop* steht alleine und erhält keinen Wert.
   - ☐ Das Attribut *itemprop* erhält als Wert die gültige URL eines Vokabulars.

256. *https://technicalseo.com/seo-tools/schema-markup-generator/*
257. *https://wordpress.org/plugins/schema/*
258. *http://rdf-translator.appspot.com/*

- ☐ Das Attribut *itemprop* erhält als Wert den Namen einer Eigenschaft (Property).
- ☐ Das Attribut *itemprop* ermöglicht die Verknüpfung mit anderen Properties, die sich außerhalb des HTML-Containers mit dem itemscope-Attribut befinden.

3. Was ist schema.org?

   *Bitte ankreuzen:*

   - ☐ eine Initiative der Betreiber der Suchmaschinen Google, Bing, Yahoo und Yandex, um standardisierte Vokabulare für die Einbindung semantischer Informationen in Webseiten zur Verfügung zu stellen
   - ☐ eine Ontologie für die Strukturierung von semantischen Informationen im Web
   - ☐ die Adresse einer Website, die Vokabulare für semantische Informationen enthält, die von Suchmaschinen ausgewertet werden
   - ☐ eine Organisation, die den Standard *XML Schema* (XML Schema Definition) entwickelt, der das Definieren von Strukturen für XML-Dokumente ermöglicht

4. Wie heißen die beiden Hierarchien, die schema.org verwendet, um seine Vokabulare zu strukturieren?

   *Bitte ankreuzen:*

   - ☐ *Person* und *Organization*
   - ☐ *Product* und *Event*
   - ☐ *Thing* und *Intangible*
   - ☐ *Thing* und *Data Types*

5. Innerhalb eines JSON-LD-Quellcodes finden Sie folgenden Code:

```
"itemListElement": [{
    "@type": "ListItem",
    "position": 1,
    "item": {
      "@id": "https://www.wandern.de/",
      "name": "www.wandern.de"
```

   Was bedeutet in diesem Code *@id* ?

   *Bitte ankreuzen:*

   - ☐ *@id* ist eine Property von "item"

- ☐ @*id* wird in JSON-LD dazu verwendet, ein Element (*node*) eindeutig zu identifizieren, um es von außen referenzieren zu können.
- ☐ @*id* ist eine fehlerhafte Syntax, es muss *id* heißen.
- ☐ @*id* legt fest, dass ab dieser Stelle ein anderes Vokabular gilt.

# 14 Shop SEO

**In dieser Lektion lernen Sie**

- welche Rankingsignale für Onlineshops besonders wichtig sind.
- wie Sie nützliche, kostenlose Inhalte mit kommerziellen Produktangeboten geschickt kombinieren, um bessere Rankings zu erzielen.

## 14.1 Technische Optimierung

Prinzipiell gelten für Onlineshops dieselben SEO-Empfehlungen wie für alle anderen Websites auch. Onlineshops unterscheiden sich jedoch in ihrem Produktangebot oftmals nicht signifikant von Wettbewerbern. Daher kommt der technischen Optimierung eine besondere Rolle zu:

- Ladezeit: Investieren Sie in die Optimierung der Ladezeit, sowohl auf Seitenebene als auch auf Ebene der Server-Infrastruktur, da eine kurze Ladezeit insbesondere bei Onlineshops ein wichtiges Rankingsignal ist (vergl. Abschnitt 10.4).
- Optimierung für Mobilgeräte: Immer mehr Käufer suchen und kaufen von mobilen Endgeräten aus nach Produkten. Daher ist besonders wichtig, dass Ihr Onlineshop für die Nutzung auf mobilen Endgeräten optimiert ist. Responsive Webdesign ist Pflicht, darüberhinaus gibt es die Möglichkeit, Produktseiten als AMP-Version anzubieten (vgl. Abschnitt 9.5.6). Auch über die Option einer nativen App oder einer Progressive Web App (PWA, vgl. Abschnitt 9.5.8) sollten Sie nachdenken. Bei dieser Gelegenheit sollten Sie auch den mobilen Kaufprozess optimieren: Einen interessanten Artikel zur Optimierung der Usability von Kaufprozessen mit mobilen Endgeräten finden Sie auf *crazyegg.com*[259]

## 14.2 Social Signals für Onlineshops

Ebenfalls von besonderer Wichtigkeit für Onlineshops sind Social Signals (vgl. Lektion 12). Neben Produktbewertungen und Rezensionen sind auch Bewertungen

259. *https://www.crazyegg.com/blog/perfect-mobile-ecommerce-checkout/*

des Onlineshops und vertrauensbildende Maßnahmen, z.B. mit einem Siegel wie *Trusted Shops*[260] wichtig.

## 14.3 Google Shopping

Google Shopping ist ein Preisvergleichsportal von Google, in das Verkäufer bis 2013 kostenlos ihre Produkte einstellen konnten. Heute ist Google Shopping kostenpflichtig und Teil von Google Ads. Bei der Suche nach Produkten in der organischen Google-Suche werden Produkte aus Google Shopping in Form von *Product Listing Ads (PLA)* auf der Suchergebnisseite angezeigt (vgl. Abschnitt 3.1). Klickt ein Suchender auf ein PLA, zahlt der Verkäufer eine Gebühr an Google. Die Abrechnung erfolgt also, genauso wie bei Google Ads, auf Klickbasis (Pay-per-Click, PPC).

Sie werden jetzt zurecht sagen, dass Google Shopping, genau wie Google Ads, strenggenommen nichts in einem SEO-Kurs zu suchen hat, da es sich hierbau um kostenpflichtige Anzeigen auf der Suchergebnisseite handelt. Das stimmt natürlich, aber leider ist eine strikte Trennung an dieser Stelle nicht hilfreich.

Insbesondere für Onlineshops kann es auch aus SEO-Sicht Sinn machen, sich an Google Shopping zu beteiligen, da durch die Product Listing Ads auf der Suchergebnisseite der normalen Websuche, aber natürlich auch durch die eigene Google-Shopping-Suchergebnisseite der Bekanntheitsgrad eines Onlineshops rasch gesteigert werden kann. Hierdurch ist es möglich, sehr schnell für Social Signals zu sorgen, die dann wiederum ein wichtiges Rankingsignal sind. Google Shopping hat auf diese Weise mindestens einen indirekten Effekt auf das Ranking in der organischen Suche.

260. *https://www.trustedshops.de/*

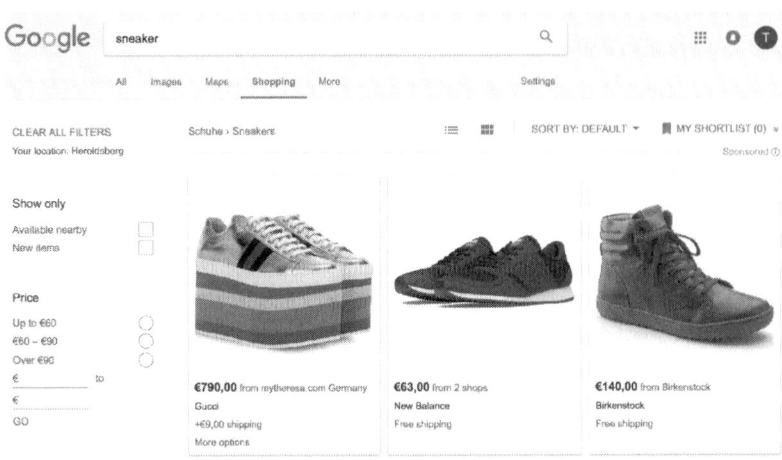


***Abb. 122*** *Suchergebnisseite in Google Shopping*

Um an Google Shopping teilzunehmen, benötigen Sie ein *Google-Ads-Konto*[261] und ein Konto im *Google Merchant Center*[262]. Für das Einstellen von Produkten bietet Google verschiedene Möglichkeiten an, über eine Schnittstelle kann dieses auch automatisiert werden. Damit Produkte in Google Shopping gelistet werden, müssen Sie für diese auch eine PLA-Kampagne in Google Ads schalten.

Es gibt eine Reihe von Optimierungs-Empfehlungen für Google Shopping. Zu diesen gehören:

- aussagekräftige Produkttitel, Beschreibungen und Bilder
- ausreichend hohes Klick-Gebot, damit die PLAs auch geschaltet werden
- Angabe von Preis und Verfügbarkeit
- Vorhandensein einer *European Article Number (EAN)*[263] oder (bei Büchern) einer *ISBN*[264]

Eine detailliertere Beschreibung von Google Shopping würde den Rahmen dieses Kurses sprengen. Ich empfehle Ihnen hierfür das aktuelle Buch von Christiane Ortlepp *Erfolgreich werben mit Google Ads: Das ultimative Praxisbuch*[265], das auch detailliert auf Google Shopping eingeht.

261. *https://ads.google.com/*
262. *https://www.google.com/retail/solutions/merchant-center/*
263. *https://de.wikipedia.org/wiki/European_Article_Number*
264. *https://de.wikipedia.org/wiki/Internationale_Standardbuchnummer*
265. *https://www.amazon.de/Erfolgreich-werben-mit-Google-Ads/dp/1720118469/*

## 14.4 Content-Strategien für Onlineshops

Dass Backlinks immer noch wichtig sind für gute Ranking-Positionen, haben wir in Lektion 11 bereits besprochen. Unser Credo für nachhaltigen Backlink-Aufbau war dabei hochwertiger Content. Nun zeichnen sich Onlineshops nicht unbedingt durch interessante und umfassende Informationen zu gesuchten Themen aus. Wie könnte also eine funktionierende Strategie zum Backlink-Aufbau speziell für Onlineshops aussehen?

Der Trick besteht darin, dass Sie selbst von Ihren kostenlosen Contentseiten auf Ihre kommerziellen Angebote verlinken. Ihre Contentseiten können dabei Teil der kommerziellen Website sein oder auch auf einer eigenen Domain gehostet werden. Durch die Verlinkung (dabei nicht übertreiben, die Links dürfen nicht nach Spam aussehen!) steigern Sie PageRank und Trust der kommerziellen Seiten und senden mit thematisch passenden Ankertexten und dem Text in der Nähe der Links zusätzlich positive Signale. Auf diese Weise profitieren Ihre kommerziellen Webseiten von Ihrer Content-Strategie mit kostenlosem Content.

Besonders gut für diesen Zweck eignet sich Content, der typische Probleme und Fragen löst, wie sie durch Suchbegriffe wie z.B. »kostenloses Material für ...«, »wie funktioniert ...« oder Begriffe wie »Checkliste«, »Ratgeber«, »Tutorial«, »Infografik« usw. zum Ausdruck kommen.

Alternativ dazu ist es auch möglich, den Content geschickt in die kommerzielle Website einzubauen. Viele Onlineshops haben ihre Kategorienseiten mit Content, z.B. umfangreichen Ratgebern, angereichert und erzielen damit hervorragende Rankings in Google. Das ist auch dann der richtige Weg, wenn dieser Content keine oder nur wenige Backlinks generiert, da die Seiten wegen ihres guten Informationsgehalts einen hohen Nutzwert haben (positive User Signals!) und schon alleine wegen ihres Contents gut ranken (Hummingbird!).

Dazu zwei Beispiele:

**Bergfreunde.de**

Der Onlineshop für Outdoor-Equipment rankt für viele Branchen-Keywords wie z.B. »Outdoorjacke« extrem gut. Ein Grund dafür ist vermutlich, dass es auf den Kategorienseiten umfassende Informationen zum Thema gibt (Abb. 123).

**Thomann.de**

Das Musikhaus Thomann betreibt den weltweit umsatzstärksten Onlineshop für Musikinstrumente und Musikerbedarf. Die Welt der Musikinstrumente, der professionellen Beschallungs- und Lichtanlagen ist komplex, und potenzielle Käufer

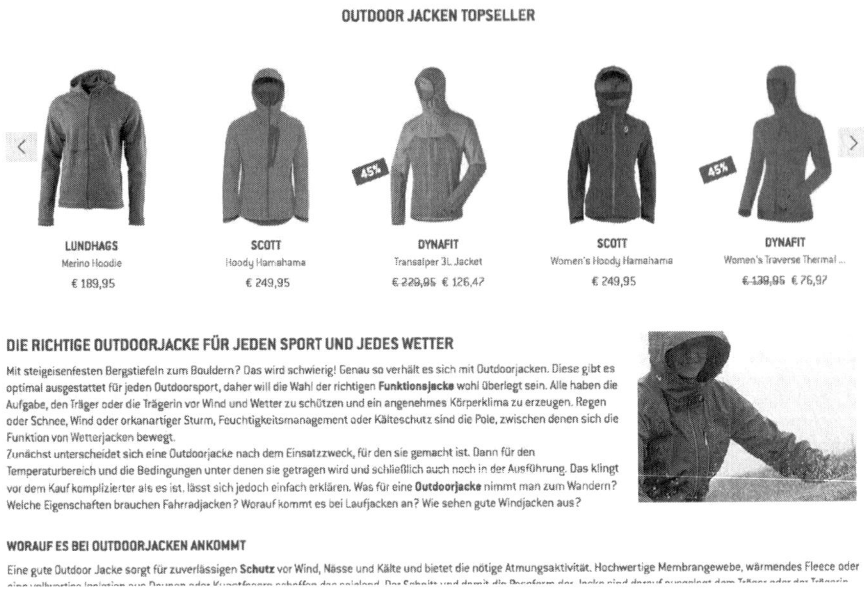


***Abb. 123*** *Der Onlineshop bergfreunde.de hat seine Kategorienseiten mit umfassenden Informationen zum jeweiligen Thema der Kategorie angereichert.*

haben viele Fragen. Folgerichtig hat Thomann seinen Shop mit umfangreichen Informationen aufgewertet (Abb. 124).

> Die beiden Beispiele *bergfreunde.de* und *thomann.de* ranken aber nicht nur wegen der optimal in den Shop integrierten Produktinformationen so gut, sondern sicherlich auch wegen ihrer hohen PageRank und Trust-Werte. Die Domain *thomann.de* hat einen Power*Trust-Wert von 42, die Domain *bergfreunde.de* einen von 30. Jeder Wettbewerber, dessen Shop weniger hat, wird es schwer haben, da beide Shops bei den beiden wichtigsten Rankingsignale (Content und Backlinks) sehr gut abschneiden.

## 14.5 Teste Dein Wissen!

1. Welche Content-Typen eignen sich besonders gut für eine Content-Strategie zur Steigerung der Sichtbarkeit von Onlineshops?

   *Bitte ankreuzen:*

   - ☐ Checklisten
   - ☐ Häufige Fragen (FAQs)
   - ☐ Wissenschaftliche Studien

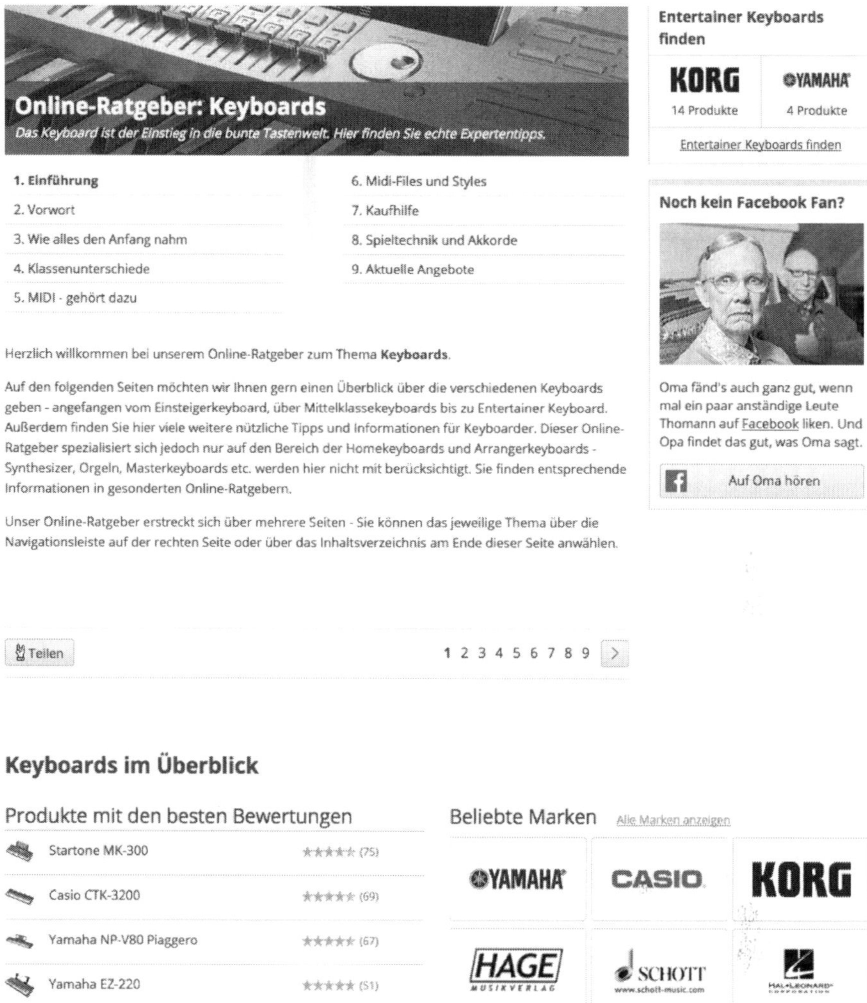


***Abb. 124*** *Der Onlineshop des Musikhauses Thomann rankt für viele Branchen-Keywords an Top-Positionen. Ein Grund dafür ist wohl der nahtlos in den Shop integrierte Ratgeber.*

- ☐ Tutorials
- ☐ Infografiken

2. Welche Optimierungen sind für PLA-Kampagnen für Google Shopping besonders wichtig?

   *Bitte ankreuzen:*

   - ☐ Beschreibungen und Bilder
   - ☐ Aussagekräftige Produkttitel
   - ☐ Angabe des Preises

- ☐ Angabe zur Verfügbarkeit
- ☐ Vorhandensein eines Barcodes

# Local SEO

15

**In dieser Lektion lernen Sie**

- welche zusätzlichen SEO-Maßnahmen ein lokal operierendes Unternehmen oder Geschäft durchführen sollte.

Das Thema *Local SEO* ist für alle Unternehmen relevant, die an einem bestimmten Ort etwas verkaufen wollen, also z. B. für Gaststätten, Einzelhandelsgeschäfte, Fitness-Studios, Kinos und Dienstleister wie Ärzte, Apotheker, Physiotherapeuten, Rechtsanwälte, Friseure, Handwerker usw.

Auch für lokale Unternehmen, Dienstleister und Geschäfte sind die bisher beschriebenen SEO-Maßnahmen gleichermaßen relevant. Es sollten jedoch **zusätzlich** die in dieser Lektion beschriebenen Maßnahmen umgesetzt werden.

## 15.1 Suchanfragen mit lokalem Bezug

Bei einer *Suche mit lokalem Bezug* bemüht sich Google, relevante Suchergebnisse in der Nähe des gesuchten Orts bzw. in der Nähe des Suchenden anzuzeigen.

Was genau sind *Suchanfragen mit lokalem Bezug*?

Ich gehe davon aus, dass Google bei **jeder Suchanfrage** einen lokalen Bezug vermutet. Wenn der Suchende einen Ortsbegriff in der Suche verwendet, ist der lokale Bezug sofort klar. Aber auch, wenn in den Suchbegriffen keine Ortsbezeichnung vorkommt, gibt es einen lokalen Bezug, nämlich über den mittels *Geotargeting*[266] ermittelten Standort des Suchenden!

266. Beim Geotargeting wird die IP-Adresse des Client-Rechners einer bestimmten geografischen Position zugeordnet. Das ist möglich, weil IP-Adressen weltweit koordiniert vergeben werden und daher bekannt ist, welcher IP-Adressbereich welcher Region der Erde zugeordnet ist. Für nähere Informationen dazu: http://de.wikipedia.org/wiki/Geotargeting

Dies ist Teil der Personalisierung der Suchergebnisse, die Google immer stärker betreibt. Das bedeutet, dass Sie unterschiedliche Suchergebnisse sehen, wenn Sie dieselbe Suchanfrage z. B. von Hamburg oder München aus an *google.de* stellen.

Wie stark dieser Effekt ausgeprägt ist, hängt aber von den Suchbegriffen selbst ab. Manche Suchbegriffe haben per se einen starken lokalen Bezug, andere einen weniger starken.

Bei dem Suchbegriff *Pizzeria* z. B. unterstellt Google, dass Sie gerade eine Pizzeria in der Nähe Ihres aktuellen Standorts suchen. Da ich zum Zeitpunkt der Suchanfrage in Nürnberg in meinem Büro war, zeigt mir Google Pizzerien in der Nähe an (Abb. 125).

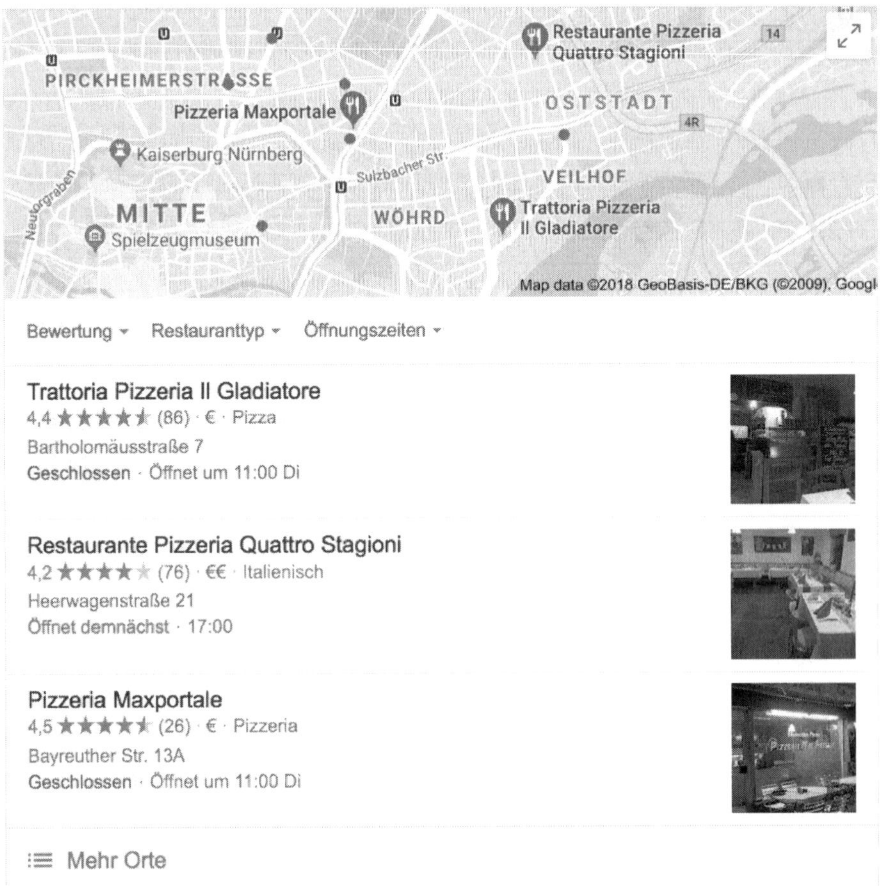


***Abb. 125*** *Suchergebnisseite für den Suchbegriff »Pizzeria«, wenn sich der Suchende gerade in Nürnberg befindet*

Obwohl die Suchanfrage selbst keinen Ortsbegriff enthält, stellt Google einen lokalen Bezug her und wertet dafür den Standort des Client-Rechners aus, von dem aus die Suchanfrage gesendet wurde. Befindet sich der Computer des Suchenden z.B. in Nürnberg, so wird eine Google-Maps-Karte von Nürnberg mit den Standorten von Pizzerien eingeblendet sowie im oberen Teil der Suchergebnisseite Informationen zu dreien dieser Standorte. Befindet sich der Computer des Suchenden jedoch in Hamburg, so werden Informationen zu Pizzerien in Hamburg angezeigt. Die angezeigten Informationen stammen dabei größtenteils aus ***Google My Business***, Googles Branchenverzeichnis.

## 15.2 Lokale Rankingfaktoren

Was sind die lokalen Rankingfaktoren (Signale), die darüber entscheiden, welche lokalen Unternehmen auf der Suchergebnisseite so prominent erscheinen?

Wertet man die Erfahrungen verschiedener SEO-Agenturen aus, dann gibt es eine relativ starke Übereinkunft darüber, dass zwei Faktoren besonders wichtig sind:

- Adresse
- Google My Business

### 15.2.1 Adresse

Der Anbieter muss eine Adresse in der Stadt, in der er gefunden werden möchte, besitzen. Die Adressinformation sollte vollständig auf jeder Seite der Website enthalten sein, z.B. im Footer.

### 15.2.2 Eintrag in Google My Business

Ein Eintrag in Googles Branchenverzeichnis *Google My Business* (ehemals Google Places) ist ein absolutes Muss für Unternehmen und Dienstleister, die an einem bestimmten Ort etwas verkaufen und bei Google gefunden werden möchten. Die URL der Registrierungsseite lautet: *https://www.google.de/intl/de/business/*

Google bezieht die Informationen für die Anzeige auf der Suchergebnisseite für Suchanfragen mit lokalem Bezug größtenteils aus den Einträgen in Google My Business. Auch die lokalen Rankingsignale beziehen sich zum Teil auf diese Einträge. Daher ist bei der Erstellung des Eintrags einiges zu beachten.

***Schritt für Schritt 5: Unternehmen in Google My Business eintragen***

1 Rufen Sie die *Startseite von Google My Business*[267] auf.

***Abb. 126*** *Startseite von Google My Business*

2 Falls Sie noch kein Google-Konto haben, erstellen Sie eines. Ansonsten loggen Sie sich ein.

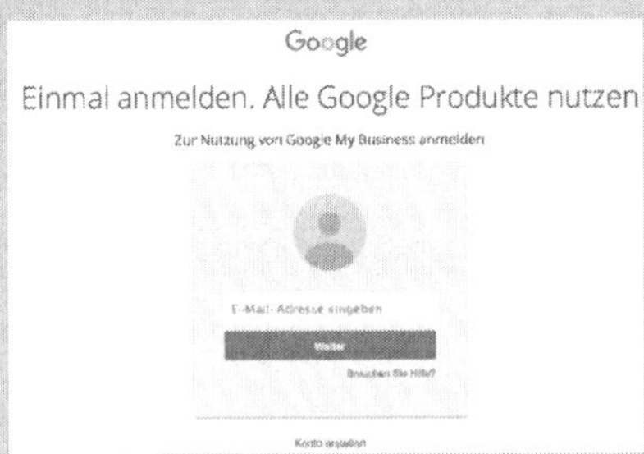


3 Fügen Sie einen Unternehmensstandort hinzu (Schaltfläche *Standort hinzufügen*). Anhand eines fiktiven Unternehmens, zeige ich Ihnen nun, wie der Prozess aussieht:

267. *https://www.google.de/intl/de/business/*

**4** Tragen Sie den Namen Ihres Unternehmens ein.

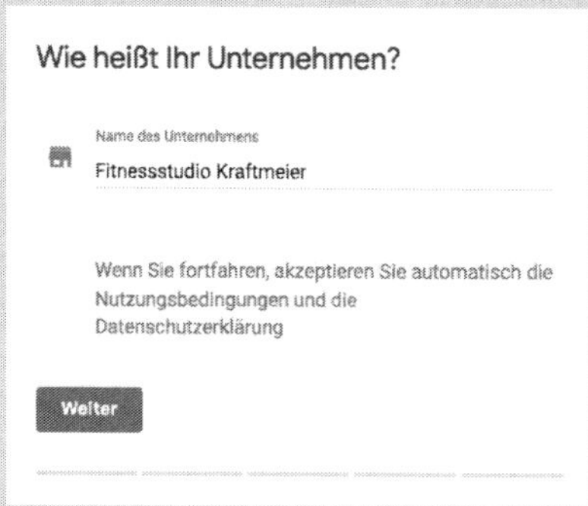


**5** Tragen Sie die Adresse des Standorts ein:

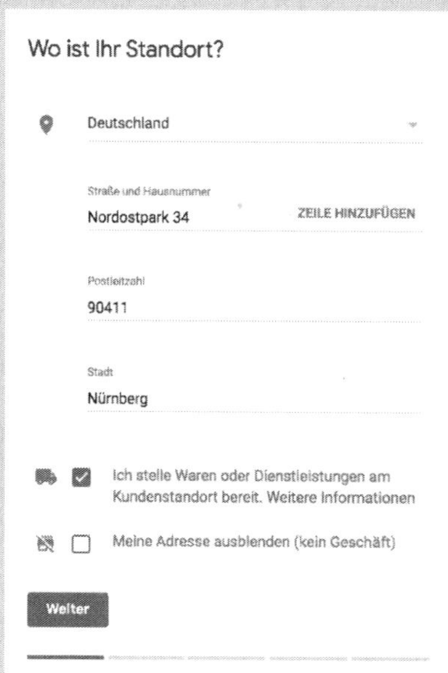

6 Legen Sie das Einzugsgebiet des Standorts fest. Das ist die geographische Region, in der Sie an diesem Standort typischerweise Kunden bedienen oder realistischerweise Kunden bekommen.

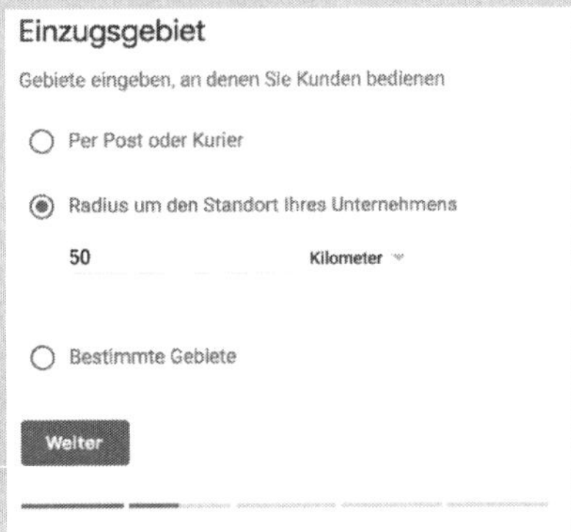


7 Wählen Sie mindestens eine passende Kategorie aus. Optimal sind Kategorien, die in ihrem Namen relevante Keywords enthalten, da die Kategorien starke Rankingsignale senden.

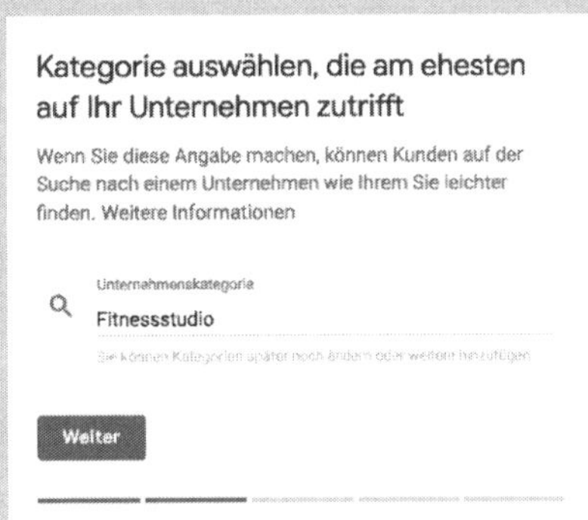

**8** Legen Sie die Kontaktdaten fest.

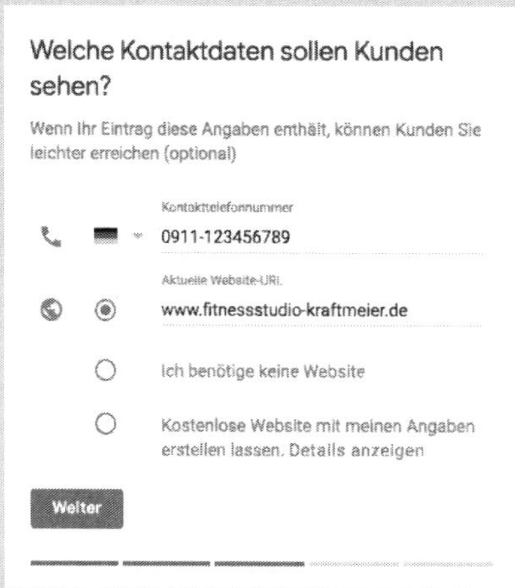


**9** Ihr Eintrag wird nur dann in Google angezeigt, wenn Sie Ihre Unternehmenszugehörigkeit bestätigen. Durch den Bestätigungsvorgang wird sichergestellt, dass die Informationen zum Unternehmen korrekt sind und nur Sie oder ein von Ihnen benannter Administrator Zugriff darauf hat. Das hat nicht nur den Vorteil, dass Sie die volle Kontrolle über Ihren Eintrag bekommen, sondern ist auch ein Rankingsignal.

**10** Dazu müssen Sie von Google einen Bestätigungscode anfordern, der auf dem Postweg an die Adresse Ihres Unternehmens geschickt wird. Sie können auch erst einmal auf **Später** klicken und den Eintrag zu einem späteren Zeitpunkt bestätigen.

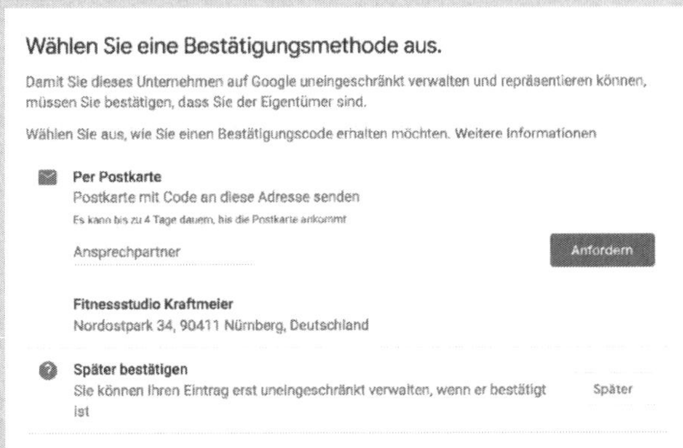


**11** Der Eintrag wird erstellt, und Sie können ihn noch weiter bearbeiten. Tragen Sie unbedingt die Öffnungszeiten (sofern relevant) ein, fügen Sie eine Beschreibung des Unternehmens bzw. Standorts hinzu und laden Sie ein Profilbild (z. B. das Unternehmenslogo) hoch.

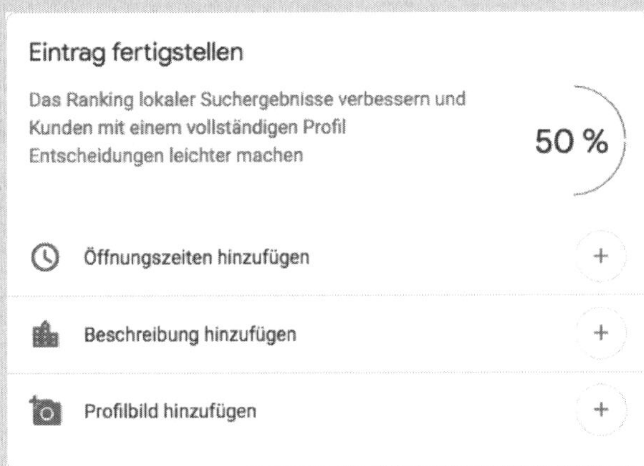


**12** Neben dem Profilbild sollten Sie unbedingt ein Hintergrundbild hochladen. Außerdem können Sie Innenaufnahmen, Außenaufnahmen, Fotos des Teams und Videos hochladen. Visuelle Elemente sind ein wichtiges Rankingsignal — Google bevorzugt Einträge mit Fotos und Videos.

13 Sofern Sie die zeitlichen Ressourcen dafür haben, sollten Sie regelmäßig Beiträge erstellen. Diese erscheinen direkt in Ihrem Google-Eintrag in der Google-Suche und auf Google Maps. Posten Sie dabei unbedingt regelmäßig Fotos und Videos und bauen Sie Ihre Keywords in die Beiträge ein. Das alles sind ebenfalls Rankingsignale.

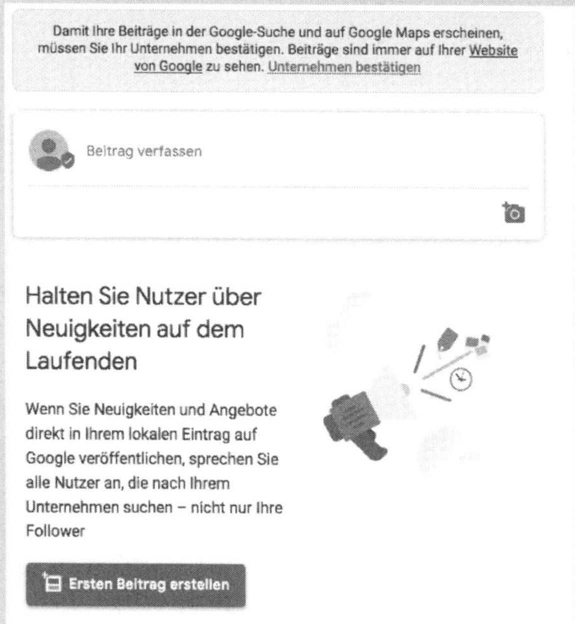


14 Motivieren Sie Ihre Kunden, Ihren Standort z. B. über Google Maps zu bewerten.

15 Überwachen Sie die Rezensionen, die Sie erhalten und antworten Sie zeitnah und sachlich auf kritische Rezensionen.

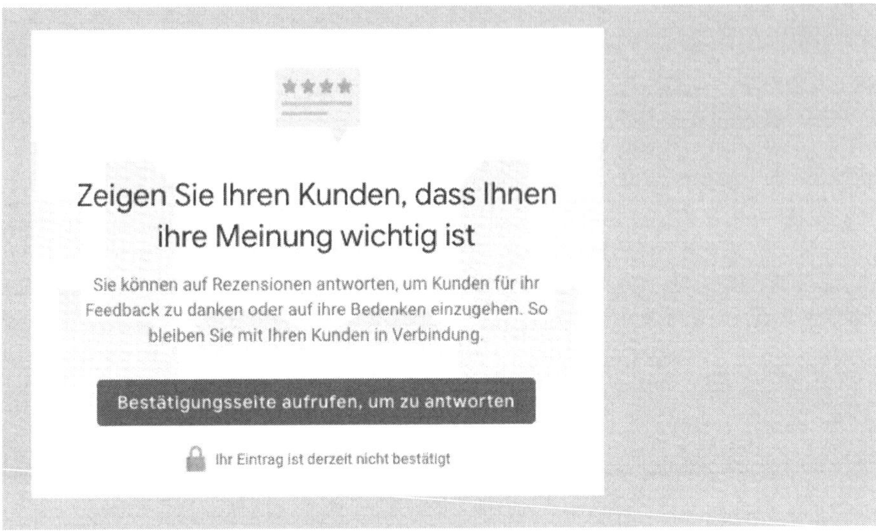


Beim Bearbeiten Ihres Eintrags sollten Sie Folgendes beachten:

- Füllen Sie die Formulare Ihres Standort-Eintrags möglichst vollständig aus. Die Vollständigkeit bzw. die Fülle von Informationen ist wahrscheinlich ebenfalls ein Rankingsignal.
- Die »Informationen für fortgeschrittene Nutzer« sind nicht erforderlich. Sie dienen dazu, die Verwaltung vieler Standorte zu vereinfachen. Sie sind für das Ranking nicht relevant.

#### Bewertungen und Reviews

Kunden können zu Einträgen in *Google My Business* Erfahrungsberichte schreiben und Bewertungen abgeben. Google wertet diese aus und zeigt bevorzugt Einträge mit vielen positiven Bewertungen an. Dabei ist davon auszugehen, dass die Google-Algorithmen Alarm schlagen, wenn die Bewertungen ein unnatürliches Bild abgeben, es also Hinweise auf Fakes gibt. Wie Google dabei genau vorgeht, bleibt vorerst ein Geheimnis.

#### Externe Erwähnungen

Google wertet aus, wie häufig und auf welchen Websites das lokale Unternehmen erwähnt wird, um Informationen über die Relevanz, Prominenz und Seriosität des Anbieters zu gewinnen. Es ist daher wichtig, Einträge in möglichst vielen lokalen und überregionalen Branchenverzeichnissen sowie Berichte in lokalen Onlinemedien (z.B. Stadtmagazin, Tageszeitung o.ä.) zu haben, die Google dem Eintrag in *Google My Business* zuordnen kann. Achten Sie daher darauf, dass der Name exakt dem Eintrag in *Google My Business* entspricht und nach Möglichkeit Adresse und

Telefonnummer angegeben sind! Google scheint zur Identifikation vor allem die Telefonnummer zu benutzen.

## 15.3 Teste Dein Wissen!

Welche Signale spielen für das Ranking bei Suchanfragen mit lokalem Bezug eine wichtige Rolle?

*Bitte ankreuzen:*

- ☐ Eintrag in Google My Business
- ☐ Vollständige Adressinformation auf möglichst allen Seiten der Website
- ☐ Bewertungen und Reviews
- ☐ Erwähnungen des Unternehmens auf anderen Websites

# 16 Erfolgskontrolle

**In dieser Lektion lernen Sie**

- wie Sie eine SEO-Erfolgskontrolle durchführen.
- wie Sie die Personalisierungsfunktionen von Google ausschalten bzw. umgehen.

Ihre Mühen werden sicherlich bald durch eine bessere Auffindbarkeit in Suchmaschinen, allen voran Google, belohnt. Vergessen Sie aber auch die Erfolgskontrolle nicht: Analysieren Sie regelmäßig, auf welchen Positionen Google Ihre Seiten mit den von Ihnen gewählten Keywords listet. Sind Sie mit dem Ranking noch nicht zufrieden, drehen Sie noch ein bisschen an den vielen Stellschrauben, die wir diskutiert haben, und kontrollieren das Ranking jede Woche wieder.

In dieser Lektion beschreibe ich zunächst, wie Sie mit einfachsten Mitteln und völlig kostenfrei eine simple Erfolgskontrolle durchführen können.

Anschließend weise ich noch auf einige kostenpflichtige Tools hin, die dafür infrage kommen.

## 16.1 Erfolgskontrolle mit Google

Eine einfache und kostenlose Möglichkeit der Erfolgskontrolle ist das Überprüfen der Rankings direkt in Google. Geben Sie einfach die entsprechenden Suchbegriffe, für die Sie optimiert haben, in Google ein und schauen Sie nach, an welcher Position Ihre Seiten gelistet werden. Dabei ist es nicht notwendig, so lange durch die Ergebnisliste zu klicken, bis Sie Ihre Seite vielleicht auf Position 1025 finden. Mehr als die ersten zehn Seiten würde ich mir nicht anschauen.

### 16.1.1 Personalisierungsfunktionen deaktivieren

Um ein verlässliches Resultat zu erhalten, müssen Sie die Personalisierungsfunktionen von Google deaktivieren oder umgehen. Google personalisiert das Suchergebnis anhand des Suchverlaufs und wertet sowohl Suchanfragen, die Sie durchgeführt haben, als auch Ergebnisse, auf die Sie geklickt haben, aus.

Dabei unterscheidet Google, ob Sie in Ihrem Google-Konto eingeloggt sind oder nicht. Sind Sie in Ihrem Google-Konto eingeloggt, personalisiert Google das Suchergebnis anhand der Analyse des sog. ***Webprotokolls***, in dem alle Ihre Suchanfragen gespeichert sind. Sie finden Ihr Webprotokoll unter der URL *https://history.google.com/history/settings*

Dort können Sie Ihre »Suchanfragen und Browseraktivitäten« deaktivieren und damit die Personalisierungsfunktionen, die darauf basieren, blocken.

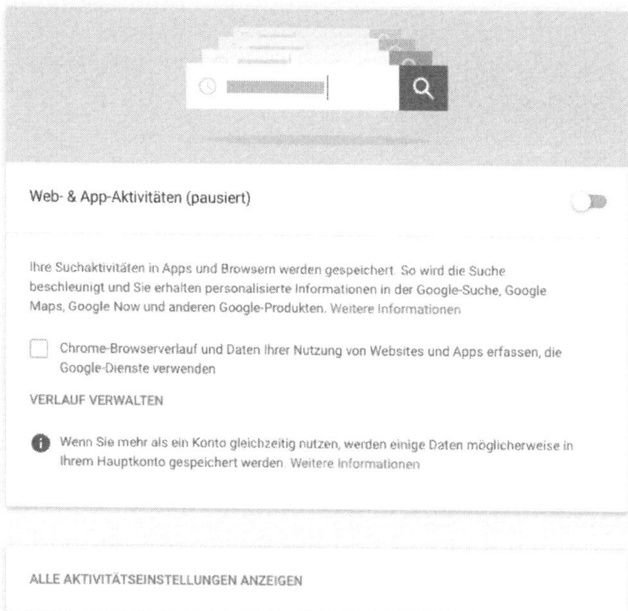


***Abb. 127*** *Google speichert Ihre Suchanfragen und andere »Browseraktivitäten« in einem »Webprotokoll« und personalisiert damit die Suchergebnisseite. Um diesen Effekt auszuschalten, müssen Sie die Protokollierung deaktivieren.*

Wenn Sie **nicht** in Ihrem Google-Konto eingeloggt sind, personalisiert Google die Suchergebnisse auf Basis Ihrer bisherigen Suchaktivitäten, die in einem Cookie gespeichert sind. Um diese Art der Personalisierung zu deaktivieren, rufen Sie die URL *https://www.google.com/history/optout* auf und passen die Einstellung entsprechend an (vgl. Abb. 128).

Die Einstellung können Sie auf derselben Seite wieder rückgängig machen, wenn Sie die Seite nochmals aufrufen.

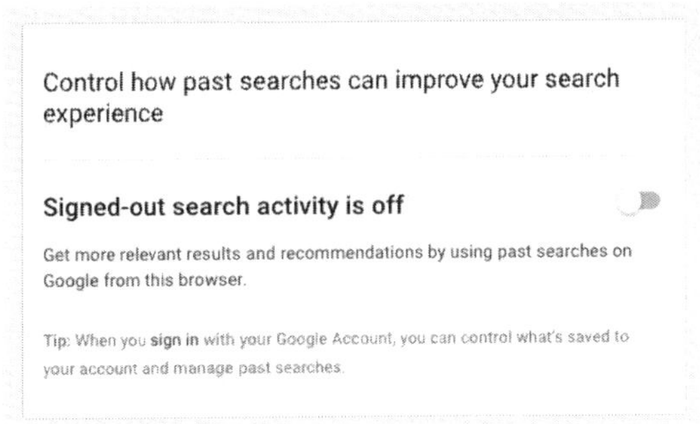


***Abb. 128*** *Auf der Seite https://www.google.com/history/optout können auch nicht bei Google eingeloggte Benutzer das Webprotokoll (das in diesem Fall in einem Browser-Cookie gespeichert wird) deaktivieren.*

> Da Google die Personalisierungsfunktion ständig erweitert, rate ich Ihnen, um ganz sicher zu gehen, sich nicht auf die o.g. Einstellungen zu verlassen, sondern sich vor dem Testen von Ihrem Google-Konto abzumelden und Ihren Webbrowser im privaten Modus zu starten. Sowohl Firefox als auch Chrome bieten ein solches Feature.

## 16.1.2 Lokalisierungsfunktionen beachten

Google erkennt automatisch den Standort Ihres Computers anhand seiner IP-Adresse, des Standortverlaufs, sofern dieser aktiviert ist, sowie der zuletzt gesuchten Standorte. Der erkannte Standort wird auf der Suchergebnisseite unten angezeigt (Abb. 129). Google lokalisiert die Suchergebnisse anhand des Standorts. Das ist oft sogar dann der Fall, wenn in der Suche keine Ortsbegriffe verwendet werden. Sitzen Sie mit Ihrem Notebook z.B. gerade in einem Café in München und suchen nach »Pizzeria«, so zeigt Ihnen Google Pizzerien in der Nähe an. Es ist daher in jedem Fall wichtig zu überprüfen, welchen Einfluss die Lokalisierungsfunktion auf die Suchergebnisse für Ihre Keywords hat.

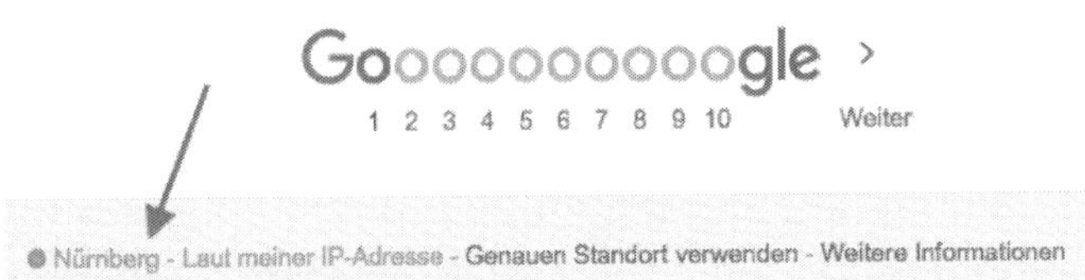


***Abb. 129*** *Der von Google automatisch ermittelte Standort Ihres Computers wird unten auf der Ergebnisseite angezeigt.*

Leider können Sie Ihren eigenen Standort nicht mehr ändern. (Bis Ende 2015 war das noch möglich.)

Eine gute Alternative ist die Website *I Search From*[268]. Hier können Sie Sprache und genauen Standort angeben, mit denen die Suche simuliert werden soll.

***Abb. 130*** *Mit* I Search From *lassen sich Suchanfragen von beliebigen Standorten aus simulieren.*

## 16.2 Erfolgskontrolle mit Startpage

Alternativ bietet sich für die Erfolgskontrolle besonders die Suchmaschine *Startpage*[269] an. Startpage bezeichnet sich selbst als »die diskreteste Suchmaschine der Welt«. Sie speichert keinerlei persönliche Daten: Weder Ihre IP-Adresse noch Ihre Suche werden protokolliert oder Ihr Besuch durch Cookies getrackt. Startpage selbst verfügt über keine eigene Suchtechnologie, sondern fragt Google ab. Die Ergebnisse kann Google nicht personalisieren oder lokalisieren. Der Weg über Startpage stellt damit eine sehr gute Möglichkeit dar, Ihre Positionen bei Google möglichst neutral zu überwachen.

268. *http://isearchfrom.com/*
269. *https://startpage.com*

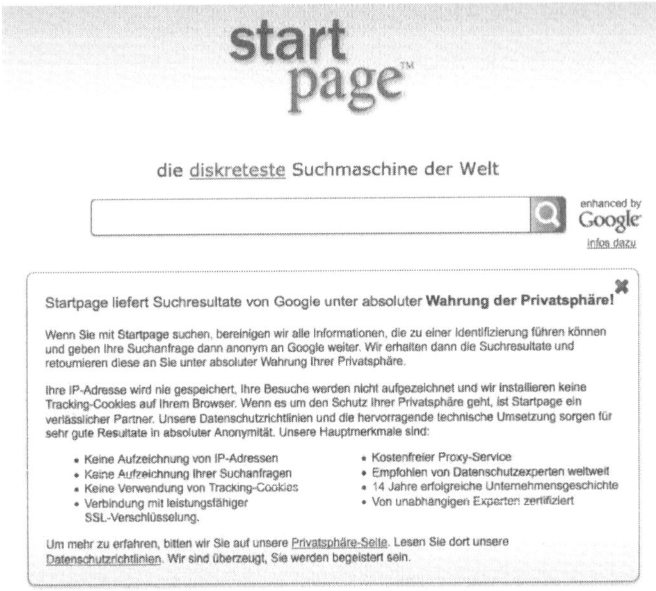


***Abb. 131*** *Startpage bezeichnet sich selbst als »die diskreteste Suchmaschine der Welt«.*

## 16.3 Datenverwaltung im Spreadsheeet

Wenn Sie auf diese Weise Ihre Keyword-Rankings überwachen, tragen Sie die Ergebnisse Ihrer Analyse am besten in ein Spreadsheet (Tabellenkalkulation) wie z. B. MS Excel oder OpenOffice bzw. LibreOffice ein. Schauen Sie sich maximal die ersten 100 Treffer der SERP an. Lassen Sie die Zelle einfach leer, wenn Ihre URL nicht auf den ersten zehn Ergebnisseiten auftaucht. Ein Beispiel, wie die Datenerfassung in einer Spreadsheet-Datei aussehen könnte, sehen Sie in Abb. 132.

| Date | seo seminar | bdd seminar | php seminar |
|---|---|---|---|
| 01.01.15 | 10 | 23 | 34 |
| 08.01.15 | 10 | 20 | 34 |
| 15.01.15 | 9 | 25 | 34 |
| 22.01.15 | 8 | 15 | 34 |
| 29.01.15 | 5 | 10 | 20 |
| 05.02.15 | 2 | 10 | 20 |
| 12.02.15 | 2 | 9 | 19 |

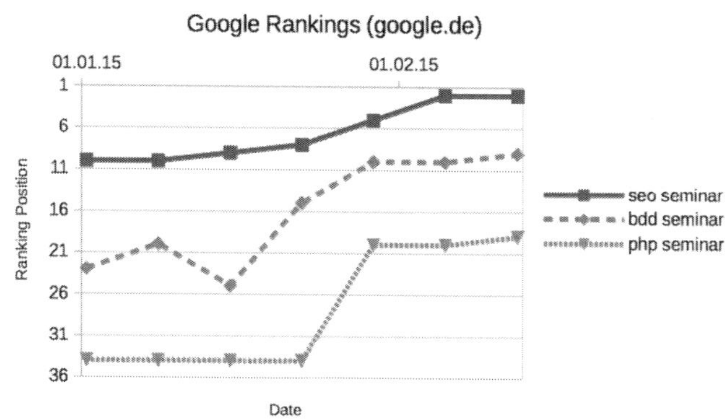


***Abb. 132*** *Dokumentation der Keyword-Rankings mithilfe eines Spreadsheets (hier: LibreOffice)*

## 16.4 Kommerzielle Keyword-Monitoring-Tools

Wenn Sie in Google die Begriffe »Keyword Monitoring« oder »Ranking Checker« eingeben, finden Sie kommerzielle Tools, die Ihnen diese Arbeit erleichtern. Sie sparen sich dann den Aufwand, alle Keywords regelmäßig manuell zu überprüfen und die Ergebnisse zu dokumentieren. Insbesondere, wenn Sie viele Keywords überwachen wollen/müssen, ist der Einsatz eines spezialisierten Tools unerlässlich.

Die meisten dieser Tools bieten kostenlose Testzugänge an, die entweder zeitlich oder vom Funktionsumfang her begrenzt sind. Auf eine ausführliche Produktbeschreibung oder gar einen Test verzichte ich an dieser Stelle, da sich die Funktionen der Tools typischerweise schnell ändern.

Zum Ausprobieren empfehle ich Ihnen, sich einmal die folgenden Tools anzuschauen:

## Ryte

*Ryte*[270] (ehemals *OnPage.org*) ist ein auf die Onpage-Optimierung spezialisiertes Tool, bietet jedoch auch ein Keyword-Monitoring an. Mit dem kostenlosen Testzugang können ebenfalls bis zu fünf Keywords überwacht werden.

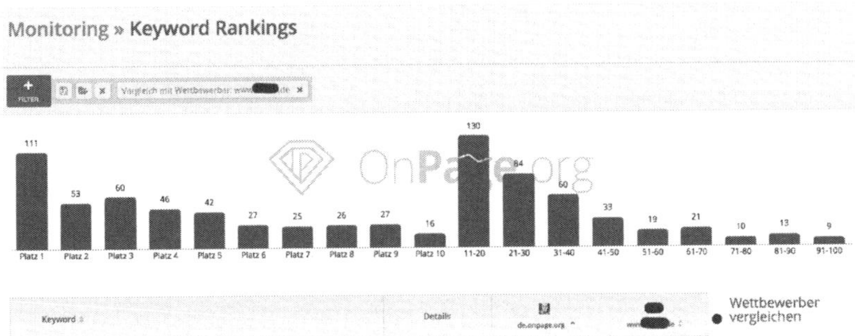


***Abb. 133*** *Keyword-Monitoring mit Ryte. Bildnachweis: https://de.ryte.com/magazine/wp-content/uploads/2015/05/Keywords.png*[271]

## KWFinder

*KWfinder*[272] bietet neben der Keywordrecherche unter dem Namen *SERPWatcher* auch ein integriertes Tool für die Überwachung der Keyword-Rankings an.

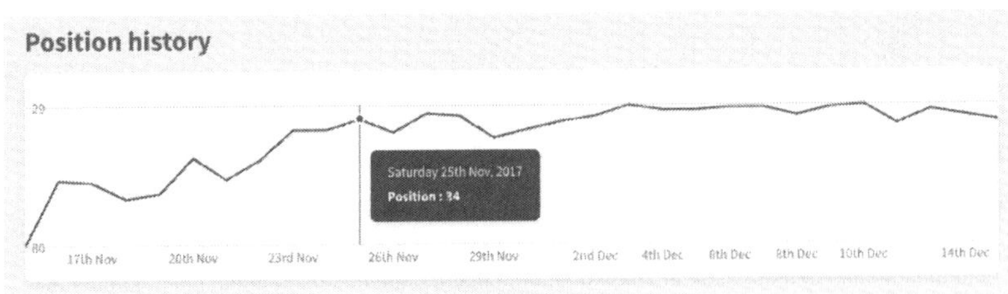


***Abb. 134*** *Das Tool* SERPWatcher *innerhalb von KWFinder*

Weitere, mir bekannte kommerzielle Tools, die sich für Keyword-Monitoring eignen (alle Angaben ohne Gewähr!):

- *Seobility*[273]
- *Positionly*[274]

270. *https://ryte.com*
271. *https://de.onpage.org/blog/wp-content/uploads/2015/05/Keywords.png*
272. *https://kwfinder.com/*
273. *https://www.seobility.net/*
274. *https://positionly.com/*

- *SEOlytics*[275]
- *Semrush*[276]
- *MOZ*[277]
- *XOVI*[278]
- *Sistrix*[279]
- *Ahrefs*[280]
- *Searchmetrics*[281]

## 16.5 Sichtbarkeitsindex

Wenn es um eine größere Domain mit vielen Seiten und Keywords geht, kann es sinnvoll sein, einen Sichtbarkeitswert wie z. B. den »Sistrix Sichtbarkeitsindex«, die »Seo Visibility« von Searchmetrics, den »Seolytics Visibility Rank (SVR)« oder den »Online Value Index (OVI)« von Xovi zu überwachen (vgl. Abschnitt 17.4). Für die wichtigsten Landing Pages sollte aber auf jeden Fall auch ein Ranking-Monitor eingerichtet werden.

### Übung 13: Ranking-Überwachung einrichten

Testen Sie die in dieser Lektion geschilderten Möglichkeiten der Ranking-Überwachung und wählen Sie die für Ihre Zwecke geeignete Option aus. Testen und vergleichen Sie:

- Ranking-Check mit Google (Vergessen Sie nicht, die Personalisierungsfunktionen zu deaktivieren.)
- Ranking-Check mit der Suchmaschine *Startpage*[282]
- *Ryte*[283]
- Legen Sie eine Spreadsheet-Datei an und tragen Sie die ermittelten Positionen für jedes Tool ein. Gibt es Unterschiede?

275. *http://www.seolytics.de/*
276. *http://www.semrush.com*
277. *https://moz.com/*
278. *http://www.xovi.de/*
279. *https://www.sistrix.de/*
280. *https://ahrefs.com/*
281. *https://www.searchmetrics.com/*
282. *https://www.startpage.com/*
283. *https://ryte.com*

## 16.6 Teste Dein Wissen!

1. Welche der folgenden Maßnahmen sind geeignet, den Einfluss der Personalisierungsfunktionen der Google-Suche auf das Suchergebnis zu verringern?

   *Bitte ankreuzen:*

   - ☐ sicherstellen, dass Sie nicht in Ihrem Google-Konto eingeloggt sind
   - ☐ das Web-Protokoll deaktivieren
   - ☐ die Suchmaschine *Startpage* anstelle von Google verwenden
   - ☐ sicherstellen, dass Sie nicht in Facebook eingeloggt sind
   - ☐ vor jeder Suche in Google sicherstellen, dass Sie den Browser-Cache geleert haben

2. Welche der genannten Methoden sind für die Erfolgskontrolle von SEO-Maßnahmen bei einer kleinen Webseite mit relativ wenigen Seiten geeignet?

   *Bitte ankreuzen:*

   - ☐ Ranking-Check mit Google; dabei Personalisierungsfunktionen soweit wie möglich deaktivieren
   - ☐ Ranking-Check mit der Suchmaschine Startpage
   - ☐ Automatisierte Ranking-Überwachung in einem Ranking-Checker einrichten
   - ☐ Überwachung des Wertes für den Sistrix-Sichtbarkeitsindex

# SEO Site Clinic



**In dieser Lektion lernen Sie**

- wie Sie einen ersten, schnellen SEO-Check durchführen.
- wie Sie daraus bereits die ersten Anforderungen an die Optimierung ableiten können.

Bevor Sie mit der eigentlichen SEO-Arbeit beginnen, sollten Sie erst einmal analysieren, wie gut oder schlecht die zu optimierende Website unter SEO-Aspekten dasteht. Dabei können wir auch bereits einige der Tools ausprobieren, die für die Optimierungsarbeit wichtig sind, und einige wichtige Erkenntnisse für die Optimierungsschritte gewinnen.

## 17.1 Schneller Ranking-Check

Wie gut wird die Seite für die relevanten Keywords gefunden? Bei bestehenden Websites hat der Seitenbetreiber meistens eine genaue Vorstellung davon, welche Suchbegriffe für ihn wichtig sind (trotzdem sind diese im Rahmen des SEO-Schritts *Keywords* (Lektion 7) zu hinterfragen). Der erste Check besteht oft darin, die (relevanten oder vielleicht auch nur vermuteten) Keywords in Google oder Startpage.com einzugeben und nachzuschauen, ob eine Seite der zu optimierenden Domain unter den Top 50 vorkommt. Rankt die Zielseite bereits auf Position eins, können Sie sich die Optimierungsarbeit sparen. ;-) Rankt sie nicht auf der ersten Ergebnisseite, sondern z. B. auf der zweiten oder dritten, dürfte die Optimierung relativ einfach sein. Rankt sie gar nicht unter den Top 50, liegt ein längerer Weg vor Ihnen.

## 17.2 Die Seiten im Google-Index

Zuerst schauen wir einmal nach, ob und wie vollständig die zu optimierende Website bereits in den Google-Index aufgenommen wurde.

Google bietet dazu einen einfachen Befehl an:

```
site:www.example.org
```

Geben Sie diesen Befehl in den Google-Suchschlitz ein, und Google zeigt Ihnen eine Liste aller Webseiten Ihrer Website an, die sich bereits im Google-Index befinden.

Diese Liste prüfen Sie hinsichtlich der folgenden Aspekte:

- Zahl der Seiten im Index: Google zeigt an, wie viele Seiten der Website sich im Index befinden. Ist diese Zahl kleiner als die Zahl der tatsächlich existierenden Webseiten, gibt es ein Problem. Das Ziel muss sein, dass alle öffentlich abrufbaren Webseiten Ihrer Website von Google indexiert sind. Prinzipiell ist es für Google kein Problem, 100.000 Seiten oder 1.000.000 Seiten eines Onlineshops zu indexieren. Geben Sie einfach einmal `site:www.amazon.com` ein ... Und genau das muss auch Ihr Ziel sein: Jede einzelne Artikel- bzw. Produktseite muss von Google indexiert sein, damit sie eine Chance hat, gefunden zu werden. Ist dies nicht der Fall, gibt es Handlungsbedarf.
- Schauen Sie sich die ersten circa zehn Seiten der Ergebnisliste an und analysieren Sie die Treffer. Ein Beispiel dafür finden Sie in Abb. 135. Wie Sie wissen, stammt der Titel des Treffers aus dem `<title>`-Tag der Webseite, der Beschreibungstext in der Regel aus dem `<meta name="description">`-Tag der Webseite, auf die der Treffer verweist. Oftmals werden hier schon grundsätzliche Probleme sichtbar. Wichtig ist, dass jede Seite einen passenden Seitentitel sowie eine dazu passende Meta-Beschreibung hat. Häufig kommt es jedoch vor, dass viele Seiten exakt den gleichen Seitentitel und/oder die gleiche Beschreibung haben. Das kann an Eigenarten des Shop- oder CMS-Systems liegen oder auch einfach nur daran, dass sich niemand die Mühe gemacht hat, die entsprechenden Felder in der Shop- oder CMS-Software für jede Seite individuell auszufüllen. An der Trefferliste erkennen Sie auch sofort, ob es Probleme mit den URLs der einzelnen Trefferseiten gibt. Die URLs sollten die seitenspezifischen Keywords enthalten und möglichst keine Parameter. (Parameter erkennen Sie in der Regel daran, dass sie mit einem Fragezeichen eingeleitet und mit einem &-Zeichen mit weiteren Parametern verknüpft werden.)

Das Beispiel aus Abb. 135, die Analyse der Webseiten eines Onlineshops im Google-Index, enthüllt gleich drei Probleme:

1. Die Seitentitel der einzelnen Artikelseiten sind alle identisch.
2. Die Beschreibungstexte sind ebenfalls alle identisch und nicht auf die einzelne Artikelseite optimiert.
3. Die URLs zu den Trefferseiten enthalten keine Keywords und sind nicht »suchmaschinenfreundlich«, da sie mehrere Parameter enthalten.

***Abb. 135*** *Die Analyse der Webseiten eines Onlineshops im Google-Index*

Wir bekommen auf diese Weise bereits einige Anregungen bzw. zwingende Optimierungsaufgaben. Dazu zählt z. B. die Optimierung der URLs (Abschnitt 10.1), der Title-Tags und der Meta-Descriptions (Abschnitt 9.2.3).

## 17.3 Backlinks: PageRank und Trust

Ohne eine ausreichende Menge an qualitativ hochwertigen Backlinks schafft es kaum eine Webseite auf Top-Positionen in Suchmaschinen. Wie ich in Abschnitt 4.2.8 erläutert habe, publiziert Google die sog. Toolbar-PageRank-Werte seit April 2016 nicht mehr, arbeitet jedoch intern weiterhin mit dem PageRank und wahrscheinlich auch mit einer speziellen Metrik für Trust.

Rufen wir uns noch einmal einige wichtige Tatsachen zum PageRank-Wert in Erinnerung:

- Der PageRank-Wert wird von Google *für jede einzelne Webseite im Index* berechnet. Es ist daher falsch zu sagen, eine Web*site* habe einen bestimmten PageRank-Wert, sondern jede Web*seite* ist einzeln zu betrachten. Bei den meisten Websites hat die Startseite den höchsten PageRank-Wert, das muss aber nicht so sein. Gibt es z. B. eine Unterseite, die sehr viele eingehende Links hat oder Links von Seiten mit hohem PageRank, dann kann es durchaus passieren, dass eine Unterseite der Website einen höheren PageRank-Wert als die Startseite hat.

- Der PageRank ist ein allgemeines Maß für die Wichtigkeit oder Beliebtheit einer Webseite, die völlig unabhängig von irgendwelchen Keywords ist. Der PageRank beeinflusst aber die Relevanz einer Webseite für jedes relevante Keyword. Aus diesem Grund muss das Ziel sein, dass nicht nur die Startseite einen hohen PageRank-Wert hat, sondern vor allem auch die einzelnen Unterseiten einer Website, insbesondere z. B. die einzelnen Artikel- bzw. Produktseiten eines Onlineshops.
- Google hat die echten PageRank-Werte nie verraten, sondern lediglich einen Wert, der als Toolbar-PageRank bezeichnet wurde. Das war nicht der echte PageRank, sondern eine logarithmisch transformierte Form davon mit einem Wertebereich zwischen 0 und 10. Der Wertebereich des tatsächlichen PageRanks wird mit höherem Toolbar-PageRank-Wert immer größer. Es macht daher einen erheblichen Unterschied, ob eine Webseite mit Toolbar-PageRank 5 sich am unteren oder oberen Ende des 5er-Wertebereichs befindet (Abschnitt 4.2.4).
- Da Google auch die Toolbar-PageRank-Werte nicht mehr verrät, müssen wir auf SEO-Tool-Anbieter ausweichen, die den Toolbar-PageRank auf eigene Faust, so gut es geht, berechnen. Einige diese Anbieter berechnen auch eigene Werte für Trust auf Basis bekannter TrustRank-Algorithmen.

#### Interpretation des Untersuchungsergebnisses

Was bedeutet nun aber ein bestimmter Wert für Toolbar-PageRank, DA oder LRT Power*Trust? Je höher der Wert, desto besser – das ist klar. Aber welche Werte sind für eine bestimmte Website erreichbar bzw. realistisch?

Um das beurteilen zu können, ist eine Wettbewerber-Analyse hilfreich. Auf welche Werte bringen es die Websites Ihrer direkten und erfolgreichen Wettbewerber? In Tabelle 17.1 habe ich einen kleinen Marktüberblick zusammengestellt, sortiert nach dem Google Toolbar-PageRank (ermittelt, kurz bevor die Publikation dieses Werts von Google abgeschaltet wurde). Dies kann Ihnen eine erste Orientierung geben und dabei helfen, die Werte Ihrer oder einer von Ihnen zu optimierenden Website einzuordnen.

| Google Toolbar PageRank | Beispiele für Websites (Startseite) mit diesem Toolbar PageRank | MozRank (mR) | Moz Domain Authority (DA) | LRT Power | LRT Trust |
|---|---|---|---|---|---|
| 10 | twitter.com | 8,38 | 100 | 10 | 10 |
| 9 | www.w3.org | 8,09 | 100 | 9 | 10 |

***Tabelle 17.1*** *Toolbar-PageRank und alternative Metriken für die Startseite einiger Websites, die meisten davon in der Top Level Domain .de*

| Google Toolbar PageRank | Beispiele für Websites (Startseite) mit diesem Toolbar PageRank | MozRank (mR) | Moz Domain Authority (DA) | LRT Power | LRT Trust |
|---|---|---|---|---|---|
| 8 | www.amazon.de | 7,66 | 95 | 9 | 9 |
| | www.spiegel.de | 7,26 | 95 | 8 | 8 |
| | www.berlin.de | 7,60 | 91 | 6 | 8 |
| 7 | www.taz.de | 6,81 | 87 | 7 | 7 |
| | web.de | 7,03 | 89 | 6 | 7 |
| 6 | www.hotel.de | 6,27 | 80 | 6 | 6 |
| | www.bmw.de | 6,56 | 81 | 6 | 7 |
| | www.kassel.de | 6,34 | 65 | 5 | 5 |
| 5 | www.aeg.de | 6,32 | 62 | 4 | 3 |
| | www.wetzlar.de | 6,04 | 56 | 5 | 6 |
| 4 | www.friatec.de | 4,67 | 45 | 5 | 5 |
| | www.herzogenaurach.de | 5,81 | 45 | 5 | 6 |
| 3 | de.webmasters-europe.org | 6,24 | 43 | 4 | 3 |
| | hersbruck.de | 5,83 | 50 | 3 | 4 |
| 2 | www.biketothefuture.de | 3,77 | 14 | 3 | 1 |
| | www.hiltpoltstein.de | 4,12 | 18 | 2 | 2 |
| 1 | www.wirtamdom.com | 3,86 | 19 | 3 | 1 |

***Tabelle 17.1*** *Toolbar-PageRank und alternative Metriken für die Startseite einiger Websites, die meisten davon in der Top Level Domain .de*

Bei meiner kleinen Recherche hatten in der Toplevel-Domain .de die Websites mit dem höchsten Toolbar-PageRank den Wert 8. Websites mit Toolbar-PageRank 9 oder 10 fand ich nicht. Diese werden in der Regel nur von global bekannten und sehr häufig genutzten Websites wie z. B. Twitter erreicht.

In den Bereichen 7–8 fand ich z. B. die Websites bekannter Webunternehmen, Publikationsorgane und bekannter Großstädte.

In den Bereichen 5–6 waren u.a. regional bekannte Webunternehmen (Hotel.de), die Websites von Traditionsunternehmen außerhalb des IT-Bereichs (z.B. der Elektrogeräte-Hersteller AEG), die Sites bekannter Automobil-Marken und die mittelgroßer Städte angesiedelt.

In den Zonen 3–4 fand ich u.a. die Websites mittelständischer Unternehmen außerhalb des IT-Bereichs, die Sites bekannterer lokaler Unternehmen und kleinerer Städte.

Und in den Bereichen 1–2 fanden sich vor allem die Websites kleiner Gemeinden und kleine, weniger bekannte oder nur regional tätige Unternehmen wie z.B. Handwerksbetriebe, Einzelhandel und Gastronomie.

Wie Tabelle 17.1 zeigt, reflektieren die alternativen Metriken von MOZ und LRT recht gut die Google-Toolbar-PageRank-Bereiche. Dass die Werte von MOZ und LRT in den niedrigeren PageRank-Zonen tendenziell höher sind, ist nur logisch, wenn man bedenkt, dass die Toolbar-PageRank-Werte seit Dezember 2013 nicht mehr aktualisiert wurden und die betrachteten Websites seitdem sicherlich Backlinks hinzugewinnen konnten.

Offenbar ist es diesen Tool-Anbietern recht gut gelungen, die Google PageRank-Metrik »nachzubauen«. Sie liefern valide Werte. Interessant ist auch, dass LRT Power und Trust bei den betrachteten Websites kaum voneinander abweichen, was man als Merkmal seriöser Websites werten könnte.

Dieser kleine Marktüberblick kann Ihnen dabei helfen, die Metriken Ihrer eigenen Website besser einzuordnen.

Wichtig ist dabei vor allem eines: Liegt Ihre Website unter den Werten Ihrer erfolgreichen Mitbewerber, besteht in jedem Fall Handlungsbedarf.

## 17.4 Sichtbarkeitsindex

Einige SEO-Tool-Anbieter wie z.B. *Sistrix*[284], *Searchmetrics*[285], *Seolytics*[286] und *Xovi*[287] errechnen eine Metrik für die Sichtbarkeit einer Domain in Google. Sistrix nennt diese Kennzahl »Sistrix Sichtbarkeitsindex«, Searchmetrics nennt sie »Seo Visibility«, Seolytics »Visibility Rank (SVR)« und Xovi bezeichnet den Wert als »Online Value Index (OVI)«.

---

284. *https://www.sistrix.com/*
285. *http://www.searchmetrics.com/*
286. *http://www.seolytics.com/*
287. *http://www.xovi.com/*

Die Tool-Anbieter gehen dabei so vor, dass sie zu einem mehr oder weniger großen Keyword-Set, das sie selbst definieren, die Rankings in Google abfragen und dann einen Wert berechnen, der etwas darüber aussagen soll, wie gut eine Domain insgesamt, über alle untersuchten Keywords hinweg, in Google zu finden ist. Sistrix gibt z. B. an, ein Keyword-Set von mehr als einer Million Terme zu verwenden.

Je höher der Sichtbarkeitswert, desto häufiger und besser werden die Seiten einer Domain in Google gefunden, und desto größer sollte dementsprechend auch der Traffic sein und damit der wirtschaftliche Wert der Domain.

Diese Sichtbarkeits-Metriken taugen jedoch, obwohl häufig verwendet und zitiert, für SEO-Zwecke nur bedingt, wie Julian Dziki von Seokratie in einem Blogbeitrag herausgearbeitet hat.[288] Die Gründe dafür sind folgende:

- Bei kleineren Domains, die für spezielle Keywords optimiert sind, liefern die Sichtbarkeits-Metriken keine aussagekräftigen Daten, weil die relevanten Keywords in dem verwendeten Keyword-Set möglicherweise gar nicht vorhanden sind.
- Es ist im Einzelnen unklar, woher die Tool-Anbieter ihre Daten beziehen und wie die Berechnungen im Detail aussehen. Sie sind also weder nachvollziehbar noch überprüfbar.

In der Praxis zeigt sich:

- Die Sichtbarkeits-Metriken eignen sich vor allem für große Domains, die viele Keywords haben, um einen schnellen Überblick zu bekommen, wie gut die Seiten dieser Domain ranken und wie sich das Ranking insgesamt durch SEO-Maßnahmen verändert, ohne einzelne Keywords betrachten zu müssen.
- Die Sichtbarkeits-Metriken eignen sich insbesondere dafür, um nach Updates des Google-Algorithmus (Panda, Penguin, Hummingbird, ...) herauszufinden, welche Domains an Sichtbarkeit verloren haben, um dann durch einen Vergleich dieser Domains darauf zu schließen, welche Faktoren Google negativ bewertet haben könnte.

288. *Pfeif auf die Sichtbarkeit!!! Ein Beitrag von Julian Dziki (http://www.seokratie.de/pfeif-auf-die-sichtbarkeit/)*

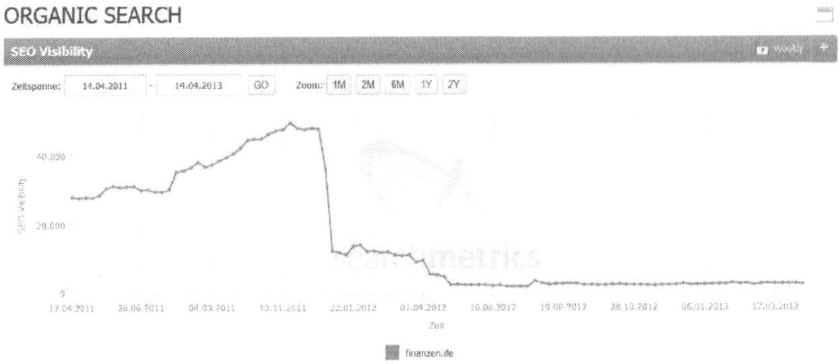


***Abb. 136*** *Sichtbarkeitsverlust der Domain finanzen.de nach einem bedeutenden Update des Google-Algorithmus im Jahr 2011, analysiert mit dem Tool von Searchmetrics*

> Unter der Adresse *www.sichtbarkeitsindex.de*[289] können Sie den Sistrix-Sichtbarkeitsindex einer Domain abfragen. Machen Sie das ruhig einmal für bekannte, große Domains wie z.B. amazon.de, ebay.de o.ä. sowie für Ihre eigenen Domains und ggf. andere kleinere Domains.

## 17.5 Seitenanalyse

Ein erster Blick auf die Webseiten, deren Ranking verbessert werden soll, gibt Hinweise auf Defizite und Ideen für die Optimierung.

### Keyword-Verteilung

Mithilfe der Webbrowser-Erweiterung *MultiHighlighter von CCDevGroup* für Chrome (für Firefox gibt es ein ähnliches Add-on) schaue ich mir die Keyword-Verteilung auf der Webseite an. Der MultiHighlighter hebt ein oder mehrere Keywords auf der betrachteten Website farblich hervor. Damit bekommt man einen wunderbaren, schnellen Überblick darüber, ob, wie häufig und wo auf der Webseite das Keywords/die Keywords vorkommen (Abb. 137). Von gar nicht bis zu häufig (Überoptimierung mit bedenklich hoher Keyword-Dichte) habe ich schon alles gesehen. Auch sieht man direkt, ob das Keyword z.B. in den Überschriften vorkommt oder nur im Fließtext.

289. *http://www.sichtbarkeitsindex.de/*

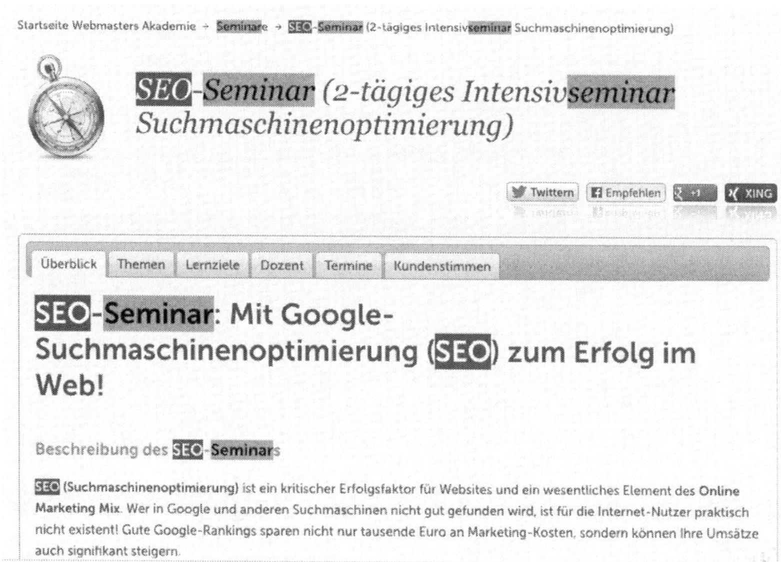


***Abb. 137*** *Hervorhebung des Keywords »SEO Seminar« auf einer dafür optimierten Webseite (Ausschnitt) mithilfe des Webbrowser-Add-ons* MultiHighlighter

## HTML-Struktur

Sowohl der Webbrowser Chrome als auch Firefox verfügen über tolle Webdeveloper-Tools, die bereits standardmäßig integriert sind.

### Schritt für Schritt 6:

1. Klicken Sie mit der rechten Maustaste auf ein Element der Webseite und wählen Sie im Kontextmenü *Untersuchen* (Chrome) oder *Element untersuchen* (Firefox). Es öffnet sich eine Toolbox mit zahlreichen Werkzeugen.
2. Aktivieren Sie den Inspektor (indem Sie auf das Symbol mit dem Quadrat und dem Pfeil klicken).

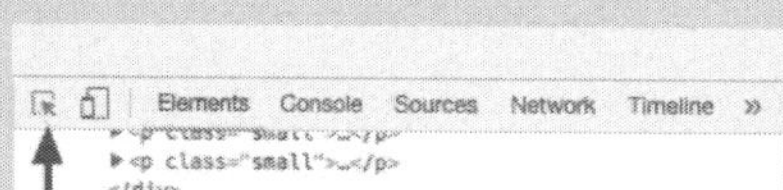


***Abb. 138*** *Aktivierung des Inspektor-Elements in den Google Chrome Developer Tools*

3. Anschließend können Sie mit der Maus über ein Element der Webseite gehen. Informationen zum Quellcode werden eingeblendet. So sehen

Sie z. B. gleich, ob ein Element als Überschrift (h1 oder h2) ausgezeichnet ist.

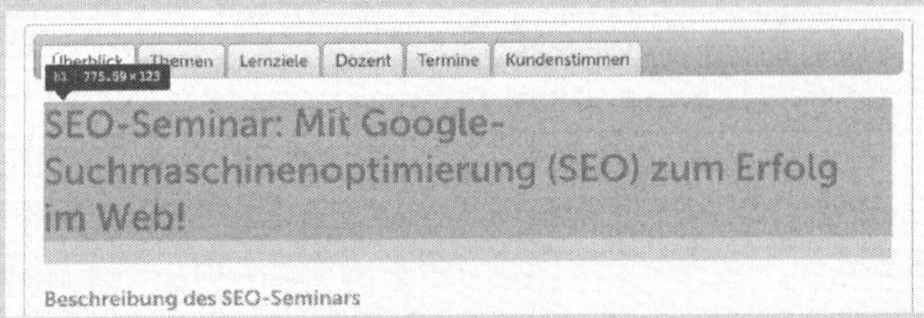


***Abb. 139*** *Information zum Quellcode des ausgewählten Elements. Das Element steht in einer h1-Überschrift.*

Oft genug habe ich gesehen, dass Webseiten gar keine korrekt mit h-Tags ausgezeichneten Überschriften haben, die Keywords in den Überschriften nicht vorkommen oder dass in den h1-Überschriften keine Keywords stehen. In Verbindung mit dem SEO-Schritt *Seitenoptimierung* (Lektion 9) sollten solche Fehler bereinigt werden.

### *Übung 14: Ihre Website im Google-Index*

1. Schauen Sie sich mithilfe des `site:` -Befehls in Google an, wie eine Ergebnisliste mit den Seiten Ihrer Website aussieht. Achten Sie insbesondere auf die URLs, die Title-Tags und die Beschreibungstexte.
2. Sehen Sie offensichtliche Defizite, die es zu beheben gilt?

### *Übung 15: Backlink-Metriken*

1. Untersuchen Sie für Ihre eigene Website sowie für fünf Wettbewerber-Sites die Metriken *LRT Power*Trust, MOZ Domain Authority (DA)* und *MOZ Page Authority (PA)*, jeweils für die Startseite der Domains.
2. Stellen Sie das Ergebnis in einer Tabelle zusammen und vergleichen Sie die Werte. Welche Metrik ist Ihrer Meinung nach am nützlichsten?

## 17.6 Teste Dein Wissen!

1. Welche Probleme lassen sich mit einem Blick erkennen, wenn Sie sich die Liste der Webseiten einer Website im Google-Index anschauen?

*Bitte ankreuzen:*

- ☐ Ich kann erkennen, ob es Probleme mit dem Seitentitel (Inhalt des <title>-Tags) gibt.
- ☐ Ich kann erkennen, welche der Seiten zu langsam laden.
- ☐ Ich kann erkennen, ob es Probleme mit der Seitenbeschreibung (Inhalt des <description>-Tags) gibt.
- ☐ Ich kann erkennen, ob die URLs im Google-Index suchmaschinenfreundlich sind.
- ☐ Ich kann erkennen, wie gut das Ranking meiner Webseiten im Google-Index ist.

2. Der *Online Value Index (OVI)* von Xovi ist ein Wert für…

   *Bitte ankreuzen:*

   - ☐ den geschätzten Internet-Wert einer Website
   - ☐ die Anzahl positiver Bewertungen einer Website
   - ☐ den Sichtbarkeitsindex einer Website
   - ☐ das durchschnittliche Ranking einer Website

# 18 Zu guter Letzt: up to date bleiben, Zertifizierung als SEO-Manager

**In dieser Lektion lernen Sie**

- wie Sie Ihr SEO-Knowhow stets aktuell halten können.
- wie Sie sich als SEO-Manager zertifizieren lassen können.
- welche SEO-Dienstleistungen der Autor anbietet.

## 18.1 Up to date bleiben

Google ändert ständig etwas am Ranking-Algorithmus und denkt sich immer wieder Neues aus. Daher ist es extrem wichtig, dass Sie Ihr Wissen stets auf dem aktuellen Stand halten.

Veraltetes SEO-Wissen ist gefährlich: Viele Dinge, die noch vor kurzem gut und richtig waren, können auf einmal wirkungslos oder gar schädlich sein.

Ich kann Ihnen folgende Ressourcen empfehlen, um auf dem aktuellen Stand zu bleiben:

### 18.1.1 Google

Google selbst stellt für Websitebetreiber umfangreiche Informationen zur Verfügung und hält über diverse Kanäle Kontakt zu den Webmastern und Suchmaschinenoptimierern dieser Welt. Einige der interessanten Ressourcen sind:

- Webmaster Central Blog (englisch): *https://webmasters.googleblog.com/*
- Webmaster Central Blog (deutsch): *https://webmaster-de.googleblog.com/*
- Google Search Blog (englisch): *https://blog.google/products/search/*
- Google Webmasters Videos auf Youtube (verschiedene Sprachen): *https://www.youtube.com/user/GoogleWebmasterHelp/videos*

- Google Webmasters: Verschiedene Kommunikationskanäle, mit denen Google Kontakt mit Webmastern hält. Google hält z. B. »Webmaster-Sprechstunden« in verschiedenen Sprachen in Google Hangouts ab, an denen jeder teilnehmen kann. Die Termine finden Sie auf dieser Seite. Nehmen Sie teil, und stellen Sie Fragen: *https://www.google.com/webmasters/connect/*!
- Unter dem Twitter-Account *@searchliaison*[290] veröffentlicht Google offizielle Informationen zu Änderungen und Udpates der Google-Suche und des Suchalgorithmus.

## 18.1.2 Experten-Blogs

### Deutschsprachige Blogs

Es gibt natürlich auch zahlreiche Websites und Blogs zum Thema SEO. Die folgende Liste erhebt keinen Anspruch auf Vollständigkeit und die Reihenfolge stellt keine Wertung dar.

- Searchmetrics-SEO-Blog: *https://blog.searchmetrics.com/de/*
- SEOKRATIE-Blog: *https://www.seokratie.de/blog/*
- SEO-Blog von seo-united.de: *https://www.seo-united.de/blog/*
- Sistrix-Blog: *https://www.sistrix.de/news/*
- Ryte Wissen — umfangreiche Knowledge Base zum Thema Digital Marketing mit Wiki, Magazin, kostenlosen Tools und Videos des Tool-Anbieters Ryte: *https://de.ryte.com/blog/*
- tagSeoBlog von Martin Mißfeldt: *https://www.tagseoblog.de/*
- Online-Marketing-Blog von Karl Kratz: *http://www.karlkratz.de/onlinemarketing-blog/*
- SEO-Book-Notizbuch für die Suchmaschinenoptimierung von Eric Kubitz: *https://www.seo-book.de/*
- suchradar — kostenloses Magazin für SEO, SEA und E-Commerce: *https://www.suchradar.de/*
- WEBSITE BOOSTING — kommerzielle Fachzeitschrift zu den Themen SEO, SEM, E-Commerce und Usability: *https://www.websiteboosting.com/*

### Englischsprachige Blogs

- Search Engine Journal: *https://www.searchenginejournal.com/*

290. *https://twitter.com/searchliaison/*

- Search Engine Watch: *https://searchenginewatch.com/category/seo*[291]
- The Moz Blog: *https://moz.com/blog*
- The Ahrefs Blog: *https://ahrefs.com/blog/*

Um einen Überblick über diese Blogs und die neuen Beiträge darin zu behalten, ist es sehr praktisch, einen RSS-Feedreader zu verwenden. Ich persönlich nutze für diesen Zweck *feedly*[292].

### 18.1.3 Konferenzen

Zu den profiliertesten Konferenzen im deutschen Sprachraum zum Thema SEO bzw. mit Schwerpunkt im SEO-Bereich gehören:

- SMX München: *https://smxmuenchen.de/*
- SEO CAMPIXX: *https://www.campixx.de/seo-campixx/*
- SEODay Köln: *https://www.seo-day.de/*
- SEOkomm: *https://www.seokomm.at/*

Weitere Konferenzen und Veranstaltungen zum Thema finden Sie u.a. auf der Seite *https://www.suchradar.de/kalender*

## 18.2 Als SEO-Manager/in bewerben? Die Zertifizierung zum Certified SEO Manager von Webmasters Europe e.V.

Suchmaschinenoptimierung ist eine faszinierende Tätigkeit und wird auch in den kommenden Jahren für viele Unternehmen eine erfolgskritische Aufgabe bleiben. Der Bedarf an Fachkräften ist hoch: Die Arbeitsmarktanalysen der European Webmasters Association (WE) zeigen bereits seit Jahren eine stetig steigende Nachfrage nach SEO-Expertinnen und -Experten auf dem Arbeitsmarkt. Der Verband bietet eine internationale Zertifizierung zum *Certified SEO Manager* an, die sich bei Bewerbungen als hilfreich erweisen kann. Mehr Informationen dazu finden Sie auf der *Website des Verbandes*[293].

291. *https://searchenginewatch.com/category/seo/*
292. *http://feedly.com*
293. *https://de.webmasters-europe.org/zertifizierung*

# *Lösungen der Übungsaufgaben*

## Übung 1: Die erweiterte Google-Suche

Die Übung dient dazu, Sie mit den Möglichkeiten der erweiterten Suche von Google vertraut zu machen und mithilfe dieser Suchmöglichkeit eine Suche zu präzisieren.

## Übung 2: Die Google-Spezialsuchmaschinen und Universal Search

Die Übung dient dazu, Sie mit den verschiedenen Google-Spezialsuchmaschinen vertraut zu machen und gleichzeitig zu sehen, in welchen Spezialsuchmaschinen Google Material findet, das Ihnen bzw. Ihrem Unternehmen zuzuordnen ist.

## Übung 3: Die Google-Suchergebnisseite

Die Übung dient dazu, dass Sie ein Gespür dafür entwickeln, welche Suchbegriffe häufig mit welcher Art von Suchergebnis assoziiert sind und welche Elemente auf der Suchergebnisseite in Abhängigkeit vom Suchbegriff vorkommen können.

## Übung 4: PageRank-Alternativen

Sie werden beobachten, dass große, bekannte, ältere Domains in der Regel höhere Werte für LRT Power und Trust bzw. MOZ Domain Authority (DA) aufweisen als kleinere, unbekannte oder noch neue Domains. Das bedeutet, dass erstere über höhere PageRank- und Trust-Werte verfügen. Da dies wichtige Rankingsignale sind, ist es für Unterseiten diese Domains leichter, gute Rankings zu erzielen.

Sie werden auch bemerken, dass die verschiedenen Metriken unterschiedliche Werte liefern, aber in der Regel im Vergleich mehrerer Websites dieselben Trends aufzeigen. Es kann aber auch passieren, dass das eine oder andere Tool für bestimmte URLs keine oder keine nachvollziehbaren Werte anzeigt. Keines der Tools arbeitet 100 % verlässlich und fehlerfrei oder kennt alle Domains! Seien Sie daher stets vorsichtig, was die Interpretation der Ergebnisse angeht. Es ist immer sinnvoll, sich nicht nur auf ein einziges Tool zu verlassen.

## Übung 5: SEO-Ziel definieren (Keyword)

SEO-Ziele sollten, wie alle Projektziele, klar, eindeutig und erreichbar sein. Damit ein SEO-Ziel erreichbar ist, sollte die Konkurrenz (die Zahl der Suchergebnisse, die Google anzeigt) nicht zu groß, die Keywords also in der Regel nicht zu allgemein sein. In der Praxis haben sich Keyword-Kombinationen aus zwei bis drei Keywords bewährt. Beispiel: *Für das Keyword »SEO Seminar« soll die Webseite (URL) bis spätestens (Datum) auf google.de auf der ersten Ergebnisseite, also unter den Top Ten, zu finden sein.*

## Übung 6: SEO-Ziel definieren (Website)

Ein SEO-Ziel könnte beispielsweise so formuliert werden: *Bis spätestens (Datum) soll der Shop mit mindestens 100 Keywords in den Top 10 auf google.de erscheinen.*

## Übung 7: WDF*IDF-Textassistent

Ich habe, um das Tool zu testen, als Keyword »Pseudogetreide« eingegeben und mir einen Textausschnitt aus dem Wikipedia-Artikel zum Thema kopiert (*https://de.wikipedia.org/wiki/Pseudogetreide*). Der Screenshot zeigt, welche Begriffe laut WDF*IDF-Analyse häufiger und welche weniger oft verwendet werden sollten. Das hilft dabei, den Text so zu verändern, dass er optimale Rankingsignale aussendet. Beachten Sie jedoch unbedingt, nur Begriffe einzubauen, die für Ihren Text auch tatsächlich Sinn machen! Begriffe, die keinen Sinn machen, lassen Sie weg.

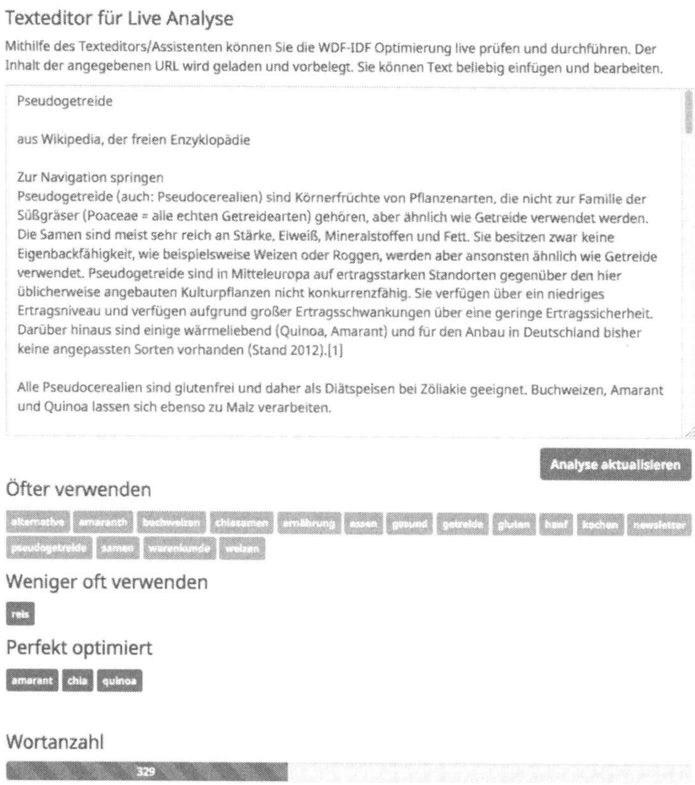


***Abb. 67*** *Der Textassistent von Seobility hilft dabei, WDF*IDF-optimierte Texte zu erstellen oder bestehende Webseiten zu optimieren*

# Übung 9: Backlink-Analyse

Der ideale Backlink ist ein Follow-Link von einer Webseite mit hohem PageRank und Trust, wenigen externen Links und thematischer Nähe zur eigenen Seite. Mit der Google Search Console haben wir keine direkte Möglichkeit, darüber eine Aussage zu treffen, da uns entsprechende Metriken fehlen. Die anderen Tools bieten eigene Metriken, die mit PageRank und Trust korrelieren. Beispiel: Bei der Analyse im Open Site Explorer betrachten Sie ausschließlich die Follow-Links (Filter setzen) und sortieren die Ergebnisliste dann absteigend nach Page Authority. Der Link von der Seite mit der höchsten Page Authority ist wahrscheinlich der wertvollste. Kontrollieren Sie die wertvollen Links, indem Sie sich die verlinkende Seite anschauen und dort den Link suchen. Um schädliche Backlinks zu finden, gehen Sie die Backlinks durch und sehen sich die Webseiten von verdächtig aussehenden Backlinks (zu erkennen oft schon am Domainnamen) näher an. Ein natürlich aussehendes Ankertext-Profil zeichnet sich durch eine große Diversität der Ankertexte und einen nicht zu hohen Anteil an harten Keyword-Ankertexten aus.

## Übung 10: Arbeiten mit schema.org

1. Die übergeordneten Item Types von *LocalBusiness* sind *Organization* und *Place*. Die ersten drei untergeordneten Item Types (More specific Types) sind *AnimalShelter*, *AutomotiveBusiness* und *ChildCare*.
2. Das erwartete Item Type ist *text*. Die Angabe der Währung muss nach der ISO-Norm 4217 erfolgen. Für ein Unternehmen in Peru würden Sie als Wert der Property *PEN* einsetzen, die Abkürzung für *Peruvian Sol*, der Währung des Landes Peru.

## Übung 11: Semantische Auszeichnung von Musikveranstaltungen mithilfe von HTML Microdata

Laut *Googles Dokumentation*[294] zum Vokabular von *http://schema.org/Event* sind die folgenden Eigenschaften notwendig, damit Google die Daten für die Anzeige in einem Rich Result verwendet:

- location (schema.org/Pace)
- location.address (schema.org/PostalAddress)
- name (schema.org/Text)
- StartDate (schema.org/startDate)

Auch wenn Adressdaten bei der Desktop-Suche nicht ausgewertet bzw. angezeigt werden, ist es sinnvoll, diese in den Quellcode einzubauen, damit Google sie auch in der mobilen Suche verwendet.

Die semantische Auszeichnung mit Mikrodaten könnte also folgendermaßen aussehen:

```
<div>
  <div itemscope itemtype="http://schema.org/MusicEvent">
    <link itemprop="url" href="http://www.eventim.de/ed-sheeran-berlin-tickets.html" />
    <div itemprop="location" itemscope itemtype="http://schema.org/Place">
      <div itemprop="address" itemscope itemtype="http://schema.org/PostalAddress">
        <meta itemprop="streetAddress" content="Olympischer Platz 3" />
        <meta itemprop="addressLocality" content="Berlin" />
        <meta itemprop="addressCountry" content="DE" />
```

294. *https://developers.google.com/search/docs/data-types/event*

```
        <meta itemprop="postalCode" content="14053" />
      </div>
      <meta itemprop="name" content="Olympiastadion Berlin" />
      <link itemprop="sameAs" href="http://www.eventim.de/
olympiastadion-berlin-tickets.html" />
    </div>
    <meta itemprop="startDate"
content="2018-07-19T19:00:00.000+02:00" />
    <meta itemprop="name" content="Ed Sheeran 2018" />
  </div>
</div>
...
```

***Codebeispiel 8*** *Semantische Auszeichnung einer Musikveranstaltung mithilfe von HTML Microdata*

## Übung 12: Semantische Auszeichnung von Musikveranstaltungen mithilfe von JSON-LD

Meine Lösung der Aufgabe mit JSON-LD sieht folgendermaßen aus:

```
<script type="application/ld+json">
{
 "@context":"http://schema.org",
 "@type":"MusicEvent",
 "name":"Ed Sheeran 2018",
 "url":"http://www.eventim.de/ed-sheeran-berlin-tickets.html",
 "startDate":"2018-07-19T19:00:00.000+02:00",
 "location": {
             "@type":"Place",
             "name":"Olympiastadion Berlin",
             "sameAs":"http://www.eventim.de/
olympiastadion-berlin-tickets.html",
             "address":{
                        "@type":"PostalAddress",
                        "streetAddress":"Olympischer Platz 3",
                        "addressLocality":"Berlin",
                        "addressRegion":null,"postalCode":"14053",
                        "addressCountry":"DE"
                        }
              }
}
</script>
```

Das muss aber nicht heißen, dass es nicht auch andere Lösungen geben kann. Überprüfen Sie Ihre Lösung mit Googles Test-Tool für strukturierte Daten. Warnungen sind in der Regel unkritisch, Fehler sollten nicht enthalten sein.

## Übung 13: Ranking-Überwachung einrichten

Sie werden wahrscheinlich feststellen, dass sich die Rankingpositionen für manche Keywords je nach Tool unterscheiden können. Das liegt daran, dass Google sehr weitgehende Funktionen zur Personalisierung und Lokalisierung verwendet, die kein Tool zu 100 % ausschließen kann.

## Übung 14: Ihre Website im Google-Index

Welche Defizite das sein könnten, können Sie in Abb. 135 in geballter Form bewundern. ;-)

## Übung 15: Backlink-Metriken

Sie werden möglicherweise, so wie ich, zu dem Ergebnis kommen, dass es sinnvoll ist, verschiedene Metriken zu betrachten, und dass alle genannten ihren individuellen Nutzen haben. Vielleicht sind Sie aber auch anderer Meinung?

# Lösungen der Wissensfragen

## Lektion 1: Die Macht der Suchmaschinen

1. **Warum ist es für den Erfolg einer Website wichtig, in Suchmaschinen gut gefunden zu werden?**

   *Lösung:*

   ✓ weil mehr als 50% der Besucher einer kommerziellen Website über die organischen Suchergebnisse einer Suchmaschine kommen.

   ✓ weil die meisten Internetnutzer Suchmaschinen regelmäßig nutzen, um Produkte oder Dienstleistungen zu finden.

   ✓ weil Suchmaschinen in jeder Phase des Kaufprozesses genutzt werden.

   ✓ weil viele Suchmaschinennutzer glauben, dass ein Anbieter, der bei der Suche nach einem Produkt auf der Suchergebnisseite nicht auftaucht, das Produkt gar nicht führt.

2. **In welchem Land ist Google aktuell nicht Marktführer?**

   *Lösung:*

   ✓ China

   ✗ Japan

   ✗ Südkorea

   ✗ USA

3. **Welche der folgenden Suchmaschinen setzen eigene Robots/Crawler ein?**

   *Lösung:*

   ✓ DuckDuckGo

   ✓ Qwant

   ✗ Startpage

   ✓ Google

   ✓ Bing

4. **Welche der folgenden Personen haben die Suchmaschine bzw. das Unternehmen Google gegründet?**

*Lösung:*

✗ Jerry Yang

✗ David Filo

✓ **Larry Page**

✗ Tim Berners-Lee

✓ **Sergey Brin**

## *Lektion 2: Aufbau und Funktionsweise von Suchmaschinen*

1. **Wozu dienen sog. Freshbots?**

*Lösung:*

✓ **Freshbots sorgen dafür, dass neue Seiten im Web schnell gefunden und indexiert werden.**

✗ Freshbots sorgen dafür, dass möglichst viele Seiten einer Website gefunden und indexiert werden.

✗ Freshbots sorgen dafür, dass möglichst nur häufig aktualisierte Seiten einer Website gefunden und indexiert werden.

✗ Freshbots sorgen dafür, dass alte Seiten regelmäßig aus dem Index der Suchmaschine gelöscht werden.

2. **Welche Seiten können WebCrawler bzw. Robots grundsätzlich nicht von selbst finden?**

*Lösung:*

✓ **Seiten, die nur registrierte und eingeloggte Benutzer sehen können.**

✓ **Seiten, die von keiner anderen Seite verlinkt sind.**

✗ Seiten, deren Dateiformat nicht dem Standardformat *HTML* entsprechen.

✓ **Seiten, die erst nach Ausfüllen eines Formulars erreichbar sind.**

3. **Welche Vorteile bietet die unter dem Codenamen Caffeine 2010 von Google eingeführte Index-Technologie gegenüber früheren Indexierungs-Verfahren?**

*Lösung:*

✓ **Sie ermöglicht, dass der Crawling- und Indexierungsprozess schrittweise und kontinuierlich erfolgen kann.**

- ✗ Sie ermöglicht, dass die für Mobilgeräte optimierte Version einer Webseite primär für das Ranking verwendet wird.
- ✓ **Sie ermöglicht, dass Suchende wesentlich aktuellere Suchergebnisse erhalten.**
- ✗ Sie ermöglicht, dass andere Suchmaschinen über eine Schnittstelle direkt auf den Google-Index zugreifen können.
- ✓ **Sie ermöglicht, dass Webseiten innerhalb von Sekunden, nachdem sie gecrawlt worden sind, in den Index aufgenommen werden können.**

**4. Welche Anforderungen sollte das Suchinterface (»Suchschlitz«) einer Suchmaschine erfüllen, damit es besonders häufig genutzt wird?**

***Lösung:***

- ✗ Es sollte grafisch besonders aufwendig gestaltet sein.
- ✓ **Es sollte im Browser sehr schnell laden.**
- ✓ **Es sollte den Suchenenden nicht mit Inhalten wie z.B. Werbung von der Suche ablenken.**
- ✗ Es sollte nach der Eingabe eines Suchbegriffes sofort zum besten Suchergebnis springen.
- ✓ **Es sollte die Suchergebnisse sehr schnell anzeigen.**

## *Lektion 3: Die Google-Suchergebnisseite*

**1. Was sind *Sitelinks*?**

***Lösung:***

- ✓ **Als Sitelinks bezeichnet man die bei einem Suchtreffer auf der Suchergebnisseite von Google zusätzlich angezeigte Hyperlinks, die zu Unterseiten der gefundenen Website führen.**
- ✗ Als Sitelinks bezeichnet man Hyperlinks zu Webseiten, die auf der Google-Suchergebnisseite am Rand neben den Suchergebnissen angezeigt werden, z. B. innerhalb eines Knowledge-Graph-Panels.
- ✗ Als Sitelinks bezeichnet man die Summer aller Hyperlinks einer Website, die auf andere Webseiten derselben Website verlinken (interne Links).
- ✗ Als Sitelinks bezeichnet man alle Hyperlinks im Google-Index, die zu einer bestimmten Website verweisen.

2. **Sie geben in die Google-Suche ein: »100 USD in EUR«. Welche Ausgabe erwarten Sie für die Suchergebnisseite?**

   *Lösung:*

   ✓ **Eine Google Answer Box, in der mithilfe eines Widgets die Umrechnung von 100 US-Dollar in Euro erfolgt.**

   ✗ Ein Rich Result mit Informationen dazu, wie man die Währungen umrechnet.

   ✗ Ein Knowledge-Graph-Panel mit Informationen zu den Währungen US-Dollar und Euro

   ✗ Es wird keine Ergebnisseite angezeigt, stattdessen erscheint das Ergebnis der Währungsumrechnung direkt im Google-Suchschlitz.

3. **Identifizieren Sie die Quellen, aus denen der *Knowledge Graph* seine Informationen bezieht.**

   *Lösung:*

   ✓ **Wikipedia**

   ✓ **Wikidata**

   ✓ **IMDb**

   ✓ **Bilder können auch aus privaten oder kommerziellen Websites stammen**

4. **Welche der folgenden Spezialsuchmaschinen zählen bei Google zur sog. *Vertical Search*?**

   *Lösung:*

   ✓ **Scholar**

   ✗ Web

   ✓ **Maps**

   ✓ **Videos**

   ✓ **Bilder**

5. **Aus welchen drei Elementen besteht ein Suchtreffer in Google (*Snippet*) in seiner einfachsten Form?**

   *Lösung:*

   ✗ Sitelinks

   ✓ **Titel**

   ✗ Bewertungen

   ✓ **Beschreibungstext**

✓ **URL des Suchtreffers**

**6. Bei diesem Suchergebnis…**

**…handelt es sich um ein Snippet vom Typ:**

***Lösung:***

✗ Universal Search

✗ Google Answer Box

✓ **Rich Result**

✗ Standard

✗ Widget

## *Lektion 4: Das Ranking*

**1. Welche Annahmen machten frühe Suchmaschinen wie beispielsweise *AltaVista,* wenn Sie die Relevanz von Webdokumenten im Hinblick auf den Suchbegriff berechneten?**

***Lösung:***

✓ **Die Relevanz steigt, wenn der Suchbegriff an hervorgehobener Stelle wie z. B. im HTML-Title <title> vorkommt.**

✗ Die Relevanz steigt, wenn der Anteil des Suchbegriffes an der Gesamt-Wortzahl mindestens 10% beträgt.

✓ **Die Relevanz steigt, wenn der Suchbegriff im Domainnamen vorkommt.**

✓ **Die Relevanz steigt, wenn der Suchbegriff z. B. durch Fettung oder sonstige Gewichtung hervorgehoben wird.**

**2. Identifizieren Sie die korrekte/n Definition/en des Begriffes *Domain Popularity*.**

***Lösung:***

✗ Die Summe aller verschiedenen Domains, die auf eine Webseite verlinken, multipliziert mit der Anzahl der eingehenden Links (Backlinks), die von der jeweiligen Domain stammen.

✗ Die Summe aller verschiedenen Domains, die auf eine Webseite verlinken. Pro Domain werden nur diejenigen Links gezählt, die nicht auf die Startseite verlinken.

✓ **Die Summe aller verschiedenen Domains, die auf eine Webseite verlinken. Pro Domain wird nur ein Link gezählt, auch wenn viele Links von einer Domain stammen.**

✗ Die Summe aller verschiedenen Domains, die auf die Startseite eine Webseite verlinken. Pro Domain wird nur ein Link gezählt, auch wenn viele Links von einer Domain stammen.

**3. Welche Hypothese der beiden Google-Gründer Larry Page und Sergey Brin führte später zur Entwicklung des PageRank-Algorithmus?**

***Lösung:***

✗ Eine Suchmaschine, die bei der Relevanzberechnung die Keyworddichte berücksichtigt, liefert bessere Resultate als herkömmliche Suchmaschinen.

✓ **Eine Suchmaschine, die bei der Relevanzberechnung die Verlinkung der Webseiten im WWW berücksichtigt, liefert bessere Resultate als herkömmliche Suchmaschinen.**

✗ Eine Suchmaschine, die bei der Relevanzberechnung die Bewertungen von Nutzern berücksichtigt, liefert bessere Resultate als herkömmliche Suchmaschinen.

✗ Eine Suchmaschine, die bei der Relevanzberechnung die Gestaltung (Layout und Design) der Webseiten im WWW berücksichtigt, liefert bessere Resultate als herkömmliche Suchmaschinen.

**4. Was genau ist der sog. PageRank-Wert einer Webseite?**

***Lösung:***

✓ **Der PageRank-Wert wird für jede Seite im Google-Index berechnet und korreliert direkt mit der Wahrscheinlichkeit, dass der sog. *Zufallssurfer* diese Seite aufruft.**

✗ Der PageRank-Wert ist die jeweils aktuelle Position eines Suchtreffers auf der Google-Suchergebnisseite.

✗ Der PageRank-Wert ist eine Metrik für die Qualität einer Webseite und basiert auf der Bewertung der Webseiten im Index einer Suchmaschine durch menschliche Bewerter.

✗ Der PageRank-Wert wird für jede Webseite im Index der Google-Suchmaschine berechnet, wobei vor allem die Zahl der Erwähnungen der Webseite in Sozialen Medien (Facebook, Twitter usw.) herangezogen wird.

5. **Wie hängt der sog. *Toolbar-PageRank* (der inzwischen nicht mehr abgefragt werden kann), mit dem »echten« Google *PageRank* zusammen?**

   ***Lösung:***

   ✓ **Der sog. Toolbar-PageRank ist eine logarithmische Transformation des tatsächlichen PageRank-Werts und hat einen Wertebereich von 0 bis 10.**

   ✗ Der Toolbar-PageRank ist identisch mit dem PageRank und wurde bis April 2016 in der Google-Toolbar angezeigt.

   ✗ Als Toolbar-PageRank bezeichnet man alternative Metriken zum Google PageRank z. B. LRT Power oder MozRank.

   ✗ Der Google PageRank lässt sich aus dem Toolbar-PageRank mithilfe der berühmten PageRank-Formel berechnen.

6. **Worauf müssen SEOs im Hinblick auf den *Hummingbird*-Algorithmus bei der Suchmaschinenoptimierung für Google besonders achten?**

   ***Lösung:***

   ✗ Es muss besonders darauf geachtet werden, dass eine Site möglichst viele hochwertige Backlinks hat.

   ✗ Es muss besonders darauf geachtet werden, dass eine Site möglichst viele hochwertige Bewertungen hat.

   ✗ Es muss besonders darauf geachtet werden, dass eine Site möglichst schnelle Ladezeiten hat.

   ✓ **Es muss besonders darauf geachtet werden, dass eine Site möglichst hochwertigen Content hat, der umfassende Antworten auf die Fragen von Suchenden liefert.**

7. **Sie haben eine Linkbuilding-Agentur beauftragt, die Zahl der Backlinks einer Website zu erhöhen. Plötzlich verliert Ihre Website massiv im Ranking. Welcher Algorithmus ist wahrscheinlich dafür verantwortlich?**

   ***Lösung:***

   ✓ **der Penguin-Algorithmus**

   ✗ der Panda-Algorithmus

   ✗ der RankBrain-Algorithmus

   ✗ das Site Diversity Update

8. **Aus welchem/n Grund/Gründen wurde der *RankBrain*-Algorithmus von Google entwickelt?**

***Lösung:***

✓ **Um Suchanfragen noch besser zu verstehen, die komplex oder nicht eindeutig sind.**

✗ Um Suchanfragen möglichst schnell und direkt in der Suche beantworten zu können.

✗ Um Suchanfragen mit Tippfehlern besser korrigieren zu können.

✓ **Um Suchanfragen noch besser zu verstehen, die Google so noch nie gesehen hat.**

## *Lektion 5: Die wichtigsten Google-Rankingsignale*

1. **Ein Webportal für Kochrezepte führt folgende Neuerungen ein:**

   - **Links zu weiterführenden Informationen über einzelne Zutaten wie z. B. Gemüse, Getreide oder Gewürzen**
   - **ein Widget, mit dem die Nutzer die benötigte Menge der Zutaten in Abhängigkeit von der gewünschten Anzahl der Portionen berechnen können**

   **Mit welcher Auswirkung auf das Ranking in Google ist wahrscheinlich zu rechnen?**

***Lösung:***

✓ **Das Ranking wird sich verbessern.**

✗ Das Ranking wird sich verschlechtern.

✗ Das Ranking wird dadurch nicht beeinflusst.

✗ Das lässt sich nicht voraussagen.

2. **Wie können Sie es Google erleichtern, für eine Website Rich Results in den organischen Suchergebnissen zu erzeugen?**

***Lösung:***

✓ **Durch semantische Auszeichnung, z. B. mit Microformaten**

✗ Durch Schalten von Anzeigen in Google Ads

✗ Durch Verwendung von XML anstelle von HTML für den Seitenquelltext

✗ Durch Konfiguration der Rich Results in der Google Search Console

3. **Identifizieren Sie die SEO-Techniken, die heute nicht mehr angewandt werden sollten.**

*Lösung:*

✓ **Automatisch erstellter Content**

✓ **Einfügen von Inhalten anderer Webseiten**

✓ **Teilnahme an Linktauschprogrammen**

✓ **Kaufen von Backlinks**

✓ **Verborgener Text (hidden content).**

4. **Welche HTML-Tags einer Webpage sollten aus SEO-Gründen Keywords enthalten?**

*Lösung:*

✓ **Das <title>-Tag**

✓ **Das <h1>-Tag**

✓ **Das <meta description>-Tag**

✗ Das <meta keywords>-Tag

5. **Welche Kriterien sind beim Layout einer Webpage zu beachten, damit diese aus Sicht der Suchmaschine Google »nutzerfreundlich« ist und starke Rankingsignale aussendet?**

*Lösung:*

✓ **Der Hauptinhalt muss sofort erkennbar und leicht zugänglich sein.**

✗ Werbung und »Nebeninhalte« dürfen den Hauptinhalt überdecken, wenn diese für den Besucher besonders interessant sind.

✓ **Das Seitenlayout sollte professionellen Ansprüchen genügen, zeitgemäß und responsive sein.**

✗ Das Design der Seite sollte möglichst originell sein, um die Aufmerksamkeit der Besucher zu erhöhen.

6. **Welche der folgenden Rankingsignale zählen zur Kategorie der *Website-Signale*?**

*Lösung:*

✗ Die Anzahl der Backlinks

✓ **Anzahl der Seiten**

✗ Verfügbarkeit

✓ **Zunahme der Anzahl der Webseiten**

✓ Nützlichkeit und Einzigartigkeit der Inhalte

7. **Welche Gründe gibt Google als Ursache für mögliche manuelle Strafmaßnahmen gegen eine Site an?**

*Lösung:*

✗ Kein mobilgerätefreundliches Layout

✓ Cloaking bzw. irreführende Weiterleitungen

✓ Inhalte von minderwertiger Qualität

✓ Verborgener Text bzw. überflüssige Keywords

✗ Fehlendes Description-Metatag

## Lektion 6: SEO-Prozess und SEO-Ziele

1. **Welche der genannten Optionen sind geeignete strategische SEO-Ziele?**

*Lösung:*

✓ Mehr Website-Besucher bekommen

✓ Ausgaben für Google Ads einsparen

✓ Bekannheitsgrad einer Marke erhöhen

✓ Umsätze mit Neukunden steigern

2. **Mit welcher der genannten Tätigkeiten sollte der SEO-Prozess für eine komplett neu zu erstellende Website beginnen?**

*Lösung:*

✓ Mit der Keyword-Analyse

✗ Mit einer sog. *SEO Site Clinic*

✗ Mit der Optimierung des Contents

✗ Mit der Domain-Registrierung

✗ Mit der Backlink-Analyse

3. **Welche der folgenden Angaben zählen zu den vier Dimensionen der Zieldefinition im Projektmanagement?**

*Lösung:*

✓ Die Zielrichtung

✓ Die Messgröße

✓ Die Höhe der Messgröße

✗ Der Budgetrahmen

✓ **Der Bezugswert**

## *Lektion 7: Keywords*

1. **Sie möchten beim Arbeiten mit der Formel zur Berechnung des Keyword Effectiveness Index (KEI)**

```
KEI = P²/C * 1000
```

**gerne erreichen, dass das Suchvolumen in der KEI-Berechnung weniger stark gewichtet wird. Wie erreichen Sie das?**

***Lösung:***

✓ **durch einen kleineren Exponenten als 2 für P**

✗ durch einen größeren Exponenten als 2 für P

✗ durch eine höhere Zahl als 1000 in der Formel

✗ durch einen geringe Zahl als 1000 in der Formel

2. **Was sollte das Endergebnis der Keyword-Analyse sein?**

***Lösung:***

✓ **eine Tabelle, die zu jedem Keyword die URL der zu optimierenden Webseite enthält**

✗ den HTML-Code einer für bestimmte Keywords optimierten Webseite

✗ eine Tabelle mit den Keywordkandidaten und den relevanten Keywords

✗ eine Tabelle mit den URLs der Wettbewerber und der jeweiligen Keyworddichte dieser Seiten

3. **Welche Art von Suchintention würden Sie beim Suchbegriff *Hauptstadt Mali* ? am ehesten vermuten?**

***Lösung:***

✗ Know query

✓ **Know simple query**

✗ Do query

✗ Website query

✗ Visit-in-person query

4. **Welche der folgenden Suchbegriffe sind im Sinne der Suchintention-Kategorie *Do query* transactional (transaktional)?**

   *Lösung:*

   ✗ suchmaschinenoptimierung italienisch

   ✓ **last minute flug thailand**

   ✓ **firefox download**

   ✗ geschichte japans

   ✓ **kinopalast reservierung**

5. **Die Spalte *Wettbewerb* (Competition) im Keyword-Planer von Google Ads ist ein Hinweis darauf,**

   *Lösung:*

   ✓ **wie viele Google-Ads-Kunden für die jeweiligen Keywords bieten.**

   ✗ wie viele Webseiten für die jeweiligen Keywords in der Googlesuche gelistet sind.

   ✓ **wie begehrt die jeweiligen Keywords bei bezahlten Google-Ads-Anzeigen sind.**

   ✗ welche Keywords sich für die Suchmaschinenoptimierung besonders gut oder schlecht eignen.

6. **Welche der folgenden Methoden haben sich für das Finden von Keyword-Kandidaten bewährt?**

   *Lösung:*

   ✓ **ein Brainstorming durchführen**

   ✓ **Kundenbefragungen durchführen**

   ✓ **eine semantische Analyse des Contents der zu optimierenden Seiten durchführen**

   ✗ eine Berechnung des Keyword Effectiveness Index (KEI) durchführen

## *Lektion 8: Content*

1. **Für welche Suchintention ist eine Anfahrtsbeschreibung besonders gut geeignet?**

   *Lösung:*

   ✓ **Visit-in-Person**

- ✗ Know-simple
- ✗ Website (navigational)
- ✗ Do (non-commercial)

2. **Was sagt ein hoher WDF*IDF-Wert für einen bestimmten Term (ein bestimmtes Wort) in einem Dokument in der Regel aus?**

   *Lösung:*

   - ✓ **Der Term kommt in dem betrachteten Dokument häufig vor, insgesamt jedoch nur in wenigen Dokumenten der betrachteten Dokumentensammlung.**
   - ✗ Der Term kommt im dem betrachteten Dokument selten vor, jedoch in vielen Dokumenten der betrachteten Dokumentensammlung.
   - ✗ Der Term kommt in dem betrachteten Dokument häufig vor und auch in vielen Dokumenten der betrachteten Dokumentensammlung.
   - ✗ Der Term kommt in dem betrachteten Dokument selten vor und auch nur in wenigen Dokumenten der betrachteten Dokumentensammlung.

3. **Welche Fragen sollte man als Websitebetreiber im Hinblick auf das wichtige Rankingsignal der *Qualität einer Webseite* mit »Ja« beantworten können?**

   *Lösung:*

   - ✓ **Wird das Thema, um das es auf der Webseite geht, umfassend und fundiert behandelt?**
   - ✓ **Vertraue ich den Informationen auf der Website?**
   - ✓ **Würde ich die Webseite bookmarken oder weiterempfehlen?**
   - ✓ **Bietet die Webseite im Vergleich mit anderen Webseiten, die im Suchergebnis auftauchen, Mehrwert?**

4. **Glossare eignen sich besonders für die Bedienung der Suchintention der Kategorie…**

   *Lösung:*

   - ✗ Do (non-commercial)
   - ✓ **Know simple**
   - ✗ Know
   - ✗ Do (commercial)
   - ✗ Website (navigational)

**5. Bilder und Grafiken können das Ranking einer Webseite positiv beinflussen, wenn …**

*Lösung:*

✓ **sie relativ weit oben »above the fold« sind.**

✗ sie besonders groß und auffällig sind.

✗ sie sich direkt im Header der Seite z. B. als großes Hintergrundbild befinden.

✗ ihre Dateigröße 1 Megabyte nicht überschreitet.

✓ **sie thematisch zur Seite passen.**

**6. Worauf sollten Sie als Websitebetreiber achten, wenn Sie PDF-Dateien in Ihre Site einbinden möchten?**

*Lösung:*

✓ **Der Titel des PDF-Dokuments sollte die relevanten Keywords enthalten.**

✓ **Textinformationen sollten im PDF-Dokument nicht in Bildern oder Grafiken stehen, sondern auch als reiner Text vorliegen.**

✓ **Die Metadaten-Felder für Titel, Verfasser, Thema und Stichwörter sollten ausgefüllt sein.**

✓ **Der Dateiname des PDF-Dokumentes sollte die relevanten Keywords enthalten.**

✗ Die PDF-Datei sollte mit CMYK-Farben abgespeichert werden.

**7. Welche der folgenden Maßnahmen zählen zu der sog. Long Tail Optimierung?**

*Lösung:*

✗ Textoptimierung mit der WDF*IDF-Methode

✓ **Einbau von konkreten Antworten auf häufige Fragestellungen von Suchenden**

✓ **Thema der Webseite möglichst breit und umfassend beschreiben**

✗ Die drei Keywords mit dem höchsten Suchvolumen in Überschriften einbauen

✓ **Gezielte Recherche nach Suchbegriffen mit geringem Suchvolumen und Aufnahme der relevanten Begriffe in den Text der Webseite**

## Lektion 9: Webpage

1. **Welcher Bereich einer Webseite ist für das Ranking besonders wichtig?**

   *Lösung:*

   ✓ **der direkt sichtbare Bereich (above the fold)**

   ✗ der Kopfbereich (Header)

   ✗ die linke Seitenleiste

   ✗ der Fußbereich (Footer)

   ✗ alle Bereiche sind gleich wichtig

2. **Warum ist valider HTML-Code wichtig?**

   *Lösung:*

   ✓ **Valider HTML-Code ist ein Qualitätskriterium und daher möglicherweise auch ein Rankingsignal, wenn auch ein schwaches.**

   ✓ **Suchmaschinen-Robots und Webbrowser können fehlerhaften HTML-Code möglicherweise nicht korrekt parsen.**

   ✗ Die Validität des HTML-Codes ist ein von Google offiziell bestätigtes positives Rankingsignal.

   ✗ Nicht valider HTML-Code ist ein von Google offiziell bestätigtes negatives Rankingsignal.

3. **In welchem Abschnitt oder welchen Abschnitten des HTML-Dokuments sollten die relevanten Keywords vorkommen, um starke Rankingsignale für diese Keywords zu senden?**

   *Lösung:*

   ✓ **im Title-Tag**

   ✓ **in der sog. Meta-Description**

   ✓ **in der ersten h1-Überschrift**

   ✓ **im ersten Absatz des Fließtexts**

4. **Welche Inhaltstypen bewertet Google negativ, wenn sich davon zu viel im Bereich »above the fold« einer Webseite befindet?**

   *Lösung:*

   ✗ Bilder

   ✗ Texte

   ✗ Aufzählungen

✗ Grafiken

✓ **Werbebanner**

5. **Wie können Sie Suchmaschinen-Robots im HTML-Quellcode einer Webseite mitteilen, dass sie sie indexieren aber den Verlinkungen nicht folgen sollen?**

*Lösung:*

✓ **Ich integriere in den <head>-Bereich der Webseite das Metatag <meta name="robots" content="index, nofollow">.**

✗ Ich integriere in den <head>-Bereich der Webseite das Metatag <meta name="robots" content="index">.

✗ Ich füge je URL der aus der Seite verlinkten Webseiten ein »Disallow:« in die *robots.txt* der Website ein.

✗ Ich integriere in den <head>-Bereich der Webseite das Metatag <meta name="robots" content="noindex, nofollow">.

✗ Ich richte für die Seiten, die in der Website verlinkt sind, einen Passwortschutz auf dem Server ein.

6. **Welche wichtige (vorgeschriebene) Angabe fehlt in dieser *Video-Sitemap*-XML-Datei?**

```
<urlset xmlns="http://www.sitemaps.org/schemas/sitemap/0.9"
xmlns:video="http://www.google.com/schemas/sitemap-video/1.1">
  <url>
    <loc>http://www.example.org/
urlaubsvideo-thailand.html</loc>
    <video:video><video:thumbnail_loc>http://www.example.org/
videos/thumbnail5.jpg</video:thumbnail_loc>
    <video:title>Mein schönstes Video vom Urlaub in
Thailand</video:title>
    <video:description>Phantastische Aufnahmen aus dem
Landesinneren und vom Strand.</video:description>
    <video:duration>1200</video:duration>
    <video:publication_date>2018-07-07</video:publication_date>
    <video:uploader info="http://www.example.org/users/
mrthailand">Mr. Thailand</video:uploader>
    </video:video>
  </url>
</urlset>
```

*Lösung:*

✓ **Es fehlt die Angabe der URL des Videos per XML-Tag <video:content_loc>.**

✗ Es fehlt die Angabe des Autors des Videos per XML-Tag <video:author>.

✗ Es fehlt die Angabe des Ortes, an dem das Video aufgenommen wurde, per XML-Tag <video:location>.

✗ Es fehlt die Angabe der Keywords per XML-Tag <video:keywords>, zu denen das Video gefunden werden soll.

## *Lektion 10: Site, Server & Domain*

**1. Was sind mögliche Ursachen für *Duplicate Content*?**

*Lösung:*

✓ **Dieselbe Website ist unter unterschiedlichen Domains oder Domain-Aliassen erreichbar.**

✓ **Texte auf einzelnen Seiten einer Website wurden von Dritten auf andere Websites kopiert.**

✗ Die URL einer Landingpage wurde gelöscht, der Inhalt jedoch unter einer neuen URL wieder publiziert.

✓ **Dieselbe Landingpage einer Website ist unter unterschiedlichen URLs erreichbar.**

✓ **Eine Website wurde auf eine andere Domain umgezogen, die alte Website und Domain jedoch nicht gelöscht.**

**2. Mit welchen Maßnahmen können Sie die Ladezeit einer Website optimieren?**

*Lösung:*

✗ das Protokoll der Website von HTTP auf HTTPS umstellen

✓ **die Bilder und Grafiken der Website stärker komprimieren**

✓ **die Verfügbarkeit und Antwortzeiten des Servers z. B. durch den Einsatz eines Content Delivery Networks verbesseren**

✗ bei der Domainregistrierung einen möglichst kurzen Domainnamen wählen

**3. Wie ist bei der Ladezeiten-Analyse mit Googles PageSpeed Insights der Messwert *First Contentful Paint (FCP)* definiert?**

*Lösung:*

✗ Zeitraum vom Aufruf der URL im Browser bis der komplette Quellcode der Seite geladen ist

✓ **Zeitraum vom Aufruf der URL im Browser bis zur ersten Anzeige sichtbarer Elemente**

✗ Zeitraum von der ersten Interaktion eines Besuchers mit einem Element der Webseite bis zur Reaktion des Browsers

✗ Zeitraum vom Aufruf der URL im Browser bis zur Reaktion des Webservers auf den HTTP-Request

4. **Welche Vorteile bringt das HTTP/2-Protokoll im Vergleich zum älteren HTTP 1.1-Protokoll mit sich?**

*Lösung:*

✓ **Über das HTTP/2-Protokoll können über eine einzige TCP-Verbindung mehrere Dateien parallel übertragen werden.**

✗ Dateien werden automatisch nach Wichtigkeit sortiert und priorisiert übertragen.

✓ **Dateien werden standardmäßig komprimiert übertragen.**

✗ Dateien werden standardmäßig verschlüsselt übertragen.

✓ **Datenpakete können nach Wichtigkeit sortiert und priorisiert werden.**

5. **Sie betreiben einen Online-Shop, der auf der Skriptsprache PHP und einer MySQL-Datenbank basiert. Die URL einer Produktseite, auf der ein Buch zum Thema SEO verkauft wird (Keyword: »SEO Buch«), sieht folgendermaßen aus:**

**https://www.example.org/products/product.php?id=334&cat=44&lang=de&detail=true**

**Die URL dieser Seite soll optimiert werden. Welche der folgenden URLs gilt seo-technisch als am besten?**

*Lösung:*

✗ https://www.example.org/buecher/marketing/suchmaschinen/seo

✓ **https://www.example.org/seo-buch/s?ie=UTF8&page=2**

✗ https://www.example.org/products/product.php?id=seo-buch

✗ https://seo.example.org/products/buecher?id=seo-buch

## Lektion 11: Backlinks

1. **Welches Link-Attribut empfiehlt Google für gekaufte Backlinks?**

*Lösung:*

✓ `rel="sponsored"`

✗ `rel="nofollow"`

✗ `rel="ucg"`

✗ `rel="commercial"`

**2. Identifizieren Sie die aus SEO-Sicht zu empfehlenden Methoden, mehr eingehende Links (Backlinks) zu bekommen.**

*Lösung:*

✓ **verlinkenswerten Content bieten**

✓ **Betreiber von thematisch passenden Websites gezielt um Backlinks bitten**

✓ **selbst gezielt Backlinks setzen, z. B. in Blogs, Foren oder Artikeln, die Sie auf anderen Domains publizieren**

✗ Werbung auf Portalseiten schalten, die anbieten, dafür im Gegenzug Backlinks zu schalten

**3. Warum ist es für eine Website wichtig, Backlinks von sog. »Authority Domains« zu bekommen?**

*Lösung:*

✓ **Durch die direkte Nähe zu Authority Domains steigt der Trust der Website, und dieser ist ein wichtiger Rankingfaktor**

✓ **Authority Domains haben in der Regel einen hohen PageRank-Wert, der durch einen Backlink auf meine Website »vererbt« wird und das Ranking dadurch positiv beeinflusst.**

✓ **Ein Backlink von einer Authority-Domain bringt oft mehr als dutzende Backlinks von eher unbedeutenden Websites.**

✗ Durch Backlinks von Authority Domains steigt die Wahrscheinlichkeit, dass Google für meine Website Sternebewertungen in den Search Snippets anzeigt.

**4. Wie finden Sie heraus, ob Google Ihre Website mit einer Penalty belegt hat?**

*Lösung:*

✓ **Dies wird in der Google Search Console angezeigt**

✗ Wenn die PageRank-Anzeige im Google Toolbar keinen Wert zeigt, ist die Site mit einer Penalty belegt.

✗ Durch Eingabe des Befehls site: gefolgt von meinem Domainnamen in der Google-Suche

✗ Wenn ein Keyword plötzlich mehr als 10 Rankingpositionen verliert, ist das ein sicherer Hinweis auf eine Google-Penalty.

5. **Worauf achtet Googles Penguin-Algorithmus besonders, wenn es Linkprofile von Websites auf Anzeichen von Backlink-Spam untersucht?**

*Lösung:*

✗ Absolute Zahl der eingehenden Links

✓ **Ankertext-Verteilung**

✓ **Keywords in den Linktexten**

✗ Keywords im Content

6. **Worauf sollten Sie beim Linkaufbau achten, damit ein natürliches Linkprofil entsteht und sich gleichzeitig die Rankings Ihrer Website verbessern?**

*Lösung:*

✓ **Das Verhältnis von Follow- und Nofollow-Links sollte ausgewogen sein.**

✗ Ich sollte versuchen, möglichst viele Follow-Links zu erhalten.

✓ **Ich sollte darauf achten, auch Links von thematisch passenden Websites zu erhalten.**

✓ **Ich sollte darauf achten, auch Links von Website mit hohen Trust-Werten zu erhalten.**

✗ Ich sollte auf ein besonders schnelles Linkwachstum achten.

7. **Welche Arten von Links können für eine Website schädlich sein und u. U. zu einer Abstrafung (Penalty) seitens Google führen?**

*Lösung:*

✓ **Gekaufte Links**

✗ Links aus sozialen Netzwerken

✓ **Gemietete Links**

✓ **Links aus Linkfarmen**

✗ Nofollow-Links

## Lektion 12: Social SEO

1. **Welche der folgenden Signale können den Social Signals zugeordnet werden?**

*Lösung:*

✓ **Aktivität eines Unternehmens/einer Marke auf eigenen Social-Media-Präsenzen**

- ✓ **Erwähnungen (Mentions) der Marke im Social Web**
- ✓ **Anzahl und Durchschnittswert von Bewertungen bzw. Rezensionen**
- ✗ Anzahl der Kontaktanfragen an eine Website

**2. Warum ist die Einführung eines Bewertungssystems aus SEO-Sicht zu empfehlen?**

***Lösung:***

- ✓ **Weil die Bewertungen direkte soziale Signale sind, und positive Bewertungen sich positiv aufs Ranking auswerten können.**
- ✓ **Weil bei richtiger Einbindung eines Bewertungssystems Bewertungen in Form von Sternen in Rich Results angezeigt werden können. Dadurch steigt die Click-Through-Rate auf der Suchergebnisseite, was ein weiteres Rankingsignal ist.**
- ✓ **Weil sich durch positiven Bewertungen die Reputation der Marke verbessert.**
- ✓ **Weil positive Bewertungen zu mehr Erwähnungen des bewerteten Produkts (der Dienstleistung, der Marke, ...) führen können.**

## *Lektion 13: User Signals*

**1. Welche Technologien eignen sich für die Implementierung der schema.org-Ontologie in Webseiten?**

***Lösung:***

- ✗ Web Ontology Language (OWL)
- ✓ **RDFa**
- ✓ **HTML Microdata**
- ✓ **JSON-LD**

**2. Welche Definition des Attributs *itemprop* ist richtig?**

***Lösung:***

- ✗ Das Attribut *itemprop* steht alleine und erhält keinen Wert.
- ✗ Das Attribut *itemprop* erhält als Wert die gültige URL eines Vokabulars.
- ✓ **Das Attribut *itemprop* erhält als Wert den Namen einer Eigenschaft (Property).**
- ✗ Das Attribut *itemprop* ermöglicht die Verknüpfung mit anderen Properties, die sich außerhalb des HTML-Containers mit dem itemscope-Attribut befinden.

**3. Was ist schema.org?**

***Lösung:***

✓ **eine Initiative der Betreiber der Suchmaschinen Google, Bing, Yahoo und Yandex, um standardisierte Vokabulare für die Einbindung semantischer Informationen in Webseiten zur Verfügung zu stellen**

✓ **eine Ontologie für die Strukturierung von semantischen Informationen im Web**

✓ **die Adresse einer Website, die Vokabulare für semantische Informationen enthält, die von Suchmaschinen ausgewertet werden**

✗ eine Organisation, die den Standard *XML Schema* (XML Schema Definition) entwickelt, der das Definieren von Strukturen für XML-Dokumente ermöglicht

**4. Wie heißen die beiden Hierarchien, die schema.org verwendet, um seine Vokabulare zu strukturieren?**

***Lösung:***

✗ *Person* und *Organization*

✗ *Product* und *Event*

✗ *Thing* und *Intangible*

✓ ***Thing* und *Data Types***

**5. Innerhalb eines JSON-LD-Quellcodes finden Sie folgenden Code:**

```
"itemListElement": [{
    "@type": "ListItem",
    "position": 1,
    "item": {
      "@id": "https://www.wandern.de/",
      "name": "www.wandern.de"
```

**Was bedeutet in diesem Code *@id* ?**

***Lösung:***

✗ *@id* ist eine Property von "item"

✓ ***@id* wird in JSON-LD dazu verwendet, ein Element (*node*) eindeutig zu identifizieren, um es von außen referenzieren zu können.**

✗ *@id* ist eine fehlerhafte Syntax, es muss *id* heißen.

✗ *@id* legt fest, dass ab dieser Stelle ein anderes Vokabular gilt.

## Lektion 14: Shop SEO

1. **Welche Content-Typen eignen sich besonders gut für eine Content-Strategie zur Steigerung der Sichtbarkeit von Onlineshops?**

   *Lösung:*

   ✓ Checklisten

   ✓ Häufige Fragen (FAQs)

   ✗ Wissenschaftliche Studien

   ✓ Tutorials

   ✓ Infografiken

2. **Welche Optimierungen sind für PLA-Kampagnen für Google Shopping besonders wichtig?**

   *Lösung:*

   ✓ Beschreibungen und Bilder

   ✓ Aussagekräftige Produkttitel

   ✓ Angabe des Preises

   ✓ Angabe zur Verfügbarkeit

   ✗ Vorhandensein eines Barcodes

## Lektion 15: Local SEO

1. **Welche Signale spielen für das Ranking bei Suchanfragen mit lokalem Bezug eine wichtige Rolle?**

   *Lösung:*

   ✓ Eintrag in Google My Business

   ✓ Vollständige Adressinformation auf möglichst allen Seiten der Website

   ✓ Bewertungen und Reviews

   ✓ Erwähnungen des Unternehmens auf anderen Websites

## *Lektion 16: Erfolgskontrolle*

1. **Welche der folgenden Maßnahmen sind geeignet, den Einfluss der Personalisierungsfunktionen der Google-Suche auf das Suchergebnis zu verringern?**

   *Lösung:*

   ✓ sicherstellen, dass Sie nicht in Ihrem Google-Konto eingeloggt sind

   ✓ das Web-Protokoll deaktivieren

   ✓ die Suchmaschine *Startpage* anstelle von Google verwenden

   ✗ sicherstellen, dass Sie nicht in Facebook eingeloggt sind

   ✗ vor jeder Suche in Google sicherstellen, dass Sie den Browser-Cache geleert haben

2. **Welche der genannten Methoden sind für die Erfolgskontrolle von SEO-Maßnahmen bei einer kleinen Webseite mit relativ wenigen Seiten geeignet?**

   *Lösung:*

   ✓ Ranking-Check mit Google; dabei Personalisierungsfunktionen soweit wie möglich deaktivieren

   ✓ Ranking-Check mit der Suchmaschine Startpage

   ✓ Automatisierte Ranking-Überwachung in einem Ranking-Checker einrichten

   ✗ Überwachung des Wertes für den Sistrix-Sichtbarkeitsindex

## *Lektion 17: SEO Site Clinic*

1. **Welche Probleme lassen sich mit einem Blick erkennen, wenn Sie sich die Liste der Webseiten einer Website im Google-Index anschauen?**

   *Lösung:*

   ✓ Ich kann erkennen, ob es Probleme mit dem Seitentitel (Inhalt des <title>-Tags) gibt.

   ✗ Ich kann erkennen, welche der Seiten zu langsam laden.

   ✓ Ich kann erkennen, ob es Probleme mit der Seitenbeschreibung (Inhalt des <description>-Tags) gibt.

   ✓ Ich kann erkennen, ob die URLs im Google-Index suchmaschinenfreundlich sind.

✗ Ich kann erkennen, wie gut das Ranking meiner Webseiten im Google-Index ist.

**2. Der *Online Value Index (OVI)* von Xovi ist ein Wert für...**

***Lösung:***

✗ den geschätzten Internet-Wert einer Website

✗ die Anzahl positiver Bewertungen einer Website

✓ **den Sichtbarkeitsindex einer Website**

✗ das durchschnittliche Ranking einer Website

# Index

## #



## A



## B



## C



## D

# E



# F



# G



# H



# I



# J

# K



# L



# M



# N



# O

# P



# Q



# R



# S

# T



# U



# V



# W



# X

# Y



# Z

Printed in Germany
by Amazon Distribution
GmbH, Leipzig

22564879R00248